D1727674

Serie: Literatura, nº41

PEROJO ARRONTE, Mª Eugenia

S.T. Coleridge : Kubla Khan y el reto de la poesía / Mª Eugenia Pe-
rojo Arronte. - Valladolid : Secretariado de Publicaciones e Intercambio
Científico, Universidad de Valladolid, [1997]

314 p. ; 24 cm. - (Literatura ; 41)

ISBN 84-7762-797-5

1. COLERIDGE, Samuel Taylor. Kubla Khan- Crítica e interpretación
I. Universidad de Valladolid, ed. II.Serie: Literatura (Universidad de Va-
lladolid) ; 41

821.111 Coleridge7kubla Khạn.08

Mª Eugenia Perojo Arronte

S. T. COLERIDGE, *KUBLA KHAN* Y EL RETO DE LA POESIA

SECRETARIADO DE PUBLICACIONES
E INTERCAMBIO CIENTÍFICO
UNIVERSIDAD DE VALLADOLID

© Mª EUGENIA PEROJO ARRONTE, Valladolid, 1998
SECRETARIADO DE PUBLICACIONES E INTERCAMBIO CIENTIFICO
UNIVERSIDAD DE VALLADOLID

Diseño de cubierta: J. Mª Alonso

ISBN: 84-7762-797-5

Dep. Legal: VA - 204 - 1998

Composición: B.G.P. Secretariado de Publicaciones

Imprime: ANGELMA, S.A.
　　　　　Avda. Santander, 47
　　　　　47010 Valladolid

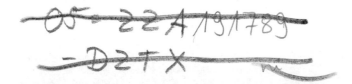

A mis padres, Manuel y Arsenia M^a
A mi hermana, Amparo

If a man could pass through Paradise in a dream, and have a flower presented to him as a pledge that his soul had really been there, and if he foud that flower in his hand when he awoke -Ay! and what then?

(S.T. Coleridge)

ABREVIATURAS

BL   Samuel T. Coleridge, *Biographia Literaria*, 2 vols., ed. J. Shawcross, London: Oxford University Press, 1907.

CL   *Collected Letters of Samuel Taylor Coleridge*, 6 vols., ed. E.L. Griggs, Oxford: Clarendon Press, 1956-1971.

CN   *The Notebooks of Samuel Taylor Coleridge*, 2 vols., ed. Kathleen H. Coburn, London: Routledge & Kegan Paul, 1957.

CPW   *The Complete Poetical Works of Samuel Taylor Coleridge*, 2 vols., ed. E.H. Coleridge, London: Oxford University Press, 1912.

LB   S.T. Coleridge and William Wordsworth, *Lyrical Ballads*, ed. R.L. Brett and A.R. Jones, London: Methuen, 1963.

Letters of William Wordsworth   *Letters of William Wordsworth*, ed. Alan G. Hill, Oxford: Oxford University Press, 1984.

Marginalia   *Marginalia*, ed. George Whalley, *Collected Works*, vols. XII, XIII, London and Princeton: Princenton University Press, 1980.

MC   *Coleridge's Miscellaneous Criticism*, ed. Thomas M. Raysor, Cambridge: Harvard University Press, 1936.

Poetical Works   *The Poetical Works of the late Mrs. Mary Robinson*, 3 vols., London: Richard Phillips, 1806.

PWW   *The Poetical Works of William Wordsworth*, 5 vols., ed. E. De Selincourt, Oxford: Clarendon Press, 1952 (1994).

SC   *Shakespearean Criticism*, 2 vols., ed. Thomas M. Raysor, London: Everyman, 1960.

TF   Samuel T. Coleridge, *The Friend*, ed. Barbara E. Rooke, *Collected Works*, vol. IV, London and Princeton: Princeton University Press, 1969, 2 vols.

TSM   Samuel T. Coleridge, *The Statesman's Manual*, en *Lay Sermons*, ed. R.J. White, *Collected Works*, Vol. VI, London and Princeton: Princeton University Press, 1972.

TW   Samuel T. Coleridge, *The Watchman*, ed. Lewis Patton, *Collected Works*, Vol. II, London and Princeton: Princeton University Press, 1970.

PRÓLOGO

El Profesor Emilio Lledó se lamentaba, una vez conocido este trabajo, de que jamás podría volver a leer *Kubla Khan* con su antigua inocencia. En efecto, pocos poemas alcanzan en su primera lectura tanto esplendor y embelesamiento. Pero, ¿se puede considerar a la crítica literaria, a ésta en concreto, destructora de una bellísima experiencia? Sí y no. Y aquí entra la necesidad de fijeza que tenía esta creación de Coleridge. Enigmática y fascinante, había desacompasado en extremo la respuesta de lectores y críticos; en su composición se barajaban circunstancias si no contradictorias al menos discordantes e imprecisas que podían invalidar cualquier lectura por más brillante que pareciera. Se imponía establecer un orden, clarificar el registro de datos, descubrir sus tenues relaciones, para soñar luego, gozar con esta producción única del Romanticismo inglés.

Los cimientos no tienen por qué ser bellos, su agobiada utilidad repugna muchas veces a la estética que sólo puede descansar en el acabado milagroso del arte. De ahí la exclamación de Emilio Lledó, pero también el descubrimiento del dolor y el esfuerzo que impregnan *Kubla Khan*.

Coleridge sintetiza aquí fracaso e iluminación simultáneos, vibrantes en lo más profundo del ser. Siempre esa música seguirá tañendo, asombrando, haciendo surgir auténticas fuentes de gozo. De la inocencia a la plenitud de la felicidad hay que salvar un abismo; algunos lo consiguen, otros lo esperan y muchos desesperan.

Son ideas que fluyen ante la labor seria, definitiva, inmensamente sacrificada de la Dra. Mª Eugenia Perojo Arronte. Cuantos la conocemos no hemos podido dejar de augurarle muchos éxitos en su investigación. Ha comenzado llenando un vacío que muchos consideraban infranqueable.

Mª JESÚS PÉREZ MARTÍN
Valladolid, 25 de Mayo 1966

INTRODUCCIÓN

Samuel Taylor Coleridge es una de las figuras del romanticismo inglés sobre cuya doble vertiente en el campo de la literatura, determinada por su quehacer tanto en los terrenos de la creación artística como en los de la crítica y teoría literarias, más ríos de tinta se han vertido. En general, los estudios se han enfocado o bien desde la perspectiva del análisis de su obra literaria, o bien desde el punto de vista de su teoría poética. Sin embargo, en una de sus composiciones más emblemáticas, *Kubla Khan*, se ha querido ver con frecuencia una representación de su teoría poética, ya fuera como una ilustración de las ideas de Coleridge sobre el proceso creativo o como una ilustración de su pensamiento estético. También se encuentran interpretaciones en las que se conjugan ambas lecturas.

Fue el descubrimiento de la fuerza que han tenido las interpretaciones de esta naturaleza en la historia crítica del poema, comentada en nuestra Memoria de Licenciatura, "*Kubla Khan*: Hacia una revisión de su bibliografía", la que nos hizo reflexionar sobre su pertinencia, dado que *Kubla Khan* es una composición que, según su autor, se escribió en el año 1797, mientras que la teoría literaria sobre la que se basan ese tipo de lecturas es la que Coleridge presentó al público casi veinte años después en su famosa *Biographia Literaria*. Esta obra, que se redactó en el verano de 1815, tras varias vicisitudes de carácter editorial, vio finalmente la luz dos años más tarde, en julio de 1817.

Kubla Khan había permanecido inédito durante un periodo mucho más largo, puesto que no se publicó hasta el año 1816, conjuntamente con *Christabel* y *The Pains of Sleep*[1]. La extensión exacta de dicho periodo, de un modo indirecto, se ha convertido en uno de los puntos más controvertidos entre la crítica de nuestro siglo, al no haber un consenso sobre la datación del poema. No se habían planteado dudas al respecto hasta que el nieto del poeta, E. H. Coleridge, en su edición de 1912 de la obras poéticas de S. T. Coleridge[2], manifestó su disconformidad con la fecha que aparece en el Prefacio introductorio a *Kubla Khan* adjuntado por Coleridge: el verano de 1797. Lo atribuye a un lapsus de la memoria del autor, quien debería haber escrito 1798 en lugar de 1797. Aduce razones de carácter circunstancial para justificar su opinión[3]. A partir de este momento, una buena parte de los

---

[1] *Christabel; Kubla Khan, A Vision; The Pains of Sleep. By S. T. Coleridge, Esq.*, London: John Murray, 1816.

[2] *The Complete Poetical Works of Samuel Taylor Coleridge*, 2 vols., ed. E.H. Coleridge, London: Oxford University Press, 1912, vol. I, p. 295 (nota). En adelante *CPW*.

[3] En el prefacio a *Kubla Khan*, el autor manifiesta que compuso el poema, cuando se encontraba indispuesto, durante un retiro en una granja situada entre Linton y Porlock. E. H. Coleridge atribuye las causas de dicha indisposición a la famosa disputa de su abuelo con el que había sido el pupilo de éste, Charles Lloyd, quien en 1798 publicó una novela titulada *Edmund Oliver*, cuyo personaje principal es una caricatura del propio Coleridge.

críticos van a dar por válida la fecha propuesta por E. H. Coleridge, desestimando las palabras del propio autor. También se han indicado otras fechas alternativas, que comprenden desde el año 1799 hasta 1802.

El Prefacio de 1816 no es el único lugar donde Coleridge se manifiesta sobre la fecha de composición de *Kubla Khan*. En 1934 se dio a conocer al público, con motivo del centenario de la National Portrait Gallery de Londres, el llamado "Crewe Manuscript"[4], el único manuscrito que existe del poema. Al final del texto poético se encuentra una nota donde el autor sitúa la composición del mismo en 1797, si bien difiere del Prefacio de 1816 en cuanto a la época referida, que en este caso no es el verano sino el otoño de ese año[5]. La existencia del manuscrito es la prueba en la que se han apoyado varios críticos para mantener el año -y también la estación- que aparecen en la nota final como fecha de composición de *Kubla Khan*[6].

Por otra parte, tanto el texto poético del manuscrito de Crewe como las aclaraciones del autor sobre las circunstancias en que tuvo lugar su composición presentan diferencias con el conjunto prefacio-poema que apareció en 1816. La configuración del poema no es la misma en ambos casos. En el manuscrito de Crewe el texto se divide en dos estrofas: la primera abarca hasta el verso 36 y la segunda contiene los dieciocho versos restantes. En la edición de 1816, sin embargo, el poema está estructurado en cuatro estrofas[7]. Las variantes en el texto poético indican que al menos una parte de la información del Prefacio de 1816 no es exacta, concretamente cuando el autor afirma que presenta el poema tal y como lo escribió al despertarse del sueño inducido por el opio. Esas variantes de carácter léxico, junto con la reestructuración del texto, son la prueba fehaciente de que *Kubla Khan* fue objeto de una labor de lima y de revisión.

Si se tienen en cuenta estos datos, aparece una fisura importante en los cimientos sobre los que se consolida la historia de la composición del poema, según la información que se proporciona en el Prefacio: la supuesta escritura mecánica de *Kubla Khan*. Es éste precisamente el punto sobre el que más se extiende el autor en 1816. Hace una relación muchísimo más detallada que la que aparece en la nota aclaratoria del manuscrito de Crewe. Además, hay diferencias relevantes en los términos empleados para describir el estado mental. En el manuscrito de Crewe se habla de una ensoñación provocada por el opio, mientras que en el Prefacio se dice que lo inducido por la droga fue un sueño. Como cabía esperar, la crítica ha respondido a la cuestión de la composición onírica desde las

---

[4] Recibe este nombre en honor a su última propietaria, la Marquesa de Crewe. Cf. Alice D. Snyder, "The Manuscript of Kubla Khan", *Times Literary Supplement*, August 2, 1934.

[5] Alice D. Snyder, ibid., le asigna a este manuscrito una fecha bastante temprana, basándose en el hecho de que la filigrana del papel es semejante a la de una carta del autor con fecha de 1797.

[6] Destaca entre ellos el editor de la colección completa de las cartas de Coleridge, Earl Leslie Griggs (*Collected Letters of Samuel Taylor Coleridge*, 6 vols., Oxford: Clarendon Press, 1956-1971, I, pp. 348-49; en adelante *CL*).

[7] Se hace necesaria una llamada de atención sobre la configuración de *Kubla Khan* en tres estrofas de la edición de E. H. Coleridge, que no se corresponde con la de 1816. *Kubla Khan* se incluyó en el resto de las ediciones de las obras poéticas de Coleridge, que se publicaron en los años 1828, 1829 y 1834. Este error editorial puede haber originado interpretaciones del poema basadas en una estructuración que no equivale a la que el autor le confirió para su publicación. Cf. Jack Stillinger, *Coleridge and Textual Instability*, Oxford & New York: Oxford University Press, 1994, pp. 74-75.

posturas más diversas. En general, la mayoría han mantenido una lectura no literal del Prefacio, lo cual no implica que no hayan sido, y continúen siendo, muchos los que no han puesto en tela de juicio las palabras de Coleridge en el Prefacio, o los que han tratado de mantener un equilibrio entre las dos actitudes radicales que suponen la aceptación o el rechazo de las circunstancias descritas por Coleridge. En unos casos la posición adoptada ha sido un factor determinante en la interpretación de *Kubla Khan* que se ha llevado a cabo. En otros, sin embargo, se ha considerado como algo que tiene una importancia intrínseca pero que es independiente de la lectura que se realice. En general, dichas opiniones se han basado exclusivamente en una de las dos explicaciones aportadas por Coleridge, esto es, la de la nota final del manuscrito de Crewe o la del Prefacio del texto publicado. Salvo en casos muy concretos, no se ha tenido en cuenta la diferencia existente entre ambos relatos. Por otro lado, la mayoría de los críticos han sostenido sus posturas sobre la base de unos fundamentos que no presentan mayor solidez que la de la propia convicción personal de los que las proponen, carentes por completo de un análisis desde un punto de vista científico que las apoye. La polémica, en cualquier caso, ha continuado hasta nuestros días.

Estrechamente relacionado con el tema de las circunstancias de la composición se halla el relativo al supuesto carácter fragmentario de la misma. Es éste, probablemente, el aspecto más polémico de *Kubla Khan*. Tanto en la nota final del manuscrito como en el Prefacio de la publicación, Coleridge utiliza el término fragmento para referirse al poema. Sin embargo, la valoración de la crítica sobre este punto ha divergido hasta extremos tan opuestos como los representados de una parte por las palabras de T. S. Eliot cuando afirma "the poem has not been written"[8] y los de aquellos que consideran que *Kubla Khan* es una unidad estética y de significado. La mayor parte de estas interpretaciones se han realizado sobre el texto poético, pero en los últimos años han ido cobrando fuerza aquellas que no se limitan al poema, sino que incluyen al Prefacio dentro de la lectura, estableciendo una intertextualidad entre el pasaje en prosa y la composición en verso, algo que no sería posible con el texto del manuscrito de Crewe.

Otra diferencia entre la nota final y el Prefacio radica en las palabras del autor en este último sobre la existencia de una fuente de inspiración de carácter literario, el pasaje del libro de viajes de Purchas[9] que Coleridge estaría leyendo cuando se sumió en el sueño durante el cual, según sus palabras, tuvo lugar la composición de *Kubla Khan*. Este hecho ha desencadenado uno de los fenómenos más sorprendentes en su recepción y tratamiento por parte de la crítica: un afán, con frecuencia de proporciones desmedidas, por asignarle a esta composición unas relaciones de intertextualidad con obras de la índole más variada. Y no es precisamente algo que haya remitido en el transcurso de la historia crítica del poema, sino que cada vez se han ido abriendo nuevos cauces, en muchos casos sin más objetivo que el del rastreo de una fuente para ciertos términos o expresiones concretas[10]. Se dan, sin

---

[8] T. S. Eliot, "The Use of Poetry and the Use of Criticism" en *Selected Prose of T.S. Eliot*, ed. Frank Kermode, New York: Farrar Strauss Giroux, 1975, p. 90.

[9] *Purchas his Pilgrimage*: Lond. fol., 1626.

[10] En buena medida, no es Coleridge el único responsable de esta avalancha crítica en busca de intertextualidades para *Kubla Khan*. También contribuyó a ello John Livingston Lowes, quien, con la publicación de su obra *The Road to Xanadu*, London: Constable, 1927, creó una auténtica escuela de estudios críticos. Parte del presupuesto de que fueron las imágenes representadas en la mente del autor durante el sueño

embargo, entre el texto poético del manuscrito de Crewe y el de la edición de 1816 ciertas variantes que desdibujan algunas de las intertextualidades más obvias de entre todas las señaladas por los críticos. Habida cuenta de la existencia de ambas versiones[11], cabe preguntarse si esas intertextualidades tenían el mismo sentido para Coleridge a finales del siglo XVIII y en el año 1816.

Esta pregunta se puede hacer extensiva al resto de los puntos comentados. Con respecto a las circunstancias en que tuvo lugar la composición, sería necesario, en primer lugar, un análisis lo más objetivo posible sobre la verosimilitud de las palabras de Coleridge en el Prefacio, y en la nota final del manuscrito, y las posibles características de *Kubla Khan* como una creación llevada a cabo bajo los efectos de un narcótico. Una vez que se haya llegado a unas conclusiones al respecto, se puede proceder a otro tipo de consideraciones, sobre todo en lo concerniente al significado del poema para el autor en el momento de su publicación, cuando el tema de la creación artística, como demuestra la publicación de *Biographia Literaria,* ocupaba un lugar tan importante en sus intereses no ya sólo personales, sino también estéticos. Asimismo, esas conclusiones permitirán esclarecer algunos aspectos sobre el fragmentarismo de *Kubla Khan.* De todos modos, en lo relativo a este punto y, por supuesto, a todos los demás, un acercamiento al momento de la composición puede ser muy revelador. Consideramos que la situación del texto poético dentro del contexto personal y creativo de Coleridge en aquella época es el mejor método no sólo para asignarle una datación, sino también para despejar incógnitas sobre la intención autorial. Precisamente nos hemos marcado la datación como uno de los objetivos porque en función de ella se podrá determinar lo que *Kubla Khan* representaba para Coleridge desde un punto de vista literario en el momento de su composición. Dada la amplitud del margen establecido por la crítica al respecto -desde 1797 hasta 1802-, la fecha en que se encuadre permitirá establecer la etapa a la que corresponda dentro del desarrollo de la teoría literaria del poeta. La teoría literaria de Coleridge no es un sistema monolítico, sino que atravesó por una evolución muy importante, por lo que se le dedicará una atención especial en este trabajo, sobre todo en lo que se refiere a las ideas sobre la creación artística y sobre el poema como unidad estética, los dos aspectos fundamentales en una valoración del significado de *Kubla Khan* dentro de la poética de su autor.

La continua referencia en las palabras previas a la intención autorial delata nuestra posición dentro de las corrientes críticas. Somos conscientes de que cualquier valoración, para poder proyectarse, requiere la adopción de una perspectiva, de unos presupuestos, o, si se prefiere, punto de mira, que implican un enfrentamiento con el objeto de su valoración, además del rechazo implícito de otras posibles perspectivas. La nuestra se sitúa

---

las que configuraron el texto del poema y de que dichas imágenes tuvieron su origen en las lecturas, principalmente de libros de viajes y de historia, realizadas por Coleridge.

[11] Estamos de acuerdo con la definición de versión dada por Jack Stillinger, *op. cit.*, basada, por motivos prácticos, como él mismo afirma, en la existencia de distintos documentos, con variantes textuales, de una misma obra, sin considerar las correcciones dentro de un manuscrito como nuevas versiones, por las dificultades que esto entrañaría: "The author may have made alterations near the beginning of the manuscript before going on to write the rest of the manuscript, or may have revised at different times in sequences now not recoverable." (P. 134).

en posiciones muy próximas al enfoque hermenéutico de E. D. Hirsch, cuyo interés se centra en esa intención autorial:

> ...let me state what I consider to be a fundamental ethical maxim for interpretation, a maxim that claims no priviledged sanction from metaphysics or analysis, but only from general ethical tenets, generally shared. *Unless there is a powerful overriding value in disregarding an author's intention (i. e. original meaning), we who interpret as a vocation should not disregard it*[12].

Igualmente, estamos por completo de acuerdo con Jack Stillinger cuando afirma:

> The critic may be intent on studying Coleridge's development as a poet or thinker, but the critic who works only with the latest versions inevitably ignores historical evidence concerning the poet's changing focuses in subject matter and theme as he revised his poems from one version to another over a long lifetime[13].

Desde esta perspectiva, la pregunta que sirve como punto de partida para este trabajo es la siguiente: ¿Permaneció *Kubla Khan* para Coleridge como el mismo poema desde el momento de su composición hasta su publicación en 1816?

---

[12] E. D. Hirsch, Jr., "Three Dimensions of Hermeneutics", *New Literary History*, 1971-2, vol. 3, p. 259. La cursiva aparece en el original. Del mismo autor, consideramos de gran interés la obra *Validity in Interpretation*, New Haven: Yale University Press, 1967. Dentro de esta misma línea, y adoptando posturas más radicales se encuentra P. D. Juhl, quien en *Interpretation: An Essay in the Philosophy of Literary Criticism*, Princeton: Princeton University Press, 1980, afirma que la labor interpretativa sólo es justificable cuando dirige su esfuerzo a desentrañar la intención del autor de una obra. En esta idea le han apoyado posteriormente Walter Benn Michaels y Steven Knapps, "Against Theory", *Critical Inquiry*, 1982, vol. 8, pp. 723-42.

[13] Jack Stillinger, *op. cit.*, p. 138.

I. Factores Circunstanciales.
La Composición del Poema

---

1. COLERIDGE Y EL OPIO

La adicción al opio fue uno de los problemas más serios con los que Coleridge tuvo que enfrentarse a lo largo de su vida. La necesidad acuciante de liberarse de la adicción fue lo que le llevó a acudir, por consejo de su médico, Joseph Adams, a la opinión experta del Dr. James Gillman en abril de 1816, precisamente el año de la publicación de *Kubla Khan*. La familia de los Gillman le brindó la acogida cordial y no exenta de admiración que emocionalmente estaba necesitando en aquellos momentos. El entendimiento humano entre ambas partes y, sobre todo, la paciencia y generosidad de esta buena gente hicieron posible que lo que iba a ser un periodo transitorio de tratamiento y atención médica se convirtiese en una amistad y protección incondicionales que iban a permanecer invariables durante los dieciocho años restantes de su vida, durante los cuales se alojó en la residencia personal de James Gillman en Highgate[14].

La experiencia de Coleridge con el opio parece remontarse a una fecha muy temprana. La primera referencia a la droga en su correspondencia aparece en una carta dirigida a su hermano George en noviembre de 1791:

---

[14] Cf. Lucy E. Watson, *Coleridge at Highgate*, London, 1925. El propio Gillman es autor de la primera biografía de Coleridge, proyectada en dos volúmenes; murió antes de concluir el segundo (James Gillman, *Life of S. T. Coleridge*, 2 vols. London: William Pickering, 1837). Si bien hay en ella numerosas inexactitudes, no deja de ser el testimonio de alguien que había estado muy próximo a Coleridge. De gran interés son las obras de otro contemporáneo suyo, Joseph Cottle, *Early Recollections, Chiefly Relating to the Late S. T. Coleridge*, 2 vols. London: Longmans, Rees & Co., 1837 y *Reminiscences of Samuel Taylor Coleridge and Robert Southey*, London: Houlston & Stoneman, 1847. Para un estudio biográfico de nuestro autor, cf. T. Allsop, *Letters, Conversations and Recollections of S. T. Coleridge*, London: Frederick Farrar, 1864; Clement Carlyon, M D, *Early Years and Late Reflections*, 2 vols., London, 1836; James Dykes Campbell, *Samuel Taylor Coleridge: A Narrative of the Events of his Life*, London: Macmillan, 1894; Lucy Watson, *Coleridge at Highgate*, London: Longmans, 1925; Stephen Potter (ed.), *Minnow Among Trittons; Mrs S. T. Coleridge's Letters to Thomas Poole*, London: Nonesuch Press, 1934; Lawrence Hanson, *The Life of S. T. Coleridge: the Early Years*, London: Allen & Unwin, 1938, Basil Savage, Highgate: London, 1970; E. K. Chambers, *op. cit.*; Stephen Potter, *Coleridge and S. T. C.*, Cape, 1938; Allan Grant, *A Preface to Coleridge*, London: Longmans, 1972; Donald Sultana, *Samuel Taylor Coleridge in Malta and Italy*, New York: Barnes & Noble, 1969; John Cornwell, *Coleridge; Poet and Revolutionary 1772-1804. A Critical Biography*, New York: Allen Lane, 1973; y Richard Holmes, *Coleridge. Early Visions*, London: Hodder & Stoughton, 1989, Penguin, 1990.

Opium never used to have any disagreeable effects on me - but it has upon many.[15]

Estas palabras indican que Coleridge ya había tomado opio con anterioridad, seguramente por motivos de salud. La ingestión regular de la droga, y la consecuente adicción, tuvo lugar a partir de 1800-1801[16]. Van a ser reiteradas las ocasiones en las que manifieste que si recurrió al opio lo hizo exclusivamente por causas físicas[17]. Igualmente, muchas veces insistirá en que no le producía ningún tipo de efecto agradable:

> For years I had with the bitterest pangs of Self-disapprobation struggled in secret against the habit of taking narcotics. My Conscience indeed fully acquitted me of taking them from the weakness of Self-Indulgence, or for the sake of any pleasurable sensation, or exhilaration of Spirits - in truth, the effects were the very contrary[18].

Un mes más tarde, en mayo de 1814, repetirá esa idea de que nunca se administró opio para lograr una sensación placentera, pero admite para ello motivos que no fueron en primer lugar dolencias de carácter físico, sino psicológico:

> ...never was I led to this wicked direful practice of taking Opium or laudanum by any desire or expectation of exciting *pleasurable* sensations; but purely by *terror*, by cowardice of pain, first of mental pain, & afterwards as my System became weakened, even of bodily Pain[19].

En una carta escrita el día antes, dirigida al mismo destinatario que la anterior, el Dr. J. J. Morgan, le hace la siguiente confesión:

> I have in this one dirty business of Laudanum an hundred times deceived, tricked, nay, actually & consciously LIED[20].

Aunque quizá no se estuviera refiriendo al punto concreto de los motivos por los que incurrió en la adicción, sino, probablemente, a todos los subterfugios de que se solía valer para hacerse con el opio o el láudano, o al hecho de negar que lo había ingerido cuando la

---

[15] *CL*, I:10, p. 18.

[16] Cf. E. L. Griggs, "Samuel Taylor Coleridge and Opium", *Huntington Library Quarterly*, August 1954, pp. 357-78 y *CL*, I, pp. xxxi-xlii. El editor de las cartas de Coleridge cree que probablemente la primera vez que le administraron opio fuese en su última etapa escolar en Christ's Hospital cuando sufrió un ataque de fiebres reumáticas. (Ibid., p. xxxi).

[17] Así lo expresa cuando le comenta a J. Cottle el 26 de abril de 1814: "...I was seduced into the ACCURSED Habit ignorantly. I had been almost bed-ridden for many months with swellings in my knees - in a medical Journal I unhappily met with an account of a cure performed in a similar case (or what to me appeared so) by rubbing in of laudanum, at the same time taking a dose internally. It acted like a charm, like a miracle! I recovered the use of my limbs, of my appetite, of my Spirits - & this continued for near a fortnight. At length, the unusual stimulus subsided - the complaint returned - the supposed remedy was recurred to - but I can not go thro' the dreary history." (Ibid., III:919, p. 476). Ha de tenerse en cuenta que en esa época era una práctica común la administración de opio puro y opiáceos como medicina en enfermedades como el reuma, la gota y la disentería. (Cf. E. L. Griggs, ibid., I, p. xl). Son todas ellas dolencias que aparecen mencionadas frecuentemente en sus cartas.

[18] Ibid., III:719, pp. 127-28.

[19] Ibid., 928, p. 491. La cursiva aparece en el original.

[20] Ibid., 927, p. 490.

realidad era todo lo contrario, lo cierto es que esas palabras se pueden hacer extensivas al tema que nos ocupa. La opinión de T. De Quincey sobre la ingesta de opio por parte de Coleridge es contraria a las afirmaciones de éste:

> I am the last person in the world to press conclusions harhsly or uncandidly against Coleridge; but I believe it to be notorious that he first began the use of opium, not as a relief from any bodily pains or nervous irritations (since his constitution was strong and excellent), but as a source of luxurious sensations. It is a great misfortune, at least it is a great peril, to have tasted the enchanted cup of youthful rapture incident to the poetic temperament. That fountain of high-wrought sensibility once unlocked experimentally, it is rare to see a submission afterwards to the insipidities of daily life[21].

Una prueba de ello es la descripción que hace Coleridge de los efectos placenteros del láudano, que aparece en una carta a su hermano George, de marzo de 1798:

> Laudanum gave me repose, not sleep; but you, I believe, know how divine that repose is - what a spot of inchantment, a green spot of fountains, & flowers & trees, in the very heart of a waste of sands![22]

Paulatinamente, ese "reposo divino" se irá transformando en el mayor infierno de su vida, algo de lo que tenía ya pleno conocimiento en septiembre de 1803, cuando incluyó en una carta a R. Southey el que se considera como primer borrador de *The Pains of Sleep*, poema que, según las propias palabras del autor en el prefacio de 1816, se publicó como contraposición al sueño agradable producido por el opio y que supuestamente aparece reflejado en *Kubla Khan*. En *The Pains of Sleep*, Coleridge dice haber plasmado los tormentos ocasionados por la droga, de los que hace una relación en prosa en la mencionada carta, inmediatamente antes de presentar el poema, de este modo:

> I have walked 263 miles in eight Days - so I must have strength somewhere / but my spirits are dreadful, owing entirely to the Horrors of every night - I truly dread to sleep / it is no shadow with me, but substantial Misery foot-thick, that makes me sit by by my bedside of a morning, & cry-. I have abandoned all opiates except Ether be one; & that only in *fits* - & that is a blessed medicine! - & when you see me drink a glass of Spirit & Water, except by prescription of a physician, you shall despise me - but still I can not get quiet rest-[23]

Éste fue uno de los desesperados intentos de Coleridge por abandonar el opio. E. Schneider revisa las cartas subsecuentes a ésta y afirma que los síntomas descritos por Coleridge en ellas son los comunes al síndrome de abstinencia del opio. *The Pains of Sleep*

---

[21] Thomas De Quincey, *Reminiscences of the English Lake Poets*, ed. John E. Jordan, London: J. M. Dent & Sons Ltd, 1961 (1907), p. 44.

[22] *CL*, I:238, p. 394. E. K. Chambers, *op. cit.*, p. 102, alude a esta carta como apoyo para su idea de que la composición de *Kubla Khan* tuvo que ser previa a este momento, por la similitud existente entre las imágenes utilizadas por Coleridge en este pasaje y algunas de las que se encuentran en el poema. E. L Griggs, en una nota sobre esta carta, expresa la misma opinión. Sobre el "divine repose" inducido por el opio, cf. *CL*, I: 108, 150, 151, 209, 238 y 309.

[23] Ibid., II:516, p. 982.

asimismo es, a su juicio, un fiel reflejo de los padecimientos de dicho síndrome[24]. Este esfuerzo fue en vano. En una carta del 25 de noviembre, escrita a su amigo J. Thelwall, le dice que se encuentra muy enfermo y le pide que le compre una onza de opio crudo y nueve de láudano[25]. A partir de este momento, el opio va a ser ese infierno del que, con varios nuevos intentos fallidos, nunca logrará salir. Ha de hacérsele justicia, sin embargo, a J. Gillman, quien consiguió la reducción de la ingesta de la droga de un modo considerable, no obstantes todas las triquiñuelas de su paciente y protegido para eludir la estrecha vigilancia de que era objeto y conseguir unas dosis mayores de las que le estaban permitidas.

En su denodado empeño por exculparse de la adicción a la droga, Coleridge llegó al extremo de solicitar que tras su muerte se le practicase una autopsia:

> Wounded by the frequent assertions - "all his complaints are owing to the use of opium," and yet not only certain in his own mind but able to bring proofs from a series of letters written before I had ever taken a grain of that Drug, solid or in tincture, that my Complaints in genere were antecedent to my unfortunate (*but God knows! most innocent*) Resort to that Palliative ... & if I could but be present while my Viscera were laid open!...[26]

Al ser ésta una de sus últimas voluntades, la autopsia se efectuó. De acuerdo con la interpretación de un autor del *Lancet*, la mayoría de sus padecimientos físicos se debieron a que tenía el corazón más grande de lo normal[27]. El opio y el láudano seguramente fueron esos paliativos contra el dolor y el sufrimiento imprescindibles en tantas ocasiones. Pero no podemos admitir la ignorancia de Coleridge sobre sus consecuencias, a pesar de sus propias manifestaciones y de las opiniones de autoridades como E. L. Griggs e incluso E. Schneider[28], porque en *The Watchman* -publicación periódica editada y escrita en su mayor parte por él mismo entre marzo y mayo de 1796-, respondiendo a una propuesta del Dr. Beddoes sobre la posibilidad de utilizar opio como complemento nutritivo a las carencias alimenticias de una parte de la población, ya afirma:

> ...opium could *not* be used without danger of inducing bad habits. Misery would not refrain from the intemperate use of a drug, the properties of which so nearly resemble those of wine[29].

Coleridge estaba hablando con pleno conocimiento de causa. Cinco días antes de la publicación de este número, en una carta a J. Edwards, había escrito:

---

[24] E. Schneider, *Coleridge, Opium and Kubla Khan*, Chicago: The University of Chicago Press, 1953, pp. 63-67.

[25] *CL*, II:528, p. 1019.

[26] Ibid., IV:971, p. 578. La cursiva es nuestra.

[27] *Lancet* (15. vi. 1895) en E. K. Chambers, *op. cit.*, pp. 329-30.

[28] Cf. *CL*, III, pp. xxxi-xxxii y E. Schneider, *op. cit.*, p. 67.

[29] *The Watchman* (No. III. Thursday, March 17, 1796), ed. Lewis Patton, *Collected Works*, Vol. II, London and Princeton: Princeton University Press, 1970, p. 101. En adelante *TW*.

I have been tottering on the edge of madness - my mind overbalanced on the e contra side of Happiness / the repeated blunders of the printer, the forgetfulness & blunders of my associate &c &c abroad, and at home Mrs Coleridge dangerously ill, and expected hourly to miscarry. Such has been my situation for this last fortnight - I have been obliged to take Laudanum almost every night[30].

Coleridge está admitiendo la ingestión regular del láudano por motivos meramente emocionales, a modo de tranquilizante, a la vez que la cita anterior demuestra que estaba al corriente de lo pernicioso que podía ser el narcótico.

De todos modos, parece que no sólo las sustancias alucinógenas le producían los efectos propios de éstas. A finales de diciembre de 1815, le escribe al Dr. R. H. Brabant:

Calomel by some peculiarity of my temperament acts on me first as an *Anodyne*, then as a Soporific, and (*during sleep*) as *a powerful Stimulant on the Brain or whatever be the organ of visual reproduction -*[31]

Las palabras de esta cita presentan similitudes de gran interés con las del Prefacio de 1816. Se da la circunstancia de que será sólo unos meses después de que se escribiera esta carta cuando se publicó el volumen en el que salió a la luz *Kubla Khan* con dicho Prefacio adosado a modo de introducción.

2. EL PREFACIO DE 1816 Y LA NOTA FINAL DEL MANUSCRITO DE CREWE.

Las diferencias principales entre la nota final del manuscrito de Crewe y el Prefacio de 1816 radican precisamente en la descripción del estado psíquico del poeta. En el manuscrito de Crewe, Coleridge habla de la composición del fragmento que en él aparece, junto con mucho más que no ha podido recuperar, en una especie de ensoñación producida por dos granos de opio. En el Prefacio de 1816 no se habla de ensoñación, sino de sueño profundo, producido, aparentemente, de forma repentina, dado que se sumió en él al tiempo que estaba leyendo una frase concreta del volumen de Purchas. Los dos granos de opio mencionados en el manuscrito podrían haber provocado algo más que una mera ensoñación y haberle sumido en ese sueño profundo[32]. Se omiten en dicho Prefacio los datos relativos a la identificación y cantidad de la droga; sin embargo, se dan una serie de detalles tales como el tiempo que duró este sueño -unas tres horas-, la cantidad de versos "perdidos" -entre doscientos y trescientos- y la forma en la que vio las imágenes, como *cosas*, con la producción simultánea de las expresiones correspondientes, sin ninguna sensación de esfuerzo. Una vez que se despertó, se dispuso inmediatamente a transcribir los

---

[30] *CL*, I:108, p. 188.

[31] Ibid., IV:987, p. 612. La cursiva es nuestra.

[32] Cf. E. Schneider, *op. cit.*, p. 322 (nota 103).

versos de la composición, pero una interrupción inesperada provocó el olvido de lo compuesto en el sueño, con la excepción de ocho o diez versos sueltos. No especifica si llegó a transcribirlos, y si, en consecuencia, forman parte del texto poético con el que contamos.

Un hecho probado es la dificultad que experimentan la mayoría de las personas para recordar los sueños y, al mismo tiempo, la facilidad con que éstos desaparecen de la memoria, que atraviesa en el empeño por retenerlos por una especie de trance amnésico, en la mayoría de los casos irreversible. Sólo cuando el sujeto se despierta inmediatamente después de un periodo REM[33], lo cual es bastante frecuente, será capaz de hacer una exposición comprensible y más o menos detallada de la ensoñación. No obstante, la cantidad de tiempo de ensoñación que se recuerda no suele ir más allá de cinco minutos, incluso en los casos en que ésta haya tenido una duración de media hora. Lo recordado son normalmente fragmentos de la ensoñación que el pensamiento consciente hilvana o recompone de tal modo que la narración resulte lógica y coherente; esto es, el contenido ha de formularse en palabras, puesto que las imágenes, caudal básico de las ensoñaciones, como tales, no se pueden evocar si no es a través del discurso.

Coleridge describe su estado como un sueño profundo, aunque apostilla que, como mínimo, de los sentidos externos. Hubo de tratarse, si es que efectivamente ése fue el caso, de lo que se denomina sueño rápido -al menos parcialmente-. Resulta muy significativa la forma en que subraya el carácter visual de la ensoñación: "all the images rose up before him as *things*" y cómo afirma que esas imágenes se transformaron en "expresiones", con lo que le está confiriendo a la composición un carácter impresionista y, en cierto modo, fragmentario o inconexo en lo que al discurso lógico se refiere, lo cual es congruente con la teoría médica sobre los sueños y su reproducción. Dice que lo compuso en el sueño, y esto no ha de entenderse literalmente, puesto que ya se sabe cuál es el proceso que se experimenta al tener que trasladar las imágenes oníricas al discurso racional. El autor está hablando desde la consciencia sobre un estado de inconsciencia y, por consiguiente, su conocimiento de dicho estado difiere de su experimentación del mismo.

Por otro lado, durante esas tres horas en las que dice que estuvo dormido, en un sueño de tipo normal, se habrían producido al menos dos periodos de sueño rápido, pero en un sueño inducido por el opio, como se supone que es éste, los ciclos normales se

---

[33] El sueño de un individuo sano consiste en una serie de ciclos consecutivos cuyos límites están demarcados por cuatro estadios que se han podido diferenciar claramente a través de estudios neurofisiológicos, en los que se alternan lo que se ha denominado periodos de sueño lento y periodos de sueño rápido, también conocido este último como REM, iniciales de la expresión inglesa "rapid eye movement", expresión con la que se define este tipo de sueño porque se da en él como síntoma más característico un movimiento rápido de los ojos tanto en sentido vertical como horizontal, que a la vez va acompañado de alteraciones en el ritmo cardíaco y respiratorio, en el pulso y en la tensión muscular. El estadio 1 del sueño corresponde al periodo REM, mientras que el estadio 4 corresponde al extremo opuesto en cuanto a la respuesta neurofisiológica del organismo. El individuo al dormirse se sumerge en primer lugar en el estadio cuatro, pero al cabo de 80 ó 90 minutos el sueño se hace más ligero, esto es, se aproxima más al estado de consciencia, sin dejar por ello, obviamente, de ser sueño, aunque técnicamente se le conoce como sueño rápido. Emerge entonces el estadio 1. En el transcurso de la noche los periodos REM, o de estadio 1, se alargan, mientras que, en proporción inversa, disminuyen los periodos de sueño lento. Generalmente, aunque esto puede presentar variaciones en cada persona, se dan de tres a cuatro periodos de sueño rápido. Es precisamente durante esos periodos REM cuando tienen lugar las ensoñaciones, o lo que habitualmente conocemos como "sueños".

alteran y generalmente los periodos REM se producen con una frecuencia mucho mayor, de donde podría derivar ese efecto de ensoñación continua apuntada en la relación del poeta. De todas formas, ha de tenerse en cuenta que no se expresa de un modo contundente sobre el número de versos compuestos. Coleridge no afirma que compusiera de doscientos a trescientos versos, sino que tiene "the most vivid confidence, that he could not have composed less than from two to three hundred lines".

Por último, el hecho de que tras la interrupción encarnada en la figura de esa persona "on business from Porlock", cuya duración fue de algo más de una hora, el poeta sólo pudiese recordar unos pocos versos y algunas imágenes concuerda de una manera bastante precisa con la teoría médica, hasta el punto de que una hora es, en la inmensa mayoría de los casos, el periodo máximo de retención del ensueño del que el sujeto que lo ha experimentado es capaz.

No es Coleridge el primer artista en manifestar que una de sus creaciones tiene el origen de su composición en un sueño. El compositor italiano Giuseppe Tartini (1692-1770) tituló una de sus sonatas *Trillo del Diavolo* porque, tras sentirse incapaz de completarla, soñó que oía cómo el diablo la tocaba. La parte denominada "trino" -trillo- es todo lo que consiguió recordar de la música soñada al despertarse.[34] El también famoso escritor R. L. Stevenson consiguió sacarles partido a sus sueños desde un punto de vista creativo. No se trataba en este caso de sueños inducidos por droga alguna, sino de delirios producidos por estados febriles a consecuencia de un problema crónico de salud. En su obra *Across the Plains*, describe la evolución de esos sueños. En un principio, tenían la forma de pesadillas; posteriormente, éstas se vieros sustituídas por paisajes y viajes; por último, tomaron la forma de historias completas y coherentes, que, según afirma, seguían un orden absolutamente secuencial de una noche a otra; esto es, cada noche, al dormirse, era capaz de retomar la historia precisamente en el punto donde la había dejado la noche anterior. En última instancia, se vio obligado a acudir a un médico. La necesidad de escribir por dinero le llevó finalmente a sacar provecho de las historias soñadas. Llegó al extremo de considerar a su yo consciente como una especie de agente que escribía de forma mecánica lo que le habían dictado durante sus sueños aquellos a quienes consideraba como una especie de pequeños geniecillos, a los que llamaba "the Little People", que eran quienes "llevaban a cabo" la parte creativa. En el fondo de esta experiencia personal subyace el origen de su creación más famosa, *Dr. Jekyll and Mr. Hyde*. Afirma que la idea de la novela le vino dada en un sueño, aunque su elaboración la realizó despierto y de forma consciente.

Pero sin duda el caso más sorprendente en relación con el poema que nos ocupa sea el del Kubla Khan histórico, quien, según la relación que aparece en una obra de la literatura persa del autor Rashid ed-Din, escrita en el siglo XIV, y cuyo título en su traducción al español es *Compendio de Historias*, fue en un sueño donde tuvo la visión del palacio que luego mandó construir. Lo más sorprendente de todo es que esta obra se tradujo y publicó en París veinte años después de que Coleridge sacara a la luz su poema, esto es, en el año 1836, y, por consiguiente, con posterioridad a la muerte del poeta[35].

---

[34] Debía de ser ésta una historia muy conocida en la época de Coleridge, pues Thomas De Quincey hace referencia a ella en el apartado correspondiente a Coleridge de su obra *Reminiscences of the English Lake Poets*.

[35] Cf. Jorge L. Borges, "El sueño de Coleridge", *Otras Inquisiciones*, Madrid: Alianza Editorial, 1967 (Buenos Aires: Emecé Editores, 1960).

Una coincidencia muy interesante con el Prefacio de 1816 de *Kubla Khan* es la que se da entre la relación que se hace en las Memorias de la poetisa Mary Darby Robinson ("Perdita"), con quien Coleridge mantuvo una relación literaria y de amistad entre finales de 1799 y durante el año 1800[36], de una composición suya titulada *The Maniac*, escrita en 1791. El origen del poema se hallaría en la visión de un desequilibrado en la calle. La anécdota se presenta en las Memorias como un ejemplo de la facilidad y rapidez con que esta autora componía sus obras:

One night after bathing, having suffered from her disorder more than usual pain, she swallowed, by order of her physician, near eighty drops of laudanum. Having slept for some hours, she awoke, and, calling her daughter, desired her to take a pen and write what she would dictate. Miss Robinson, supposing that a request so unusual might proceed from the delirium excited by the opium, endeavoured in vain to disuade her mother from her purpose. The spirit of inspiration was not to be subdued, and she repeated throughout, the admirable poem of The Maniac, much faster than it could be committed to paper.

She lay, while dictating, with her eyes closed, apparently in the stupor which opium frequently produces, repeating like a person talking in her sleep. This affecting performance, produced in circumstances so singular, does no less credit to the genius than to the heart of the author.

On the ensuing morning, Mrs. Robinson had only a confused idea of what had past, nor could be convinced of the fact till the manuscript was produced. She declared, that she had been dreaming of mad Jemmy throughout the night, but was perfectly unconscious of having been awake while she composed the poem, or of the circumstances narrated by her dauhgter[37].

Las semejanzas entre las circunstancias de la composición de *The Maniac* y las descritas en el Prefacio de 1816 para la composición de *Kubla Khan* son extraordinarias. Dada la proximidad de Coleridge con M. Robinson durante los dos últimos años de la vida de ésta[38], es muy probable que tuviera la oportunidad de escuchar esta historia fascinante de sus propios labios. En cualquier caso, de no haber sido así, no hay duda de que Coleridge hubo de tener acceso a las Memorias de la poetisa, publicadas en el año 1801, cuando aún estaba muy reciente ese diálogo poético que se produjo entre ambos autores a lo largo de 1800, como veremos más adelante[39]. La diferencia más radical se halla no tanto en las relaciones respectivas de la composición de cada uno de los poemas, sino en las

---

[36] Con respecto a la admiración de Coleridge por la poesía de M. Robinson, cf. *CL*, I:314 y 322. A Mary Robinson se la conoció con el sobrenombre de "Perdita" por su famosa interpretación de este personaje de *The Winter's Tale*, que, de forma temporal, le ganaría los favores del entonces Príncipe de Gales, futuro Jorge IV (cf. *An Encyclopedia of British Women Writers*, ed. Paul Schlueter & June Schlueter, Chicago and London: St James Press, 1988, p. 391).

[37] *Memoirs of the late Mrs. Robinson, Written by Herself...*, London, 1801, II, pp. 129-32.

[38] Su muerte tuvo lugar a finales de 1800.

[39] E. Schneider, *op. cit.*, p. 87, no tiene ninguna duda sobre la influencia de esta historia en la redacción del Prefacio de 1816.

características de éstos. *The Maniac* no muestra ninguna peculiaridad especial que pueda relacionarlo con esas circunstancias tan peculiares de su creación[40].

En el manuscrito ológrafo, Coleridge describe su estado mental durante la composición del poema literalmente como "a sort of reverie", término este último que, para evitar confusiones, vamos a traducir por ensueño, estado mental que puede identificarse con las primeras fases de la transición de la vigilia al sueño. Obsérvese cómo también en esta primera versión el autor es impreciso a la hora de expresarse. No habla de que la transcripción del texto poético se produjera con posterioridad al trance, lo que puede dar lugar a pensar que la propia escritura se produjo durante el mismo. Sin embargo, las palabras siguientes parecen anular esta posibilidad, dado que afirma que la composición fue más larga de lo que aparece en el manuscrito. Lo que se ha de suponer que falta lo califica como "not recoverable". Por esta razón, ha de pensarse que la transcripción fue posterior al trance inducido por los dos granos de opio mencionados.

3. LOS NARCÓTICOS Y LA CREATIVIDAD

Las dos drogas más famosas por su capacidad para inducir los estados mentales[41] de los que hemos hablado en el punto anterior son el opio y el hachís. En general, hay una serie de características que son comunes a los efectos producidos por éstas y otras drogas, y que se pueden resumir del siguiente modo[42]:

---

[40] Cf. *The Poetical Works of the late Mrs. Mary Robinson*, London: Richard Phillips, 1806, II, pp. 298-303. En adelante *Poetical Works*.

[41] Nos parece oportuno hacer una distinción entre estado hipnagógico, estado mental que propicia la creatividad artística, y los estados inducidos por las drogas -o incluso lo producidos por determinadas enfermedades mentales como la psicosis-. Los Doctores A. Jimeno Valdés y N. Jimeno Bulnes, "Creatividad y el estado hipnagógico", *Folia Humanistica*, Tomo XXI, 1993, nº 331, pp. 129-47, subrayan esta diferencia. Las fases del proceso hipnagógico tal y como aparecen descritas en este trabajo serían las siguientes: 1) Relajación de la atención; 2) Aceleración del discurso; 3) Transformación del relato lógico lingüístico en relato icónico; 4) Independización del relato icónico y comienzo de la simbolización. Todo ello tiene lugar en ese estadio que podría denominarse umbral entre la vigilia y el sueño. Habiéndose dado todas las fases del proceso, afirman los Doctores Jimeno Valdés y Jimeno Bulnes: "Hay un momento, antes de que se dé el paso siguiente, que significaría la entrada en el sueño, en el que el yo consciente, en un esfuerzo voluntario, puede todavía recuperar el nivel de consciencia y transformar inmediatamente la frase simbolizada en imágenes en proposición verbal o lógica o, en su caso, plástica, la cual es pulida, perfilada, memorizada, o traspuesta al papel o a la tela del cuadro dando nacimiento a la *obra recién creada.*" (P. 144). La diferencia básica entre el delirio y la creación, aunque sean los mecanismos sean los mismos, radica en que "La creatividad forma nuevos conceptos interpretativos y progresivos de la realidad, mediante la reestructuración teleológica, es decir, finalista de los materiales memorizados." (P. 146). Desde el momento en que Coleridge menciona la ingestión del opio, hemos de considerar, al menos en un principio, que su estado mental no fue el de la "inspiración" del artista en condiciones normales. Deseo expresar mi agradecimiento al Dr. Jimeno Valdés por la valiosa ayuda que ha supuesto para este trabajo la información de carácter psiquiátrico que me ha proporcionado y que aparece recogida a lo largo de todo este apartado.

[42] Para una mayor información sobre el tema, cf. K. Beninger, "Zur klinik des Haschischrausches", *Nervenartz*, 1932, vol 5, pp. 336-42; B. Defer, M-L Diehl, "Les Psychoses cannabiques ociques (a propos de 560 observations), *Ann. Med. Psychol.*, 1968, vol. 2, pp. 260-66; G. Edwards, "Psychopathology of a Drug Experience", *British Journal of Psychiatry*, 1983, vol. 143, pp. 509-12. También se puede obtener gran información sobre este tema en el estudio de N. Jimeno Bulnes, *Drogas y enfermedad mental: Un estudio sobre las esquizofrenias y psicosis tóxicas,* Valladolid: Secretariado de Publicaciones de la Universidad de Valladolid, 1995.

- Un aumento extraordinario de las imágenes visuales, tan sorprendentes en ciertos casos que los individuos que las han experimentado insisten de manera obsesiva en este aspecto.
- El sujeto se siente ajeno por completo a los problemas y preocupaciones propios de la vida cotidiana. Ello va ligado a la ausencia de los parámetros habituales de las dimensiones de espacio y tiempo[43].
- Diferenciación confusa entre lo externo y lo interno.
- El discurso lógico se ve sustituido por una forma pre-conceptual del pensamiento, en la que las imágenes y las asociaciones desempeñan la función llevada a cabo por las abstracciones y la capacidad razonadora en el pensamiento racional[44]. Un hecho particularmente resaltado es la desaparición de la consciencia de la realidad necesaria para establecer relaciones de analogía. Como consecuencia de ello, las relaciones de este tipo aparecen representadas por medio de yuxtaposiciones o incluso fusiones de los elementos contemplados.
- Estas imágenes conllevan una gran carga emocional y afectan a todos los sistemas sensoriales. Por ello, aunque son predominantemente de carácter visual, también pueden tomar la forma de sonidos, olores, impresiones táctiles, sabores, o producir la sensación de movimiento e incluso de cambios en la percepción de las funciones corporales. Además, muchas de estas imágenes pueden presentar un efecto sinestésico.[45] Por otra parte, las imágenes tienden a reiterarse. El proceso se agota.
- El estado de ánimo puede ser variable, oscilando entre irritabilidad, cólera, impaciencia, fatiga, estados pseudo-estáticos y miedo.
- Otra de las propiedades de estas drogas es la de extender los horizontes de la vida interior del individuo de tal modo que muchas de las experiencias que han permanecido olvidadas o reprimidas en el subconsciente afloran en estos momentos con una fuerza inusitada.

---

[43] Según la descripción de Norman Mackenzie, *Dreams and Dreaming*, London: Bloomsbury Books, 1989 (1965), p. 298: "Over and over again the takers of mescalin use such phrases as "the ordinary human sense of time seemed contemptible... The sense of drifting in the infinite, of flowing into the ocean of eternity." A propósito de esta impresión, nos parece oportuno citar las palabras del propio Coleridge que aparecen en una carta de 1797, que Griggs relaciona -creemos que con bastante acierto- con los efectos del opio: "It is but seldom that I raise & spiritualize my intellect to this height -& at other times I adopt the Brahman Creed, & say - It is better to sit than to stand, it is better to lie than to sit, it is better to sleep than to wake - but Death is the best of all! - I should much wish, like the Indian Vishna, [Vishnu] to float about along an infinite ocean cradled in the flower of the Lotos, & wake once in a million years for a few minutes - just to know that I was going to sleep a million years more." (*CL*, I:209, p. 350).

[44] En la época de los surrealistas estuvo muy de moda la creatividad automática -o "escritura automática"-. Parece ser que se situaban como en estado de trance, equivalente al hipnagógico. En todos estos casos lo que se produce es la sustitución primero del discurso lógico por el discurso inconexo, que luego es convenientemente reinterpretado, atribuyéndole un significado oculto y simbólico, que, en general, no existe, sino que es invento explicativo del yo normal. Eso sucede hasta cierto punto en las reinterpretaciones de los sueños que hacen los psicoanalistas.

[45] Dicho efecto consiste en la asociación mental entre una percepción normal y una percepción alucinada; por ejemplo, ante una percepción visual como la contemplación de unas flores se produce simultáneamente una percepción auditiva, como escuchar una melodía, que no tiene un referente real, sino que es una consecuencia de la alucinación.

Se ha llegado a la descripción de este cuadro psíquico después de realizar múltiples experimentos clínicos. Pero también contamos con los testimonios de varios artistas. De especial interés es el caso de *Confessions of an English Opium-Eater*, obra publicada en el año 1821, del escritor contemporáneo de Coleridge Thomas De Quincey, en la que este autor describe su experiencia como adicto al opio. En la parte de esta obra titulada "The Pleasures of Opium", De Quincey se refiere continuamente al estado producido por la droga como un paraíso. Una idea muy similar es la que expresa Baudelaire, perteneciente al grupo parisino que se auto-denominó "Le Club des Hachischins". Describe el poeta francés que sentía como si todas las maravillas de este mundo le pertenecieran únicamente a él[46]. La descripción que hace De Quincey de los efectos del opio se corresponde con las características previamente expuestas[47].

Curiosamente, los escenarios orientales no eran ajenos a estos sueños de De Quincey[48], como también le ocurrió a Havelock Ellis, quien en su obra *The World of Dreams* señala cómo la droga le producía visiones orientales y arquitectónicas. Precisamente son visiones producidas por un estado febril las tortuosas y laberínticas construcciones que aparecen en los grabados del artista italiano G. B. Piranesi, concretamente en los pertenecientes a la serie *Le Carceri d'invenzione* (1745), que tanto fascinaron al propio Coleridge -según relata De Quincey-, recordándole sus visiones en el delirio de una fiebre[49]. Tras la descripción de uno de estos grabados, que no es sino la reproducción aproximada de las palabras de Coleridge en su propia descripción del mismo, manifiesta De Quincey:

> With the same power of endless growth and self-reproduction did my architecture proceed in dreams. In the *early stages* of my malady, the splendours of my dreams were indeed *chiefly architectural*: and I beheld such pomp of cities and palaces as was never yet beheld by the waking eye, unless in the clouds[50].

Ese mismo carácter extraordinario de la arquitectura aparece descrito por Aldous Huxley en *The Doors of Perception*, obra en la que el autor relata su experiencia personal con otra sustancia alucinógena, la mescalina. Su experiencia en la percepción del entorno urbano durante un paseo bajo los efectos de la droga presenta una distorsión de la arquitectura que viene a representar visiones trascendentales de la misma. En otro momento, habla de la capacidad de la mescalina para potenciar determinados efectos

---

[46] Cf. Norman MacKenzie, *op. cit.*, pp. 299-300.

[47] Thomas De Quincey, *Confessions of an English Opium-Eater and Other Writings*, ed. Grevel Lindop, Oxford: Oxford University Press, 1985, pp. 67-69. Ha de tenerse en cuenta que los efectos de estas drogas pueden presentar variaciones de un sujeto a otro. De Quincey señala como los efectos más relevantes: 1) un aumento de la capacidad creativa visual, que se produce en proporción directa con esa fusión entre lo externo y lo interno; 2) un estado anímico de profunda ansiedad y melancolía; 3) la distorsión de las dimensiones de espacio y tiempo, que cobran proporciones de infinitud y eternidad; 4) el recuerdo de incidentes acaecidos en la infancia o de hechos olvidados por completo.

[48] Cf. *Ibid.;* p. 76. El orientalismo tan en boga durante esta época hubo de ser el factor determinante en este aspecto.

[49] Ibid., p. 70.

[50] Ibid., p. 71. La cursiva es nuestra.

ópticos, tales como los producidos por los colores y la luminosidad, y la distorsión de los espacios, que se transforman en superficies inmensas. Viene a ser en todos los casos una percepción trascendental de la realidad propiciada por las drogas[51].

Fitz-Hugh Ludlow, uno de los primeros europeos en experimentar con el hachís, describe cómo bajo sus efectos:

> I looked abroad on fields and waters and sky, and read in them a most startling meaning. They were now grand symbols of the sublimest spiritual truths, truths never ever before even feebly grasped, and utterly unsuspected. Like a map, the arcana of the universe lay bare before me. I saw how every created thing not only typifies, but springs forth from some mighty physical law as its offspring[52].

En el mismo sentido se manifiesta Baudelaire. Habla del gran estado de gozo y serenidad que el hombre puede lograr con esta droga. Muy similares eran las palabras de Coleridge en la carta del año 1798 dirigida a su hermano George.

Ha de señalarse asimismo que *Kubla Khan* no fue la única experiencia poética que Coleridge relacionó con la composición onírica. En 1803, le escribe a T. Wedgwood:

> To diversify this dusky Letter I will write in a Post-script an Epitaph, which I composed in my Sleep for myself, while dreaming that I was dying. To the best of my recollection I have not altered a word[53].

Éste es el epitafio en cuestión:

Here sleeps at length poor Col., & without Screaming,
Who died, as he had always liv'd, a dreaming:
Shot dead, while sleeping, by the Gout within,
Alone, and all unknown, at E'nbro' in an Inn[54].

Consideramos de sumo interés la semejanza que las palabras previamente citadas mantienen con la parte del Prefacio de 1816 en la que Coleridge describe la composición mientras dormía y, sobre todo, cómo resalta la idea de que los versos presentados se corresponden exactamente con los del sueño.

Otro de los puntos de la descripción del Prefacio, concretamente donde se nos dice que al poeta se le presentaron todas las imágenes como si fueran *cosas*[55], con la producción

---

[51] La mescalina es una sustancia más tóxica que el opio. Además de los trastornos sensoriales, puede producir trastornos del pensamiento, esto es, los "delirios" a los que se refiere esa percepción trascendental.

[52] En Norman MacKenzie, *op. cit*, p. 302.

[53] *CL*, II:520, p. 992.

[54] Idem y *CPW*, II, p. 970.

[55] Este tipo de representación es característico de las intoxicaciones agudas por alucinógenos, y el opio es también un alucinógeno.

paralela de las expresiones correspondientes, tiene un antecedente en una anotación hecha en el año 1800:

To have a continued Dream, representing visually & audibly all Milton's Paradise Lost[56].

4. EL TEXTO POÉTICO

El análisis del poema lo realizaremos sobre el texto del manuscrito de Crewe, puesto que Coleridge llevó a cabo una configuración estructural distinta del texto poético para su primera edición en 1816. El hecho de que las sucesivas ediciones de *Kubla Khan* llevadas a cabo en vida del autor hayan mantenido prácticamente esa misma estructuración demuestra que el texto del manuscrito ológrafo se transcribió, en cualquier caso, con anterioridad a la primera edición del poema[57].

A) ASPECTOS ESPACIO-TEMPORALES:

Kubla Khan consta de cincuenta y cuatro versos. En la primera estrofa del manuscrito -que suma un total de 36 versos- nos encontramos con una voz poética que habla en tercera persona y que entremezcla la narración con la descripción, si bien es cierto que lo narrativo se limita a las dos oraciones de los diez primeros versos regidas por los verbos "decree" y "girdle", y a la que forman los versos 30 y 31, regida por el verbo "hear", mientras que el resto de la estrofa es totalmente descriptiva.

La descripción realizada a lo largo de estos treinta y seis versos gira en torno a las dos coordenadas trazadas en los cinco primeros versos: 1) la constituída por el palacio; 2) la constituída por el río sagrado, juntamente con las cavernas inconmensurables y el mar de las tinieblas. Los seis versos siguientes son la descripción general del espacio dentro del cual se circunscriben tanto uno como otro parámetro. Es un jardín cerrado, un *hortus conclusus*, que contiene elementos naturales de lo más dispar: son diez millas de terreno fértil, donde se encuentran jardines, arroyos, árboles de incienso -un tipo de cedro-, bosques que encierran claros soleados y verdes, y montañas. En los versos siguientes se introduce un nuevo elemento paisajístico: en un lugar indeterminado del paraje se halla un profundo abismo, al que se llega bajando la colina verde y atravesando una cubierta de cedros. Del seno de este abismo surge la fuente poderosa, que no es sino el nacimiento del río sagrado, que va a fluir de modo serpeante a través de bosque y valle a lo largo de cinco millas hasta llegar a las cavernas y desembocar de forma turbulenta en el mar inerte. A continuación se dice que la sombra del palacio se proyecta en medio del mar[58], y es ahí donde se oye el

---

[56] Kathleen H. Coburn (ed.), *The Notebooks of Samuel Taylor Coleridge*, 2 vols., London: Routledge & Kegan Paul, 1957, vol. I, 658 10-24. En adelante *CN*.

[57] Ya nos hemos referido anteriormente a la opinión de Alice D. Snyder, *op. cit.*, 1934, quien le asigna al manuscrito ológrafo una fecha que si no fue el año 1797, no estaría muy lejos de esa época.

[58] El vocablo "wave" aparece tanto en la poesía de Coleridge como en la mayoría de la poesía de esta época como sinécdoque de mar.

sonido entremezclado de la fuente y las cavernas. Finalmente, se nos dice que es un palacio-cúpula soleado con cuevas de hielo.

Nos resultaría prácticamente imposible trazar un plano que reflejara las relaciones espaciales entre estos elementos. Los básicos, a nuestro juicio, son los que aparecen enumerados en los primeros versos: el palacio, el río sagrado, las cavernas y el mar, todos ubicados dentro de un área medida y delimitada con toda precisión: "twice five miles". Parece que confluyen de algún modo en su ubicación, pero de qué modo o con qué disposición es algo que, siguiendo la descripción del poema atentamente, se nos escapa por completo.

Por consiguiente, en la descripción que se encuentra en esta primera estrofa del manuscrito, las relaciones espaciales son absolutamente inverosímiles desde una perspectiva realista. Los distintos elementos no se han dispuesto espacialmente de una manera lógica y coherente. Esta distorsión de las relaciones espaciales es algo que no se da en ninguna otra composición de Coleridge.

La segunda estrofa supone un cambio muy brusco en relación con la primera. La descripción impersonal deja paso a la narración en primera persona. La voz poética dice haber contemplado en una visión a una doncella abisinia tocando un dulcémele y entonando un canto sobre el monte Abora. Expresa su deseo de revivir en su interior esa sinfonía y esa canción, pues de ese modo podría construir en el aire -la única construcción que permanece en el aire es la musical- el palacio y las cuevas de hielo. Todos los que lo oyeran podrían contemplar por sí mismos el prodigio, se aterrorizarían ante su aspecto -ojos brillantes y cabello flotando- y se apresurarían a realizar una especie de exorcismo, puesto que el que era capaz de tal cosa se había alimentado de la miel y de la leche del paraíso.

Por extrañas que puedan parecer las circunstancias, si se realiza una lectura literal -como muchos críticos han hecho[59]- de estos últimos versos, el discurso racional no se ve dislocado ni forzado. La narración es inteligible. Se puede parafrasear el contenido de esta estrofa, mientras que el de las anteriores, en nuestra opinión, no se puede traducir por medio de la lógica discursiva en algo comprensible porque faltan los nexos que explicarían las situaciones respectivas de los elementos, como tampoco puede representarse de una forma plástica. De este modo, el escenario de la primera estrofa se convierte en un especie de *collage*.

La dimensión temporal no es tan importante en este caso como factor discursivo, pero sí tiene una presencia significativa en las imágenes de la primera parte. Los términos temporales que aparecen son: *ancient, ceaseless, momently, at once and ever, ancestral*. El primero y el último vienen a ser variantes de la misma idea. Esto mismo ocurre, en realidad, con los otros tres, todos aplicados a una única imagen: el surgimiento de la fuente y nacimiento del río, que se representa como algo incesante pero intermitente, idea reforzada por la expresión "swift half-intermitted burst". Son todas ellas expresiones que efectúan una magnificación de la dimensión temporal, dirigiéndola algunas hacia el infinito:

---

[59] Éste es el caso, sin ir más lejos, de E. Schneider, *op. cit.*, quien realiza una lectura literal de todo el poema.

ceaseless, at once and ever. En la segunda estrofa, sin embargo, no aparece ninguna expresión de este tipo.

B) IMÁGENES Y LÉXICO:

Si se trata de aislar cada una de las imágenes de Xanadú, entendiendo por imágenes las representaciones sensoriales realizadas a través de la expresión poética[60], omitiendo los símiles, se observa que en la primera estrofa son las siguientes:

1) El palacio-cúpula.
2) El río sagrado.
3) Las cavernas inconmensurables.
4) El mar tenebroso e inerte.
5) Las torres y murallas que rodean el recinto.
6) Los jardines con los riachuelos y los árboles de incienso.
7) Los bosques con sus claros.
8) Las colinas.
9) El abismo.
10) El nacimiento de la fuente, origen del río sagrado.
11) Las voces ancestrales.
12) La sombra de la cúpula sobre el mar.
13) El ruido entremezclado de la fuente y las cuevas.
14) La cúpula soleada con cuevas de hielo.

A éstas hay que añadir los cuatro símiles que aparecen entre los versos 11 y 21:

1) La mujer gimiendo por su amante demoníaco bajo una luna menguante.
2) La tierra jadeando con unos fuertes resuellos.
3) El granizo rebotando.
4) El cascajo del grano bajo el mallal de la trilladora.

De los catorce elementos señalados anteriormente, los ocho primeros aparecen en los once versos iniciales. Entre los versos 11 y 29, las únicas novedades las constituyen el abismo y el nacimiento del río sagrado en la fuente. Todos los demás son repeticiones, matizadas de alguna forma, de los que han aparecido con anterioridad. Así, la colina verde -"green hill"- y el bosque de cedros -"cedarn cover"- vienen a ser una mezcla de las

---

[60] Obviamente, nos estamos refiriendo al término en un sentido que no se corresponde en absoluto con el de la retórica, sino con la definición que aparece en el manual de Alex Preminger de esta acepción: "More especifically in literary usage, *imagery* refers to images produced in the mind by language, whose words and statements may refer either to experiences which could produce physical perceptions were the reader actually to have those experiences, or to the sense impressions themselves." (*The Princeton Encyclopedia of Poetry and Poetics*, ed. Alex Preminger, Princeton: Princeton University Press, 1974, p. 363).

imágenes de los árboles de incienso y los bosques con sus claros de verdor que aparecen en los versos inmediatamente anteriores.

Los versos 17-24 están totalmente dedicados a describir el nacimiento abrupto del río sagrado. Seguidamente, en los versos 25-28 se representa de nuevo la imagen del curso del río y su desembocadura final. Como novedades en relación con la misma imagen de los primeros versos, contamos con la distancia recorrida por el río hasta llegar a las cavernas -cinco millas- y el efecto tumultuoso de la desembocadura, imagen ésta que, en la presente ampliación de su descripción, guarda una simetría perfecta con la del nacimiento violento y brusco descrito en los versos precedentes. En los versos 29 y 30 aparece de nuevo y por última vez la figura de Kubla a propósito de la extraña, por lo insólita dentro del contexto, imagen de las voces ancestrales que profetizan guerra. Finalmente, los versos 31-36 retornan a la imagen con que se iniciaba la composición, esta vez a modo de síntesis entre los elementos que la integran, con la particularidad de que no hay una referencia explícita al río y su curso, pero sí de forma implícita a través de la mención a la fuente y a las cuevas: su nacimiento y desembocadura. Esa idea de la síntesis tiene su epítome en el último verso de esta primera parte: "A sunny pleasure-dome with caves of ice!", imagen implícita en la contraposición de los primeros versos entre el palacio de Kubla y el mar tenebroso. Ahora se intercambian los términos, aunque para expresar la misma idea: la expresión "sunless sea" del verso 5 tiene su contrapartida en la correspondiente a la "sunny pleasure-dome" de este último. De los cuatro símiles mencionados, uno de ellos no resulta tan insólito: la comparación de los fragmentos de piedra lanzados por el chorro de la fuente con la imagen del pedrisco rebotando sobre el suelo. Sin embargo, los otros tres, en cuanto a su calidad analógica, presentan un grado mucho mayor de originalidad, o creación si se prefiere, por parte del artista. De este modo, el paraje de Xanadú es al mismo tiempo salvaje, sagrado y encantado, como el que estuviera rondado por una mujer gimiendo por su amante demoníaco bajo una luna menguante. Asimismo, el nacimiento de la fuente tiene unas características tan violentas que se representa por medio de la prosopopeya de la tierra jadeando con unos fuertes resuellos. Y, por último, el símil del pedrisco es doble, puesto que se yuxtapone en su carácter analógico con un imagen considerablemente más insólita: la del mallal de la trilladora lanzando despedido el cascajo del grano.

En lo que respecta a la cualidad de dichas imágenes, las propias del escenario de Xanadú son la mayoría de carácter visual. Además de la propia expresión icónica, se encuentran en los primeros once versos diferentes tipos de representación visual, como la luz y la oscuridad, el brillo y el color: "sunless", "bright", "sunny", "greenery". También está presente la representación del movimiento: "ran", "through", "down", "round", "sinuous", y una de carácter olfativo: "incense-bearing".

Algunas de estas imágenes, como es el caso del nacimiento del río a través de expresiones como "with ceaseless turmoil seething", "in fast thick pants were breathing", "swift half-intermitted burst", "huge fragments vaulted like rebounding hail" y "dancing rocks", tienen implícita una cualidad acústica, que, sin embargo, no se manifiesta de forma patente en la locución lingüística. A la vez, los términos "seething", "fast", "pants", "swift" y "burst" producen un efecto de rapidez que contribuye a reforzar el predominio absoluto de la representación de movimiento entre los versos 12-27: "slanted", "down", "athwart", "seething", "fast", "breathing", "forced", "swift", "half-intermitted", "burst", "vaulted", "rebounding", "dancing", "flung up", "meandering", "mazy motion", "Through wood and dale", "ran", "reached", con un par de excepciones: la "green hill" y la "woman wailing", aunque esta última se sale de lo que constituye el escenario de Xanadú, forma parte del juego literario de los símiles. En los otros tres símiles el movimiento es también la cualidad esencial.

A partir del verso 28, el movimiento deja paso al estatismo. Así, el verbo "sank" es la única expresión de movimiento, que se ve contrapuesto por la imagen inmóvil del palacio flotando en medio de las olas. Si se ha establecido el límite en este verso, que, en realidad, sería el último de la parte dedicada al río sagrado, es porque con él comienzan un tipo de imágenes prácticamente inexistentes hasta este momento: las correspondientes a la expresión acústica. De esta forma, hay vocablos referidos a la percepción acústica como "tumult" y "heard" que aparecen en dos ocasiones en estos nueve versos. Al mismo campo pertenecen las expresiones "Ancestral voices prophesying" y "the mingled measure". Por otro lado, reaparece la cualidad visual de luces y sombras: "shadow", "sunny". Y hace, por último, acto de presencia la representación de una cualidad táctil en la expresión "caves of ice", con su implícita expresión de la sensación de frío, en relación antitética con la expresión "sunny pleasure-dome", que une a su cualidad visual esta otra de la sensación de calor.

Las imágenes de la segunda estrofa son:

1) La visión de la doncella abisinia tocando un dulcémele y entonando un canto sobre el monte Abora.
2) El auditorio del poeta viendo, al escucharle, esa construcción artística en el aire, aterrorizándose ante ello y practicando el ritual de los círculos.
3) El poeta con los ojos refulgentes y el cabello al viento.
4) El poeta nutriéndose de la miel y la leche del paraíso.

Las imágenes de esta estrofa son más propiamente del tipo primero que del segundo, según la definición de Preminger: representaciones visuales producidas en la mente del lector[61]. Creemos que, en este caso, las únicas imágenes que el lector siente como impresiones sensoriales que podría experimentar son la de la doncella abisinia por una parte, por la fuerza que tiene la propia imagen, y la del poeta en trance creativo por otra, en virtud de su introducción, sintácticamente un tanto discordante en su dependencia del verbo "cry" del verso 49. Ambas son en esencia de carácter visual, aunque en la primera de lo icónico se produce de inmediato una transición a lo acústico, constituyéndose ambos campos de la percepción en los dos ejes sensoriales de esta estrofa. En cambio, en la estrofa anterior, todas pertenecerían al tipo segundo, el de las imágenes del poema como impresiones sensoriales[62]. Es ésta una diferencia radical entre ambas partes, dado que, en último término, todas las imágenes están perfectamente engarzadas por medio del discurso lógico. Esto se observa fundamentalmente en las transiciones de una imagen a otra. De la

---

[61] Cf. nota 60.
[62] Idem.

primera imagen se produce el avance hacia la segunda por medio de una estructura sintáctica condicional: "Could I revive within me...", y de la segunda a la tercera nuevamente por medio de la sintaxis, en forma de coordinación en este caso: "And all who heard...". Por último, la cuarta imagen está introducida a través de una relación sintáctica de causalidad: "For he on honey-dew hath fed".

En la primera estrofa la sintaxis entre los principales grupos de imágenes presenta un grado muchísimo menor de complejidad, con un predominio absoluto del polisíndeton, si no del asíndeton. Las imágenes hasta el verso 5 y las que continúan a partir del verso 6 están unidas por medio de la partícula "So", con valor de conjunción. A partir de ahí tenemos la conjunción copulativa "And" en los versos 8 y 10. La expresión adversativa "But oh!" con que se inicia el verso 12 no tiene un valor sintáctico efectivo como nexo, sino más bien como exclamación. Seguidamente, los únicos nexos -insistimos, como introductores de imágenes- los van a constituir la conjunción copulativa "And" (vv. 17, 23, 28 y 29) e incluso la disyuntiva -en realidad con valor de coordinación- "Or" (v. 22), si bien se da una cierta elaboración sintáctica dentro de éstas; pero, esencialmente, las únicas estructuras que en realidad se pueden considerar como tales son las de tipo comparativo de los versos 15 ("As e'er... ") y 18 ("As if... "). En el resto de los casos, el asíndeton sustituye al polisíndeton en esa relación sintáctica acumulativa que caracteriza a esta parte, y que, en consecuencia, produce ese efecto impresionista o de *collage*.

Las recurrencias léxicas son muy frecuentes a lo largo de la primera estrofa del manuscrito de Crewe. Los vocablos y expresiones que se repiten de forma literal son los siguientes:

-*pleasure-dome*: 2, 36.

-*the sacred river, (ran)*: 3, 24, *26

-*caverns measureless to man*: 4, 27

-*five miles*: 6, 25

-*there*: 8, 10

-*sunny*: 11, 36

-*chasm*: 12, 17

-*momently*: 19, 24

-*tumult*: 28, 29

-*heard*: 29, 33

Habría algunas variaciones que también se podrían considerar como recurrencias, aunque, obviamente, no literales, que son las relativas al vocablo "greenery" del verso 11, que aparece en su variante de adjetivo -"green"- en el verso 13; a la expresión "dome of pleasure" del verso 31, considerada como variante de "pleasure-dome"; al término "measure" del verso 33, variante sobre "measureless"; y al vocablo "sunless" como variante morfológica del término recurrente "sunny"[63]. Por otro lado, hay una derivación morfológica que se repite en varios términos, uno de los cuales a su vez aparece repetido en

---

[63] No tenemos en cuenta las implicaciones semánticas de estas variaciones, puesto que por el momento sólo nos interesa el valor de la reiteración de determinadas voces.

dos ocasiones, con lo que se intensifica el efecto de la repetición. Nos estamos refiriendo al sufijo "-less" de los vocablos "measureless", "sunless", "ceaseless" y "lifeless".

Los términos y expresiones reiteradas corresponden precisamente a las imágenes centrales de Xanadú y no a los símiles con que se las compara, lo que refuerza la idea implícita en nuestro comentario sobre la recurrencia de dichas imágenes centrales: la existencia de un corpus central reiterado sobre el que se han añadido variaciones y ampliaciones de distinta naturaleza. Las recurrencias literales de la segunda estrofa son las que relacionamos a continuación:

-dulcimer: 37, 40
-me: 42, 44
-dome: 46, 47
-And all: 48, 49
-Beware: 49
-eyes: 50, 52

Como variantes morfológicas de la misma voz se hallan los casos de "saw", "see" (versos 38 y 48). En relación con la estrofa anterior, se encuentran las siguientes recurrencias:

	I	II
-once:	23	2
-deep:	12	44
-sunny (pleasure-)dome:	36	47
-caves of ice:	36	47
-heard:	29, 33	48
-holy:	14	52

El valor de las recurrencias dentro de la segunda estrofa no tiene parangón con el que presentan las de la primera. Los vocablos se repiten de forma independiente -con la única excepción de la expresión "And all", cuya clasificación retórica de anáfora hace de ella realmente un caso aparte- y no son términos que tengan en absoluto la misma fuerza que los de la estrofa anterior dentro del entramado poético de la composición. También tiene su interés el hecho de que las únicas expresiones de la primera parte que se repiten en la segunda son precisamente las que constituyen el último verso de esa primera parte. El resto no parecen presentar mayor valor que el adjudicado a las recurrencias dentro de la estrofa. Quizá el vocablo "holy" sea el único de todos ellos que conlleve algún sentido especial en su reiteración, pero no desde el punto de vista a través del cual estamos analizando el fenómeno por el momento.

Hay, no obstante, un aspecto al que no nos hemos referido aún, la maestría de que hace gala el autor en el dominio de la técnica poética, especialmente en lo que respecta a las rimas y a otros recursos fónicos, tales como las aliteraciones -muy abundantes a lo largo de todo el texto-, las rimas internas, las onomatopeyas, las variaciones vocálicas, el metro[64]. Esto nos hace pensar que hubo de haber un grado de elaboración consciente superior al que implican las variantes entre el texto del manuscrito de Crewe y el de la edición de 1816, claro está, si se admite que se dio algún tipo de composición inconsciente. El texto poético presenta una serie de características que permiten la consideración de dicha posibilidad. Fundamentalmente, esa ruptura del discurso lógico, que singulariza a *Kubla Khan* entre todas las obras de Coleridge, es la que -por supuesto, reforzada por el resto de los datos aportados- le confiere al poema esa calidad anómala, más propia de una composición llevada a cabo en unas circunstancias psíquicas que corresponden a las de un individuo cuya conciencia se ha visto de algún modo alterada. El opio, indudablemente, podría ser el causante de esa alteración.

A la vista de esos datos, no se puede sostener que todo el proceso de composición tuviera el carácter automático sugerido en el Prefacio, o totalmente anormal, como se indica en la nota manuscrita. Como composición llevada a cabo bajo los efectos del opio, sólo se puede admitir que la droga indujera un estado obnubilado de la conciencia, dando lugar a unas visiones que, en cuanto se encontró en disposición de hacerlo, el autor trató de transcribir. Enseguida se encontraría con el problema de que lo reflejado en el papel no le hacía justicia al ya vago recuerdo que tenía de la visión. Sobre esas anotaciones se llevó a cabo una importante labor de lima, e incluso de ampliación, tratando siempre de conservar la impresión de la visión original. Ese proceso se podría aplicar únicamente a la primera estrofa del manuscrito. La segunda sería un añadido posterior, en un último intento por completar aquello que el poeta, a causa de ese origen anómalo, sentía ya como inacabable.

---

[64] Para un análisis de todos estos recursos en el poema, cf. Alan C. Purves, "Formal Structure in *Kubla Khan*", *Studies in Romanticism*, 1961, vol. 1, pp. 187-91, quien llega a la siguiente conclusión: "The structure is virtually complete, and little could be added without the introduction of a completely new rhyme type to coincide with new subject matter." (Ibid., pp. 188-89).

II. Ecos de *Kubla Khan* en la Correspondencia y Anotaciones de Coleridge

1. EL *ANNUS MIRABILIS*

El margen establecido por la crítica para la composición de *Kubla Khan* abarca básicamente el periodo comprendido entre el año 1797 -fecha dada por al autor tanto en el Prefacio de la edición de 1816 como en el manuscrito de Crewe- y el año 1802. En general, con excepción de H. R. Rookmaker[65], parece que nadie se inclina a dar una fecha posterior al año 1801, que, por otro lado, es la fecha propuesta por este crítico para la creación de lo que, en su opinión, sería un primer borrador del poema

Fue ésta una época crucial en la vida de Coleridge. En otoño de 1795 tiene lugar su primer encuentro con W. Wordsworth, pero el contacto más estrecho con el poeta no comenzará hasta marzo de 1797. Es famosa la intensa relación tanto personal como poética que se entabla entre Coleridge y, hemos de decir, los Wordsworth, pues consabido es también el papel tan importante desempeñado por Dorothy Wordsworth en ambos sentidos. El propio Coleridge dijo de ella que en sus apreciaciones estéticas era "a perfect electrometer"[66].

Como fruto de esta relación, se producirá una intensa actividad poética por parte de ambos autores, que dará lugar a algunas de las obras más admiradas de los dos poetas. En el caso concreto de Coleridge, se han aducido diversos motivos que pudieran explicar esa creatividad tan prolija. Se ha querido ver la causa de ello en su incipiente adicción al opio por estas fechas; también en el hecho de que éste fue el único periodo de su existencia en que se sintió satisfecho con la vida y consigo mismo. Éstos son aspectos en los que nos detendremos más adelante. Sin embargo, algunos críticos, entre los que destacaremos la voz

---

[65] H. R. Rookmaker (Jr.), *Towards a Romantic Conception of Nature: Coleridge's Poetry up to 1803*, Amsterdam, Philadelphia: John Benjamin Publishing Company, 1984.

[66] Cf. *CL*, I:195, pp. 330-331: "Her information various - her eye watchful in minutest observation of nature - and her taste a perfect electrometer - it bends, protrudes, and draws in, at subtlest beauties and most recondite faults." Se ha dicho que Dorothy enseñó a Coleridge a ver en el libro de la naturaleza. Ambos poetas se sirvieron de sus diarios cuando tuvieron necesidad de realizar descripciones precisas de la naturaleza en sus creaciones literarias. Este hecho tendrá una trascendencia inusitada en la poesía y también en el pensamiento poético de Coleridge, los cuales, a partir de su conexión con los Wordsworth, muestran un mayor interés por esa observación detallada de la naturaleza, y van a suponer una confrontación radical con las generalizaciones en las descripciones tan características de la poesía de los epígonos del siglo XVIII. Cf. A. S. Byatt, *Unruly Times. Wordsworth and Coleridge in their Time*, London: The Hogarth Press, 1989. (Previamente se había publicado como *Wordsworth and Coleridge in their Time*, London: Thomas Nelson and Sons, 1970).

de Norman Fruman[67], consideran que esta eclosión poética, al menos en sus términos cualitativos, se debió a la interrelación personal y literaria entre los dos poetas[68]. Esta colaboración, no obstante, en su sentido productivo más estricto, se limitó prácticamente a un año de sus vidas, el llamado *annus mirabilis* (1797-1798).

Indudablemente, la cristalización literaria más emblemática de la relación entre los dos poetas la constituye *Lyrical Ballads*, publicación de composiciones de ambos autores - con predominio de las pertenecientes a Wordsworth-, que apareció de forma anónima en 1798. Habrá una segunda edición en el año 1800, en la que se adjuntará el famoso Prefacio, firmado por Wordsworth, que se ha dado en calificar como el manifiesto poético de esta primera generación de poetas románticos en Inglaterra. La autoría de Wordsworth no excluye la participación de Coleridge en varias de las ideas cruciales presentadas en este texto. Es un tema del que nos ocuparemos más adelante.

De todo lo expuesto, resulta de especial interés el hecho de que Coleridge durante esta etapa centrase una parte muy importante de su actividad y de sus esfuerzos en asuntos relacionados directamente con la literatura: los momentos más creativos se alternaban con otros de esparcimiento con sus nuevos amigos en los que la poesía era el foco principal de atención. La poesía se convirtió en el eje básico de su vida, y, quizá, también en el primer refugio donde olvidarse de unas incipientes desavenencias conyugales que iban a desembocar en uno de los mayores desastres de su atormentada existencia.

2. EL ESCENARIO DE *KUBLA KHAN*

Especialmente a raíz de su amistad con los Wordsworth, la atención de Coleridge se va a sentir poderosamente atraída por un mundo nuevo que se abrirá ante sus ojos como una fuente inagotable de deleite y admiración: el mundo de la naturaleza, que se va a convertir en uno de los puntos de apoyo utilizados por estos primeros románticos para

---

[67] Norman Fruman, *Coleridge, the Damaged Archangel*, London: George Allen & Unwin, 1971.

[68] Son de gran interés los estudios que se han venido haciendo recientemente sobre dicha interrelación literaria. Lucy Newlyn, "Radical Difference": Wordsworth and Coleridge 1802" en *Coleridge's Imagination*, ed. Gravil, Newlyn & Roe, Cambridge: Cambridge University Press, 1985, pp. 117-28, encuentra en la teoría poética de Coleridge una respuesta a la de Wordsworth. Paul Magnuson, *Coleridge and Wordsworth. A Lyrical Dialogue*, New Jersey: Princeton University Press, 1988, analiza las creaciones de ambos autores como un entramado complejo de respuestas poéticas recíprocas; el propio autor dice que estudia las relaciones entre los textos de Coleridge y los de Wordsworth como si se tratasen de una sola obra o secuencia lírica (p. 4). En esta misma línea se halla el artículo de Milton Teichman, "Wordsworth's Two Replies to Coleridge's "Dejection: An Ode"", *PMLA*, Vol. 86, 1971, pp. 982-89 y el de Roy Park: "Coleridge's Two Voices as a Critic of Wordsworth", *Journal of English Literary History*, 1969, vol. 36, pp. 361-81. Por supuesto, abundan los estudios conjuntos, especialmente aquellos que son una colección de artículos de varios autores. No vamos a detenernos en una relación detallada. Nos limitaremos simplemente a destacar dos trabajos por el carácter intertextual de su enfoque, el de Stephen Prickett, *Coleridge and Wordsworth. The Poetry of Growth*, London: Cambridge University Press, 1970, y el de Gene W. Ruoff, *Wordsworth and Coleridge. The Making of the Major Lyrics 1802-1804*, London, Sydney, Torky: Harvester Wheatsheaf, 1989. Una visión muy interesante a partir de un enfoque histórico-biográfico es la que nos ofrece A. S. Byatt, *op. cit.*. Esta muestra bibliográfica es suficientemente representativa de la repercusión tan peculiar que en el plano de la recepción ha tenido la colaboración literaria entre Coleridge y Wordsworth. Se trata de uno de los casos más singulares de la literatura inglesa.

socavar los tan manidos esquemas aplicados por la agonizante poesía neoclásica en su visión del hombre y su entorno[69]. La apreciación de los parajes naturales de las Quantock Hills y la costa occidental de Devon es lo que unió a los dos poetas de un modo especial[70].

La naturaleza va a inundar la poesía de Wordsworth, convirtiéndose en el viejo arcano de la tradición alquimista, fuente de misterios ocultos que le pueden ser revelados al hombre en un momento epifánico de comunión trascendental. Lo que se ha llamado la visión sacramental de la naturaleza de la poesía romántica[71].

El paisaje de Somerset primero y posteriormente el de las montañas Harz en Alemania y el del Lake District en el norte de Inglaterra despertaron el interés y la admiración de Coleridge, como demuestran sus cartas y cuadernos de notas. En agosto de 1796, en una carta a su amigo Thomas Poole, le describe un escenario natural con elementos que prefiguran el paisaje de *Kubla Khan*:

> ...& from thence to Ilam, *a quiet vale hung round with woods -beautiful* beyond expression- & from thence to Dove-dale, a place beyond expression *tremendously sublime.* Here in *a cavern at the head of a divine little fountain* we dined cold meat-[72].

Los adjetivos *beautiful* y *sublime* están utilizados de tal forma en esta descripción que sitúan a Coleridge de lleno dentro de la estética romántica. En una carta del 17 de julio de 1797, le dice a Robert Southey:

> And Wordsworth at whose house I now am for change of air has comissioned me to offer you a suit of rooms at this place, which is called "All-foxen" - *& so divine and wild is the country that I am sure it would increase your stock of images-*[73].

Estas palabras de Coleridge revisten un interés que quizá la crítica no se ha detenido a considerar con la suficiente atención. Coleridge y, al parecer, otros poetas de su entorno, como es el caso de Southey, se servían del paisaje natural contemplado y observado como fuente de imágenes. En el capítulo X de *Biographia Literaria* relata una anécdota sobre su estancia en Nether Stowey, durante el periodo en el que el grupo formado por él,

---

[69] Sobre la revolución romántica como contraposición a la visión neoclásica, creemos que aún siguen siendo ineludibles las obras de H. U. D. & Butt Dyson, *Augustan and Romantics, 1689-1830*, London: Cresset Press, 1961 (1940); Walter Jackson Bate, *From Classic to Romantic. Premises of Taste in Eighteenth-Century England*, Cambridge (Mass.): Harvard University Press, 1949; y E. D. Hille & Harold Bloom (eds.), *From Sensibility to Romanticism*, New Haven: Yale University Press, 1965.

[70] Para una mayor ampliación sobre este punto, cf. Cecil A. Moore, "The Return to Nature in English Poetry of the Eighteenth Century" en *Background of English Literature 1700-1760*, Minneapolis: University of Minnesota Press, 1953; W. K. Wimsatt, "The Structure of Romantic Nature Poetry" en *English Romantic Poets*, ed. M. H. Abrams, New York: Oxford University Press, 1960; Warren Joseph Beach, *The Concept of Nature in Nineteenth-Century Poetry*, New York: Russell and Russell, 1966; J. C. Watson, *Picturesque Landscape*, London: Hutchinson, 1970; y Trevor Harvey Levere, *Poetry Realized in Nature*, New York: Cambridge University Press, 1981.

[71] Sobre este tema y, especialmente, su relación con la tradición panteísta, cf. H. W. Piper, *The Active Universe. Pantheism and the Concept of Imagination in the English Romantic Poets*, London: The University of London -The Athlone Press, 1962; Thomas McFarland, *Coleridge and the Pantheist Tradition*, Oxford: Oxford University Press, 1969.

[72] *CL*, I:138, p. 231. La cursiva es nuestra.

[73] Ibid., 197, p. 336. La cursiva es nuestra.

Wordsworth y T. Poole fue sospechoso de tendencias jacobinas y colaboración con el gobierno francés. Los apuntes que tomaba del paisaje para un poema que tenía proyectado fueron considerados por los agentes del gobierno como mapas y planos del territorio que se enviarían a Francia para facilitar la invasión de sus tropas. Lo interesante de todo ello es ver cómo el paisaje, efectivamente, les surtía de imágenes para sus obras:

> My walks, therefore, were almost daily on the top of Quantock and among its sloping coombs. With my pencil and memorandum-book in my hand I was *making studies*, as the artists call them, and often moulding my thoughts into verse, with the objects and imagery immediately before my senses[74].

La diferencia fundamental entre Wordsworth y Coleridge en su "poetización" de la naturaleza es que Wordsworth nos hace ver y sentir los paisajes en sus descripciones poéticas, mientras que en la poesía de Coleridge no abundan las descripciones, con la excepción de algunas composiciones en prosa y pasajes de sus obras de teatro, fundamentalmente *Osorio*. Pero, como contrapartida, se encuentran en ella abundantes imágenes de carácter naturalista. Probablemente *Kubla Khan* sea uno de los ejemplos más representativos -por no decir el más representativo- de su poesía en este aspecto. Y son imágenes, en la mayoría de los casos, procedentes de un tipo de paisaje, como el propio Coleridge dice, "divine and wild". Un tipo de paisaje que, al menos en Inglaterra, a partir de la novela gótica, sobre todo de las obras de Mrs Radcliffe, va a encontrar su representación literaria de esa estética nueva.

En una carta a John Thelwall, fechada el 14 de octubre de 1797, Coleridge expresa la siguiente reflexión, tan comentada y citada por la crítica, aunque quizá demasiadas veces de una forma fragmentaria. Ha de presentarse en su totalidad para evitar cualquier desvirtualización, por pequeña que sea, de su verdadero sentido:

> I can *at times* feel strongly the beauties, you describe, in themselves, & for themselves - but more frequently *all things* appear little - all the knowledge, that can be acquired, child's play - the universe itself - what but an immense heap of *little* things? - I can contemplate nothing but parts, & parts are all *little* - ! - My mind feels as if it ached to behold and know something *great* - something *one & indivisible* - and it is only in the faith of this that rocks or waterfalls, mountains or caverns give me the sense of sublimity or majesty! - But in this faith *all things* counterfeit infinity! -[75]

Son precisamente estas palabras las que les han servido a muchos críticos para confirmar la fecha de composición de *Kubla Khan* dada por Coleridge en el Prefacio. E. L. Griggs, en su edición de las cartas de Coleridge, de donde procede esta cita, en una nota previa a la carta, se manifiesta en el mismo sentido. Señala cómo el poeta comienza comentando que ha estado ausente uno o dos días, lo que coincide perfectamente con la relación que hace Coleridge en el Prefacio sobre su retiro entre Linton y Porlock. La fecha

---

[74] *Biographia Literaria*, 2 vols., ed. J. Shawcross, London: Oxford University Press, 1907, I, p. 129. En adelante *BL*.

[75] *CL*, I:209, p. 349.

de la carta, además, es la misma que la del manuscrito de Crewe -no obstante, en el Prefacio se habla del verano y no del otoño de 1797, como ocurre en el manuscrito-. Insiste el editor de un modo muy especial en el carácter de prueba irrefutable que tienen las líneas citadas con respecto al interés que sentía el poeta en esta época por el tema de lo sublime.

Toda la estética inglesa del siglo XVIII sobre lo sublime se halla, indudablemente, detrás de estas ideas de Coleridge[76]. El máximo representante de dicha estética fue E. Burke. Coleridge trasciende el enfoque psicológico de Burke para acercarse a una posición próxima incluso a los postulados kantianos[77]. La humillación temporal que supone el reto de lo sublime dinámico en ese potencial violento de la naturaleza se supera por medio de la razón. La razón se muestra a través de la capacidad de pensar en una totalidad que no puede representarse de una forma sensorial[78]. Kant afirma:

> Sublime es lo que, sólo porque se puede pensar, demuestra una facultad del espíritu que supera toda medida de los sentidos[79].

Sobre la posible influencia de Kant en estas fechas, R. Wellek no parece tener ninguna duda. Hace referencia a la carta de Coleridge del 6 de mayo de 1796, dirigida a su amigo Thomas Poole, en la que el poeta demuestra su conocimiento -aunque deficiente, por lo que se deriva de la expresión que utiliza para referirse a él ("the most unintelligible Immanuel Kant")- del filósofo alemán[80]. Ha de puntualizarse que, en la edición de Griggs, la carta a Thomas Poole que aparece tiene fecha del 5 de mayo y en ella Coleridge se refiere al "sabio de Könisberg" -así le llamará posteriormente- con la expresión "The great German metaphysician"[81].

De todos modos, no se puede precisar hasta qué punto llegaba su conocimiento de la obra de Kant, puesto que en esa misma carta Coleridge dice que está estudiando alemán y que en seis semanas será capaz de leerlo con una fluidez aceptable. Pero lo cierto es que en las primeras semanas de su estancia en Alemania demostrará una dificultad considerable para comunicarse en alemán y unos conocimientos bastante rudimentarios de la lengua[82].

---

[76] Cf. S. H. Monk, *The Sublime: A Study of Critical Theories in 18th-Century England*, Ann Arbor: University of Michigan Press, New York, 1960.

[77] Ese enfoque psicológico de Burke queda perfectamente reflejado en las siguientes palabras del pensador inglés: "Astonishment, as I have said, is the effect of the sublime in its highest degree; the inferior effects are admiration, reverence and respect." (Edmund Burke, *A Philosophical Enquiry into the Origin of our Ideas of the Sublime and Beautiful*, ed. J. T. Boulton, London: Routledge & Kegan Paul, 1958, p. 57).

[78] Cf. Steven Knapp, *Personification and the Sublime. Milton to Coleridge*, Cambridge (Mass.): Harvard University Press, 1985.

[79] *Crítica del Juicio*, #5, trad. de Manuel García Morente (*Emmanuel Kant. Crítica de la razón práctica. Crítica del Juicio. Fundamentación de la metafísica de las costumbres*, Buenos Aires: "El Ateneo" Editorial, 1951, p. 268). Kant también habla de lo sublime como "*un sentimiento de dolor* que nace de la inadecuación de la imaginación, en la apreciación estética de las magnitudes, con la apreciación mediante la razón." (Ibid., p. 274. La cursiva es nuestra).

[80] R. Wellek, *Immanuel Kant in England. 1793-1838*, Princeton: Princeton University Press, 1931, p. 69.

[81] *CL.*, I:124, p. 209.

[82] Cf. ibid., 212, p. 357. Es una carta de c. 20 de noviembre de 1797.

G. N. G. Orsini es menos partidario que Wellek de hablar de una influencia directa de Kant. Afirma que la influencia de la *Crítica del Juicio* se efectuó de una forma más bien indirecta, a través de otros autores alemanes[83], y que se observa su repercusión, esencialmente, en ensayos de Coleridge correspondientes a una fecha muy posterior a la época que se está analizando, como es el caso de *An Essay on Taste* (1810), *On the Principles of Genial Criticism* (1814), *Fragment on Beauty* (1818) y *On Poesy or Art* (1818)[84]. Es ésta, por el momento, una cuestión de interés en tanto en cuanto tenga una utilidad para situar a Coleridge dentro de su contexto estético y filosófico. La posible influencia de Kant en este periodo tan temprano, si se produjo, tuvo que ser un tanto superficial. El peso de la propia tradición británica hubo de ser muy superior a la del filósofo alemán.

El paisaje que aparece en la segunda estrofa de *Kubla Khan* es el tipo de paisaje que a finales del siglo XVIII, y prácticamente a lo largo de toda su vida, Coleridge asociará con el efecto estético de lo sublime, lo cual no hace de él sino un representante más de la corriente estética que se había venido fraguando a lo largo de varios años. Es, en realidad, el mismo paisaje que se encuentra en las descripciones y apuntes de sus cartas y cuadernos de notas, lo que quiere decir que es el único tipo de paisaje que atrae su atención. En marzo de 1798, le escribe a su hermano George:

> I Love fields & woods & mounta[ins] with almost a *visionary fondness* - and because I have found benevolence & quietness growing within me as that fondness [has] increased, therefore I should wish to be the means of implanting it in others - & to destroy the bad passions not by combating them, but by keeping them in inaction[85].

En una carta dirigida a Joseph Cottle -editor de las primeras colecciones de poemas de Coleridge y Southey y autor de *Early Recollections* (1837) y *Reminiscences of Coleridge and Southey* (1847)-, de comienzos de abril de 1798, según la datación tentativa de E. L. Griggs, Coleridge le invita a visitarle en primavera porque ésa es la época en que el paisaje se encuentra en todo su esplendor:

> ...we will go on a roam to Linton and Linmouth, which, if thou comest in May, will be in all their pride of woods and waterfalls, not to speak of its august cliffs, and the green ocean, and the vast valley of stones, all which live disdainful of the seasons, or accept new honours only from the winter's snow[86].

Este paisaje, visto con el fervor visionario de la carta anterior, pudiera muy bien haberse transformado en las pinceladas paisajística de *Kubla Khan*: en el trasfondo natural del poema. Son varios los críticos que han tratado de poner de relieve la influencia del paisaje que rodeó a Coleridge durante su residencia en Somerset[87].

---

[83] G. N. G. Orsini, *Coleridge and German Idealism*, Carbondale and Edwardsville: Southern Illinois University Press, 1969, p. 168.

[84] Ibid., passim.

[85] *CL*, I:238, p. 397. La cursiva es nuestra.

[86] Ibid., 242, p. 403.

[87] Cf. Wylie Sypher, "Coleridge's Somerset: A Byway to Xanadu", *Philological Quarterly*, 1939, vol. 18, pp. 353-66. Encuentra que las imágenes de las aguas subterráneas tienen su origen en el paisaje de esta región. La

En septiembre de 1798, Coleridge y los Wordsworth parten juntos en un viaje a Alemania, cuyo objetivo principal era adentrarse en el ambiente cultural y literario cuyos aires renovadores habían llegado tímidamente a Inglaterra. En un principio, Coleridge tenía la intención de permanecer en Alemania sólo tres meses, pero su estancia se prolongará hasta julio de 1799. La divergencia de intereses va a ocasionar la división del grupo: Wordsworth prefería llevar una vida recluida en el campo, mientras que Coleridge quería entrar en contacto directo con las manifestaciones más recientes de la actividad cultural alemana, además de hacer uso de las bibliotecas más importantes, algo que sólo podía encontrar en los centros urbanos donde se llevase a cabo una vida intelectual intensa, precisamente lo que estaba buscando.

Va a ser después del largo invierno -el más duro del siglo[88]-, en el mes de mayo, cuando Coleridge realice una excursión por las montañas Harz que dará lugar a varias cartas, de una extensión bastante considerable, en las que se observa de nuevo ese entusiasmo por el paisaje, algo que, dado el pintoresquismo de la región, tampoco es nada sorprendente. Es éste el paisaje que E. Schneider considera una de las fuentes más probables para el escenario de *Kubla Khan*. Ciertamente, la similitud de algunos pasajes de esas descripciones que aparecen en sus cartas con varios elementos del poema no es fácil de eludir:

> We came to *a square piece of Greenery* compleatly *walled* on all four sides by the Beeches - and again entered the Wood & having travelled about a mile emerged from it into a gran[d] Plain, Mountains in the distance, but even by our road the skirts of the Green-woo[d-]. A very rapid River ran by our side[89].

Y, seguidamente, describe una cueva de 800 pies de profundidad cubierta de estalactitas. Un poco más adelante, en la misma carta, aparece la siguiente descripción:

> Reascended - journeyed thro' the wood with various ascents & descents; & now descending we came to a *Slope of Greenery*, almost perfectly round with *walls* (of woods, and) exactly 170 Strides in diameter. As we entered this *sweet Spot*, a (hoary Ruin peeped over) the opposite Woods in upon us[90].

---

caverna de *Kubla Khan* sería, a su vez, la transformación poética de la famosa cueva próxima a Cheddar denominada Wookey Hole. Además, considera que la fecha de composición del poema fue la dada en el manuscrito de Crewe (otoño de 1797), con lo que no admite la posibilidad de ninguna otra fuente paisajística de inspiración que no fuese la autóctona. George Whalley, "Romantic Chasms", *Times Literary Supplement*, June 21, 1947, p. 309, cree que el jardín gótico de Crookham, cerca de Stowey, al que hace referencia Dorothy Wordsworth en un apunte de su diario, con fecha del 15 de abril de 1798, es una de las fuentes más probables para el paisaje de *Kubla Khan*, ya fuera a través de la observación directa por parte del poeta o mediante la descripción de Dorothy. En respuesta a este artículo de Whalley, Keidrich Rhys, "Coleridge and Wales" *Times Literary Supplement*, August 16, 1947, p. 415, manifiesta un gran interés por la relación literatura-paisaje en la obra de Coleridge. Considera, a diferencia de Whalley, que el paisaje que más similitud presenta con el de *Kubla Khan* no es el de Crookham, sino el de Hafod.

[88] Cf. Richard Holmes, *op. cit.*, p. 205.

[89] *CL*, I:280, p. 499.

[90] Ibid., p. 500.

Son varias las ocasiones en las que comenta que esos parajes le traen a la mente el recuerdo de los desfiladeros próximos a Stowey. Éstas son sus palabras:

> Sometimes I thought myself in the *Coombes* about Stowey, sometimes a[bout] Porlock, sometimes *between Porlock & Linton* / only the Stream was somewhat larger / - sometimes the Scenery resembled parts in the River Wye almost to identity except that the River was not quite so large[91].

Incluso el río subterráneo de *Kubla Khan* podría tener sus orígenes en estos paisajes:

> Our road itself was, for a few strides, occupied by a little one arched Bridge, under which the Lake emptied itself, and at a distance of ten yards from the bridge, on our right hand, plunged itself down, (it's stream only once broken by a jutting rock nearly in the midst of the fall) into a *chasm* of 30 feet in depth and somewhat more in length (a chasm of black or mossy Rocks) & the *river ran under ground*[92].

Aparecen en estas descripciones algunos paralelismos verbales con el poema de singular interés. E. Schneider se niega a aceptar la evidencia de la semejanza[93], haciendo la salvedad del siguiente pasaje de una de estas cartas del poeta:

> I stood on the Castle Hill, on my right a Hill half-wood, half rock, of a most grand outline (...) then a plain of young Corn - then Rocks - *walls and towers*/ And pinacles of Rock, a proud domain, Disdainful of the Seasons![94]

También hace referencia esta autora al uso por parte de Coleridge de la expresión "rock fragments" y al de la palabra "slant" en múltiples ocasiones. A esta última le resta importancia por considerar que fue uno de los vocablos favoritos del poeta durante varios años. Probablemente esté en lo cierto en esta valoración porque se trata de un vocablo que se prodiga tanto en sus cartas y notas como en sus composiciones literarias, especialmente en los poemas. Con respecto a las otras dos expresiones, considera que: "...nearly every word or phrase that might verbally suggest the poem (...) is dictated by the necessity of his subject."[95].

Resulta difícil admitir esta idea. El uso de las palabras "walls and towers" dentro del contexto de la descripción de un paisaje totalmente natural supone la inserción de una metáfora que transforma lo agreste en artificial. Aparece en forma de aposición, claramente separada a través de la puntuación del resto del texto, que continúa seguidamente en forma de descripción minuciosa por medio de un lenguaje estrictamente referencial. Más que el lenguaje requerido por el tema, como lo considera E. Schneider, la expresión utilizada por

---

[91] Ibid., p. 501. Richard Holmes, *op. cit*, p. 233, cita parte de este pasaje y apostilla: "...he was back in the land of *Kubla Khan*".

[92] *CL*, I:282, p. 511. La cursiva es nuestra.

[93] E. Schneider, *op. cit.*, p. 178.

[94] *CL*, I:282, p. 510.

[95] E. Schneider, *op. cit.*, p. 178.

Coleridge parece ese destello de la memoria -que traería a la mente del poeta los versos de *Kubla Khan*- que esta autora no quiere aceptar[96].

Hay un paralelismo que E. Schneider no cita. Se encuentra precisamente en la misma carta a Thomas Poole donde aparecen las "walls and towers":

> We enter[ed] the wood, passed woods & woods, every now and then coming to little *spots of Greenery* of various sizes & shapes, but always walled by Trees[97].

A su vuelta a Inglaterra, Coleridge realiza una excursión por el condado de Devon. En una carta a T. Poole se lo menciona:

> Here I am, just returned from a little tour of five days - having seen rocks; and water falls; & a pretty River or two; some wild landscapes... The views of Tootness & Dartmouth are among the most impressive Things, I have ever seen / but in general, what of Devonshire I have lately traversed *is tame to Quantock, Porlock, Culbone & Linton*[98].

El paisaje de Quantock, Porlock, Culbone y Linton, el paisaje que le rodeaba durante la composición de *Kubla Khan*, si, efectivamente, lo compuso en el lugar aludido en el Prefacio, parece ser siempre su punto de referencia en esta época, y todo lo que ve lo compara con él. Ahora bien, mientras que los parajes de las montañas Harz se lo recordaban, estos últimos escenarios ya en Inglaterra no parecen alcanzar el mismo grado de sublimidad.

Clement Carlyon, uno de sus acompañantes en la excursión por las montañas Harz, fue testigo de las reacciones de Coleridge ante un paisaje tan impresionante, reacciones que tienen la misma orientación estética que las registradas dos años antes:

> When we were ascending the Brocken, and ever and anon stopping to take breath, as well as survey the magnificent scene, a long discussion took place on the sublime and beautiful. We had much of Burke, but more of Coleridge... Many were the fruitless attempts made to define sublimity satisfactorily, when Coleridge, at length, pronounced it to consist in a suspension of the powers of comparison[99].

Precisamente esta idea de la suspensión de la capacidad de comparación va a ser el fundamento sobre el que desarrolle su posterior teoría de la ilusión dramática, aplicada al

---

[96] Afirma: "It seems unlikely that the reminders of *Kubla Khan* in these letters came about through Coleridge's having the already written poem in mind. The very elements that we find in the poem seem here in Germany to have surprised him by their novelty." (Ibid., p. 177). Esta idea resulta totalmente contradictoria en su trabajo cuando ella misma ha citado el fragmento en el que Coleridge afirma que el paisaje contemplado le recuerda al que se encuentra entre Linton y Porlock. Apoya su afirmación citando las siguientes palabras de Coleridge: "The whole was a melancholy & romantic Scene that was quite new to me." (Ibid., p. 250). Pero hay que tener en cuenta que esto lo dice Coleridge refiriéndose a un escenario que nada tiene que ver con los paisajes que le hacían recordar otros de su país muy queridos para él. Se trata en este caso de un valle en el que pastan apaciblemente unos rebaños de ganado, algo que tiene muy poca relación con el paisaje de *Kubla Khan*.

[97] *CL*, I:282, p. 512. La cursiva es nuestra.

[98] Ibid., 291, pp. 527-28. La cursiva es nuestra.

[99] Clement Carlyon, M D, *op. cit.*, I, p. 51.

uso de elementos fantásticos en la obra de Shakespeare. El enfoque en ambos casos será por completo de carácter psicológico y desde la perspectiva de la recepción. Una postura similar a la adoptada por Burke en su teoría sobre lo sublime. Además, va a comparar ese estado psicológico de la ilusión dramática -"that willing suspension of disbelief for the moment, which constitutes poetic faith"[100]- con el estado de las facultades mentales durante los sueños:

> ...in sleep we pass at once by a sudden collapse into this suspension of will and the comparative powers: whereas in an interesting play, read or represented, we are brought up to this point, as far as it is requisite or desirable, gradually, by the art of the poet and the actors; and with the consent and positive aidance of our own will[101].

Esta cita corresponde a unos apuntes sobre *The Tempest*. La filigrana del papel en el que están escritos tiene la fecha de 1817. Con toda probabilidad los utilizó en el ciclo de conferencias de 1818-19[102]. En unos apuntes anteriores sobre la ilusión dramática, pertenecientes a los años 1804-1805, según la datación de Raysor, -y que seguramente fueron la base para el ciclo de conferencias de 1808- repite esta misma idea, esta vez comparando ese estado psicológico con el correspondiente a un "waking dream". Raysor proporciona como fuente más probable a Schlegel, cuando éste afirma:

> The theatrical as well as every other poetical illusion is a waking dream, to which we voluntarily surrender ourselves[103].

Otras fuentes posibles a las que alude son Kames, Herder y Schiller. Finalmente, hace referencia a la obra de E. Schneider, para señalar cómo esta autora considera que la influencia fundamental es la obra de Erasmus Darwin, concretamente los dos capítulos sobre el sueño y la ensoñación ("reverie") de su obra *Zoonomia* (I parte) y dos interludios en prosa de su poema *The Botanic Garden*[104]. Esta última referencia resulta de gran interés porque indudablemente eran ésos los pasajes que Coleridge tenía en mente cuando expresó su definición de lo sublime en Alemania. En el primero de dichos interludios, en el diálogo entre el librero y el poeta, este último habla de la ilusión de realidad que se produce en los sueños:

> ...in sleep there is a total suspension of our own voluntary power, both over the muscles of our bodies and the ideas of our minds, (...) Hence, as the trains of our ideas are passing in our imaginations in dreams, we cannot compare them with our previous knowledge of things, as we do in our waking hours, for this is a voluntary exertion; and thus we cannot perceive their incongruity[105].

---

[100] *BL*, II, p. 6.

[101] *Shakespearean Criticism*, 2 vols., ed. T. M. Raysor, London: Everyman, 1960, I, p. 117. En adelante *SC*.

[102] Cf. T. M. Raysor, ibid., p. 114.

[103] *Werke* (Böcking), VI. 24 en *SC*, I, p. 178 (nota).

[104] Idem.

[105] Erasmus Darwin, *Botanic Garden* (1789) en *Eighteenth-Century Critical Essays*, ed. Scott Elledge, 2 vols., New York: Cornell University Press, 1961, vol. 2, p. 1008.

Sin embargo, Coleridge en la tercera conferencia del ciclo de 1813-14 -sobre *Hamlet*-
expresa una definición de lo sublime que no es sino una cita literal de la definición
kantiana:

> The sense of sublimity arises, not from the sight of an outward object, but from the
> reflection upon it; not from the impression, but from the idea[106].

Ha de observarse que si bien la definición de lo sublime que relata Clement Carlyon no
le iba a resultar satisfactoria como tal a Coleridge unos años después, aplicaría la misma idea
que le sirvió de fundamento, la suspensión de la capacidad comparativa, a otros aspectos de su
teoría estética. J. Shawcross, en una de sus notas a la edición del ensayo de Coleridge, de
inspiración netamente kantiana, *On the Principles of Genial Criticism*[107], manifiesta que las
ideas propias de Coleridge sobre lo sublime aparecen en las notas de su copia de *Kalligone* de
Herder[108]. También señala cómo, según el diario de D. Wordsworth[109], en 1803 habló de la
distinción entre lo bello, lo agradable y lo sublime, a la que se refiere en el ensayo que se ha
citado más arriba. Las conclusiones a las que llegó nunca han aparecido, aunque hay restos en
la obra de Allsop, que Shawcross transcribe en su nota[110]. De acuerdo con Allsop, la
definición de lo sublime dada por Coleridge es la siguiente:

> Where neither whole nor parts, but unity as boundless or endless allness - the
> sublime[111].

Con ello volvemos nuevamente al pasaje de sus notas previamente citado: "My mind
feels as if it ached to behold & know something *great* -something *one and indivisible...*"
Pero hay una diferencia importante entre las dos citas. En la primera desde un punto de
vista cronológico, el concepto de lo sublime parte de la contemplación de la naturaleza, y

---

[106] *SC*, II, p. 224.

[107] *BL*, II, p. 309.

[108] La definición que proporciona Coleridge en su anotación a esta obra es la siguiente: "We call an object
sublime, in relation to which the exercise of Comparison is suspended; while, (on the contrary,) that object is
most beautiful, which in the highest perfection sustains while it satisfies the Comparing Power." (*Marginalia*,
ed. George Whalley, *Collected Works*, vols. XII, XIII, London and Princeton: Princeton University Press, 1980,
vol. XIII, p. 1069. En adelante *Marginalia*). La fecha tentativa dada por el editor es c. 1815 (Ibid., p. 1064).
George Whalley, aclara que Coleridge se está enfrentando aquí a la posición de Herder, no a la de Kant, sobre el
concepto de lo sublime. Asimismo, llama la atención sobre la mayor proximidad de Coleridge con Burke que
con Kant en el comentario sobre lo sublime que se encuentra en *The Friend*. (Ibid, p. 1069 (nota)). Las palabras
de Coleridge en el pasaje aludido por G. Whalley son las que citamos a continuación: "... during the whole
night, such were the thunders and howlings of the breaking ice, that they have left a conviction on my mind,
that there are Sounds more sublime than any Sight *can* be, more absolutely suspending the power of
comparison, and more utterly absorbing the mind's self-consciousness in it's total attention to the object
working upon it." (*The Friend*, ed. Barbara E. Rooke, *Collected Works*, vol. IV, London and Princeton:
Princeton University Press, 1969, II, p. 257. En adelante *TF*). A la vista del pasaje de Burke citado previamente,
no cabe duda de que G. Whalley está en lo cierto en su apreciación.

[109] *Journals*, 1874, p. 37, en *BL*, II, p. 309.

[110] Cf. *Letters, &c., of S.T.C.*, 1836, i, 197-99, en *BL*, II, p. 309.

[111] Idem.

ésa es la aplicación que encontramos en su definición de Alemania, mientras que en la última tiene una orientación estética en su sentido más estricto. Resulta obvio que Coleridge se está refiriendo en ella a la obra de arte y no a las virtudes de un determinado escenario natural[112].

Coleridge, como ya se ha anticipado con anterioridad, está siguiendo en el primer caso la corriente estética de corte psicológico que se desarrolla en Inglaterra a lo largo del siglo XVIII, fundamentalmente a partir de la famosa obra de Burke *A Philosophical Inquiry into the Origin of Our Ideas of the Sublime and the Beautiful* (1756), inspirada en Longino, y continuada sobre todo en los ensayos de Archibald Alison, *Essays on the Nature and Principles of Taste* (1790), y, esencialmente, en los tres ensayos de William Gilpin, *Three Essays: On Picturesque Beauty; On Picturesque Travel; and On Sketching Landscape* (1792), en los que la naturaleza ocupa el lugar central de la reflexión.

En la vida de Coleridge, hay una última etapa de contacto intenso y directo con la naturaleza dentro del periodo marcado, la que corresponde a su breve residencia en Keswick, en el llamado Lake District. Las primeras impresiones del paisaje de esta región las recibe a través de una carta de Wordsworth, con fecha de finales de diciembre de 1799, en la que éste hace una magnífica descripción de sus primeros paseos por ese escenario tan majestuoso. Tanto el escenario natural descrito como diversos ecos verbales presentan similitudes con la segunda estrofa de *Kubla Khan*, según la edición de 1816, dignas de tenerse en cuenta. En un pasaje de la carta, comenta Wordsworth:

> After cautiously sounding our way over stones of all colours and sizes encased in the clearest ice formed by the spray of the waterfall, we found the rock which before had seemed a perpendicular wall extending itself over us like the cieling of a huge cave; *from the summit of which the water shot directly over our heads into a bason and among fragments of rock wrinkled over with masses of ice...*[113]

Resulta inevitable la reminiscencia de los versos 19-21 de *Kubla Khan*. Más adelante describe cómo en la parte superior de la cueva:

> ...the stream shot from between the rows of icicles *in irregular fits of strength and with a body of water that momently varied.* Sometimes it threw itself into the bason in one continued curve, *sometimes it was interrupted almost midway in its fall* and, being blown towards us, part of the water fell at no great distance from our feet like the heaviest thunder shower. In such a situation you have at every moment a feeling of the presence of the sky[114].

---

[112] Para un estudio detallado de las ideas de Coleridge sobre lo sublime, cf. D. Clarence, "Coleridge and the Sublime" en *Wordsworth and Coleridge. Studies in Honor of G. M. Harper*, Princeton: Princeton University Press, 1939, pp. 192-219. Sobre el proceso de cómo el concepto de lo sublime aplicado a la naturaleza se va desarrollando a lo largo del siglo XVIII, cf. W. J. Hipple, Jr., *The Beautiful, the Sublime, and the Picturesque in Eighteenth-Century British Aesthetic Theory*, London: Carbondale, 1957. Y, aunque breve, también tiene interés el análisis de E. L. Tuveson en *The Imagination as a Means of Grace*, New York: Gordian Press, 1974, Cap. III, "The Rationale of the "Natural Sublime"", pp. 56-71.

[113] *Letters of William Wordsworth*, ed. Alan G. Hill, Oxford: Oxford University Press, 1984, p. 38. La cursiva es nuestra. En adelante *Letters of William Wordsworth*.

[114] Idem. La cursiva es nuestra.

Dice el poema de Coleridge en uno de sus versos "It flung up momently the sacred river". El significado exacto del adverbio "momently" ha provocado algunos problemas de interpretación que muy bien pudieran tener su sentido exacto en las palabras de Wordsworth en esta carta. Continúa la descripción unas líneas después de este modo:

> The rocks on each side, which joining with the sides of the cave, formed the vista of the brook were checquered with three diminutive waterfall or rather veins of water each of which was a miniature *of all that summer and winter can produce of delicate beauty*. The rock in the centre of these falls where the water was almost abundant, deep black, (...), and hung with streams and fountains of ice and icicles... I cannot express to you the *enchanted effect* produced by this *Arabian scene* of colour... In the luxury of our imaginations we could not help feed on the *pleasure which in the heat of a July noon this cavern* would spread through a frame exquisitely sensible[115].

Parte de este efecto lo produce, según también apunta Wordsworth, "the murmur of the water". Es un efecto muy similar al de los versos 33-36 de *Kubla Khan*. La unión de contrarios representada por medio de esa síntesis de los extremos frío/calor, que tan representativa de las teorías posteriores de nuestro poeta les ha parecido a muchos críticos[116], se encuentra asimismo en la carta de Worsdworth. Por otra parte, el término "measure" aparece en el poema con su acepción acústico-musical, convirtiéndose en parte del prodigio, al igual que en el efecto descrito por Wordsworth. Los términos de la relación, sin embargo, han de quedar, por el momento, en suspenso. Cabe la posibilidad de que exista alguna relación entre esta carta y *Kubla Khan*.

Mary Robinson tiene una composición titulada *Lines to S. T. Coleridge, Esq.*, que, como se puede comprobar en el Apéndice I, al final de este trabajo, donde presentamos una transcripción de la misma, ha de considerarse su respuesta poética a *Kubla Khan*. La última expresión de los versos "I'll mark thy *sunny domes* and view / The *caves of ice*, and *fields of dew*" no corresponde a ninguna de las dos versiones existentes de *Kubla Khan*. El último párrafo citado de la carta de Wordsworth continúa del siguiente modo:

> That huge rock of ivy on the right! the bank winding round on the left with all its living foliage, and the breeze stealing up *the valley*, and *bedewing* the cavern with the faintest imaginable spray[117].

---

[115] Ibid., pp. 38-39.

[116] Cf. Richard H. Fogle, "The Romantic Unity of *Kubla Khan*", *College English*, 1951, vol. 13, pp. 13-18; Humphry House, *Coleridge*, London: Rupert Hart-Davies, 1953; S. K. Heninger (Jr.), "A Jungian Reading of *Kubla Khan*", *Journal of Aesthetics and Art Criticism*, 1959, vol. 18, pp. 358-67; Charles Moorman, "The Imagery of *Kubla Khan*", *Notes and Queries*, 1959, vol. 204, pp. 321-24; Harold Bloom, *The Visionary Company*, London: Faber & Faber, 1961; D. B. Schneider, "The Structure of *Kubla Khan*", *American Notes and Queries*, 1962, vol. 1, pp. 68-70; Hans H. Meier "Ancient Lines on Kubla's Lines", *English Studies*, 1965, vol. 46, pp. 15-29; Marshall Suther, *Visions of Xanadu*, New York and London: Columbia University Press, 1965; John Shelton, "The Autograph Manuscript of *Kubla Khan*", *Times Literary Supplement*, 1934, August 2; Erland Anderson, *Armonious Madness: A Study of Musical Metaphors in the Poetry of Coleridge, Shelley and Keats*, Salzburg: Institut für Englische Sprache und Literatur Universität Salzburg, 1975, pp. 152-58; J. S. Barth, *The Symbolic Imagination. Coleridge and the Romantic Tradition*, Princeton: Princeton University Press, 1977.

[117] *Letters of William Wordsworth*, p. 39.

¿Acaso está Perdita Robinson citando una primera y desconocida versión de *Kubla Khan* que presentaba una mayor similitud con ciertos pasajes de la carta de Wordsworth que cualquiera de las dos versiones del poema que han llegado hasta nosotros? Es ésta una posibilidad que no hay por qué descartar y que añadiría mucha luz sobre la composición del poema.

Una vez ya establecido en el Lake District, en agosto de 1802, Coleridge realiza una excursión de nueve días en solitario por la región. Reaparece en sus cartas el entusiasmo visto en las descripciones de las montañas Harz. Los ojos del poeta se sienten atraídos en esta ocasión de forma muy especial por las cascadas, los precipicios y los lagos. Pero, en general, los escenarios descritos presentan menos similitudes con el paisaje de *Kubla Khan* que los de Alemania. Se repiten varias veces los términos "slanting" y "athwart", y en este caso decimos lo mismo que E. Schneider cuando se refería a ciertos ecos verbales en las cartas de Alemania: no hay por qué buscarles ninguna significación especial, encajan perfectamente dentro del lenguaje descriptivo propio del contexto. No obstante, se puede encontrar algún pequeño fragmento que trae el poema a la memoria:

> When I first came the Lake was a perfect *Mirror*; & what must have been the Glory of the reflections in it![118].

No hay ecos verbales, pero la imagen del lago como un espejo es la misma que la que de forma implícita encontramos en los versos 31-32 de *Kubla Khan*: The shadow of the dome of pleasure/ Floated midway on the waves. Seguidamente, en la misma carta, realiza la descripción de la ladera del precipicio que se refleja en el lago, con sus barrancos y partes menos abruptas: "...all this reflected, *turned into Pillars*, dells, and a whole new-world of Images in the water!"[119]. La expresión resaltada en cursiva resulta un tanto extraña en ese contexto. De nuevo la naturaleza se ve transformada en un artificio arquitectónico. Aplicamos en este caso el mismo tipo de razonamiento utilizado para las "walls and towers" que aparecían en la carta de Alemania: el poeta está trasladando su propia recreación poética al paisaje contemplado. Podrían ser los pilares de la cúpula de *Kubla Khan* cuando se reflejan en las aguas -si es que la "dome of pleasure" presenta una estructura de esas características- lo que Coleridge está viendo a través de su imaginación. Esta misma explicación podría aplicarse al uso de la expresión "mighty Fountain" en el siguiente pasaje, que corresponde a una carta a Thomas Wedgwood con fecha del 9 de enero de 1803, en la que le habla de cómo le sorprende una tormenta en pleno ascenso del Kirkstone:

> However I got safely over - and immediately on the Descent all was calm & Breathless, as if it was some *mighty Fountain* just on the summit of Kirkstone, that shot forth it's volcano of Air, & precipitated a huge stream of invisible lava down the road to Patterdale[120].

Coleridge pasa del lenguaje referencial descriptivo al lenguaje figurativo de la imaginación por medio de ese símil, cuya procedencia, teniendo en cuenta la fecha de la carta,

---

[118] *CL*, II:450, p. 839.
[119] Idem. La cursiva es nuestra.
[120] *Ibid.*, 483, p. 914.

en nuestra opinión, no puede ser otra que el verso correspondiente del poema que nos ocupa. El hecho de que Coleridge tuviera en mente esas imágenes a lo largo de este tiempo es un indicio de la gran influencia que su fuerza poética ejerció sobre él, y, en consecuencia, de lo mucho que *Kubla Khan* pudo significar al menos durante un tiempo, aunque sólo fuese por la atracción que para el poeta tenían dichas imágenes, cualidad ésta de la composición que la mayor parte de los críticos han estado de acuerdo en valorar positivamente.

De su excursión por Escocia a finales del verano de 1803, en la que, según sus palabras, recorrió a pie 263 millas en ocho días[121], apenas hay nada de interés. Fue un viaje llevado a cabo fundamentalmente por motivos de salud.

Esta etapa de su vida se cierra con su estancia en Malta, de abril de 1804 a agosto de 1806. Únicamente cabría destacar, dentro de la misma línea seguida en las valoraciones de las últimas citas, el comentario que le hace a R. Southey a su paso por Portugal durante la travesía hacia Italia:

> ...the *Dome-shaped* Mountain or Cape Espeiches between Lisbon & Cape St Vincent is one of the finest, I ever saw[122].

A partir de aquí, los elementos e imágenes de la naturaleza de *Kubla Khan* van a ir cobrando un sentido figurado en los escritos de Coleridge, esto es, van a tener una interpretación que no guardará relación alguna con ese efecto estético de lo sublime al que tanta atención le dedicó el poeta en años anteriores. *Kubla Khan* no es, obviamente, una composición de carácter exclusivamente paisajístico. Hay en este poema otros factores, de procedencia muy diversa, que contribuyen a crear esa textura poética que tan compleja les ha resultado a muchos de sus críticos. Desde el paraíso y el Khan a la doncella abisinia, pasando por la creación musical de la cúpula y el poeta inspirado, nos enfrentamos a una trama de imágenes con un gran poder de evocación y sugerencia, y esto dicho sin entrar en las complicaciones que puede presentar su hermenéutica. En las cartas y cuadernos de notas pertenecientes a los últimos años del siglo XVIII se encuentran referencias en los escritos personales de Coleridge cuya relación con distintos aspectos del poema no es difícil de establecer, y que pueden servir de ayuda para la datación del texto.

3. OTRAS IMÁGENES DEL POEMA

En noviembre de 1796, le escribe Coleridge una carta a T. Poole en donde le dice:

> Thou has been the *Cloud* before me from the day that I left the flesh-pots of Egypt & was led thro' the way of a wilderness - the *cloud*, that has been guiding me to *a land flowing with milk and honey* - the milk of Innocence, the honey of Friendship[123].

---

[121] Cf.Cap. I.

[122] *CL.*, II:597, p. 1128.

[123] Ibid., I:151, p. 249.

La traslación del pasaje bíblico[124] al ámbito personal no es un hecho aislado en las manifestaciones de Coleridge durante esta época. Las imágenes de la Tierra Prometida y del Paraíso eran algo que tenía muy presente en estos años, ya fuera en su versión bíblica judeo-cristiana o en la versión propia de la tradición clásica greco-latina. Así, en una carta algo anterior a ésta, de abril de 1796, dirigida también a T. Poole, en la que le envía unos poemas que, según dice, tantas veces le ha repetido bajo un árbol, exclama: "Dear Arbour! an Elysium to which I have so often passed by your Cerberns, & Tartarean tan-pits!"[125] Es posible que el Cérbero y las profundidas del Tártaro aludidas sean algo tan prosaico como los perros de Poole, la verja y los surcos de la tierra que dividían el terreno de las casas de ambos amigos en Nether Stowey. A Josiah Wade le dice el 1 de agosto de 1797:

> Were I going on a *Journey to Paradise* I would defer it, to have the pleasure of seeing you a week at Stowey[126].

En el cuaderno de notas conocido como Gutch Memorandum Book, o simplemente Gutch Notebook, que cubre el periodo de 1795 a 1798, hay una entrada en la que el sueño y el paraíso aparecen estrechamente relacionados:

> In the paradisiacal World Sleep was voluntary & holy- a spiritual before God, in which the mind elevated by contemplation retires into pure intellect suspending all commerce with sensible objects & perceiving the present deity[127].

La propia Kathleen Coburn relaciona esta entrada con *Kubla Khan* y llama la atención sobre la importancia que tuvo para Coleridge en estos momentos el tema del paraíso[128]. En este mismo cuaderno hay una entrada que consiste sencillamente en la siguiente expresión: "Avalonian Isle"[129]. La opinión de K. Coburn es que probablemente la anotase simplemente por su musicalidad. Pero también señala que la isla de Avalón presenta características paradisíacas: es un vergel[130]. Aunque el término paraíso no aparezca mencionado de forma expresa, las palabras de Coleridge que más se han relacionado con la idea del paraíso en *Kubla Khan*, en este caso asociada a los efectos del láudano, corresponden a la carta enviada a su hermano George alrededor del 10 de marzo de 1798, citada con anterioridad[131].

Y, junto con el paraíso, su negación y antítesis, el infierno. Ya en una cita anterior se ha presentado una alusión al Tártaro. En el Gutch Notebook aparece otra: "Describe a Tartarean Forest all of Upas Trees"[132]. Un infierno que consiste en un bosque compuesto

---

[124] Cf. *Éxodo*, 3:8 y 13:22.

[125] *CL*, I: 120, p. 204.

[126] Ibid., 200, p. 338. La cursiva es nuestra.

[127] *CN*, I:191 G.187.

[128] Idem (nota).

[129] Ibid., I:288 G.285.

[130] Idem (nota).

[131] Cf. Cap. I.

[132] *CN*, 151 G.146. J. L. Lowes en su clásico estudio sobre las fuentes principales que influyeron en los considerados como tres grandes poemas de Coleridge, *The Ancient Mariner, Christabel* y *Kubla Khan*, dice que el

solamente de ejemplares del árbol venenoso. En realidad, la primera imagen es la del bosque, pero su asociación inmediata es con lo infernal. La misma raíz de "Tartarean" es la que tiene el patronímico "Tartar", que designa a los temibles sucesores de Gengis Khan. Dada la afición de Coleridge a buscar etimologías, en muchos casos de forma un tanto aleatoria, no sería de extrañar que, quizá inconscientemente, hubiese establecido una relación entre ambos términos[133]. En una carta a su esposa, con fecha del 18 de septiembre de 1798, escrita durante la travesía de Inglaterra a Alemania, le describe la visión del océano por la noche y realiza la siguiente comparación:

> - & every now and then light Detachments of Foam dart away from the Vessel's side with their galaxies of stars, & scour out of sight, *like a Tartar Troop over a wilderness!*[134]

La comparación resulta muy llamativa. La asociación de ideas en este caso es algo totalmente subjetivo e intransferible. Sólo si se ha tenido de forma reciente la imagen de una tropa tártara por el desierto se puede expresar un símil como éste. No aparece explícitamente tal imagen en *Kubla Khan*. Sin embargo, las "ancestral voices prophesying war" la contienen, aunque no sea más que de forma soterrada y a modo de evocación. Los temas del paraíso y del infierno van inextricablemente unidos a otro que le preocupó mucho a Coleridge entre los años 1795-98: el tema del origen del mal. En el Gutch Notebook, dentro de una relación de proyectos literarios, se encuentra la siguiente entrada: "The Origin of Evil, an Epic Poem"[135]. En la nota a este apunte, K. Coburn comenta cómo el tema del mal aparece con una frecuencia considerable en sus *Philosophical Lectures* (1795). Nos remite asimismo a una carta del 5 de enero de 1798, dirigida a Josiah Wedgwood, donde el autor habla con cierto detenimiento sobre este punto[136]. El tema del paraíso va desapareciendo de las anotaciones de Coleridge en sus cuadernos en los primeros años del siglo XIX. Hemos encontrado únicamente dos referencias en ellos que, según la datación de K. Coburn, corresponden al periodo comprendido entre los años 1804-08:

> We are not inert in the Grave - (...) - What if our growth then be in proportion to the length & depth of the Sleep - with what mysterious grandeur does not this Thought invest the Grave! How poor compared with this an immediate Paradise -[137].

Esta entrada pertenece a febrero de 1804. Se da en ella una oposición entre lo que sería un paraíso terrenal y el paraíso teológico que no se encuentra en las citas anteriores. Comienza a materializarse el gran conflicto interno de Coleridge: la indolencia y falta de voluntad de su carácter por una parte, que le condujeron a una adicción irremediable al

---

poeta debe el conocimiento de la existencia de estos árboles al *Botanic Garden* de Erasmus Darwin, concretamente a la parte II (iii 238-54). Cf. John L. Lowes, *op. cit.*, pp. 14, 18-19, 164-65.

[133] En *Paradise Lost* aparece el término "Tartar" utilizado en su sentido clásico (cf. II, 69; VI, 54), pero también hay un momento en el que Milton juega con la ambivalencia del vocablo, cf. III, 431-42.

[134] *CL*, I:254, p. 416. La cursiva es nuestra.

[135] *CN*, 161 G.156.

[136] Cf. *CL*, I:216.

[137] *CN*, II:1896 16.241.

opio y al alcohol, y, por otra, su aversión a todo tipo de sensualismo.[138] En el siguiente pasaje de *The Watchman*, Coleridge relaciona el sensualismo con los ateos, los paganos y los musulmanes:

> The truth seems to be, that Superstition is unfavorable to civil Freedom then only, when it teaches sensuality, as among Atheists and Pagans and Musulmen;...[139]

La última entrada que hemos encontrado sobre este tema es la siguiente: "The Paradise / The Gothic Arches..."[140]

La imagen del paraíso va cediendo paso a la del poeta y profeta inspirado, cuya recurrencia es muy significativa en los cuadernos de notas del periodo 1804-08. No obstante, hay un pasaje de una carta del 6 de agosto de 1802 dirigida a Sara Hutchinson desde Escocia donde la contemplación del pintoresquismo del paisaje le hace exclamar:

> I lay in a state of almost *prophetic Trance & Delight* - & blessed God aloud, for the powers of Reason & the Will, which remaining no Danger can overpower us![141]

En uno de los apuntes en sus cuadernos de notas aparece la expresión "My Soul Prophetic"[142]. En otro hay un párrafo bastante largo en el que Coleridge dice cómo de joven vió en un sueño el nacimiento de los planetas, lo que le llevó a entender "...how infinite multitude and manifoldness could be one"[143]. Ésta va a ser una de las ideas básicas de su pensamiento a partir de estas fechas. Concluye dicho párrafo con las siguientes palabras: "For my own Life - *written as an inspired Prophet* throughout"[144]. A pesar de su extensión, la siguiente entrada ha de citarse prácticamente en su totalidad, dada su relevancia para el poema que nos ocupa:

> O young man, who hast seen, felt & known the Truth, to whom reality is a phantom, & virtue & mind the sole actual & permanent Being, do not degrade the Truth in thee by disputing - avoid it!... I do not admit the foundation / but this will be a business for moments of Thought, for the Sabbath days of your Existence, then perhaps a voice from within will say to you better because more adapted to *you*, all I can say, but if I felt this to be that Day or that moment, a sacred sympathy would at once compel & inspire me to the Task of uttering the very Truth / Till then, I am right willing to bear the character of a mystic, a visionary, a self-important Juggler who nods his Head & says, *I could, if I would; but I cannot, I may* not bear the reproach of profaning the Truth, which is my Life, in moments when all passions heterogeneous to it are eclipsing (it to the exclusion of) its dimmest ray - ...I might have the *Heat* of Fermentation, now I have the warmth of Life![145]

---

[138] Cf. Cap.VII.

[139] *The Watchman*, ed. Lewis Patton, *Collected Works*, Vol. II, London and Princeton: Princeton University Press, 1980. No. I. Tuesday, March 1, 1796, p. 12. En adelante *TW*,

[140] *CN*, II, 2177 f.49.

[141] *CL*, II:451, p. 842.

[142] *CN*, 1857:9.8.

[143] Ibid., 2151:21.452.

[144] Idem.

[145] Ibid., 2196:21.459.

La fecha de esta entrada es el 11 de octubre de 1804. Ante su lectura, el recuerdo de los versos 42-46 de la última estrofa de *Kubla Khan* resulta inevitable. El místico y el visionario traen a la mente del lector al poeta inspirado de los últimos versos. Dos días después, escribe:

> To *reconcile* (...) is truly the work of the Inspired! This is the true Atonement - / i. e. to reconcile the struggles of the infinitely various Finite with the *Permanent*[146].

Sin una fecha concreta, aunque dentro del margen de los años 1804-05, se halla la siguiente entrada:

> Two kinds of Madness - the Insania pseudopoetica, i. e., nonsense conveyed in strange and musical Language, the malice prepense of vanity, or an inflamation from debility - and this is *de*generate / the other the Furor divinus, in which the mind by infusion of a celestial health supra hominis naturam erigitur et in Deum transit - and this is Surgeneration, which only the Regenerate can properly appreciate[147].

En dos cartas escritas en torno a estas fechas, se encuentra esta imagen del visionario trasladada a los propios hijos del poeta. La primera, dirigida a William Sotheby, tiene fecha del 27 de septiembre de 1802. En ella dice haber visto a sus hijos...

> Hartley & little Derwent running in the Green, where the Gusts blow most madly - *both with their Hair floating & tossing*, a miniature of the agitated Tress below which they were playing / *inebriate both with the pleasure* - Hartley whirling round for joy - Derwent eddying half willingly, half by the force of the Gust -driven backward, struggling forward, & *shouting his little hymn of Joy*[148].

Y en una carta a T. Poole, con fecha del 14 de octubre de 1803, describe a su hijo Hartley de la siguiente manera:

> Hartley is what he always was - a strange strange Boy - *exquisitely wild! An utter Visionary!* like the Moon among thin Clouds, he was in a circle of Light of his own making - he alone, in a Light of his own[149].

Todos estos pasajes no se están señalando como posibles fuentes de *Kubla Khan*, como han hecho varios críticos con algunas de ellas, sino como pruebas del interés del poeta durante determinadas épocas por cierto tipo de temas cuya reiteración en sus escritos pudiera tener alguna relación con la composición del poema y la intención autorial con respecto al mismo a lo largo de este periodo. De este modo, el tema de la inspiración y la composición poética parece ser uno de los más recurrentes en estos años. Y no está

---

[146] Ibid., 2208.
[147] Ibid., 3216:22.118.
[148] *CL*, II:462, p. 872.
[149] Ibid., 525, p. 1014.

representado exclusivamente por esa imagen del poeta inspirado que se ha venido constatando hasta el momento[150].

En septiembre de 1802, le escribe a Basil Montagu -con quien Coleridge mantuvo una estrecha relación a lo largo de toda su vida- una carta en la que el poeta le comenta a su amigo lo afortunado que es al tener una esposa como la señora Montagu, quien entre otras virtudes:

> ...has a voice & a Harp that would make me as great a Poet as Milton (I sometimes think) if I lived near you[151].

La lectura de estas palabras hace inevitable la representación de la doncella abisinia de *Kubla Khan*.

Una de las imágenes que más fuerza cobra en el poema es la del origen del río sagrado. Varios de los pasajes que hemos citado hacen alusión al surgimiento de la fuente o contienen ciertos paralelismos verbales con ese verso. En sus cartas y cuadernos de notas se encuentran varias referencias al caos -sugerido en *Kubla Khan* como momento previo al nacimiento de la fuente- y a la creación a través de una imagen, recurrente en sus escritos, representada como un parto. La experiencia que Coleridge obtuvo de este acontecimiento de la vida humana a través del nacimiento del primero de sus hijos le impresionó profundamente. Prueba de ello son estas reflexiones vertidas en una carta a John Edwards en marzo de 1796 cuando, ante un contratiempo, llegaron a creer que el hijo que su esposa estaba esperando se había malogrado:

> I think the subject of Pregnancy the most obscure of all God's dispensations. It seems coercive against Immaterialism - it starts uneasy doubts respecting Immortality, & the pangs which the Woman suffers, seem inexplicable in the system of optimism -Other pains are only friendly admonitions that we are not acting as Nature requires - but here are pains most horrible in consequence of having obeyed Nature[152].

Se observa en estas palabras algo muy característico de Coleridge: la forma en que los hechos de su vida cobran una dimensión que trasciende el ámbito de lo emocional, dando lugar a cavilaciones de carácter filosófico. En este caso concreto, sus convicciones religiosas e intelectuales -fundamentadas en el unitarismo y el optimismo del sistema de Priestley- ven socavados sus principios esenciales ante una vivencia personal que le afectó hondamente[153].

---

[150] Cf. Cap. VII.

[151] *CL*, II:461, p. 870. El tema de la música en la poesía de Coleridge aparece estudiado en la obra de Erland Anderson, *op. cit.*. El comentario que hace de *Kubla Khan* es muy breve, limitándose a relacionar las imágenes musicales de la composición con la teoría de la unión de contrarios y la actividad creativa del poeta (cf. pp. 154-58). No se adentra, sin embargo, en el estudio de la interrelación que Coleridge establece en varias ocasiones entre música y poesía.

[152] *CL*, I:112, p. 192.

[153] Quizá el ejemplo más representativo de esta idea la tenemos en la primera carta que le escribe a su esposa desde Alemania tras haber tenido noticia de la muerte de su hijo Berkeley -hecho que le había sido ocultado durante casi tres meses-. Coleridge entra de nuevo en el terreno de las abstracciones: "I confess that the more I think, the more I am discontented with the doctrines of Priestley. He builds the whole and sole hope of

En el Gutch Notebook hay una sucinta entrada que contiene el término "Protoplast"[154]. K. Coburn nos remite a unos versos de *The Destiny of Nations*, poema escrito en 1796. En este mismo año, cuyo final celebra, se compuso *Ode to the Departing Year*, poema con el que tanto E. H. Coleridge[155] como K. Coburn[156] relacionan los siguientes versos que aparecen en el mencionado Gutch Notebook:

> Like a mighty Giantess,
> Seized in sore travail & prodigious birth
> Sick Nature struggled: long & strange her pangs,
> Her groans were horrible; but o! most fair
> The Twins, she bore - EQUALITY & PEACE![157]

Una imagen muy similar se repite en la carta dirigida a Samuel Perkins con fecha del 29 de julio de 1800. Está hablándole del paisaje que le rodea en Greta Hall, y dice:

> ...the three remaining sides are encircled by the most fantastic mountains, that ever Erthquakes made in sport; as fantastic as if Nature had *laughed* herself into the convulsion in which they were made[158].

La idea que se deduce de todo esto es la fuerza con que a Coleridge se le fijaban determinadas imágenes, cuya expresión metafórica, dada su calidad de poeta, se filtraba no sólo en sus composiciones poéticas, sino en todo tipo de escritos. Esta última que hemos señalado, por ejemplo, comienza a aparecer a partir de finales de 1796. Quizá tenga algo que ver en ello el nacimiento de su primer hijo, precisamente el 19 de septiembre de ese mismo año[159].

El seguimiento de las cartas y cuadernos de notas en torno al periodo tentativo de *Kubla Khan* establecido por la crítica no es precisamente el método más sencillo para

---

future existence on the words and miracles of Jesus - yet doubts or denies the future existence of Infants - only because according to his own System of materialism he has not discovered how they can be made *conscious* -" (Ibid., 275, p. 482).

[154] *CN*, I:40 G.32.

[155] *CPW*, II, p. 991.

[156] *CN*, I, 199 G.195.

[157] Cf. Idem y *CPW*, I, pp. 161-62, vv. 31-37. Estos versos se publicaron por primera vez en *The Literary Remains of Samuel Taylor Coleridge*, ed. H.N. Coleridge, 4 vols., London, 1836-9, I, p. 278. E. H. Coleridge los incluyó en el segundo volumen de *CPW* bajo el epígrafe general de "Fragments from a Notebook" (p. 991).

[158] *CL*, I:344, p. 615.

[159] En varias ocasiones hace Coleridge referencia a la capacidad de sufrimiento de la mujer para el dolor físico. En una carta a T. Poole, con fecha del 21 de octubre de 1801, se queja del dolor tan intenso que le produce una esquirla que tiene clavada en una pierna, que el médico aún no ha sido capaz de extraer, y manifiesta: "...but this I will venture to say for myself, that there is scarcely a *Woman* in the Island that can endure Pain more quietly than I__" (*CL*, II:419, p. 772). Un mes más tarde se expresará con respecto a la misma cuestión en términos algo más modestos, y no exentos de humor, en una carta al científico y amigo personal suyo Humphry Davy: "...I have borne it *like a Woman* - which I believe to be two or three degrees at least beyond *a Stoic*." (Ibid., 420, p. 774). Su hijo Derwent había nacido un año antes, en septiembre de 1800. El paradigma de dolor en la mujer está en ese dolor del parto; Coleridge utilizará en ocasiones esa imagen del dolor en un sentido figurado. "Poetic composition has become laborious & painful to me", le comenta a Mary Robinson en una carta de diciembre de 1802 (ibid., 479, p. 903).

determinar una fecha de composición. La primera incógnita que habría que despejar es la de si los pasajes que se han venido citando son previos o posteriores a la creación del poema. Indudablemente, ni todos han de ser previos ni todos posteriores. Los críticos en muchos casos han utilizado indiscriminadamente varios de ellos con el propósito que mejor se adecuaba a sus planteamientos. Por nuestra parte, y hasta el momento, podemos afirmar que en la correspondencia y en las notas de Coleridge se observa un interés muy especial por el paisaje de características pintorescas, relacionado con la cuestión estética de lo sublime, principalmente a partir del año 1796 y hasta comienzos del siglo siguiente. Otro de los temas que ocupó su imaginación, al tiempo que le preocupó por sus implicaciones de carácter religioso y ético, fue el del paraíso. En lo que respecta a la cuestión de la creación artística y la inspiración poética, hemos de decir que su aparición en estos escritos personales es posterior a la de los temas anteriores. Será, sobre todo, a partir de 1800, y se va a reiterar de un modo bastante notorio durante los primeros años del nuevo siglo.

III. INTERTEXTUALIDAD INTERNA: DATACIÓN DEL TEXTO

1. ACOTACIÓN DEL PERIODO DE COMPOSICIÓN

Consideramos que para establecer la datación de cualquier creación literaria, y, por supuesto, artística en general, uno de los aspectos que pueden ser determinantes lo constituye su intertextualidad con el resto de la obra del autor, a partir de la cual, se puede establecer el periodo dentro del que, en virtud de sus similitudes formales y de contenido, puede encuadrarse[160]. En el caso de *Kubla Khan*, cobra una relevancia especial en este sentido su estructura, dada la diferencia entre la configuración del texto del manuscrito de Crewe y la correspondiente a su primera edición. El léxico, las expresiones y las imágenes serán los otros aspectos a los que se les dedicará una atención especial en este apartado.

Coleridge, como poeta creativo, tuvo una vida literaria muy breve. Y más breve aún es ese periodo si se fija la atención exclusivamente en los poemas que mayor interés han despertado entre la crítica: los compuestos entre los años 1795 y 1798, aunque los pertenecientes a los años 1797 y 1798, y fundamentalmente al primero de éstos, son los que suelen considerarse como los de mayor interés literario, sin excluir lo que, tomando literalmente el contenido de la composición, para muchos ha constituido el canto del cisne de la voz poética de Coleridge: *Dejection: An Ode*, pieza cuyo primer borrador pertenece al año 1802.

Una simple ojeada al índice cronológico de la edición de las obras poéticas de Coleridge realizada por E. H. Coleridge basta para comprobar que, efectivamente, entre los años 1795 y 1798 el poeta desarrolla una intensa actividad creativa, cuyo declive a partir de 1802, al menos desde un punto de vista cuantitativo, es más que notorio. La recopilación llevada a cabo por E. H. Coleridge incluye composiciones juveniles de una época tan temprana como el año 1787. A partir de 1789, esta actividad poética va a llevar un ritmo *in crescendo* hasta llegar al momento de decadencia señalado.

En cierto modo, es bastante lógico que la crítica desatienda estas primeras composiciones juveniles, cuya calidad poética dista mucho de la lograda en las que van a considerarse sus obras más representativas. Como consecuencia, los críticos han interpretado la mayor parte de esos poemas -independientemente del enfoque utilizado- de una forma aislada. A ello ha contribuido también en buena medida el hecho de que las

---

[160] Probablemente ésta sea la consideración que los críticos menos han tenido en cuenta, al dejarse llevar en la mayoría de los casos por factores que en este caso vamos a denominar externos, tales como las posibles intertextualidades con obras de otros autores o circunstancias biográficas de lo más diverso.

composiciones que más interés han despertado, *The Ancient Mariner, Christabel, Kubla Khan* y *Dejection: An Ode*[161], presentan unas características poéticas tan singulares que la mayoría de los críticos no ha tenido en cuenta la posible intertextualidad que pudieran presentar entre sí o con el resto de la obra del poeta. Quizá esto se deba a ese afán a veces un tanto desmedido por buscar o establecer una intertextualidad de carácter externo, esto es, con obras no pertenecientes al autor, corriente -casi se podría decir escuela- inaugurada por John Livingston Lowes en 1927 con su monumental obra *The Road to Xannadu*.

Para la datación del texto poético de *Kubla Khan*, se hace ineludible su comparación con los poemas compuestos alrededor de esas fechas que se han apuntado como las más probables. Llegado el momento de establecer unas conclusiones con respecto a la fecha de composición de *Kubla Khan* a partir de los datos aportados en las páginas siguientes, lo haremos sobre la base de las fechas dadas por Coleridge tanto en el Prefacio de la primera edición del poema como en la nota añadida al final del mismo en el manuscrito de Crewe: el verano y el otoño de 1797 respectivamente. Aunque son muchos los críticos que han aceptado *a priori* como válida la datación de E. H. Coleridge, mayo de 1798, a la que se ha hecho referencia más arriba, consideramos que, a pesar de tratarse de una opinión no sólo respetable sino incluso bastante probable, al menos parcialmente, no deja de ser una más de las diversas variantes propuestas por otros críticos cuyos pruebas aducidas para apoyar sus criterios tienen unos fundamentos tan válidos como las presentadas por el nieto del poeta.

En primer lugar, hay que partir de un hecho que podría servir como prueba de la existencia de *Kubla Khan* -o, al menos, de alguna versión del texto- en octubre de 1798. En el diario donde Dorothy Wordsworth describe el viaje de Hamburgo a Goslar durante su estancia en Alemania, relata que una mañana, tras desayunarse con pan y manzanas en las calles de Brunswick: "...carried Kubla to a fountain in the neighboring market-place, where drank some excellent water"[162]. Ciertamente, la mención de lo que sería el poema de Coleridge -"Kubla"- en esas circunstancias resulta muy extraña, pero tampoco hay una explicación alternativa a esa alusión que no sea la de que Dorothy se esté refiriendo a *Kubla Khan*[163].

En cualquier caso, una prueba irrefutable de que hacia finales de 1800 como fecha límite existía una versión de *Kubla Khan* en la que ya aparecían los elementos principales tanto de la primera como de la segunda estrofa del manuscrito de Crewe la constituye la existencia de *Ode to the Poet Coleridge*, la composición de Mary Robinson dedicada a Coleridge y escrita en octubre de 1800[164]. Sin duda está inspirada por completo en *Kubla Khan*. En ese año de 1800, como ya hemos anticipado, se produjo un diálogo poético muy interesante entre ambos autores. *A Stranger Minstrel* está expresamente dedicado a Mary

---

[161] Asimismo han ocupado un lugar importante *Frost at Midnight, The Eolian Harp* y *This Lime-Tree Bower My Prison*. Cf. Jefferson D. Caskey y Melinda M. Stapper, *Samuel Taylor Coleridge. A Selective Bibliography of Criticism, 1935-1977*, Westport and London: Greenwood Press, 1978; M. L. Taylor Milton, *The Poetry of Samuel Taylor Coleridge. An Annotated Bibliography of Criticism, 1935-1970*, New York and London: Garland Publishing, 1981; Walter B. Crawford, *Samuel Taylor Coleridge 1900-1979*, 3 vols., Boston: Hall, 1983.

[162] *Journals of Dorothy Wordsworth*, ed. E. de Selincourt, New YorK, 1941, vol. I, p. 31.

[163] E. Schneider, *op. cit.*, pp. 216-18, propone el año 1799 como fecha probable de composición de *Kubla Khan*, pero no consigue explicar de un modo convincente el sentido de este pasaje del diario.

[164] Cf. Apéndice I.

Robinson[165]. *The Snow-Drop* es asimismo la respuesta poética de Coleridge a la composición homónima de Mary Robinson[166]. Ambos poetas comparten también composiciones respectivas dedicadas a la Duquesa de Devonshire[167]; Coleridge escribió la suya, *Ode to Georgiana, Duchess of Devonshire*, en el año 1799. A nuestro juicio, *A Stranger Minstrel* es la respuesta de Coleridge a la oda de Mary Robinson dedicada al hijo de éste, Derwent[168], en la que se hacen constantes alusiones, como la que presentamos a continuación, al Skiddaw:

> To thee I sing, Spirit of Light! to thee
> Attune the Strain of Wood-wild minstrelsy.
> Who sail'st o'er SKIDDAW'S heights sublime[169].

El mismo título del poema de Coleridge sin duda se inspiró en los siguientes versos:

> SWEET BABY BOY! accept a STRANGER'S song;
> An untaught Minstrel joys to sing of thee!"

Se puede observar la gran semejanza que existe entre estos versos y algunos correspondientes a la última parte de *Ode to the Poet Coleridge*:

> She sings of THEE, O favour'd child
> Of *Minstrelsy*, SUBLIMELY WILD!

En este poema se encuentran una serie de términos y expresiones en cursiva: "sunny dome", "Caves of Ice", "Minstrelsy" y "a magic". Hemos de suponer que esto es así porque se trata de citas literales, algo que podemos corroborar en lo que respecta a las dos primeras expresiones señaladas. No nos es posible señalar la procedencia de la expresión "a magic", ¿acaso se trate de una primera versión de *Kubla Khan*, como apunta E. H. Coleridge, -refiriéndose a la expresión "fields of dew"-? Los dos poemas pertenecen al mismo periodo de composición, el año en el que se entabla ese diálogo poético entre ambos autores. Esto significaría que, dada la prontitud con que se producían esas respuestas poéticas, probablemente Mary Robinson tuvo ocasión de leer[170] un manuscrito de *Kubla Khan* en algún momento hacia finales del verano o comienzos del otoño de 1800. Para Coleridge, por tanto, por esas fechas, *Kubla Khan* no era un poema compuesto tres años antes y ya

---

[165] Cf. *CPW*, I, p. 350.

[166] En el manuscrito del poema, Coleridge escribió: "Lines written immediately after the perusal of Mrs. Robinson's *Snow Drop*". Cf. *CPW*, I, p. 356 (nota).

[167] Esta dama llevó a cabo una labor de mecenazgo entre cuyos beneficiarios se encontraba Mary Robinson. Cf. *Poetical Works*, I, p. ix.

[168] E. Schneider, *op. cit.*, p. 216, manifiesta que *A Stranger Minstrel* es la respuesta de Coleridge a las dedicatorias de la poetisa en *Ode to the Poet Coleridge*. Sin embargo, las continuas alusiones al Skiddaw en *A Stranger Minstrel* lo relacionan de un modo más obvio en su intertextualidad con el poema dedicado a Derwent.

[169] *Poetical Works*, vol. I, p. 222.

[170] A la vista de la precisión con que se describen los elementos de *Kubla Khan* en su oda, creemos que hubo de tratarse de una lectura directa del texto más que de una recitación del mismo por parte de Coleridge.

olvidado, sino una pieza que atraía su interés y le satisfacía lo suficiente como para mostrársela a otros autores de su entorno.

2. EN TORNO A LA ESTRUCTURA DEL POEMA

Uno de los aspectos formales más notorios de este poema es la variación silábica de sus versos. Precisamente, la cadencia y la musicalidad de la composición son dos de las características más destacadas por los críticos[171]. Por otra parte, la supuesta carencia de una estructura poética definida, derivada de la consideración de *Kubla Khan* como un poema fragmentario, parece que no ha propiciado los análisis formales del texto[172].

La alternancia de grupos versales de pentámetros y tetrámetros que se da en *Kubla Khan*[173] no es en absoluto característica de las primeras composiciones del autor, hablando, por supuesto, en términos generales. Tomando *Religious Musings* (1795) como paradigma -por tratarse de uno de los poemas de los que Coleridge se sintió más orgulloso hacia el año 1796[174]- se observa que el metro básico de toda la composición es el decasílabo, y las variantes se producen únicamente al comienzo de algunas de las estrofas, tratándose de versos de medidas menores. Esta uniformidad es lo que predomina en la mayoría de sus composiciones de este primer periodo. El esquema se repite invariablemente en *The Eolian Harp* (1795), *Reflections on Having Left a Place of Retirement* (1795), *The Destiny of Nations* (1796). Ha de hacerse la salvedad, no obstante, de una composición como *Songs of the Pixies* (1793). Se trata de un poema dividido en nueve estrofas y dentro de cada una de ellas tiene lugar una alternancia métrica similar a la de *Kubla Khan*. Sin embargo, este poema tiene una fecha de composición demasiado temprana para ser tenido en cuenta en lo que respecta

---

[171] Es muy significativa la pésima acogida que tuvo el poema tras su publicación. En general, la crítica del siglo XIX se caracterizó por un menosprecio de la calidad literaria de *Kubla Khan*, pero por una apreciación muy favorable de su ritmo y musicalidad. Cf. W. Hazlitt, W., *The Examiner*, 2 June 1816, 348-49, en J.R. de J. Jackson, pp. 205-09, quien le niega la calidad de poema, calificándolo de mera "composición musical". Esta valoración tan negativa se irá suavizando en otras críticas, en las que comenzarán a considerarse otros aspectos del texto, aunque siempre destacando la musicalidad por encima de todos. Cf. John Bowring, *Westminster Review*, January 1830, XII, 1-31, en J.R. de J. Jackson, pp. 525-56; H. N. Coleridge, *Quarterly Review*, August 1834, III, 1-38, en J.R. de J. Jackson (ed.), *Coleridge. The Critical Heritage*, London: Routledge & Kegan Paul, 1970, pp. 620-51; A. C. Swinburne, "Coleridge", 1869, 1875 en *Swinburne as Critic*, ed. Clyde K. Hyder, London and Boston: Routledge & Kegan Paul, 1972, pp. 135-45 (lo considera "the most wonderful of all poems" y el modelo musical supremo en lengua inglesa); George Saintsbury, *A History of Nineteenth Century Literature 1780-1895*, London: Macmillan, 1986, p. 62.

[172] Es digno de tenerse en cuenta en este caso el estudio de Alan C. Purves, *op. cit.* Realiza un análisis pormenorizado de la estructura métrica del poema que le sirve para apoyar su tesis de que *Kubla Khan* es una composición con una estructura formal perfectamente elaborada y acabada: "The form, particularly the rhyme scheme, of *Kubla Khan* is (...) inextricably connected with the statement and meaning of the poem." (P. 191).

[173] Cf. Ibid.

[174] En una carta dirigida a Benjamin Flower el 1 de abril de 1796, afirma: "I rest for all my poetical credit on the *Religious Musings*" (*CL*, I: 116, p. 197). Prácticamente las mismas palabras aparecen repetidas en sendas cartas escritas en ese mismo mes a T. Poole (ibid., 119, p. 203) y, con variantes en la expresión, pero reforzando la misma idea, a J. Thelwall (ibid., 122, p. 205).

a la datación de *Kubla Khan*. En todo caso tendría su valor como precursor de una forma que se va a reiterar posteriormente en varias composiciones de Coleridge[175].

Atendiendo a los poemas cronológicamente más próximos a esa etapa dentro de cuyo margen hubo de tener lugar la composición de *Kubla Khan*, probablemente la obra que, partiendo del límite más temprano para la periodización establecida, presenta una mayor similitud con *Kubla Khan*, en el punto que se está tratando, sea *Ode to the Departing Year* (diciembre de 1796). También aparecen alternancias en los metros versales, aunque en este caso mínimas, en *France: An Ode* (febrero de 1798). El resto de los poemas de 1798 difieren totalmente de este aspecto formal de *Kubla Khan*.

Una buena parte de los poemas escritos en el año 1799 son traducciones o adaptaciones de poemas de autores extranjeros, sobre todo alemanes. Éste es el caso de Stolberg: *On a Cataract, Tell's Birth Place, The British Strippling's War Song, Hymn to the Earth*; de Schiller: *The Visit of the Gods*; de Goethe (Mignon's Song): *From the German*; de Lessing: *Names*. También realizó Coleridge las traducciones de una canción alemana popular: *Westphalian Song*, de una balada francesa de François Antoine Eugène de Planard: *Water Ballad* (*Barcarolle de Marie* en el original) y de una paráfrasis del Evangelio en lengua alemana escrita hacia el 870 d. C.: *Translation of a Passage in Ottfried's Metrical Paraphrase of the Gospel*. Prácticamente en todos estos casos trata de ceñirse, o más bien deberíamos decir imitar las características formales de los textos en su versión original, sin que ello obste para que se permita cierto tipo de licencias en la recreación y ampliación de los mismos. No son traducciones estrictamente literales.

Aparte de esta actividad, durante 1799, Coleridge parece sentir un gran interés por realizar experimentos poéticos con metros clásicos, especialmente con el hexámetro, algo que, en cualquier caso, no es ninguna novedad, dada la forma en que este tipo de prácticas proliferan en sus cuadernos de notas. Precisamente uno de esos experimentos se ha editado bajo el título de Hexametres. Tiene otras tres composiciones que se publicaron en 1834 -última edición de las obras poéticas hecha en vida del autor- como imitación de metros clásicos, pero que, en realidad, son traducciones de otros poemas. Una de ellas, titulada *Catullian Hendecasyllables*, además de no tratarse de endecasílabos, es una traducción de parte de *Milesissches Mährchen*, de Friedrich von Matthison[176]. Se encuentran otras dos brevísimas adaptaciones de Schiller -cuenta cada una de ellas únicamente con dos versos-, que se publicaron con los títulos respectivos de *The Homeric Hexametre* y *The Ovidian Elegiac Metre*, también sin citar a las fuentes[177].

Estos datos vienen a demostrar que el periodo alemán resultó bastante estéril para Coleridge desde el punto de vista de su creatividad poética. Es a la vuelta de esa estancia en Alemania cuando se ponen en marcha de nuevo los resortes de su actividad creativa[178]. En

---

[175] Donald Pearce, "*Kubla Khan* in Context", *Studies in English Literature 1500-1900*, 1981, vol. 21, pp. 565-83, ha puesto de relieve algunos puntos en común entre ambos poemas. Encuentra una relación entre la "Abyssinian maid" de *Kubla Khan* y la "goddess of Night" de *Songs of the Pixies*. Considera que ambas tienen como punto de referencia para su inspiración la musa negra de *Il Penseroso*, de Milton.

[176] Cf. *CPW*, I, p. 307 (nota).

[177] Idem.

[178] En opinión de algunos críticos, va a ser la relación literaria que se establece entre Coleridge y Southey la que propicie ese resurgimiento de la voz del poeta en nuestro autor. Cf. E. Schneider, *op. cit.*

algunos de los poemas compuestos después de dicho retorno, tales como *Love* y *A Christmas Carol*, el metro es totalmente regular, pero hay que tener en cuenta que se trata de composiciones que mantienen la uniformidad estrófica requerida por su clasificación poética, balada y villancico respectivamente. También se puede hablar de regularidad en otras composiciones como *Talleyrand to Lord Grenville* (1800), *The Keepsake* (?1800), *On Revisiting the Sea-Shore* (1801) y *To Asra* (1801). No obstante, la irregularidad, o variación silábica si se prefiere, en el verso va a ser mucho más frecuente de lo que había sido antes del paréntesis poético que representó el viaje a Alemania. Un tipo de variación muy similar al que se encuentra en *Kubla Khan* se da en otros poemas de esta época: *Ode to Georgiana, Duchess of Devonshire* (1799); *A Stranger Minstrel* (1800); *The Two Round Spaces on the Tombstone* (1800); *Ode to Tranquility* (1801); y *Dejection: An Ode* (1802).

Como se puede comprobar, en la mayoría de los casos en que se ha establecido una similitud con *Kubla Khan*, las composiciones en cuestión llevan el apelativo de *oda* en el título. Y precisamente las que llevan ese apelativo son las que presentan una semejanza mayor con el tipo de variación versal de *Kubla Khan*. Son varios los críticos que se han manifestado a favor de considerarlo una oda[179]. La estructura de *Kubla Khan* de la edición de E. H. Coleridge no se corresponde con la de la primera edición del texto, que constaba de cuatro estrofas. Esta estructuración tendrá una variante en la edición de 1828, con tres estrofas: 1-11, 12-30 y 31-54, posiblemente desechada en la versión de 1834, aunque esto no sea fácil de determinar porque se produce un cambio de página entre los versos 36 y 37 que no permite precisar si efectivamente se produce la división estrófica de la primera edición. En cualquiera de los casos, la estructuración que presenta la edición de E. H. Coleridge no equivale a ninguna de las que aparecen en las ediciones de *Kubla Khan* realizadas en vida de Coleridge.

El patrón rítmico de *Kubla Khan* en lo que respecta a la rima es muy variado a lo largo de todo el poema. Si nos atenemos a la división en cuatro estrofas de la edición de 1816, las rimas presentan el esquema que aparece en el Apéndice II al final de este trabajo. Resulta evidente que se da un predominio de la irregularidad y, sobre todo, de la variación. Escasísimas son las rimas que reaparecen en la progresión del texto poético. En los versos 26 y 27 se repite, en forma de pareado esta vez, la rima con que se inicia el poema. Es en esta segunda estrofa donde la variación es más notoria. En la última estrofa se recogen las rimas de las dos anteriores: los versos 42 y 44 coinciden con los versos 2, 3, 9 y 11 de la primera estrofa, y los versos 47, 51 y 54 con el último pareado de la tercera (versos 35 y 36). Por otro lado, en esta última estrofa hay una rima que se reitera con cierta insistencia,

---

[179] No son muchos los autores que se han detenido en este aspecto formal del poema. La atención sobre este punto posiblemente se haya visto desviada por las palabras del autor en el Prefacio -e incluso en el subtítulo de la pieza- al calificar a *Kubla Khan* como un fragmento poético. Entre los que han tenido en cuenta la clasificación genérica del texto, lo han catalogado como una oda: E. H. W. Meyerstein, "Completeness of *Kubla Khan*", *Times Literary Supplement*, October 30, 1937, quien lo define exactamente como una oda pindárica y apunta como posible influencia *Song of Aella* de Chatterton; George Whalley, "Coleridge's Poetical Cannon", *Review of English Literature*, 1966, vol. 7, pp. 9-24, pone de relieve el hecho de que en la última edición de los poemas de Coleridge realizada en vida del autor (1834) *Kubla Khan* apareció agrupado con otros poemas bajo el epígrafe de "Odes and Miscellaneous Poems". Considera que no se le ha prestado la suficiente atención a esa clasificación realizada por el propio autor. Lo cierto es que la crítica posterior apenas ha tenido en cuenta esta anotación. Solamente Walter J. Bate, *Coleridge*, London: Macmillan, 1968, p. 78, incide sobre este punto, y califica al poema como un *odal hymn* típico de la poesía lírica del romanticismo.

y se trata precisamente de la que abre esta última parte de la composición, la que corresponde a los versos 37, 46, 49 y 50. De este modo, las repeticiones de rimas anteriores, juntamente con la recurrencia que se acaba de señalar en esta última estrofa, no producen ese efecto de variedad que aparece en la inmediatamente anterior. Sin embargo, esa variedad de las estrofas segunda y tercera se ve compensada con una mayor regularidad en las combinaciones. Así, los siete versos primeros de las estrofas I y II tienen el mismo esquema de rima. El resto, en ambos casos, se agrupan indistintamente en haces de pareados y cuartetos. La tercera estrofa es más problemática, o irregular, en lo relativo a la agrupación de las rimas. Cuenta con dos cuartetos y dos pareados (vv. 42-45, 51-54, 39-10 y 40-50), tres rimas sueltas (vv. 37, 38 y 41) y un terceto (vv. 46-48), combinación que sólo aparece aquí. No obstante, la agrupación de los versos 46-50 podría presentar otras variante por esa recurrencia triple de la misma rima a lo largo de los versos 48-50.

La distribución de la rima de los poemas que presentan una mayor semejanza con *Kubla Khan* en su edición de 1816 en cuanto a la medida y agrupación versal es la que aparece en *Ode to the Departing Year*; *France: An Ode*; *Ode to Georgiana, Duchess of Devonshire*; *A Stranger Minstrel*; *The Two Round Spaces on the Tombstone*; *Ode to Tranquility*; y *Dejection: An Ode*, como se puede comprobar en el Apéndice II. Tanto *France: An Ode* como *Ode to Tranquility* cuentan con una distribución paralela de la rima en todas sus estrofas y, por consiguiente, con el mismo número de versos en cada una de ellas. Corresponden a dos periodos distintos, si se mantiene el viaje a Alemania como esa línea divisoria en la creatividad de Coleridge. *Ode to Tranquility* es de ambas la que más se aleja de ese esquema general del resto de las odas, porque absolutamente todas sus rimas son pareados, algo que no se repite en ninguna de las otras composiciones. En el resto de ellas, dentro de la irregularidad, se dan algunas características comunes, tales como el hecho de que en las dos primeras estrofas no aparecen versos sueltos en ningún caso, con la excepción de *The Two Round Spaces on the Tombstone*, pero ésta es una composición de carácter burlesco que difiere considerablemente de todas las demás en el tono. A partir de la tercera estrofa, o en la tercera estrofa si ésta es la última del poema, comienzan a aparecer versos sueltos en varias de ellas: *Ode to the Departing Year, Kubla Khan, Ode to Georgiana* y *A Stranger Minstrel*. En *Dejection*, el primer verso suelto se encuentra en la quinta estrofa, volviendo a darse el caso en las estrofas séptima y octava.

Tanto *Ode to the Departing Year* como *Kubla Khan* y *Dejection* comparten una irregularidad muy evidente en las combinaciones rítmicas de sus últimas estrofas. No obstante, encontramos una similitud mayor entre las irregularidades de *Kubla Khan* y *Dejection*. Así, los dos versos sueltos de la última estrofa de *Dejection* se encuentran separados por un pareado, al igual que los versos 38 y 41 de *Kubla Khan*. Otro punto en común entre ambos poemas es la triple recurrencia consecutiva de una misma rima. Esto se da en *Kubla Khan* en los versos 48-50. En *Dejection* en los versos 66-68. Curiosamente, en ambos casos la agrupación versal establecida rompe los supuestos tercetos y son los dos últimos versos de la terna los que forman un pareado.

Esta recurrencia de la misma rima en tres o más versos consecutivos aparece por primera vez en *A Stranger Minstrel* y *The Two Round Spaces on the Tombstone*, poemas compuestos no sólo en el mismo año, sino también en la misma época del año, otoño de 1800. Una rima continuada a lo largo de tres versos o más se encuentra al menos en tres poemas posteriores a *Dejection*. Uno de ellos lo escribió Coleridge, al igual que este último, en el año 1802: *An Ode to Rain*[180]; la rima por triplicado aparece en los versos 57-59. En *The Pains of Sleep* (1803) también se produce esta recurrencia (vv. 18-20). A un periodo más tardío pertenece *The Two Sisters* (1807), donde de nuevo hay tres versos que mantienen la misma rima de forma continuada (vv. 30-32).

En los poemas compuestos en el año 1797 o con anterioridad sólo hay casos de rima triple en *Christabel* (1797-1801). Sin embargo, puede afirmarse que la singularidad del caso compensa ampliamente la carencia señalada, por tratarse éste de un poema en el que las rimas continuadas en tercetos e incluso en cuartetos abundan hasta el siguiente extremo:

I Parte: vv. 20-22, 35-37, 62-65, 66-68, 257-59, 260-62, 279-81.
II Parte: vv. 340-42, 366-69, 498-500, 525-27, 548-50, 590-92, 629-31.

Quizá se trate de una coincidencia el hecho de que sean exactamente el mismo número de agrupaciones versales -siete- el que se encuentra en ambas partes. Si esto se produjo de una manera deliberada podría ser un indicio de que es éste un recurso que el poeta cuidaba de un modo muy especial en la configuración formal de sus composiciones. Se ha de tener presente que Coleridge concluyó la segunda parte de *Christabel* en el año 1801, fecha en torno a la cual se compusieron los poemas que también presentan esta característica. Es posible que por esta época la rima triple se hubiera convertido en uno de sus recursos rítmicos predilectos.

La configuración del manuscrito de Crewe es distinta a la de la edición de 1816. Consta el texto poético únicamente de dos estrofas. La primera abarca hasta el verso 36 y la segunda los dieciocho versos restantes. Esto significa que la distribución estrófica del poema tal y como se publicó hubo de estructurarse con posterioridad a su composición. Además, si se tiene en cuenta esta división en dos estrofas, se observa que es precisamente la segunda, y última en este caso, la que presenta un mayor parecido con los poemas escritos con posterioridad al año 1800. Por otro lado, el hecho de que, con excepción de la variante de la edición de 1828, se haya respetado su independencia como unidad estrófica dentro de la configuración del poema, viene a corroborar esa singularidad que la caracteriza también desde otras perspectivas del análisis realizado.

3. EL LÉXICO

Así como la evolución desde el punto de vista estilístico de la poesía de Coleridge en lo que respecta a las estructuras poéticas puede ser muy valiosa para la datación de *Kubla Khan*, en lo que respecta al léxico, la cuestión se complica de forma considerable, fundamentalmente porque varios de los términos del poema se pueden encontrar, como es lógico por otra parte, reiterados algunos de ellos con mucha asiduidad, a lo largo de toda la

---

[180] No se ha tenido en cuenta en la comparación realizada porque presenta un isosilabismo mucho más sostenido y frecuente que el resto de los poemas analizados.

creación artística de Coleridge[181]. No obstante, se pueden obtener algunos datos de interés a partir de un análisis de dichas recurrencias, especialmente en los casos de ciertos vocablos[182].

Hay una serie de términos que únicamente aparecen en *Kubla Khan*. Tres de ellos, "thresher", "flail" y "dulcimer", no son en absoluto vocablos de uso habitual, sino muy específico, cada uno dentro de su propio campo semántico. Se ha especulado en varios sentidos sobre la utilización del término "dulcimer", especialmente en lo que respecta a su procedencia. Sin embargo, no se ha dicho prácticamente nada sobre los términos "thresher" y "flail" y el símil del que forman parte, que, conociendo la obra de Coleridge, es el más extraño de todo el poema.

Los términos "sinuous" y "cover" vienen a ser variantes semánticas de otros cuyo uso no es nada infrecuente en su poesía: "winding" y "bower". La expresión "half-intermitted", si no está tomada directamente de algún texto, representa un esfuerzo verbal por describir una imagen muy concreta, lo que, en principio, tampoco sería nada extraño. La singularidad del término "greenery" en la poesía de Coleridge es algo sorprendente, al ser una palabra que se prodiga de un modo muy llamativo en las cartas donde el autor realiza descripciones paisajísticas, como se ha tenido ocasión de comprobar en el apartado anterior, y, fundamentalmente, porque la mayoría de los términos que se encuentran en esas descripciones van a aparecer también en las composiciones que vienen a ser la expresión poética de ese tipo de escenarios naturales.

Los otros dos criterios aplicados en este análisis son la frecuencia de aparición de los términos más relevantes a lo largo de toda la obra del autor y el periodo cronológico, tomando la fecha de composición dada por Coleridge tanto en el Prefacio introductorio como en la nota final del manuscrito de Crewe, el año 1797, como punto de referencia, dado que los términos que aparecen en más de quince obras, lo hacen, casi en un 95% de

---

[181] No se puede decir que abunden los estudios de *Kubla Khan* en los que se tenga en cuenta su intertextualidad con el resto de la obra del poeta, al menos en proporción con los que lo estudian e interpretan de modo aislado. Los que hemos encontrado se centran básicamente en el análisis comparativo de las imágenes y del léxico, prestándosele una mayor atención a las primeras, por constituir el pilar sobre el que se fundamentan la mayoría de las interpretaciones del poema. Ya hemos hecho alusión al trabajo de Donald Pearce (*op. cit.*). Es de gran interés la obra de G. Wilson Knight, *The Starlit Dome: Studies in the Poetry of Vision*, London: Oxford University Press, 1941, famosa por su interpretación de *Christabel*, *The Ancient Mariner* y *Kubla Khan* como una *Divina Comedia* en miniatura, en la que se exploran a través de cada uno de esos poemas los significados de los conceptos del infierno, el purgatorio y el paraíso respectivamente. Quisiéramos destacar la labor realizada por Marshall Suther, *op. cit.* Lleva a cabo un estudio intertextual en profundidad de las principales imágenes del texto. Su interpretación de éstas se basará en ese examen contrastivo de su significado en otros poemas de Coleridge donde considera que también aparecen. Parte de la idea de que la mayoría de los poetas escriben a lo sumo dos o tres poemas, con independencia del volumen que presenten sus obras completas: "...most poets suceed in formulating only a few myths or integral clusters of images, and upon these, or fragments of them, they call on the most varied occasions." (P. 89). Otros trabajos relevantes son los de Geoffrey Yarlott, *Coleridge and the Abyssinian Maid*, London: Methuen, 1967; H. W. Piper, *op. cit.*; H. R. Rookmaker, *op. cit.* y, aunque breves, las palabras al respecto de Edward E. Bostetter, *The Romantic Ventriloquists*, Seattle: University of Washington Press, 1963, p. 87.

[182] Para ello ha sido un instrumento muy valioso la concordancia de la poesía de Coleridge llevada a cabo por Eugenia Logan, *A Concordance to the Poetry of Samuel Taylor Coleridge*, Indiana: Saint Mary-of-the-Woods, 1940, de donde proceden los datos que se van a valorar y cuya relación aparece en el Apéndice III, donde se incluyen los términos más relevantes de *Kubla Khan*.

los casos, en un número muy superior a éste, y, por otro lado, ocurre algo similar en lo relativo al segundo criterio, resultando que la presencia en cinco poemas antes de 1797 es el límite más adecuado.

Dentro del segundo listado, hay un grupo importante de vocablos que sólo aparecen en un máximo de cinco obras. Algunos de ellos se encuadran totalmente dentro del periodo 1797-1802. Son los siguientes: "measureless", "mile", "rebounding" y "chaff(y)". Este dato podría utilizarse como una prueba más a favor de la datación del poema dentro de esas fechas. La práctica totalidad de estos vocablos, con la única excepción de "rill", tienen una muy escasa presencia, tanto en términos absolutos como relativos[183], en composiciones escritas con posterioridad al año 1802. La mayoría son palabras que aparecen exclusivamente en la primera gran estrofa del manuscrito de Crewe. Siguiendo con el año 1797 como punto de referencia para esa que, por el momento, sólo se puede considerar como supuesta primera versión del poema, podría también tenerse en cuenta como relevante el hecho de que una serie de vocablos no aparezcan en las composiciones escritas entre 1798 y 1801, ambos inclusive. Tal es el caso de "dome", "fertile", "girdle(d)", "sunless", "rill(s)", "incense", "waning", "wailing", "seeth(ing)", "vault(ed)", "meandering", "lifeless", "prophesy(ing)", "flashing" y "slant(ed)"[184], siendo el uso de algunos de ellos, como "dome", "waning", "wailing" y "lifeless" relativamente frecuente -en relación con su presencia posterior- hasta el año 1798. Con la excepción de "prophesy(ing)", todos pertenecen a la primera estrofa del texto del manuscrito.

Algunos términos, antes de su nueva aparición a partir de 1802, sólo se encuentran en composiciones pertenecientes al año 1797. Esto ocurre con "girdle(d)"[185], "incense", "seeth(ing)", "vault(ed)"[186], probablemente "chaff", que se encuentra en la parte de *The Ancient Mariner* compuesta en 1797, y "prophesy(ing)". El caso de "seeth(ing)" es especialmente significativo. Su presencia posterior en *Remorse* apunta hacia una muy probable intertextualidad consciente del autor entre esta refundición, su texto original -*Osorio*- y *Kubla Khan*.

De los términos de este listado correspondientes a dicha última estrofa, sólo dos -"flashing" y "paradise"- no se encuentran entre las composiciones de los años 1798-1801.

Los términos del tercer listado aparecen profusamente en las composiciones del periodo establecido[187]. Del total de veinticinco vocablos que lo constituyen, sólo cuatro -"twice", "ancient", "savage" y "cave(s)"- no aparecen en alguna composición escrita en 1802, y sólo seis no lo hacen en alguna de 1800 -"cavern(s)", "slant(ed)", "fragment", "shadow", "cave(s)" y "ice"-. Ha de tenerse en cuenta que se trata de dos años de una producción muy inferior a la de 1797 y 1798. Son todas ellas palabras pertenecientes a la primera estrofa. Sin embargo, en 1801 la cifra llega hasta dieciséis términos, hecho éste nada extraño por otro lado, puesto que 1801 es un año de muy escasa actividad literaria. En el

---

[183] Aunque no se ha llevado a cabo un cálculo matemático, basta una hojeada a los dos volúmenes de la edición de E.H. Coleridge para comprobar esta afirmación.

[184] El término "slant(ed)" es el único de todos ellos que aparece en el primer listado.

[185] Su única aparición posterior es en *Remorse* y en el mismo verso de *Osorio*.

[186] En realidad sólo aparece en *Kubla Khan*.

[187] Quizá la excepción más evidente la constituya el vocablo "savage".

tercer listado se puede observar que una parte importante del vocabulario de *Kubla Khan* se encontraba ya en composiciones de años anteriores, siendo especialmente significativa su abundancia en dos poemas muy apreciados por el propio Coleridge en esos momentos, *Religious Musings* y *The Destiny of Nations*. En 1797, hay dos composiciones que comparten una cantidad muy importante de vocabulario con *Kubla Khan*: *The Ancient Mariner* y *Osorio*. En el caso de *Osorio* ha de valorarse este dato con cierta precaución, dado que, al tratarse de una obra de teatro, es una pieza de una extensión muy superior a la de cualquier otra composición poética. Y, por otro lado, resulta que tanto *The Piccolomini* como *Zapolya* presentan un índice de recurrencias verbales muy similar[188]. Sin embargo, sí cabe resaltar la diferencia que existe entre el considerable número de recurrencias verbales de *The Ancient Mariner* y la mengua de éstas en otra composición de ese año de dimensiones importantes: *Christabel*, cuya primera parte contiene tantos término de *Kubla Khan* como *The Three Graves*, escrito en 1798, composición mucho menos extensa.

El año 1798 es el que presenta un mayor número de poemas que comparten más de tres términos con *Kubla Khan*. Sin embargo, la cantidad de vocablos por poema no es excesiva. En el año siguiente, un periodo de menor actividad poética, se encuentran dos composiciones de una extensión moderada en las que aparecen bastantes vocablos del poema: *A Stranger Minstrel* y *The Triumph of Loyalty*. Un caso aparte, dada su magnitud, lo constituye *The Piccolomini*, obra en la que abundan las recurrencias léxicas.

En 1801, a pesar de tratarse de un año de muy escasa producción, Coleridge compuso un poema, *On Revisiting the Sea-Shore*, en el que siguen estando presentes los ecos verbales de *Kubla Khan*. Por último, tres poemas importantes pertenecientes a 1802 -*Dejection: An Ode*, *The Picture* y *Hymn Before Sunrise*- contienen varios vocablos de *Kubla Khan*. De todos ellos, destaca principalmente *The Picture*, la composición que, en términos relativos, según su dimensión, presenta un mayor índice de recurrencias con *Kubla Khan*.

En *Osorio* se da una presencia de términos de *Kubla Khan* mayor (29), aunque no en exceso, que la existente en *Remorse* (25), hecho significativo si tenemos en cuenta que, unos años después, en la segunda obra de teatro original de Coleridge, *Zapolya*, vuelve a ascender la cifra (29). Podría tratarse de una mera casualidad, pero, a la vista de otras circunstancias, podría asimismo guardar alguna relación con la primera composición del poema y sus posibles revisiones posteriores, dado que *Zapolya* tiene como fecha de composición el año 1815, fecha muy próxima a la de la publicación de *Kubla Khan*.

De lo expuesto, se deriva que hay un grupo importante de términos pertenecientes a la primera estrofa del manuscrito de Crewe que no aparecen en los poemas escritos entre 1798 y 1801. Algunos de ellos, antes de su reaparición a partir de 1802, sólo se encuentran en composiciones pertenecientes al año 1797. En los poemas escritos durante los años comprendidos en el periodo 1800-1802 abundan los vocablos de *Kubla Khan*, especialmente en *The Picture*. Una buena parte del léxico de *Kubla Khan* se encuentra en composiciones anteriores al año 1797. La pieza teatral titulada *Osorio* y la balada *The Ancient Mariner*, ambas compuestas en el año 1797, comparten una gran cantidad de vocabulario con *Kubla Khan*, mucho más que cualquiera de las obras escritas entre 1798 y 1802.

---

[188] No consideramos por el momento el caso de *Osorio* por tratarse de una refundición de *Remorse*, con la que, lógicamente, tiene que compartir una buena parte del léxico.

4. LAS EXPRESIONES

Si se consideran exclusivamente las combinaciones léxicas, esto es, la recurrencia literal de determinadas expresiones, la casuística se reduce a unas pocas muestras. Sin embargo, si se tienen en cuenta variaciones dentro del mismo campo semántico, o combinaciones léxicas de carácter similar, el espectro -siguiendo un orden cronológico, que, en realidad, es el criterio que interesa por el momento- se amplía considerablemente, como se puede comprobar en la siguiente constatación de dichas recurrencias:

1792

To Disappointment

V. 9: *But oh!* when Hope on Wisdom's wing

1793

The Rose

V. 19: He gazed! he thrilled *with deep delight!*

To Fortune

V. 19: *But oh!* if ever song thine ear

1794

Pitt

V. 1: Not always should the Tear's *ambrosial dew*

V. 11: Pierce her big side! *But O!* if some strange trance

1795

Reflections on Having Left a Place of Retirement

V. 9: The Valley of Seclusion! *Once I saw*

V. 31: Grey clouds, that shadowing spot the *sunny fields*

Allegoric Vision

... an aged woman, who is watching the *waned moon* and sorroweth not[189].

It possessed an astonishing diversity of soils: here was a *sunny spot*, and there a dark one...[190]

1796

The Destiny of Nations

V. 432: And soon *from forth* its bursting sides emerged[191]

1797

The Foster-Mother's Tale

V. 42: *But Oh!* poor wretch! - he read, and read, and read,

---

[189] *CPW*, II, p. 1093.

[190] Idem.

[191] Esta expresión no aparece en la edición de 1816 ni en ninguna de las siguientes, pero sí lo hace en el manuscrito de Crewe en vez de la expresión "And from" del verso 17 de dicha primera edición de *Kubla Khan*: "And from this chasm with ceaseless turmoil seething", que, por cierto, en el verso correspondiente al manuscrito presenta otra variante: la de la palabra "hideous" por "ceaseless". Así, el verso 17 del manuscrito de Crewe es como sigue: "From forth this chasm with hideous Turmoil seething".

V. 46: With holy men, nor in a *holy place*[192]
The Rime of the Ancient Mariner
V. 48: *Like Chaff* we drove along[193]
V. 62: A wild and *ceaseless sound*[194]
V. 259: *But oh!* more horrible than that
Vv. 407-408: As soft as *honey-dew*[195]
V. 566: Laughed *loud and long*, and all the while
Vv. 3 y 13: *glittering eye*
V. 216: *four times fifty* living men
1798
Frost at Midnight
V. 23: *But O!*, how oft,
V. 50: *Of ancient Mountain*, and beneath the clouds,
Fire, Famine, and Slaughter
V. 23: Of *thrice three hundred* thousand men
France: An Ode
V. 66: From bleak Helvetia's *icy caverns* sent[196]
The Old Man of the Alps
V. 32: She seem'd to see them *realis'd in air*[197]
The Nightingale
V. 45: *With fast thick* warble his delicious notes
V. 62: That should you *close your eyes*, you might almost
V. 67: Their bright, *bright eyes*, their eyes both bright and full[198]
V. 81: *As if* some sudden gale had swept at once
V. 131: And he laughed *loud and long*
V. 179: Stopped *midway on the* floor
V. 520. But soon they heard his *hard quick pants*[199]
The Wanderings of Cain
...the Mighty One who is against me speaketh in the wind of the *cedar grove;*...[200]
The Ballad of the Dark Ladié

---

[192] Téngase en cuenta que si bien la expresión de *Kubla Khan* es *A savage place*, el verso completo dice: "A Savage place, as holy and enchanted".

[193] En *Lyrical Ballads*, 1798; verso 44 en 1800, 1802, 1805.

[194] Idem.

[195] Esta expresión la registra asimismo Marshall Suther, *op. cit.*, p.96. Lo hace citando a su vez el verso anterior: "The other was a softer voice / As soft as honey dew" para poner de relieve lo extraño de la comparación. Se pregunta este crítico: "Could this be what it means to feed on honey-dew?".

[196] Marshall Suther, *op. cit.*, p. 108, también hace referencia a esta expresión.

[197] Ibid., p. 109, cita los versos en los que se inserta éste.

[198] Este verso es una especie de síntesis de la expresión "flashing eyes" de *Kubla Khan*.

[199] "Fast thick pants" en *Kubla Khan*.

[200] *CPW*, I, p. 289. Expresión señalada por Marshall Suther, *op. cit*, p. 115. Indudablemente se trata de una variación léxica sobre el mismo campo semántico en relación con la *cedarn cover* de *Kubla Khan*.

Vv. 35-36: Nine castles had my sire, / None *statelier* in the land[201]

1798-1799

Hexametres

V. 20: Yea, and I feel it not right! *But O!* my friends, my belovéd!

1799

On a Cataract

V. 21: Thou *at once* full born

Lines Written in the Album at Elbingerode

V. 12: And the brook's chatter, *'mid whose* islet stones

Lines Composed in a Concert Room

V. 29: *But O*, dear Anne! when midnight wind careers,

V. 39: Or where the stiff grass *mid the* heath-plant *waves*

V. 43: It was *a deep delight!* - But thou shalt fling

Love

V. 7: When *midway on* the mount I lay,[202]

A Christmas Carol

V. 23: Their friend, their playmate! and his *bold bright eye*

Home-Sick

V. 3: To stroll alone *through fields and woods*[203]

1800

Christabel (II Parte)

V. 485: Go thou, *with music sweet and loud*[204]

V. 528: That I had vowed *with music loud*[205]

V. 662: And pleasures flow in so *thick and fast*[206]

A Thought Suggested by a View of Saddleback in Cumberland

V. 8: *But oh!* the sky and all its forms, how quiet!

A Stranger Minstrel

V. 13: And by the many-colour'd *chasms deep*[207]

---

[201] Citados por M. Suther, *op. cit.*, p. 129.

[202] Señalado por ibid., p. 142, juntamente con toda la estrofa donde el verso siguiente dice: "Beside the ruined tower". En este caso, como en muchos otros, no se trata sólo de la recurrencia del término "tower", obviamente, sino de todas las implicaciones que en una interpretación intertextual con *Kubla Khan* este verso puede presentar.

[203] "Through wood and dale" en *Kubla Khan*.

[204] Combinación distinta del adjetivo "loud" referido a la música: "with music loud and long" en *Kubla Khan*. M. Suther, *op. cit.*, p. 102, cita unos versos anteriores: "For she belike had drunken deep / Of all the blessedness of sleep" (vv. 375-76), en los que encuentra una cadencia similar a "For he on honey-dew hath fed / And drunk the milk of Paradise."

[205] En este caso falta la segunda parte de la coordinación de adjetivos ("loud and long").

[206] Combinación estructuralmente distinta de la de los adjetivos "thick" y "fast" en *Kubla Khan*, donde aparecen en posición atributiva: "fast thick pants".

[207] Aunque, tanto por el tipo de combinación estructural como por la cadencia del verso, el recuerdo de la expresión en *Kubla Khan* resulta un tanto remoto, semánticamente no deja de tratarse de la calificación del substantivo "chasm" por el adjetivo "deep": "deep romantic chasm" en *Kubla Khan*.

1802

Dejection: An Ode

V. 16: And the slant night-shower driving *loud and fast!*

V. 117: It tells another tale, with sounds less *deep and loud*[208]

Hymn Before Sunrise

V. 6: Risest *from forth* thy silent sea of pines[209]

V. 41: From dark and *icy caverns* called you forth[210]

V. 54: *Beneath* the keen *full moon* who bade the sun[211]

Todas las expresiones señaladas indican que una buena parte del lenguaje de *Kubla Khan* no era ajeno a la expresión poética de Coleridge, inclusive la perteneciente a fechas muy tempranas de su actividad creativa. Se da, sin embargo, una presencia muy significativa de expresiones literales en *The Ancient Mariner* y *The Nightingale*. En el caso del primero de estos dos poemas no parece extraño que se produzca la coincidencia de algunas expresiones no sólo con *Kubla Khan*, sino con cualquier otra composición del autor, por tratarse de un texto que Coleridge tuvo muy presente a lo largo de varios años, dado que lo revisó cada vez que tenía lugar una edición nueva de *Lyrical Ballads*. Tomadas en su conjunto las distintas versiones que se produjeron, como consecuencia de dichas revisiones, es la de 1800 con la que *Kubla Khan* presenta un grado mayor de intertextualidad. Dos son las posibilidades que se presentan: o bien *Kubla Khan*, como han apuntado algunos críticos, se compuso en una época más bien tardía, o bien las nuevas intertextualidades de la versión de 1800 se deben a una influencia de *Kubla Khan* por esas fechas, a causa de la presencia de este poema en la mente de Coleridge, debida a alguna revisión sobre el mismo. Es de un modo muy especial el símil tan peculiar expresado por la frase "Like Chaff", que aparece en la primera versión de *The Ancient Mariner*, la que, aun tratándose de un caso muy puntual, indica una composición de *Kubla Khan* previa a la de este otro poema. Fue precisamente en noviembre de 1797 cuando se inició la composición de *The Ancient Mariner*; en el manuscrito de Crewe se habla del otoño de ese año; por lo tanto, de ser ciertas esas palabras, ambos poemas se crearían en fechas muy próximas. Otro símil que redunda en la misma idea es el que contiene la expresión *honey-dew*: "As soft as honey-dew". En *The Ancient Mariner* se está comparando la suavidad de una voz con el rocío melifluo. Estableciendo un orden de prioridades desde la perspectiva de la lógica, parece más natural pensar que la primera vía hacia esa expresión sea la de *Kubla Khan*: el rocío melifluo -el néctar o la ambrosía- como alimento del poeta inspirado. Seguidamente, la asociación mental puede llevar a la comparación de una voz con esa sustancia.

---

[208] Indudablemente, tanto en este caso como en el anterior se trata de variaciones sobre el mismo tema, por decirlo de algún modo. Es curioso observar cómo para la calificación de sonidos, ya sean musicales o de cualquier otra naturaleza, utiliza de modo casi indefectible combinaciones binarias en las que siempre aparece el adjetivo "loud".

[209] "From forth" es la expresión que aparece en el verso 17 del manuscrito de Crewe.

[210] De nuevo se repite esta expresión, que apareció anteriormente en *France: An Ode*. "Caves of ice" en *Kubla Khan*.

[211] "Beneath a waning moon" en *Kubla Khan*.

Por su parte, si se analizan las expresiones compartidas con *The Nightingale*, se observa que el efecto es el de una mayor adecuación de las mismas dentro del texto de *Kubla Khan*. De este modo, si se comparan las frases "with fast thick pants" y "With fast thick warble", sin duda la primera es la que resulta menos forzada desde un punto de vista semántico.

De los años posteriores a 1798, es el de 1799 el que presenta una cantidad superior de expresiones parecidas o similares a *Kubla Khan*. Por alguna razón, su presencia cobra una gran fuerza en este año.

Finalmente, ha de señalarse la repetición en otros tres poemas, dos de ellos compuestos también en este año de 1799, de dos vocablos que aparecen en *Kubla Khan* en posición de rima. Se trata, en concreto, de la rima entre los versos 31 y 33 del poema a través de las palabras "pleasure" y "measure". Esta rima reaparece, con alguna pequeña variación, en los versos 35 y 36 de *Lines Composed in a Concert Room* (1799): "remeasures / pleasures". Vuelve a hacer acto de presencia, y en este caso de forma insistente, dada su calidad de estribillo, en los versos 5-6, 23-24, 50-51 y 82-83 de *Ode to the Duchess of Devonshire* (1799). Por último, hay otra muestra en la composición *On Revisiting the Sea-Shore* (Agosto, 1801), en los versos 13 y 15. En *Lines Composed in a Concert-Room* hay otra rima de *Kubla Khan*, la que se produce entre los términos "waves / caves" (vv. 38-39).

Por lo que respecta a las obras dramáticas, en estos años Coleridge escribió dos: *The Fall of Robespierre* y *Osorio*. La primera pertenece al año 1794. Fue una creación conjunta de Coleridge, que escribió el primer acto, y Southey, a quien corresponden los dos restantes. Aparte de la utilización de determinados vocablos que no son muy usuales en el resto de sus obras[212]: *paradise* (v. 80), *Beware!* (v. 109) y *decree* (v. 142), apenas hay en ella nada que pueda relacionarse con *Kubla Khan*. Por otro lado, se trata de una obra demasiado temprana para ser tenida en cuenta en lo que respecta a la datación del poema. *Osorio* es la segunda obra de teatro escrita por Coleridge. Pertenece al año 1797. Los dos primeros actos y la mitad aproximadamente del tercero los compuso entre los meses de marzo y junio de ese año; antes del 13 de septiembre tenía ya compuesta prácticamente la totalidad de la obra: cuatro actos y medio. En octubre la pieza estaba ya terminada, puesto que fue precisamente en ese mes cuando envió una copia al teatro de Drury Lane para su posible representación, que, por cierto, fue rechazada hacia primeros de diciembre[213]. *Osorio*, por tanto, se escribió por las mismas fechas que *Kubla Khan*, si la información del Prefacio y la nota del manuscrito son ciertas. En esta obra, los meros paralelismos verbales no abundan especialmente. Sin embargo, hay varios pasajes y escenas que presentan una gran similitud con cierta imágenes del poema. Por esta razón, el siguiente apartado se iniciará con un análisis de los mismos. Al tiempo, para evitar una reiteración tediosa de las mismas citas, se señalarán, destacándolos en cursiva, algunos paralelismos verbales.

---

[212] Cf. Eugenia Logan, *op. cit.*
[213] Cf. J. D. Campbell, "Coleridge, *Osorio* and *Remorse*", *Athenaeum*, April 8, 1890, en *CPW*, II, p. 517.

5. LAS IMÁGENES

Una de las composiciones de Coleridge que presenta mayores similitudes con *Kubla Khan* es la obra teatral *Osorio*. Estas similitudes son particularmente evidentes en el campo de las imágenes. Al comienzo de la obra, en una intervención bastante extensa, el personaje de María exclama:

> Or in the sultry hour beneath some rock,
> My hair dishevell'd by the pleasant sea-breeze,
> To shape sweet visions, and live o'er again
> All past hours of delight;
>
> (I, i, 22-25)

Y, seguidamente, esa visión tan romántica de su persona la compara con esta imagen:

> (As *once I knew* a crazy *Moorish maid*,
> Who dress'd her in her buried lover's cloaths,
> And o'er the smooth spring in the mountain cleft
> Hung with her lute, and play'd the selfsame tune
> He used to play, and listen'd to the shadow
> Herself had made);
>
> (I, i, 30-35)[214]

La cursiva se aplicará a los paralelismos más evidentes a partir de ahora. Sin embargo, en este caso, parece obvio que toda la imagen tiene una similitud extraordinaria con la de la doncella abisinia de la última estrofa de *Kubla Khan*. En el segundo acto, Ferdinand le describe a Osorio el lugar donde puede encontrar al supuesto hechicero moro, que no es otro que el mismo Albert disfrazado:

> It is a small green dale
> Built all around with high off-sloping hills,
> And from its shape our peasants aptly call it
> The Giant's Cradle. There's a lake in the midst,
> And round its banks tall wood, that branches over
> And makes a kind of faery forest grow
> Down in the water.
>
> (II, i, 148-53)[215]

---

[214] En *Kubla Khan* "once I saw" y "Abyssinian maid" respectivamente. G. Wilson Knight, *op. cit.*, p. 145, hace referencia a este pasaje. Más adelante, relacionará el orientalismo de *Kubla Khan* y el de esta obra, a partir del cual, según su interpretación: "We have a contrast of civilizations, and that contrast may be felt to widen from the particular and historic instance to something more generalized and modern. There is a clear contemporary satire." (P. 157). Ante la invocación de Alhadra a los guerreros de Mahoma en los versos 28-35 de la tercera escena del cuarto acto, manifiesta: "...his designing here implicitly charges his religious heritage with a certain decadence, a loss of contact with power-sources and heroic virility; with final lack of courage." (P. 158).

[215] G. Wilson Knight, *op. cit.*, p. 150, hace referencia a estos versos en *Remorse*, que no varían en la refundición, como uno de los escenarios de la obra donde recurren muchos de los elementos paisajísticos de *Kubla Khan*.

En el segundo acto, Albert, en un simulacro de invocación a su propia alma en presencia de su amada María, exclama:

> With no irreverent voice or uncouth charm
> I call up the departed. Soul of Albert!
> Hear our soft suit, and heed my milder spells:
> So may the gates of Paradise unbarr'd
> Cease thy swift toils, since haply thou art one
> Of that innumerable company,
> Who in broad circle, lovelier than the rainbow,
> *Girdle this round earth in a dizzy motion*[216]
> With noise too vast and constant to be heard-
>
> (III, i, 11-19)

Y continúa unos pocos versos depués esta misma descripción del siguiente modo:

> And ye build up on the becalmed waves
> That whirling pillar, which from earth to heaven
> Stands vast, and moves in blackness. Ye too split
> The *ice-mount*, and with *fragments many and huge*[217]
> Tempest the new-thawed sea, whose sudden gulphs
> Suck in, perchance, some lapland wizard's skiff.
> Then round and round the whirlpool's marge ye dance,
> Till from the blue-swoln corpse the soul toils out,
> And joins your mighty army.
>
> (III, i, 29-37)

Estos versos y los anteriores no son más que una especie de conjuro sin ningún fundamento ni significado concreto dentro de la obra, pero es indudable que traen a la mente la imagen en *Kubla Khan* del poeta inspirado inscrito en los círculos concéntricos. En la intervención de Velez que sigue a la de Albert, se encuentran estos versos:

> We found him in an open place of the wood,
> To which spot he had follow'd a blind boy
> Who breathed into a pipe of sycamore
> Some strangely-moving notes, and these, he said,
> Were taught him in a dream;
>
> (III, i, 61-65)

El poeta de *Kubla Khan*, que contempló a la doncella abisinia en una "visión", dice: "Could I revive within me her symphony and song..." La propia historia sobre la composición del poema del Prefacio de 1816 parece tener en este fragmento un

---

[216] En *Kubla Khan* exactamente no es "a dizzy motion", sino "a mazy motion", pero, no obstante, el sentido es muy similar. G. Wilson Knight, *op. cit.*, p. 154, alude a estos versos.

[217] Aunque lo que encontramos en *Kubla Khan* es "a sunny dome with caves of ice", el monte de hielo sintetiza visualmente de alguna manera esa imagen de la cúpula con cuevas de hielo. G. Wilson Knight, *op. cit.*, p. 154, encuentra también en estas líneas similitudes con el escenario de *Kubla Khan*.

antecedente: el muchacho ciego toca una melodía extraña que aprendió en un sueño. El escenario al comienzo del acto cuarto es una caverna descrita así en las acotaciones del autor:

> A cavern, dark except where a gleam of moonlight is seen on one side of the further end of it, supposed to be cast on it from a cranny in a part of the cavern out of sight.
>
> (IV, i)[218]

Dentro de la caverna, Ferdinand halla un abismo que primeramente describe como "a hellish pit" (v. 13), y, un poco más adelante, al darle explicaciones a Osorio, exclama:

> When a boy, my lord!
> I could have sat whole hours beside that *chasm*
> Push'd in huge stones and heard them thump and rattle
> Against its horrid sides; and hung my head
> Low down, and listen'd till the *heavy fragments*
> Sunk, with faint crash, in that still groaning dell
>
> (IV, i, 39-44)

La imagen es muy próxima a la del abismo de *Kubla Khan*. Obsérvese cómo la expresión "huge stones" del verso 41 se convierte en "heavy fragments" en el verso 43, cuando en el poema se describe a las piedras como "huge fragments". Ferdinand vio ese mismo abismo en un sueño que tuvo la noche anterior. Alhadra le despertó en el preciso instante en que estaba a punto de caerse por él. A propósito de este pasaje, en uno de los manuscritos de la obra, concretamente el que se conoce como Manuscrito II, Coleridge introdujo una nota sobre el fundamento psicológico de los sueños proféticos en las tragedias, que son, según sus palabras, algo más que meros artificios dramáticos; están totalmente justificados desde un punto de vista psicológico[219]. También fue un enfoque psicológico el que utilizó para explicar su teoría sobre la ilusión dramática, como ya se ha apuntado previamente, y para explicar los dos grandes pilares de su teoría estética, a partir de la distinción entre fantasía e imaginación que aparece plenamente definida en el famoso capítulo XIII de *Biographia Literaria*. En el Prefacio de 1816, *Kubla Khan* aparecerá presentado como una mera "curiosidad psicológica".

Ya se han citado con anterioridad dos versos de la intervención de la Foster-Mother, perteneciente a *Osorio* y que se publicó en la edición de 1798 de *Lyrical Ballads* bajo el

---

[218] Pasaje citado por G. Wilson Knight, *op. cit.*, p. 152.

[219] Cf. James D. Campbell, *The Poetical Works of S. T. Coleridge*, London: Macmillan, 1893, p. 499 y *CPW*, II, p. 566: "I believe (...) that in the present case, the whole is here psychologically true and accurate. Prophetical dreams are things of nature, and explicable by that law of the mind in which where dim ideas are connected with vivid feelings, Perception and Imagination insinuate themselves and mix with the forms of recollection, till the Present appears to exactly correspond with the Past. Whatever is partially like, the Imagination will gradually represent as wholly like - a law of our nature which, when it is perfectly understood, woe to the great city Babylon -to all the superstitions of Men!" El tema de la superstición fue una de sus preocupaciones más constantes. Cf. *TW*, p. 12 (No. I, Tuesday, March 1, 1796); *TF*, p. 47 (*Essay VI. On the Communication of Truth*).

título de *The Foster-Mother's Tale*, que presentan paralelismos verbales con *Kubla Khan*. Cuenta dicha intervención con unos versos que, dentro de esta comparación de imágenes, no pueden pasarse por alto:

> The *earth heav'd under them with such a groan*,
> That the wall totter'd, and had well-nigh fall'n
> Right on their heads;
>
> (IV, ii, 204-06)

Es una representación muy similar a la que aparece en los versos 17 y 18 de *Kubla Khan*. La obra termina con una intervención de Alhadra en contra de la tiranía, la esclavitud y la opresión. Se repite la imagen anterior, junto a otra que también guarda relación con *Kubla Khan*:

> The deep foundations of iniquity
> Should sink away, *earth groaning from beneath them*;
> *The strong holds of the cruel men should fall,*
> *Their temples and their mountaineous towers should fall*;
>
> Till desolation seem'd a beautiful thing.
> And all that were and had the spirit of life
> *sang a new song* to him who had gone forth
> Conquering and still to conquer!
>
> (V, ii, 314-21)[220]

La construcción arquitectónica de *Kubla Khan*, con sus muros y torres, podría tener a partir de estos versos una interpretación como símbolo del poder y de la tiranía: las voces ancestrales que profetizan guerra son una amenaza para la "pleasure-dome". En los versos anteriores, son las fortalezas y los templos de los hombres crueles los que se ven amenazados.

Finalmente, cabe destacar el famoso monólogo de Alhadra en el Acto V, citado por Coleridge en una carta del 14 de octubre de 1797 a J. Thelwall[221], la misma en la que expresa la idea comentada más arriba de que las rocas, las cascadas, las montañas o las cavernas le producen la emoción de lo sublime. Cita en ella toda la intervención del personaje, siendo sus últimos versos:

> ...Oh! - would to Alla
> The raven and the sea-mew were appointed
> To bring me food, or rather that my soul
> *Could drink in life* from the universal air!
> It were a lot divine in some small skiff,
> *Along some ocean's boundless solitude,*
> To float for ever with a careless course,
> And think myself the only being alive!
>
> (V, i, 49-56)

---

[220] G. Wilson Knight, *op. cit.*, p. 159, cita toda la intervención de Alhadra en la que están incluidos estos versos.

[221] Cf. Cap. I.

E. L. Griggs se detiene a comentar esta carta para expresar su opinión sobre la fecha de composición de *Kubla Khan*, que, a su juicio, tuvo que ser en otoño de 1797. Griggs considera que el deseo de flotar sobre un océano infinito acunado por la flor de loto sugiere el efecto del opio. Por otro lado, el personaje de Naomi, inmediatamente antes del monólogo de Alhadra, dice del búho: "Its note comes dreariest *in the fall of the year*" (v. 37). Griggs considera relevante el hecho de que esta expresión señalada en cursiva sea la misma que aparece en el manuscrito de Crewe con respecto a la fecha de composición de *Kubla Khan*. Anota que las primeras palabras de la intervención de Alhadra describen un paisaje otoñal, con mucha probabilidad próximo a Porlock. Esta misma es la idea que expresa Wylie Sypher en su artículo sobre el poema que nos ocupa[222]. Griggs alude a este crítico para apoyar su idea[223].

En la acotación de la primera escena del segundo acto se describe el lugar como "a wild and mountaineous country", donde se puede ver "a house, which stands under the brow of a slate rock..." Se trata del mismo tipo de paisaje salvaje y agreste de *Kubla Khan*. Consideramos de interés que la segunda parte de esta acotación, la que corresponde a la descripción de la ubicación de la casa, no aparezca en *Osorio*; simplemente se alude a ella, sin mencionar esa integración de la arquitectura en el escenario natural que encontramos en las palabras de la segunda de estas citas, lo que viene a ser un distanciamiento con el escenario de *Kubla Khan*.

Otra obra dramática de Coleridge, *The Triumph of Loyalty*, pieza incompleta compuesta en el otoño de 1800, presenta unas relaciones intertextuales muy significativas con *Kubla Khan*. Uno de sus personajes realiza la siguiente descripción:

> *Sandoval.* Connected, I presume, with that mansion, the spacious pleasure grounds of which we noticed as we were descending from the mountain. Lawn and grove, River and Hillock - it looked within these high walls, like a World of itself[224].

La semejanza con el paisaje de la primera estrofa de *Kubla Khan* es indudable[225]. Henry, cuando describe el gozo que le producía su amor por Oropeza, exclama:

> Oh! there is joy above the name of Pleasure,
> Deep self-possession, an intense Repose.
> No other than as Eastern Sages feign,
> The God, who floats upon a Lotos Leaf,
> Dreams for a thousand ages; then awaking,
> Creates a world, and smiling at the bubble,

---

[222] Wylie Sypher, *op. cit.*, p. 353.

[223] *CL*, I:209, p. 349 (nota).

[224] *CPW*, I, p. 560.

[225] Este mismo pasaje lo cita M. Suther, *op. cit.*, p. 152. Las siguientes citas de esta obra que aparecen en el trabajo de M. Suther están relacionadas con su interpretación autobiográfica desde la perspectiva autorial de ciertos elementos del poema. Así, encuentra en los personajes de Henry y Oropeza una trasposición de la persona del autor y la de Sara Fricker respectivamente, que se hallarían tras las imágenes del "demon-lover" y la "woman wailing" (M. Suther, *op. cit.*, p. 154). Su matrimonio forzado con Sara estaría representado por la escena descrita en los versos 279-96 (cf. *CPW*, I, pp. 568-69). Su intención es la de adjudicarle una fecha tardía a la composición de *Kubla Khan*: poco antes de la composición de esta obra.

Relapses into bliss.

(vv. 311-17)

Es la misma imagen que aparece en la carta de 1797 mencionada con anterioridad y en *Osorio*. Pero con una variante de gran interés: la imagen de la creación de un mundo al despertar tras el sueño milenario, idea que relaciona de una forma más directa el sueño o ensoñación producida por el opio a la que hace referencia Griggs y todas las imágenes referidas a la creación -tanto arquitectónica como poética- que aparecen en *Kubla Khan*. Pero aún hay más. E. H. Coleridge apunta una lectura alternativa que aparece en el manuscrito después del verso 312:

Deep repose of bliss we lay
No other than as Eastern Sages gloss,
The God who floats upon a Lotos leaf
Dreams for a thousand ages; then awaking
Relapses into blessedness, *when an omen*
Screamed from the Watch-tower - 'twas the Watchman's cry,
And Oropeza starting[226].

Realmente, dentro del contexto en el que se insertaría, esta variante no parece tener mucho sentido. Pero comparándola con la versión anterior, y, habida cuenta de la relación establecida con *Kubla Khan*, la primera imagen que viene a la mente es la de las "ancestral voices prophesying war" del poema.

No sólo en las creaciones dramáticas escritas antes de 1802 se encuentran imágenes similares a las de *Kubla Khan* en la obra de Coleridge. También en sus composiciones poéticas hay algo más que simples paralelismos verbales. Hay una serie de imágenes que se repiten con cierta insistencia a lo largo de toda la creación literaria de Coleridge. Los críticos que le han dedicado una atención especial a este aspecto de la intertextualidad interna de *Kubla Khan* han encontrado, algunos de ellos, un esquema de recurrencias que les ha servido para fundamentar un tipo determinado de interpretación del poema[227].

Seguidamente, vamos a mostrar una relación de los casos de intertextualidad de imágenes entre *Kubla Khan* y el resto de la poesía de Coleridge escrita entre los años 1797-1802 que pudieran tener alguna relevancia en lo que respecta a la composición de este poema. Dada la naturaleza de los propósitos de esta revisión de una parte de la producción

---

[226] *CPW*, I, p. 569.

[227] Éste es el caso de G. Wilson Knight, *op. cit.*, pp. 83-178, quien se detiene en primer lugar en la relación de la considerada para muchos críticos como gran trilogía poética de Coleridge: *The Ancient Mariner, Christabel* y *Kubla Khan*. Se trata de la lectura a la que hemos aludido más arriba. Lleva a cabo una interpretación simbólica del poema tal que le hace llegar a la conclusión de que *Kubla Khan* no sólo condensa toda la poesía anterior de su autor, sino que anticipa los elementos esenciales de sus obras posteriores. Su punto de referencia para ese antes y después que establece con *Kubla Khan* como línea divisoria, a la vez que centro aglutinante, es el año 1797. M. Suther, *op. cit.*, por su parte, en su análisis de las intertextualidades internas de *Kubla Khan,* no presenta la complejidad del entramado simbólico mostrado en *The Starlit Dome*, aunque, en el fondo, la idea sobre la que fundamenta su lectura del poema es muy similar: *Kubla Khan* va a ser interpretado como una especie de crisol de toda la expresión poética de su autor.

poética de Coleridge, el orden seguido será de carácter cronológico. No obstante, cuando resulte oportuno, se realizará un enfoque temático.

En *The Ancient Mariner* (1797-98) destaca la similitud del efecto que el discurso del marinero tiene sobre quienes se encuentran a su alrededor con el que produce el poeta inspirado de *Kubla Khan* sobre su audiencia:

> I moved my lips - the Pilot shrieked
> And fell down in a fit;
> The holy Hermit raised his eyes,
> And prayed where he did sit"[228];
>
> (vv. 560-63)

Hay unos versos de este poema que no aparecen citados en ninguna de las obras consultadas y que vienen a representar una imagen similar a la que en *Kubla Khan* sintetiza la línea "A sunny pleasure-dome with caves of ice". Son los siguientes:

> Under the keel nine fathom deep,
> *From the land of mist and snow,*
> That made the ship to go
> (...)
> *The Sun, right up above the mast,*
> Had fixed her to the ocean
>
> (vv. 377-80; 383-84)

Igualmente, la imagen del poeta-profeta tiene su versión particular en la figura del marinero cuando dice: "I have strange power of speech" (v. 587).

En *The Old Man of the Alps* (1798), la intertextualidad con *Kubla Khan* se hace patente en estos versos:

> If to her spirit every sound was dear,
> 'Twas the deep moan that spoke the tempest near:
> *Or sighs which chasms of icy vales outbreathe,*
> *Sent from the dark imprison'd floods beneath*[229].
>
> (vv. 79-82)

Tanto los "chasms" como los "icy vales" y las "dark imprison'd floods within" son imágenes que, de un modo u otro, aparecen en *Kubla Khan*. Pero así como todo aquello que represente un abismo o un territorio helado se repite con bastante frecuencia en la poesía de Coleridge, no ocurre lo mismo con la imagen del agua estancada, en las tinieblas, que encontramos representada en *Kubla Khan* a través de la expresión "down to a sunless sea".

---

[228] Cf. M. Suther, *op. cit.*, p. 96.
[229] Cf. ibid., p. 110.

En *Fears in Solitude* (1798) hay una imagen que nos ha llamado la atención por su posible intertextualidad con *Kubla Khan*. Es la representada por el uso metafórico o figurado del acto de beber, del que el poeta se sirve dos veces en esta composición:

> We have drunk up, demure as at a grace,
> pollutions from the brimming cup of wealth
> (...)
> And oh! may we return
> Not with a drunken triumph, but with fear
> (...)
> Thy clouds, thy quiet dales, thy rocks and seas,
> Have drunk in all my intellectual life
>
> (vv. 59-60; 150-51; 188-86)

La recurrencia tan insistente de la imagen podría tener relación con la composición de *Kubla Khan*. En realidad, todo el sentido del poema -la inquietud del poeta ante el temor de una invasión francesa- puede entenderse como una expansión de lo que pudiera considerarse como el sentido más inmediato de lo que significan las "ancestral voices prophesying war". No es éste el único poema en el que se encuentra la imagen señalada. En *The Three Graves* (1798) se repite de nuevo:

> And here within the flowering thorn
> How deep they *drank of joy*:
> The mother *fed* upon the sight[230]
> (...)
> The mother was still in the bower,
> And with a greedy heart
> She *drank perdition* on her knees
>
> (vv. 54-56; 164-67)

En *Christabel* hay unos versos donde el uso figurado de esta imagen se conjuga con la del trance:

> *So deeply had she drunken in*
> *That look, those shrunken serpent eyes,*
> That all her features were resigned
> To this sole image in her mind:
> And passively did imitate
> That look of dull and treacherous hate!
> And thus she stood, *in dizzy trance*
>
> (vv. 601-06)

Se trata de la segunda parte de este poema, por lo que su fecha de composición se sitúa dentro del año 1799.

---

[230] En este caso encontramos los dos verbos principales de los dos últimos versos de *Kubla Khan*: "For he on honey-dew hath fed / And drunk the milk of Paradise."

Como ya se ha tenido ocasión de comprobar, el poema que presenta un mayor porcentaje de recurrencias de expresiones en relación con *Kubla Khan* es *The Nightingale* (1798). Hay en él un verso que consideramos de sumo interés, en el que el autor utiliza la imagen de la construcción arquitectónica para expresar la idea de la creación poética:

And many a poet echoes the conceit;
Poet who hath been building up the rhyme

(vv. 23-24)

Más adelante[231], se encuentran unos versos que se han citado sólo parcialmente en el apartado de las recurrencias léxicas, sin aludir a las imágenes o impresiones descritas. El poeta habla del canto de los ruiseñores y de su efecto sobre quienes lo escuchan del modo siguiente:

And one low piping sound more sweet than all -
Stirring the air with such a harmony,
That should you close your eyes, you might almost
Forget it was not day!

(vv. 61-64)

Y los propios ruiseñores aparecen descritos de esta manera:

You may perchance behold them on the twigs,
Their bright, bright eyes, their eyes both bright and full,
Glistening...

(vv. 67-69)[232]

En *The Wanderings of Cain* (1798), aparece una imagen que mantiene una intertextualidad evidente con *Kubla Khan*:

As far from the wood as the boy might sling a pebble of the brook, there was one rock by itself at a distance from the main ridge. It had been precipitated there perhaps by *the groan which the earth uttered* when our first father fell.

Es esa visión de la tierra convulsionándose, que se encuentra en composiciones tan anteriores como *Destruction of the Bastille* (?1789)[233] o cronológicamente más próximos a *Kubla Khan* como *Ode to the Departing Year* (1796)[234] y la pieza teatral *Osorio* (1797)[235], pero que, en cualquier caso, se halla ausente en los poemas escritos a partir de 1797 que

---

[231] Ibid., p. 114.
[232] Idem.
[233] Nos estamos refiriendo a los siguientes versos: "And like the storm which Earth's deep entrails hide, / At lenght has burst its way and spread the ruins wide" (vv. 9-10).
[234] Versos 29-30: "And with a loud and yet a louder voice, / O'er Nature struggling in portentous birth".
[235] "The earth heav'd under them with such a groan, / That the wall totter'd.." (IV, ii, vv. 204-05).

hemos venido revisando, y que tanta fuerza tiene en los dos versos de *Kubla Khan* relativos al nacimiento de la fuente.

En el considerado por E. H. Coleridge como borrador de la continuación o versión alternativa del poema, que se encontró con mucha posterioridad a la muerte del autor entre sus papeles, y al que le confiere la misma datación del texto definitivo[236], aparecen descripciones de paisajes que, inevitablemente, nos remiten a *Kubla Khan*[237]:

> ...he sees him dancing from rock to rock in his former shape down these *interminable precipices*[238].

Probablemente, es el comienzo del párrafo citado a continuación el que mayor semejanza presenta en sus imágenes y alusiones con *Kubla Khan*:

> *Midnight on the Euphrates. Cedars*, palms, pines. Cain discovered sitting on the upper part of the ragged rock, where is *cavern overlooking the Euphrates*, the *moon* rising on the horizon. His soliloquy. The Beasts are out on the ramp - he hears the *screams of a woman* and children surrounded by tigers[239].

Las palabras con las que comienza este pasaje podrían considerarse como un paralelismo verbal, parcialmente formal, parcialmente semántico, con la expresión "midway on the wave". La caverna, el río Eufrates, río sagrado, y, sobre todo, los gritos de la mujer recuerdan inevitablemente la segunda estrofa de *Kubla Khan*, sobremanera si se tiene en cuenta que dicha mujer es la esposa de Caín, a quien se podría considerar como una especie de "demon-lover", en esa encarnación del mal que representa. En el prefacio introductorio con que se publicó este texto en 1828, Coleridge relata las circunstancias que rodearon su composición y cómo Wordsworth y él abandonaron el proyecto conjunto y en su lugar Coleridge escribió *The Ancient Mariner*, su mayor logro poético sobre uno de los temas que más le interesaron en esta época: el origen del mal. En el llamado Notebook 1 aparece la siguiente entrada: "The Origin of Evil, an Epic Poem"[240].

Ya se ha anotado más arriba cómo en el año 1799 lo que más abundan entre las producciones literarias de Coleridge son las traducciones de poemas, principalmente de autores alemanes. Es muy significativo el hecho de que en varias, prácticamente la mayoría, de estas traducciones haya grandes similitudes con las imágenes e incluso con el léxico de *Kubla Khan*. En los versos de *Milesisches Märchen*, de Friedrich von Mathisson, traducidos por Coleridge en 1799, y publicados en 1834 bajo el título de *Catullian Hendecasyllables*, aparecen varios elementos de *Kubla Khan*:

> Oft by the moonlight a little boat came floating,
> Came to the sea-cave beneath the breezy headland,

---

[236] Cf. *CPW*, I, p. 285 (nota).
[237] Ibid., p. 124 y ss.
[238] Ibid., p. 286 (nota).
[239] Idem.
[240] *CN*, 161/G. 156.

When amid myrtles *a pathway stole in mazes*
Up to the groves of the high embosom'd temple

(vv. 7-10)

La "sea-cave" no aparece en el original[241]. Por otro lado, se da una intertextualidad indudable entre la imagen del camino que serpea de forma laberíntica hasta las arboledas del templo, especialmente marcada a través del uso del vocablo "mazes", y los versos "Five miles meandering with a mazy motion / Through wood and dale the sacred river ran". Es en el templo aludido donde:

Oft did *a priestess*, as lovely as *a vision*,
Pouring her soul to the son of Cytherea

(vv. 12-13)

En el original, el término que corresponde a la expresión "a vision" del texto inglés es "Apelles". El traductor, por tanto, se permite de nuevo una licencia en su ejercicio que, a su vez, contribuye a acercar su versión de la composición alemana al poema que nos ocupa.

De los poemas traducidos, el siguiente que, sin duda, presenta una gran semejanza con *Kubla Khan* es *On a Cataract, from a Cavern near the Summit of a Mountain Precipice* (?1799)[242]. Ya el título es suficientemente significativo. El poema de Stolberg consta de once versos, mientras que la versión de Coleridge cuenta con veinticuatro. Los nueve primeros de la traducción corresponden con bastante fidelidad a los siete primeros del original, pero a partir del décimo el texto inglés continúa de una forma totalmente libre, de tal modo que la traducción se convierte en una adaptación del poeta, sobre todo la antístrofa con la que concluye, donde hay un paralelismo verbal con *Kubla Khan*, realmente el único desde el punto de vista formal, aunque el sentido de toda la composición sea muy similar a esa imagen del nacimiento del río[243]. Así, refiriéndose al nacimiento de la catarata, Coleridge, en los últimos cuatro versos, se expresa del modo siguiente:

Above thee the cliff inaccessible;-
Thou at once full born
Madd'nest in thy joyance,
Whirlest, shatter'st, splitt'st,
Life invulnerable.

(vv. 20-24)

---

[241] Cf. *CPW*, II, Ap. VI, p. 1125.

[242] M. Suther comienza su revisión de las composiciones de este año con este poema (p. 134 y ss.), sin tener en cuenta al que hemos comentado previamente. Considera que Coleridge lo escogió por su similitud con *Kubla Khan*: "The entire poem might serve as a gloss on lines 16-25 of *Kubla Khan*, the fountain section..." Precisamente el significado de la fuente, en su opinión, como origen de la vida, se hace explícito en este texto a través de los primeros versos, donde Coleridge adapta el original para que cobre ese sentido.

[243] Cf. ibid., p. 136.

Resulta, obviamente, inevitable la comparación con los versos 21-24 de *Kubla Khan*: "Huge fragments vaulted like rebounding hail, / Or chaffy grain beneath the thresher's flail: / And 'mid these dancing rocks at once and ever / It flung up momently the sacred river".

The Visit of the Gods (?1799) más que una imitación del poema de Schiller, como dice Coleridge en el subtítulo, es una traducción bastante fidedigna, aunque no sin ciertas licencias, del original, titulado *Dithyrambe*[244]. A nuestro juicio, se trata de un poema tan importante como el anterior en su intertextualidad con *Kubla Khan*. El tema central es el néctar de los dioses como fuente de la inmortalidad poética, por lo que podría considerarse como una expansión de los dos últimos versos de *Kubla Khan*: For he on honey-dew hath fed / And drunk the milk of Paradise.

Entendemos que son de interés especial estas líneas:

That the roofs of Olympus may echo my lyre!
Hah! we mount! on their pinions they waft up my soul!
O give me the nectar!
O fill me the bowl!

Give him the nectar!
Pour out for the poet,
Hebe! pour free!
Quicken his eyes with celestial dew,
That Styx the detested no more he may view

(vv. 15-23)

El primero de estos versos no aparece en el original: es una creación propia del traductor, que aproxima así el texto aún más al poema que nos ocupa. A esto ha de añadirse el hecho de que omita dos versos que se alejan del tema poético: los versos 17 y 18 del original, que deberían haber ocupado el mismo lugar en la traducción, por lo tanto, dentro del lugar correspondiente en el fragmento citado[245].

Probablemente la traducción que más se ha asociado con *Kubla Khan* es *Hymn to the Earth* (1799), adaptación libre de una composición del mismo título de Stolberg, *Hymne an die Erde*[246]. Se han relacionado la adaptación del poema alemán y *Kubla Khan* con el interés de Coleridge por componer una serie de himnos a los elementos[247]. Hay ciertos aspectos de la adaptación inglesa que nos remiten al paisaje de *Kubla Khan*[248]:

[244] Cf. *CPW*, II, Ap. VI, p. 1127.

[245] Los versos omitidos son los siguientes: "Die Freude, sie wohnt nur / In Jupiters Saale".

[246] M. Suther, *op. cit.*, p. 139 (nota), subraya la diferencia entre ambos textos, dado que el poema de Stolberg consta de 167 versos y la "imitación" de Coleridge -según sus propias palabras en el subtítulo- tiene sólo 33, basados en los primeros 36 del original. Cf. Christian und Friedrich Leopold Grafen zu Stolberg, *Gesammelte Werke*, Hamburg: Friedrich Perther, 1827, pp. 201-13. E. H. Coleridge, sin embargo, siguiendo la edición de los poemas de Coleridge llevada a cabo por J. D. Campbell en 1893, sólo transcribe los primeros 25 versos (Cf. *CPW*, II, Ap. VI, pp. 1130-31)

[247] Son varias las entradas que aparecen en el Gutch Notebook con respecto a dicho proyecto. La fecha más probable es entre los años 1796 y 1797. (Cf. *CN*, 240/G. 236; 241/G. 237; 244/G. 240 y 246/G. 242).

[248] Cf. M. Suther, *op. cit.*, p. 139.

Forth, *ye sweet* sounds! *from my harp*, and *my voice shall float on your surges*
(...)
Travelling the vale with mine eyes - *green meadows* and lake and green island,
Dark in its basin of rock, and *the bare stream flowing in brightness*
Thrilled with thy beauty and love *in the wooded slope of the mountain*

(vv. 3; 5-7)

Ciertamente, son elementos muy similares a los de la naturaleza descrita en *Kubla Khan*. En nuestra opinión, además de estas características del paisaje, es esa intromisión de la voz del poeta, aludiendo a su creatividad, que no aparece en el original, la que refuerza muy especialmente la intertextualidad. En los versos 20-33 de la adaptación de Coleridge, resalta la imagen del matrimonio entre el cielo y la tierra que se desarrolla a lo largo de ellos[249], y la posterior creación de la naturaleza representada por medio de otra imagen muy familiar: la de un parto de la madre-Tierra, la misma imagen, ampliada y expuesta en otros términos, que se encuentra en los versos 17-20 de *Kubla Khan*, y mucho más parecida a éstos que al texto de la versión original.

Esta imagen de la unión del cielo y de la tierra aparece nuevamente en *A Thought Suggested by a View of Saddleback in Cumberland* (1800)[250]. Estrictamente desde el punto de vista de las imágenes, únicamente el verso quinto puede guardar alguna relación con *Kubla Khan*: "As loud the torrents throng!" Sin embargo, en una lectura más detenida, y con *Kubla Khan* en mente, se puede entender esta composición como una nueva recreación del efecto poético producido por el contraste entre las imágenes violentas de los versos 11-31 de *Kubla Khan* y la apacible tranquilidad de las contenidas entre los versos 31-41, con la antítesis tierra/cielo implícita en ellos. Esta misma idea se encuentra en la nota introductoria a su traducción/adaptación, no reconocida como tal, del poema de Frederike Brun, dedicado al también poeta alemán Klopstock, *Chamouny Beym Sonnenaugange*, publicada por Coleridge en el *Morning Post* en septiembre de 1802 con el título de *Chamouni, the Hour Before Sunrise*:

> Chamouni is one of the highest mountain valleys of the Barony of Fancigny in the Savoi Alps; and exhibits a kind of *fairy world* in which *the wildest appearances (I had almost said horrors) of nature alternate with the softest and most beautiful*[251].

Aparece en ellos reproducida la combinación de lo violento y lo apacible, pero en este caso ambos extremos se dan en la propia naturaleza. La composición de Coleridge es una recreación del original, cuya extensión en el texto inglés se ve cuatriplicada. Abundan en ella los ecos de *Kubla Khan*, tanto verbales -ya señalados-, como de imágenes. Los más

---

[249] Cf. ibid., p. 140.

[250] Es un poema muy breve, tan sólo consta de nueve versos. En la edición de 1834, Coleridge lo introduce con una nota explicatoria sobre las circunstancias que rodearon su composición, calificándolo de "estrofa" o "reflexión versificada", esto es, no le concede la categoría de poema. Cf. *CPW*, I, p. 347 (nota).

[251] *CPW*, I, p. 377 (nota). El título con que se ha editado el poema a partir de la publicación de *Sybilline Leaves* es *Hymn before Sunrise, in the Vale of Chamouni*.

significativos, según nuestro criterio, son los que presentamos a continuación, tanto por el hecho de su similitud como por el de no aparecer en la versión original[252]:

> The Arve and the Arveiron at thy base
> Rave *ceaselessly*;
>
> (vv. 4-5)

El nacimiento de ambos ríos evoca el verso de *Kubla Khan* "And from this chasm with ceaseless turmoil seething".

> But when I look again,
> It is thine calm home, thy *chrystal shrine*,
> Thy habitation from eternity!
>
> (vv. 10-12)

Es la imagen de la "sunny pleasure-dome with caves of ice" trasladada al escenario natural. Más arriba ya se ha comentado el verso siguiente, en el que la metáfora arquitectónica se hace explícita en este poema. La comparación con la cúpula de *Kubla Khan* se hace más inevitable aún ante la lectura del verso

> Who sank thy sunless pillars in Earth?
>
> (v. 36)

Estos versos tienen un gran parecido con un pasaje de la carta a Sara Hutchinson correpondiente a la excursión que hizo Coleridge por Escocia en agosto de 1802, citada en el apartado anterior:

> ...all this reflected, turned into Pillars, dells, and a whole new world of images in the water![253]

En una carta a William Sotheby, con fecha del 10 de septiembre de 1802, Coleridge cita los versos 34-41 de su composición *To Mathilda Betham from a Stranger* para describir sus emociones cuando se encontraba en la cumbre del Scafell durante esa excursión, y añade:

> I involuntarily poured forth a Hymn in the manner of the *Psalms*, tho' afterwards I thought the Ideas &c disproportionate to our humble mountains - & accidentally lighting on a short Note in some Swiss Poems, concerning the Vale of Chamouny, & it's Mountain, I transferred myself thither, in the Spirit, & adapted my former feelings to these grander external objects[254].

El poeta manifiesta, por tanto, que la composición de *Hymn before Sunrise* tuvo lugar durante esa excursión por Escocia. Sin embargo, E. L. Griggs no está de acuerdo con esta

---

[252] Cf. *CPW*, II, Ap. VI, p. 1131.

[253] *CL*, II:450, p. 839.

[254] Ibid., 459, p. 865.

afirmación, puesto que ni en la carta -la número 450 de su edición- ni en las páginas del *Notebook* 2 donde describe su estancia en Scafell hace referencia alguna a la composición de un poema, como tampoco la hace en la carta escrita a Sotheby el 26 de agosto, por lo que los versos sobre Chamouny no pudieron escribirse -o más bien deberíamos decir recrearse a partir del original- con anterioridad a esa fecha[255]. Esta opinión de Griggs nos parece totalmente acertada. Y la consecuencia que se deriva de ello es que el pasaje de la carta a Sara Hutchinson es anterior a la composición de los versos con los que se ha encontrado ese paralelismo verbal y de contenido. Dos son las posibilidades que se presentan para explicar dicha coincidencia: o bien Coleridge guardó el recuerdo de la descripción, que se materializó de un modo similar en los versos del poema, o bien tuvo acceso a las palabras textuales de la propia carta o de alguna copia de la misma que obrase en su poder. Ello es una prueba más de la importancia de sus escritos en prosa, sobre todo los pertenecientes a sus cartas y cuadernos de apuntes, en su actividad poética.

En *Hymn before Sunrise* se describen cinco torrentes que brotan de la tierra con la misma violencia que el río sagrado:

> And you, ye five wild torrents fiercely glad!
> Who called you forth from night and utter death,
> From dark and *icy caverns* called you forth,
> Down those precipitous, black, jaggéd, *rocks,*
> *for ever shattered* and the same for ever?
>
>   (vv. 39-43)

Incluso las "caves of ice" tienen su lugar en este poema. Asimismo, hay un recuerdo, aunque un tanto lejano, de la imagen del río precipitándose "down to a sunless sea" en los versos:

> Thou too, hoar Mount! with the sky-pointing peaks,
> Oft from whose feet the avalanche, unheard,
> *Shoots downward*, glittering through the poor serene
> *Into the depth of clouds*, that veil thy breast -
>
>   (vv. 70-73)

También pueden entreverse los "incense-bearing trees" por medio del símil que aparece en las líneas citadas a continuación, posiblemente como el recuerdo de una imagen ya conocida:

> Rise, O ever rise,
> Rise like a *cloud of incense* from the Earth!
>
>   (vv. 79-80)

Del mismo modo, tiene cabida la contraposición cielo/tierra comentada en casos anteriores:

---

[255] Idem (nota). Griggs considera que, además del poema de Frederike Brun, detrás de los versos de Coleridge se encuentra la sombra de *Coombe Ellen*, de Bowles.

Thou Kingly Spirit throned among the hills,
Thou dread ambassador from Earth to Heaven
Great hierarch! ...

(vv. 82-84)

Pero no son sólo las imágenes de las estrofas segunda y tercera de *Kubla Khan*, según la edición de 1816, las que se encuentran en esta adaptación de Coleridge. La última estrofa puede verse recreada en varias ocasiones a lo largo del texto:

Yet, *like some sweet beguiling melody*,
So sweet, we know not we are listening to it,
Thou, the meanwhile, wast blending with my Thought,
Yea, with my Life and Life's own secret joy:
Till the dilating Soul, *enrapt, transformed*,
Into the mighty vision passing - there,
As in her natural form swelled vast to Heaven!

Awake, my soul! not only passive praise
Thou owest! not alone these swelling tears,
Mute thanks and secret ecstasy! awake,
Voice of sweet song! Awake, my heart awake!
Green vales and icy cliffs, all join my Hymn.

(vv. 18-28)

Evocan estas líneas la visión de la doncella abisinia y su melodía, a partir de cuyo recuerdo el poeta podría consumar su acto de creación artística "with music loud and long". Igualmente, la "sweet melody" contrasta con la "mighty voice" de los siguientes versos:

Ye *ice-falls!* ye that from the mountain's brow
Adorn enormous ravines slope amain -
Torrents, methinks, that heard *a mighty voice*,
And stopped *at once amid* their maddest plunge!
Motionless torrents! silent cataracts!
Who made you glorious as the *Gates of Heaven*
Beneath the keen full moon? Who bade *the sun*
Clothe you with rainbows?

(vv. 49-55)

De nuevo se hace patente el efecto poético que supone la contraposición entre la primera y la segunda estrofa de la versión del manuscrito de Crewe: la descripción de un escenario natural violento se interrumpe de forma repentina ante el sonido de una voz que lo transforma en una cúpula soleada sobre una base de hielo. Hay, además, una contraposición claramente buscada en esa presencia simultánea de la luna y el sol. Con anterioridad se ha señalado la expresión del verso 54 "Beneath the keen full moon" como un paralelismo verbal, aunque de sentido contrario, con la expresión "beneath a waning moon" de *Kubla Khan*. De alguna forma, más o menos intencionada, el poeta está estableciendo una interrelación entre ambas composiciones.

Son varios los poemas escritos en el año 1799, o algo más tarde, en los que recurren imágenes que guardan una relación con la de la doncella abisinia y su melodía. El primero de éstos es *Lines Composed in a Concert-Room* (1799). Los siguientes versos no deben pasarse por alto:

> Thee, *gentle woman*, for *thy voice remeasures*
> Whatever tones and melancholy *pleasures*
> The things of nature utter; birds or trees
> Or moan of ocean-gale in weedy *caves*.
>
> (vv. 35-38)

Los dos primeros versos se han citado previamente a propósito de la coincidencia de las rimas *remeasures/pleasures* y *caves/waves* entre esta composición y *Kubla Khan*. La extensión del poema en *Sybilline Leaves* era de cuarenta versos, pero su versión inicial, tal y como se publicó en el *Morning Post* el 24 de septiembre de 1799, contaba con tres estrofas más, sumando un total de cincuenta y ocho versos[256]. La estrofa que aparecía inmediatamente después de la citada comenzaba del modo siguiente:

> Dear *Maid!* whose form in solitude I seek,
> *Such songs* in such a mood *to hear thee sing,*
> *It were a deep delight!* - But thou shalt fling
>
> (vv. 40-43)

Ya se ha hecho referencia al paralelismo verbal del último de estos tres versos con *Kubla Khan*, pero, ciertamente, considerado dentro de su contexto, la intertextualidad de ambas composiciones resulta aún más evidente. Según E. H. Coleridge[257], en la penúltima estrofa de esta primera versión, hay una referencia a la victoria de Suwaroff sobre Joubert en Novi el 15 de agosto de 1799, presentada en los siguientes términos:

> To celebrate the shame and absolute rout
> Unhealable of Freedom's latest foe,
> *Whose tower'd might shall to its centre nod.*
>
> (vv. 49-51)

Encontramos una relación de intertextualidad entre el último de estos versos y las "walls and towers" de la "pleasure-dome" de *Kubla Khan* y la amenaza de su destrucción a través de las "ancestral voices prophesying war". Esta misma imagen de la torre en ruinas aparece en dos versos de la balada *Love* -también perteneciente al año 1797-, uno de ellos ya citado en el apartado de los paralelismos verbales:

> When *midway on the* mount I lay, Beside the *ruined tower*.

---

[256] Cf. *CPW*, I, pp. 324-25 (nota).
[257] Idem.

Al año 1799 corresponde *Ode to Georgiana, Duchess of Devonshire*, poema escrito en honor de una composición de la Duquesa, *Passage Over Mount Gothard*, publicado en diciembre de 1799. Cuatro días más tarde se publicó la respuesta poética de Coleridge a través de esta composición[258]. Los dos últimos versos del estribillo que se repite a lo largo de todo el poema, previamente citados a propósito de la rima, dicen:

> O Lady, nursed in pomp and pleasure!
> Whence learn'd you that heroic measure?

Expresan la admiración del poeta ante la creación literaria -y musical: "measure"- de una mujer. En la tercera estrofa establece una comparación entre el dolor del alumbramiento de un ser humano y el gozo que supone el alumbramiento de una creación artística:

> You were a mother! at your bosom fed
> The babes that loved you. You, *with laughing eye*
> Each twilight-thought, each nascent feeling read,
> Which you yourself created. Oh! *delight!*
> A second time to be a mother,
> Without the mother's *bitter groans*
>
>   (vv. 59-63)

Los términos en cursiva son referencias e imágenes similares a los que aparecen en *Kubla Khan*, donde el nacimiento del río sagrado, representado como un parto de la tierra, se contrapone al "deep delight" de la creación del poeta.

Una composición de esta época cuya intertextualidad con *Kubla Khan* resulta considerablemente más obvia es *A Stranger Minstrel*[259], dedicado a la poetisa Mary Darby Robinson y escrito unas semanas antes de su muerte, en el año 1800. El poeta se sitúa en el Skiddaw, y en ese momento de reposo divino:

> When the soul centred in the heart's recess
> Hath quaff'd its fill of Nature's loveliness,
> Yet still beside *the fountain's* marge will stay
> And fain would thirst again, again to quaff
>
>   (vv. 3-6)

La alusión a la fuente, a pesar del aparente carácter referencial de los primeros versos, pone en evidencia el significado simbólico de la composición, especialmente cuando esa voz exclama:

> A form within me rose, within me wrought
> With such *strong music*, that I *cried aloud,*

---

[258] Ibid., p. 324 (nota).
[259] Cf. M. Suther, *op. cit.*, pp. 148-52.

'Thou *ancient Skiddaw* by thy helm of cloud,
And by many-colour'd *chasms deep*,
And by their *shadows* that for ever sleep,
By yon small flaky mists that love to creep
Along the edges of those *spots of light*,
Those sunny islands on thy *smooth green height*

(vv. 10-17)

La voz del poeta estalla desde lo más recóndito de su interior y se dirige a un paisaje plagado de reminiscencias de *Kubla Khan*. Su deseo más ardiente aparece expresado en los últimos versos de esta estrofa:

I would, old Skiddaw, she were here!
A lady of sweet song is she,
Her soft blue eye was made for thee!
O ancient Skiddaw, by this tear,
I would, I would that she were here!

(vv. 23-27)

El verso de *Kubla Khan* "Could I revive within me her symphony and song" parece verse expandido en este pasaje. La respuesta del Skiddaw, con voz propia en el poema, no se hace esperar:

'She dwells belike in *scenes more fair*,
And scorns a mount so bleak and bare!

(vv. 32-33)

¿En el monte Abora? Más adelante se oye otra vez la voz del Skiddaw:

'Nay but thou dost not know her might,
The pinions of her soul how strong!
But many a stranger in my height
Hath sung to me *her magic song*
Sending forth his ecstasy
In her divinest melody,
And hence I know her soul is free,
She is where'er she wills to be,
Unfettere'd by mortality!

(vv. 46-53)

Estos versos traen a la memoria inevitablemente la imagen del poeta inspirado, que es capaz de repetir la melodía de la doncella abisinia. El mismo Skiddaw manifiesta:

I too, methinks, might merit
The presence of her spirit!
To me too might belong
The honour of *her song and witching melody*
Which most resembles me,

Soft, various, and sublime,
Exempt from wrongs of Time!'

(vv. 61-67)

Y de nuevo la voz del poeta en el último verso:

I would, I would that she were here

Al año 1800 pertenece también otro poema inspirado en una composición de M. Robinson: *The Snow-Drop*. E. H. Coleridge, en su datación, se mantiene fiel a la fecha de composición dada por el propio Coleridge en la nota que aparece en el manuscrito del poema, donde dice que lo escribió "Immediately after the perusal of Mrs Robinson's Snow Drop"[260]. Varios son los versos que evocan de algún modo la imagen de la doncella abisinia y todas sus implicaciones poéticas:

Since Laura murmur'd o'er thy leaves
The *potent sorceries of song*

(vv. 5-6)

She *whisper'd low her witching rhymes*,
Fame unreluctant *heard her charm*,
And bore thee to Pierian climes

(vv. 18-20)

There nightly born does Laura lie
A magic slumber heaves her breast:
Her arm, white Wanderer of *the Harp*

(vv. 53-55)

El monte donde duerme Laura, descrito en las estrofas quinta y sexta, es nuevamente el monte de la escalada que ha de culminar el poeta, a la que significativamente califica de "*insuperable* steep", meta prácticamente inalcanzable:

On whose vast summit broad and smooth
Her nest the Phoenix Bird conceals,
And where by cypresses o'erhung
The *heavenly Lethe steals*.

(vv. 36-39)

El mito del ave fénix es un mito oriental, asirio originariamente y egipcio en su desarrollo posterior. El tema del olvido, explícito en esta composición a través de esa alusión al Leteo y al esfuerzo creativo, y el orientalismo son dos aspectos determinantes en *Kubla Khan*. En esa cumbre anhelada:

---

[260] Cf. *CPW* I, p. 356 (nota). Sin embargo, no todos los críticos están de acuerdo con esta datación. C. Woodring, *Politics in the Poetry of Coleridge*, Madison: The University of Wisconsin Press, 1961, pp. 123-24, lo incluye dentro del grupo de poemas correspondientes a 1798 y M. Suther, *op. cit.*, p. 130, mantiene esta fecha. Por nuestra parte, mantendremos la datación inicial, que creemos perfectamente justificada por la intertextualidad de las imágenes que contiene con las de los poemas de esta época que estamos comentando.

> A sea-like sound the branches breathe,
> Stirr'd by the Breeze that loiters there;
> And all that stretch their limbs beneath,
> Forget the coils of mortal care.
>
> (vv. 41-44)

De nuevo esa imagen de una figura femenina directamente relacionada con la creación poética se encuentra en la alusión a Safo en un poema cuya intertextualidad con *Kubla Khan* estableció el propio Coleridge a través de la inclusión de unos versos en el Prefacio introductorio con que se publicó el poema objeto de nuestro estudio. Dicha composición es *The Picture or the Lover's Resolution* (1802):

> *Daughter of genius! stateliest of our maids!*
> More beautiful than whom Alcaeus wooed,
> *The Lesbian woman of immortal song!*
>
> (vv. 170-72)[261]

La misma alusión se encuentra en otro de los poemas de este año, dedicado también a una poetisa, *To Matilda Betham From a Stranger*. El comienzo no podría ser más evocador de la última estrofa de *Kubla Khan*:

> Matilda: *I have heard a sweet tune played*
> *On a sweet instrument* - thy Poesie -
>
> (vv. 1-2)

Pero son especialmente los siguientes versos de la segunda estrofa los que no dejan lugar a dudas en lo que respecta a la intertextualidad entre ambos poemas:

> And 'tis my faith, that there's a natural bond
> Between the female mind and measured sounds
>
> (vv. 21-22)

Concluye con un panegírico de carácter patriótico, pero incidiendo en la misma idea:

> That our own Britain, our dear mother Isle,
> May boast one *Maid*, a poetess indeed,
> Great as th' impassioned Lesbian, in *sweet song*,
> And O! of holier mind, and happier fate.
>
> (vv. 25-28)

En esta muestra de recurrencias de imágenes presentada se observa que en las composiciones de los años 1797 y 1798 se encuentran con frecuencia imágenes de *Kubla*

---

[261] M. Suther, *op. cit.*, pp. 163-70, encuentra imágenes de *Kubla Khan* tanto en los elementos del paisaje como en el aspecto señalado. Refiriéndose a la figura femenina, afirma: "As the poem ends, the speaker is on his way to find her. Like the Abyssinian maid, she is eminently fitted to be a source of inspiration, and Coleridge has forgotten her nonexistence!" (P. 170).

Khan, especialmente de la primera estrofa del manuscrito de Crewe, aunque también aparecen imágenes de la segunda estrofa. *Osorio* es la obra que presenta no sólo una cantidad superior de imágenes, sino un grado mayor de semejanza entre éstas y las de *Kubla Khan*. A partir de 1799, las imágenes que mantienen una intertextualidad con las de *Kubla Khan* o bien presentan un parecido sorprendente, como es el caso de las que se encuentran en *The Triumph of Loyalty*, o bien tienen un poderoso poder evocador no sólo de las imágenes de *Kubla Khan*, sino de partes enteras del poema, lo que viene a convertirlas en algunos casos en auténticas paráfrasis, o incluso exégesis, poéticas del texto que nos ocupa. En las composiciones pertenecientes al periodo 1799-1802 se da una gran recurrencia de imágenes de la última estrofa de *Kubla Khan*, mayor que la de cualquier otra época.

Los datos presentados en esta parte indican que no hay por qué dudar de las palabras de Coleridge sobre la fecha de composición, al menos en lo que respecta a la primera estrofa del manuscrito de Crewe, que se llevaría a cabo, por tanto, a finales del verano o en el otoño de 1797. La segunda estrofa sería un añadido posterior, de los años 1799 ó 1800. Las recurrencias léxicas con *The Picture* y la propia intertextualidad que Coleridge establece en el Prefacio entre ambos poemas demostrarían que en 1802, al escribir sobre el tema de la capacidad creativa en *Dejection: An Ode*, el poeta tuvo muy presente a *Kubla Khan*[262]. Es muy probable que fuera en esta época cuando le dio la configuración estrófica de la edición de 1816, estableciendo esa relación formal con las odas e iniciando con ello lo que iba a ser su gran juego poético con sus lectores y críticos.

---

[262] La similitud temática de ambas composiciones está puesta de relieve en el estudio de H. R. Rookmaker, *op. cit.*, pp. 147-52.

IV. RELACIONES DE INTERTEXTUALIDAD

No cabe duda de que todo el interés de la crítica por la intertextualidad de *Kubla Khan* es un hecho realmente insólito, principalmente por ese deseo de muchos estudiosos de buscar aportaciones nuevas, que, a lo largo de la historia crítica del poema, se han ido superponiendo a las presentadas previamente, sin conseguir alzarse por encima de las mismas de una forma rotunda porque los paralelismos, ya sean verbales o de contenido, resultan, en apariencia, tan obvios en muchos casos, que es difícil refutar su posible intertextualidad con el poema. Esto se deriva, en buena medida, del hecho de que *Kubla Khan* contenga un número importante de elementos que forman parte del acervo común a varias tradiciones literarias y culturales en general. Por esta razón, puede resultar fácil encontrar una frase, una expresión o una imagen, de cualquier tipo de procedencia, con los que *Kubla Khan* presente alguna concomitancia. Ahora bien, si por un momento se vuelve la mirada al texto en su edición de 1816, dejando a un lado la gran labor realizada por los críticos, resulta que *Kubla Khan* es el único poema publicado en vida del autor en el que éste cita un intertexto que no da lugar ni a una traducción ni a una imitación, sino a una composición supuestamente original y de unas características muy particulares. En teoría, el lector sólo ha de remitirse a la obra mencionada en el Prefacio, *Purchas his Pilgrimage*, y, efectivamente, los primeros versos del poema presentan una gran similitud con el pasaje de la obra de Purchas aludido por Coleridge:

> In Xamdu did Cublai Can build a stately Palace, encompassing sixteene miles of plaine ground with a wall, wherein are fertile Meddowes, pleasant Springs, delightfull Streames, and all sorts of beasts of chase and game, and in the middest thereof a sumptuous house of pleasure[263].

Coleridge, indudablemente, está condicionando la lectura del poema desde este punto de vista. Lo importante es si esta orientación expresa se hizo con alguna intención concreta o fue una mera constatación de datos. Dicho con otras palabras, ¿fue el volumen de Purchas, en realidad, la única obra que Coleridge tuvo en mente durante la composición del poema? Si se parte exclusivamente del texto poético, se encuentran una serie de intertextualidades, que, con independencia de cuál fuera la actitud autorial, resultan demasiado evidentes para pasar desapercibidas.

En primer lugar, ha de decirse que el lector conocedor de la literatura inglesa inevitablemente ha de percatarse de los ecos miltónicos de *Kubla Khan*, y, fundamentalmente, como han manifestado la inmensa mayoría de los críticos, de *Paradise Lost*. Asimismo, se han

---

[263] *Purchas his Pilgrimage*, London, 1826, Book IV, xiii, p. 418.

puesto de relieve ciertas referencias clásicas de *Lycidas*, las relativas a la fuente Aretusa y al río Alfeo[264]. Pero, ¿cuál era el orden de preeminencia según el juicio poético de Coleridge en fechas próximas a la composición de *Kubla Khan*? En una carta, del 17 de diciembre de 1796, dirigida a J. Thelwall, lo expresa con toda claridad:

> Is not Milton a *sublimer* poet than Homer or Virgil? Are not his Personages more sublimely cloathed? And do you not know, that there is not perhaps *one* page in Milton's Paradise Lost, in which he has not borrowed his imagery from the *Scriptures*? ...I affirm that, after reading Isaiah, or St Paul's Epistle to the Hebrews, Homer & Virgil are disgustingly *tame* to me, & Milton himself barely tolerable[265].

Las Sagradas Escrituras están muy por encima de Milton en su grado de sublimidad[266], y no sólo eso, sino que también constituyen la fuente principal de imágenes para *Paradise Lost*. Considerar que Milton es superior a Homero y a Virgilio es una opinión de Coleridge, y, como tal, perfectamente respetable. Por otro lado, resulta indiscutible el hecho de que detrás de la obra de Milton se halla, por encima de cualquier otra influencia, la tradición judeo-cristiana. Pero también -hemos de añadir por nuestra parte- la tradición clásica. El poeta nos está remitiendo constantemente a ambas tradiciones por medio de referencias expresas o más o menos veladas; a la primera como fundamento del poema, a la segunda, sobre todo, por medio del símil, esto es, situándola en un segundo plano, sin por ello aminorar su poder de evocación poética. Dentro de dicha tradición clásica se inscribe el modelo literario de la *Eneida*, que Milton sigue de forma magistral[267]. Este orden de

---

[264] Cf. Lane Cooper, "The Abyssinian Paradise in Coleridge and Milton", *Modern Philology*, 1906, vol. 3, pp. 327-32; Maud Bodkin, *Archetypal Patterns in Poetry*, London: Oxford University Press, 1934; Alice Snyder, *op. cit.*, Thomas Copeland, "A Woman Wailing for Her Demon Lover", *Review of English Studies*, 1941, vol. 17, pp. 87-90; Norman Fruman, *op. cit.*; H.W. Piper, "The Two Paradises of *Kubla Khan*", *Review of English Studies*, 1976, New Series, vol. 28, pp. 148-58; "Mount Abora", *Notes and Queries*, 1973, vol. 218, pp. 286-89; "Coleridge, Symbolism and the Tower of Babel" en *New Approaches to Coleridge: Biographical and Critical Essays*, ed. Donald Sultana, London and Totowa: Vision & Barnes & Noble, 1981; *The Singing of Mount Abora: Coleridge's Use of Biblical Imagery and Natural Symbolism*, London and Toronto: Associated Press, 1987; H. R. Rookmaker, *op. cit.*, John B. Beer, "The Languages of *Kubla Khan*", en *Coleridge's Imagination*, ed. R. Gravil et alii, Cambridge: Cambridge University Press, 1985, pp. 218-62; Marjorie Levinson, "The Completed Fragment. *Kubla Khan*", *The Romantic Fragment Form*, Chapel Hill and London: The University of North Carolina Press, 1986, pp. 97-114.

[265] *CL*, I:164, p. 281. La cursiva aparece en el original.

[266] En opinión de Timothy Fulford, *Coleridge's Figurative Language*, London: Macmillan, 1991, p. 85, detrás de esta afirmación de Coleridge se halla la obra de Robert Lowth *Lectures on the Sacred Poetry of the Hebrews* (1753, trad. 1787), uno de los tratados más influyentes en la teoría literaria romántica sobre la cuestión de lo sublime en la literatura. Sobre la influencia de Lowth en la teoría poética de los románticos ingleses, cf. Anthony J. Harding, *Coleridge and the Inspired Word*, Kingston and Montreal: McGill-Queen's University Press, 1985, quien también habla de la importancia de la obra de Herder, *Vom Geist der Ebräischen Poesie*; y Stephen Prickett, *Words and the Word*, Cambridge: Cambridge University Press, 1986, pp. 114-18.

[267] Cf. K. W. Grandsden, *Virgil. The Aeneid*, Cambridge: Cambridge University Press, 1990, p. 108, y "The *Aeneid* and *Paradise Lost*" en *Virgil and his Influence*, ed. C. Martindale, Bristol, 1984, pp. 95-116. Indiscutiblemente, dentro de la tradición literaria anglosajona, hay otro modelo que Milton tuvo muy en cuenta, *The Faerie Queene*. La intertextualidad de *Kubla Khan* con esta obra la han subrayado prácticamente todos aquellos que se han referido también a Milton. Cf. John Beer, *op. cit.*, 1985; Walter J. Bate, *op. cit.*; Richard Gerber, "Keys to *Kubla Khan*", *English Studies*, 1963, vol. 44, pp. 321-41; y "Cybele, *Kubla Khan*, and Keats", *English Studies*, 1965, vol. 46, pp. 369-89; Hans H. Meier, *op. cit.;* Elinor S. Shaffer, *Kubla Khan and the*

influencias sobre *Paradise Lost* parece el más adecuado para aproximarnos a los posibles intertextos de *Kubla Khan*. Una vez contempladas la Biblia y la tradición clásica, procederemos a la consideración de intertextualidades dentro de la literatura inglesa.

Por otra parte, dado que en los capítulos previos se ha ido perfilando una diferencia entre las estrofas primera y segunda del manuscrito de Crewe, resultaría interesante ver si en el campo de las intertextualidades externas se produce también esa distinción.

1. TEXTOS BÍBLICOS

A) PRIMERA ESTROFA DEL MANUSCRITO DE CREWE:

La Biblia, como ya se ha señalado, es el punto de referencia constante de Milton. La crítica ha hablado de la intertextualidad entre *Kubla Khan* y *El Cantar de los Cantares*[268], aunque sin precisar pasajes concretos. En este Libro poético son varias las referencias que se hacen a los cedros, lo que nos lleva a suponer que éste es uno de los elementos de la intertextualidad. De todos modos, es el cedro del Líbano un árbol bíblico por excelencia, que aparece en muchas otras partes de las Sagradas Escrituras. El fragmento del *Cantar de los Cantares* que puede presentar una intertextualidad más obvia con la primera estrofa del poema de Coleridge es el que corresponde al capítulo 4, entre los versículos 11-16, en los que se encuentran alusiones al "garden inclosed", a los "tress of frankincense" y a la "fountain of gardens, a well of living waters"[269].

Se ha visto una intertextualidad con el Libro del Génesis[270]. Es evidente que el tópico del paraíso tiene su representación por antonomasia dentro de la tradición judeo-cristiana en este pasaje bíblico. En nuestra opinión, en lo que respecta a *Kubla Khan*, la intertextualidad más significativa se encuentra en el uso del vocablo "decree" como equivalente de la creación divina a través de la palabra. Es el eco más notable en el poema de Coleridge.

Es uno de los Libros proféticos con el que *Kubla Khan* mantiene una intertextualidad más marcada, el Libro de Ezequiel[271], especialmente a partir de la tercera profecía, la

---

Fall of Jerusalem. The Mythological School in Biblical Criticism and Secular Literature 1770-1880, Cambridge: Cambridge University Press, 1975, encuentra en la técnica impresionista utilizada por Spenser en esta composición el origen del efecto de *collage* de carácter mitológico que, a su entender, presenta *Kubla Khan*.

[268] Cf. John Beer, *op. cit.*, 1985. Anthony J. Harding, *op. cit.*, pone de relieve la repercusión que tuvo en la poesía de Coleridge el auge de los estudios bíblicos en la segunda mitad del siglo XVIII: "Coleridge responded to the Bible not only as a religious thinker, (...), but also as a poet. As a poet, he participated in the late eighteenth-century rediscovery of the oracular poetic voice, which was closely linked with the rediscovery of Hebrew poetry as well as with the revaluation of Greek oracular poets such as Pindar and of prophetic poets of the English tradition such as Spenser and Milton." (P. 7).

[269] Estas citas y las siguientes están tomadas de la traducción al inglés que corresponde a la llamada "Authorized Version" (*The Holy Bible*, Cambridge, London, New York and Melbourne: Cambridge University Press).

[270] Cf. Hans H. Meier, *op. cit.* y H. W. Piper, *op. cit.*, 1976.

[271] H. W., Piper, *op. cit.*, 1976, p. 148, llama la atención sobre esta intertextualidad y sobre el título que Coleridge dio a la publicación periódica semanal que se encargó de escribir entre marzo y mayo de 1796, inmediatamente después de sus sermones públicos como ministro unitario, *The Watchman*: "...Ezequiel, the Watchman of Israel with whom Coleridge associated himself by naming his periodical *The Watchman*". La publicación, una especie de miscelánea de artículos de la más variada índole, aunque predominan los de carácter político, se vio condenada al fracaso, después de varios meses de esfuerzos por parte de su autor por buscar

profecía de la ruina, en el capítulo 30, que pudiera estar concentrada en la frase correspondiente a las "ancestral voices prophesying war". No obstante, quizá esto sea más evidente a lo largo de todo el capítulo 35, en la profecía contra Idumea. A partir de la quinta profecía, la del cedro abatido, cobran una presencia muy importante "the deep", "the pit" y "hell"[272]. Es, en cualquier caso, la visión del nuevo templo, en el capítulo 40, la que más poderosamente ha llamado nuestra atención como posible intertexto de *Kubla Khan*. La visión propiamente dicha comienza con las siguientes palabras: " And behold a wall on the outside of the house roundabout"[273]. Absolutamente todas las partes del templo se hallan minuciosamente medidas en la descripción visionaria del profeta. La medida es un elemento que está presente en *Kubla Khan*: "So twice five miles of fertile ground / With walls and towers were girdled round"; en el verso que describe el curso del río: "Five miles meandering with a mazy motion". Es éste un hecho que, por su meticulosidad, contrasta de un modo muy notorio con el caos descriptivo general que caracteriza a la composición hasta el verso 36. Hay en las mediciones bíblicas un aspecto fundamental en lo que respecta a la posible intertextualidad con *Kubla Khan*: la demarcación entre lo sagrado, lo santo y lo profano por medio del muro:

> He measured it by the four sides: it had a wall round about, five hundred *reeds* long, and five hundred broad, to make a separation between the sanctuary and the profane place[274].

En *Kubla Khan* no se da tal delimitación, aunque los términos están ahí, pero haciendo referencia al mismo espacio. Alph es "the *sacred* river"; sin embargo, el abismo es un lugar calificado a la vez de "savage", "holy" y "enchanted"[275]. En el nuevo templo contemplado por el profeta en su visión, como en la visión del poeta, hay también una fuente y un río:

> Afterward he brought me again unto the door of the house; and, behold, waters issued out from under the threshold of the house eastward: for the forefront of the house

---

suscriptores y por llevar a buen término la edición y distribución de cada número (cf. Richard Holmes, *op. cit.*, pp. 89-116), a causa de problemas económicos y una posición excesivamente moderada ante el fervor patriótico existente a la sazón por la guerra con Francia. El último de sus artículos, en el que anuncia a los lectores el cierre de la publicación, termina con las siguientes palabras: "*O Watchman! thou has watched in vain!*" (*TW*, No. X. Friday, May 13, 1796, p. 375). En una carta a T. Poole, con fecha del 5 de mayo de 1796, Coleridge dice que estas palabras pertenecen a Ezequiel (*CL*, I:124, p. 209). Lewis Patton, editor de la obra de Coleridge, cree que el autor está relacionando ciertos versículos del Libro de Ezequiel con el Salmo 127 (ibid., p. 375 (nota)). Cf. *Ezequiel* 3:17 y 33:7 con el Salmo 127:1. Lo cierto es que el poeta por estas fechas se sentía identificado con el profeta visionario. Otra de las intertextualidades bíblicas propuesta por Piper es el *Apocalipsis*. En ello ya se le adelantó un año antes E. S. Shaffer, *op. cit.*, quien mantiene que éste es el intertexto fundamental de *Kubla Khan*.

[272] Cf. *Ezekiel*, 31:14-18 y 32:17-28.

[273] Ibid., 40:5

[274] Ibid., 42:20. En el capítulo 45 se insiste sobre ello, y aparece el vocablo "holy": "Moreover, when ye shall divide by lot the land for inheritance, ye shall offer an oblation unto the LORD, an holy portion of the land: the length *shall be* the length of five and twenty thousand *reeds*, and the breadth *shall be* ten thousand. This *shall be* holy in all the borders thereof round about". (Ibid. 45:1-4).

[275] Para una interpretación de *Kubla Khan* basada en ese contraste entre lo sagrado y lo esotérico, implícita en la fusión de los términos que se da en el poema, cf. James Bramwell, *"Kubla Khan - Coleridge's Fall?"*, *New Philologische Mitteilungen*, 1951, vol. 53, pp. 449-66.

stood toward the east, and the waters came down from under from the right side of the house, at the south *side* of the altar. Then brought he me out of the way of the gate northward, and led me about the way without unto the utter gate by the way that looketh eastward; and, behold, there ran out waters on the right side... *and it was* a river that I could not pass over... And he said unto me, Son of man, hast thou seen *this?* Then he brought me, and caused me to return to the brink of the river. Now when I had returned, behold, at the bank of the river *were* very many trees on the one side and on the other. And he said unto me, These waters issue out toward the east country, and go down into the desert, and go into the sea: *which being* brought forth into the sea, the waters shall be healed. And it shall come to pass, *that* every thing that liveth, which moveth, whithersoever the rivers shall come, shall live,... and every thing shall live whither the river cometh... But the miry places thereof and the marishes thereof shall not be healed; they shall be given to salt. And by the river upon the bank thereof, on this side and on that side, shall grow all trees for meat, whose leaf shall not fade, neither shall the fruit thereof be consumed: it shall bring forth new fruit according to his months, because their waters they issued out of the sanctuary..[276]

El río desemboca en el mar Muerto, ¿es ése el "lifeless ocean" de *Kubla Khan?* Todo es vida y fertilidad en torno suyo, excepto en sus marismas y sus lagunas, como ocurre en el poema de Coleridge. Una versión resumida de la descripción del templo en este libro se encuentra en la visión de la Jerusalén celeste del *Apocalipsis*[277]. En la visión de los ángeles de las siete plagas se halla una imagen que encierra la síntesis de frío y calor representada en *Kubla Khan* por la "sunny pleasure-dome with caves of ice":

"And I saw as it were a sea of glass mingled with fire"[278]

Finalmente, dentro de estas citas bíblicas, cabe destacar la referencia de San Pablo en la primera carta a los tesalonicenses al carácter súbito de los dolores del parto en la mujer encinta para representar la forma en que se producirá la parusía[279]. El origen del río sagrado en *Kubla Khan* se produce igualmente de una forma repentina, reflejada en una imagen que se asemeja a un parto.

B) SEGUNDA ESTROFA DEL MANUSCRITO DE CREWE:

En los versículos de *El Cantar de los Cantares* mencionados en el apartado anterior también se alude a la leche y miel.

I have eaten my honeycomb with my honey; I have drunk my wine with my milk: eat, O friends; drink, yea, drink abundantly, O beloved.

---

[276] *Ezekiel*, 47:1-13.

[277] H. W. Piper, *op. cit.*, ha hablado también de la intertextualidad con este pasaje bíblico. Del mismo modo lo ha hecho E. S. Shaffer, *op. cit.*, p. 18, quien ve en *Kubla Khan* una condensación de los tres actos del *Apocalipsis* en el momento climático del primero: la apertura del sexto sello. Esta autora opina que Coleridge quiso escribir una épica religiosa y encontró en la caída de Jerusalén el tema idóneo. (Ibid., p. 37).

[278] *Revelation*, 15:2.

[279] *1 Thessalonians*, 5:1-4.

No obstante, la primera referencia a la tierra prometida como "a land flowing with milk and honey" aparece en el *Éxodo*[280].

Hay un pasaje al comienzo del Libro de Ezequiel en el que la idea de la inspiración divina del profeta se expresa por medio de las siguientes palabras:

> And he said unto me, Son of man, cause thy belly to eat, and fill thy bowels with this roll that I give thee. Then did I eat eat *it*; and it was in my mouth as honey for sweetness[281].

En el *Apocalipsis* (10:10) se repiten las mismas palabras.

2. TEXTOS CLÁSICOS

A) PRIMERA ESTROFA DEL MANUSCRITO DE CREWE:

La mitología clásica quizá tenga su mención más expresa en *Kubla Khan* a través de "Alph", el río sagrado, que inmediatamente se relaciona con el Alfeo. El mito de Alfeo y Aretusa ciertamente se puede ver reflejado en el poema: el río sagrado -Alfeo era el dios del río que llevaba su nombre- se enamoró de la ninfa Aretusa; ésta, mientras huía de sus acosos, le pidió ayuda a Diana, quien, envolviéndola en una nube, la hizo desaparecer y la trasladó a Sicilia, donde se convirtió en fuente. Sin embargo, la leyenda los unirá, pues parte del curso del río Alfeo transcurre por canales subterráneos, volviendo a brotar de nuevo a la superficie. Según la leyenda, el lugar donde Alfeo encuentra su salida, después de atravesar el océano, es precisamente el mismo donde tiene su nacimiento la fuente Aretusa. El dios consuma de este modo la unión con la ninfa de sus deseos. En *Kubla Khan* el río brota de una fuente, y hay dos versos donde esa idea de la unión entre ambos aparece expresada a través de una metáfora musical: "Where was heard the mingled measure / From the fountain and the caves".

Virgilio hace referencia a este mito en dos de sus obras. En primer lugar, en la Égloga X de las *Bucólicas*[282], aunque simplemente a modo de invocación. Posteriormente, en la *Eneida*, la alusión es mucho más explícita y mantiene un grado superior de intertextualidad con *Kubla Khan*:

> Sicanio praetenta sinu iacet insula contra
> Plemyrium undosum; nomen dixere priores
> Ortygiam. *Alpheum fama est huc Elidis amnem*
> *occultas egisse uias subter mare, qui nunc*
> *ore, Arethusa, tuo Siculis confunditur undis.*
>
> (III, 692-96)[283]

---

[280] *Exodus*, 3:8. Cf. también *Numbers* 13:25-29, 14:20-38; 32: 9-11.

[281] *Ezekiel* 3: 3.

[282] *Bucólicas*, X, 1.

[283] "A la entrada de un golfo siciliano, / en frente de Plemirio batido por las olas, / se alza una isla. La llamaron Ortigia sus antiguos moradores. / Cuentan que el Alfeo, el río de la Elide, se abrió un cauce secreto bajo el mar / y ahora en tu fuente, Aretusa, entrefunde sus ondas con las ondas sicilianas." Hemos utilizado la

En noviembre de 1799, Coleridge le escribe una carta a R. Southey en la que le comenta que ha estado leyendo la *Eneida* recientemente y cita unos versos de una de las églogas virgilianas[284], lo que podría estar de algún modo relacionado con la composición de *Kubla Khan*.

Anteriormente a Virgilio, es Hesíodo quien en su *Teogonía* presenta los orígenes del Alfeo, como hijo de Tetis y Océano, precisamente utilizando la imagen del parto tan característica de obras como la suya y tan importante en *Kubla Khan*[285].

En el poema de Coleridge, la imagen del mundo subterráneo tiene una gran fuerza, principalmente debido a esa reiteración tan insistente de las imágenes de las cavernas y del mar, primero tenebroso y después inerte en su calificación. También la alusión implícita a las entrañas de la tierra en la imagen del nacimiento de la fuente incide sobre la misma idea. Ningún autor antes de Virgilio había descrito el mundo subterráneo con la intensidad poética y los pormenores con los que lo hace el poeta de Mantua en el Libro VI de la *Eneida*. El Averno es el mundo de la muerte -"lifeless"- y de las tinieblas, a donde nunca llegan los rayos del sol -"sunless"-. El propio Caronte detiene al héroe troyano con estas palabras, que sintetizan esas ideas que se repiten una y otra vez a lo largo de estos versos: "umbrarum hic locus est, somni noctisque soporae" (VI, 390)[286].

La Estigia es el epítome clásico de las aguas subterráneas de *Kubla Khan*. En el Tártaro se abre la sima más profunda de todas las conocidas, que cubre dos veces la distancia de la tierra al Olimpo. Tanto el Tártaro como el Elisio son recintos amurallados[287]. No quisiéramos pasar por alto algo que es sólo una alusión, pero que, inevitablemente, hemos relacionado con el poema de Coleridge. Se trata de la mención al templo de Apolo al comienzo de este Libro VI:

> at pius Aeneas arces quibus altus Apollo
> praesidet horrendaeque procul secreta Sibyllae,
> antrum immane,
>
> (VI, 9-11)[288]

---

[284] Cf. *CL*, I:300.

[285] Cf. Hesíodo, *Teogonía*, vv. 335 y ss. Sobre la intertextualidad de *Kubla Khan* con esta obra, cf. R. H. Milner, "Coleridge's Sacred River", *Times Literary Supplement*, May 18, 1951, p. 309.

[286] "Es ésta la morada de las sombras, / del sueño y la adormecedora noche." (Gredos, p. 314)

[287] Cf. Ibid., 549 y 629.

[288] "En tanto el buen Eneas se encamina a la cumbre donde Apolo asienta / su alto trono y a la ingente caverna en donde mora aislada la hórrida Sibila" (Gredos, p. 301).

traducción de Javier de Echave-Sustaeta en la edición de Gredos (Madrid, 1992). Éstos son los textos de los que nos serviremos en las citas sucesivas. Ya Lowes se adelantó a señalar esta intertextualidad (cf. J. L. Lowes, *op. cit.*, p. 393). Sin embargo, se muestra más partidario de la intertextualidad con autores anteriores a Virgilio en ese origen del Alfeo en el poema de Coleridge. Aparte de la referencia que se encuentra en la obra de Burnet, a la que no le confiere gran importancia, Lowes nos remite a la traducción de la obra de Pausanias realizada por Thomas Taylor en 1794, *The Description of Greece*, donde hay un pasaje dedicado al mito de Alfeo y Aretusa (idem). Otras intertextualidades mencionadas a propósito de este mito son la *Geografía* de Estrabón (p. 394), las *Quaestiones Naturales* de Séneca (p. 395), Bernardino Ramazzino y el *Argonauticon* de Valerio Flaco (ibid., p. 396). H. W. Piper, *op. cit.*, 1976, p. 153, opina que no es éste el origen del "Alph" de *Kubla Khan*. Considera que el nombre del río, "Alph", no es una contracción del río clásico, Alpheus es su adaptación inglesa, sino de Alpha, del alfa y la omega de la Jerusalén celeste del *Apocalipsis* (21: 6-9). Nuestra opinión es la de que se pueden mantener ambas intertextualidades.

Era en la cumbre de una de las montañas de Cumas donde se encontraba el templo dedicado a Apolo. Al pie del mismo se abría la boca de una cueva, cuyo interior se dividía en múltiples galerías, que confluían en una nave central donde se situaba la Sibila de Virgilio. Bajo el templo se halla la caverna: "A sunny pleasure-dome with caves of ice!", dice nuestro poeta.

Una de las mejores descripciones del Tártaro se encuentra en el *Fedón*, de Platón: "hacia este abismo confluyen todos los ríos y desde éste de nuevo refluyen"[289]. Estas corrientes de agua se sumergen también bajo la tierra en su flujo[290]. De todas ellas, la que más destaca es el Océano. El Aqueronte, el Piriflegetonte y el Estigio son los tres ríos restantes. Todos desembocan en las lagunas a donde van a parar las almas de los difuntos[291]: "lifeless ocean".

B) SEGUNDA ESTROFA DEL MANUSCRITO DE CREWE:

Por lo que respecta a la relación de la *Eneida* con las imágenes de la segunda estrofa, podría tener cierta relevancia intertextual el pasaje en el que Ana, la hermana de Dido, le habla a ésta de la existencia del siguiente personaje:

Oceani finem iuxta solemque cadentem
ultimus *Aethiopum* locus est, ubi maximus Atlas
axem umero torquet stellis ardentibus aptum:
hinc mihi Massylae gentis monstrata *sacerdos*,
Hesperidum templi custos, epulasque draconi
quae dabat et sacros seruabat in arbore ramos,
spargens *umida mella soporiferumque papauer*.
haec se *carminibus* promittit soluere mentes
quas uelit, ast aliis duras immittere curas

(IV, 480-88)[292]

Aunque sólo parcialmente, presenta elementos en común con la doncella abisinia: el lugar de origen, la calidad de doncella, y la sinfonía, en este caso de sus ensalmos. Resaltan otros dos aspectos, uno de ellos presente en esta última estrofa de la composición: las gotas de miel -"honey-dew"- y los granos de amapolas soporíferas. Este último elemento no se halla en ninguna de las versiones del texto poético, pero incluso en la nota final del manuscrito de Crewe manifiesta Coleridge que la composición del poema se llevó a cabo bajo los efectos de un tranquilizante. Si estos versos tuvieran alguna relación con esa última estrofa del poema, la tesis sobre la creación de los últimos versos de *Kubla Khan* con posterioridad a la primera estrofa del manuscrito se vería reforzada, al relacionarse su

---

[289] 112a. Hemos utilizado la edición de Gredos, *Diálogos*, traducción de Emilio Lledó, vol. I, Madrid: Gredos, 1990, p. 131.

[290] 112d.

[291] 113a, b, c.

[292] "Cerca de los confines del océano, donde se pone el sol, está *Etiopía*, / el país más remoto de la tierra, / (...) / ...Me han enterado / de una *sacerdotisa* que hay allí. Es de raza masila. Les guardaba / el templo a las Hespérides; daba ella de comer al dragón y cuidaba del árbol / de las ramas sagradas vertiendo para aquél *gotas de miel* / y granos de amapolas soporíferas. Ésta con *sus ensalmos* asegura que puede / librar los corazones que ella quiere, infundir en otros tenaces obsesiones" (Gredos, p. 255).

composición, a través de esta intertextualidad con el pasaje de la *Eneida*, con la redacción de la nota final de un modo más estrecho que con la creación de la primera estrofa del manuscrito.

La miel como alimento del poeta y estímulo de su capacidad creativa aparece en la tradición clásica en la obra de Pausanias, *Descripción de Grecia*, cuando relata cómo le sobrevino a Píndaro el don de la inspiración poética: "...mientras dormía, unas abejas volaron hacia él e hicieron miel sobre los labios. De este modo fue como Píndaro empezó a componer cantos"[293]. Al igual que al poeta de *Kubla Khan*, fue en un sueño como le fue concedida la gracia de las musas.

La mezcla de leche y miel se encuentra en el Canto X de la *Odisea* cuando Circe instruye a Ulises sobre cómo llegar hasta el Hades, en unos versos donde, en realidad, confluyen elementos tanto de la primera como de la segunda estrofa del poema de Coleridge:

> Allí atracarás el bajel a la orilla
> del océano profundo y tú marcha a las casas de Hades
> aguanosas; allí al Aqueronte confluyen el río
> de las Llamas y el río de los Llantos, brotados en la Estigia,
> que reúnen al pie de una peña sus aguas ruidosas.
> A esos sitios, ¡oh prócer!, irás como yo te prescribo:
> una fosa abrirás como un codo de ancha y en torno
> libaréis a todos los muertos vertiendo, primero,
> una mezcla de leche con miel y después vino dulce,
> finalmente agua pura;
>
> (X, 511-20)[294]

El tema de la inspiración y la imagen del poeta inspirado tienen su antecedente más manifiesto en la tradición del mundo clásico en la obra de Platón[295]. Se hace ineludible su constatación en este trabajo, fundamentalmente porque si bien los críticos han aludido a estas fuentes, sin embargo, no se han detenido a explicitar pasajes concretos de un modo detallado. A esto ha de añadirse la circunstancia de que, a pesar de sus orientaciones mecanicistas en esta primera etapa de su evolución filosófica, Coleridge ya en noviembre de 1796 demuestra no sólo un conocimiento de la obra platónica -que se remonta a su época

---

[293] Pausanias, *Descripción de Grecia*, "Beocia", 23, trad. de Mª Cruz Herrero Ingelmo, Madrid: Gredos, 1994.

[294] Hemos utilizado la traducción de José Manuel Pabón (Gredos, 1982).

[295] Esta intertextualidad la han señalado James Bramwell, *op. cit.*, para quien la *Atlántida* y el *Ion* son las obras fundamentales; E. Schneider, *op. cit.*; George Watson, "The Meaning of *Kubla Khan*", *Review of English Studies*, 1961, vol. 2, pp. 21-29, hablará del *Ion* y el *Fedro* como los dos intertextos principales para la imagen del poeta inspirado; esta misma es la idea de Charles I. Patterson (Jr.), "The Demonic in *Kubla Khan*": Toward Interpretation", *PMLA*, 1974, vol. 89, pp. 1033-42: es el tema de las fuerzas dionisíacas, en su opinión, el que domina todo el poema; Kathleen Raine, "Traditional Symbolism in *Kubla Khan*", *Sewanee Review*, 1964, vol. 72, pp. 626-42, tiene muy en cuenta la teoría de la *anámnesis* en su interpretación de *Kubla Khan*; Patricia M. Adair, "*Kubla Khan* and the Underworld" en *The Waking Dream*, London: Edward Arnold, 1967, pp. 108-43; John Beer, *op. cit.*; Anthony J. Harding, "Inspiration and the Historical Sense in *Kubla Khan*", *The Wordsworth Circle*, 1982, vol. 13, pp. 3-8; Richard Hoffpauir, "Inspiration and Madness: *Kubla Khan* and the Critics" en *Romantic Fallacies*, New York: Peter Lang, 1986, pp. 91-110.

de colegial en Christ's Hospital[296]-, sino también una cierta inclinación, no exenta de todos los reparos propios de su pensamiento por estas fechas, hacia sus doctrinas. En una carta a J. Thelwall escrita por estas fechas, incluye unos versos que comienzan:

> Oft of some *Unknown Past* such fancies roll
> Swift o'er my brain, as make the Present seem,
> For a brief moment, like a most strange Dream
> When, not unconscious that [s]he dreamt, the Soul
> Questions herself in sleep: and Some have said
> We liv'd ere yet this *fleshly* robe we wore.*
> (...)
> *Alluding to Plato's doc[trine] of Pre-existence [S.T.C.][297]

Y en otra carta a Thelwall, de diciembre del mismo año, al hablarle sobre el misterio de la vida, hace referencia a Platón en unos términos que muestran perfectamente su actitud hacia su filosofía:

> Now as to the Metaphysicians, Plato says, it is *Harmony* - he might as well have said a fiddle stick's end - but I love Plato -his dear *gorgeous* Nonsense![298]

En el capítulo IX de *Biographia Literaria*, Coleridge manifiesta que el estudio del platonismo y del neoplatonismo le sirvió de preparación para asimilar y aceptar el postulado cartesiano del "Cogito quia sum, et sum quia Cogito"[299]. Según J. Shawcross, el acercamiento a la filosofía de Descartes no pudo producirse con anterioridad a 1801[300]. En abril de este año, su disposición con respecto a la obra platónica revela un cambio radical, al comentar la impresión que le ha causado la lectura de *De Monade, Numero, et Figurâ*, de G. Bruno:

> It was far too numerical, lineal, and Pythagorean for my comprehension. It reads very much like Thomas Taylor (i.e. the translator of Plotinus) and Proclus, &c. The poems and commentaries in the *De Immenso et Innumerabili* are of a very different description. The commentary is a very sublime enunciation of the dignity of the human soul according to the principles of Plato[301].

Es, por consiguiente, entre 1796 y 1801 cuando tiene lugar esa evolución en el pensamiento de Coleridge hacia una posición favorable a las ideas del platonismo[302]. Los

---

[296] Así lo afirma Charles Lamb en su ensayo *Christ's Hospital five-and-thirty years ago*, en J. Shawcross, *BL*, I, p. 241.

[297] *CL*, I:156, pp. 260-61. Es en esta misma carta donde le pide a Thelwall que le compre las obras de los neoplatónicos Yámblico, Proclo, Porfirio, Sidonio Apolinar y Plotino.

[298] Ibid., 170, p. 295. La cursiva en el original.

[299] *BL*, I, p. 95.

[300] Cf. el comentario de J. Shawcross en su edición de *BL*, I, p. 242, (nota), quien considera que Coleridge posiblemente estudiase a Descartes al tiempo que a Kant durante sus años en Keswick.

[301] *Anima Poetae*, ed. E. H. Coleridge, London, 1895, p. 16.

[302] En su estudio sobre el platonismo y el neoplatonismo en el pensamiento de Coleridge, Bishop C. Hunt (Jr.), "Coleridge and the Endeavor of Philosophy", *PMLA*, 1976, vol. 91, pp. 829-39, destaca la

dos diálogos señalados por la crítica son el *Ion* y el *Fedro*. La importancia de la teoría de la anámnesis en esta segunda estrofa nos está dirigiendo a su vez a otro diálogo, al *Menón*, tan importante como los anteriores, si tenemos en cuenta que el poeta que aparece en ella expresa la posibilidad de la creación a través del recuerdo de la sinfonía de la doncella abisinia: "Could I revive within me / Her symphony and song, / To such a deep delight it would win me, / That with music loud and long, / I would build that dome in air". Precisamente en una carta de febrero de 1801, Coleridge habla de la relevancia del *Menón* para la teoría de la reminiscencia:

> Pythagoras, it is said, and Plato, it is known, held the pre-existence of human Souls, and that the most valuable Part of our knowledge was Recollection. The Earliest of these Recollections Plato calls living Sparks, & Kindle-fuel. These notions he enforces in the Theaetetus, and the Phaedon, and still more at large in the Menon[303].

Pero vayamos por partes. La imagen representada en estos versos, y, especialmente, en los siguientes, es la del poeta poseído, tal y como lo describe Sócrates en el *Ion*:

> De ahí que todos los poetas épicos, los buenos, no es en virtud de una técnica por lo que *dicen todos esos bellos poemas*, sino porque *están endiosados y posesos*. Esto mismo les ocurre a los líricos, (...) hacen sus buenas composiciones no cuando están serenos, sino cuando penetran en las regiones de la armonía y el ritmo poseídos por Baco, y, lo mismo que las bacantes sacan de los ríos, en su arrobamiento, *miel y leche*, cosa que no les ocurre serenas, de la misma manera trabaja el ánimo de los poetas, según lo que ellos mismos dicen. Porque son ellos, por cierto, los poetas, quienes nos hablan de que, *como las abejas liban los cantos que nos ofrecen de las fuentes melifluas que hay en ciertos jardines y sotos de las musas*, y que revolotean también como ellas[304].

Como dice el filósofo en este pasaje, siguiendo la tradición del mito del jardín de Adonis, el poeta poseso se ha nutrido literalmente de la leche y la miel del paraíso, exactamente igual que el bardo de *Kubla Khan*. En la segunda línea de esta cita se subraya la oralidad como vehículo de expresión de la creación poética: "dicen todos ellos esos bellos poemas". Ése es también el medio de transmisión entre el vate y su audiencia[305] que se encuentra en el poema de Coleridge, puesto especialmente de relieve en el verso "And all *who heard* should see them there". Es un poco después cuando en el diálogo platónico se manifiesta esta idea de un modo expreso:

> Porque no es gracias a una técnica por lo que *son capaces de hablar así*, sino por un poder divino, puesto que si supiesen, en virtud de una técnica hablar bien de algo, sabrían hablar bien de todas las cosas. Y si la divinidad les priva de la razón y se sirve de ellos como se sirve de sus profetas y adivinos es para que, *nosotros, que los oímos*, sepamos que no son ellos,

---

importancia del año 1801 en esa evolución de las inclinaciones filosóficas del poeta hacia estas doctrinas. Según una afirmación de Southey expresada en 1808, los ídolos filosóficos de Coleridge hasta 1801 habían sido, por este orden, Hartley, Berkeley, Spinoza, Platón y Boehme (*Life*, p. 165 n. en *BL*, I, p. 242).

[303] *CL*, II:381, p. 680.

[304] *Ion* 533e, 534a y ss., *Diálogos*, Gredos, 1990, pp. 256-57.

[305] Habida cuenta de lo expuesto, "audiencia" es realmente el término más apropiado en este caso.

privados de razón como están, los que dicen cosas tan excelentes, sino que es la divinidad misma quien las dice y quien, a través de ellos, nos habla[306].

No hay nada de extraño en que Platón, receptor de la tradición homérica y de la obra de Hesíodo, representantes por excelencia de la composición oral en la poesía griega[307], hable de la comunicación poética por esos medios, sobremanera si se tiene en cuenta la defensa de éstos en el *Fedro* frente a la escritura. Pero sí es al menos llamativo que lo haga Coleridge, a finales del siglo XVIII, hecho éste que no hace sino reforzar la intertextualidad con la obra del filósofo. Hay que hacer justicia, sin embargo, al antecedente que, sin duda, supone la restauración de la imagen del bardo en la poesía prerromántica en lengua inglesa, con los poemas osiánicos por una parte, supuestamente sucesores directos de la tradición de los bardos celtas, y, por otra, composiciones como *The Bard*, de T. Gray, donde la herencia clásica es mucho más patente. No obstante, ha de tenerse en cuenta que la Biblia, Homero y Milton son soportes fundamentales en la poesía de Macpherson.

Volviendo de nuevo al verso de *Kubla Khan* anteriormente señalado, "And all who heard *should see them there*", encontramos ahí otra de las ideas del *Ion*, el efecto de magnetismo producido por el poeta inspirado sobre su audiencia. En el diálogo se compara esta circunstancia expresamente con el fenómeno del magnetismo, reflejado en el texto a través de la piedra imantada a la que se refiere Eurípides[308]:

> Por cierto que esta piedra no sólo atrae a los anillos de hierro, sino que mete en ellos una fuerza tal, que pueden hacer lo mismo que la piedra, o sea, atraer otros anillos, de modo que a veces se forma una gran cadena de anillos de hierro que penden unos de otros. A todos ellos les viene la fuerza que los sustenta de aquella piedra. Así, también, *la Musa misma crea inspirados, y por medio de ellos empiezan a encadenarse otros en ese entusiasmo*[309].

Un poco después, se refiere el filósofo a esta idea de un modo más concreto, utilizando la metáfora de los anillos para expresar la relación entre el poeta, el rapsodo y el espectador:

> ¿No sabes que tal espectador es el último de esos anillos, a los que yo me refería, que por medio de la piedra de Heraclea toman la fuerza unos de otros, y que tú, rapsodo y aedo, eres el anillo intermedio y que el mismo poeta es el primero?[310]

---

[306] 534 c y d, ibid., pp. 257-58.

[307] Cf. J. A. Notopolus, "Homer, Hesiod and the Aechean Heritage of Oral Poetry", *Hesperia*, 1960, vol. 29, pp. 177-97 y J. A. Fernández Delgado, "Los estudios de poesía oral cincuenta años después de su descubrimiento", *Anuario de Estudios Filológicos*, 1983, vol. 4, pp. 63-90, quien subraya la singularidad de la composición oral para el lector de nuestra época, habituado a una tradición que se remonta a más de veinte siglos de literatura escrita. Esto mismo sería perfectamente aplicable al lector del periodo romántico.

[308] Sobre los orígenes de esta referencia, cf. Emilio LLedó en su traducción del *Ion*, *op. cit.*, p. 256 (nota).

[309] 533 *d* y *e*, *op. cit.*, p. 256. En última instancia, Platón está siguiendo el mito en torno a la figura de Orfeo, quien con su canto y con su música lograba que no sólo los humanos, sino los animales e incluso las rocas y los árboles se movieran a su alrededor danzando.

[310] 535 *e* y 536 *a*, ibid., p. 260.

Tres son, por tanto, los anillos que se forman a través de la inspiración poética en su transmisión. "Weave a circle round him thrice", dice el poema de Coleridge. No se ha encontrado ningún antededente que pueda dar una explicación a este supuesto ritual de los tres círculos en torno al poeta. Quizá los anillos de Platón fueran la imagen en la que Coleridge estaba pensando cuando compuso ese verso, no obstante la diferencia entre la naturaleza concéntrica de sus anillos y la imagen de la cadena que se representa en el diálogo platónico.

Son otros dos los versos de *Kubla Khan* que nos remiten a la obra de Platón, concretamente a su epistemología. Uno de ellos es el que describe la visión de la doncella abisinia: "A damsel with a dulcimer *in a vision once I saw*". El otro es el que expresa el deseo de revivir lo oído en esa visión: "Could I *revive within me* her symphony and song". Es un curioso juego con los modos de percepción el que se establece por medio de estos versos. En primer lugar, el poeta destaca no lo oído, que a la postre será lo que le interese, sino lo visto: los ojos, la mirada, la contemplación hacia el interior de sí mismo son la primera vía de contacto. Es ésta una de las metáforas básicas de la epistemología platónica. Otro de los pilares de dicha epistemología es la capacidad del hombre para recordar desde su interior aquello visto en otra vida como única vía del conocimiento verdadero. Precisamente en la parte del *Fedro* previa a la exposición del mito de Theuth y Thamus, se condensan estas teorías y se expresa el auténtico sentido de la anámnesis:

> Porque nunca el alma que *haya visto la verdad* puede tomar figura humana. Conviene que, en efecto, el hombre se de cuenta de lo que le dicen las ideas, yendo de muchas sensaciones a *aquello que se concentra en el pensamiento*. Esto es, por cierto, la reminiscencia de lo que vio en otro tiempo, nuestra alma, cuando iba de camino con la divinidad, mirando desde lo alto a lo que ahora decimos que es, y alzando la cabeza a lo que es en realidad. Por eso, es justo que sólo la mente del filósofo sea alada, ya que en su memoria y en la medida de lo posible se encuentra aquello que siempre es y que hace que, por tenerlo delante el dios sea divino. El varón, pues, que haga uso adecuado de tales recordatorios, iniciado en tales ceremonias perfectas, sólo él será perfecto. *Apartado, así, de humanos menesteres y volcado a lo divino, es tachado de la gente como perturbado, sin darse cuenta de que lo que está es* "entusiasmado"[311].

No es al poeta a quien Platón considera como conocedor de la verdad, sino al filósofo. Pero la imagen que de él presenta en las últimas líneas de este pasaje, resaltadas en cursiva, es muy parecida a la del poeta inspirado -del que se previenen sus espectadores- implícita en los versos finales de *Kubla Khan*: "And all should cry, Beware! Beware!". Su auditorio le teme, igual que al filósofo, al que consideran loco, cuando en realidad no es locura, sino "entusiasmo" lo que experimenta[312]. Esa idea de la visión y la reminiscencia se ve expandida a continuación en el diálogo platónico:

---

[311] *Fedro* 249, b, c, d, *op. cit.*, pp. 351-52.

[312] E. Lledó, idem (nota), subraya ese carácter de poseído implícito en la etimología del término "entusiasmado": *enthousiázo*, "estar en lo divino". En *The Statesman's Manual*, publicada en 1816, Coleridge hace un uso del término "enthusiasm" en un sentido muy similar: "For what is enthusiasm but the oblivion and swallowing-up of the self in an object dearer than self, or in an idea more vivid." (*Lay Sermons*, ed. R.J. White, *Collected Works*, Vol. VI, London and Princeton: Princeton University Press, 1972, p. 23. En adelante *TSM*).

...toda alma de hombre, por su propia naturaleza, ha visto a los seres verdaderos, o no habría llegado a ser el viviente que es. Pero el acordarse de ellos, por los de aquí, no es asunto fácil para todo el mundo, ni para cuantos, fugazmente, vieron entonces las cosas de allí, ni para los que tuvieron la desdicha, al caer, de descarriarse en ciertas compañías, hacia lo injusto, viniéndoles el olvido del sagrado espectáculo que otrora habían visto. Pocas hay, pues, que tengan suficiente memoria[313].

Este pasaje del diálogo está dedicado al tema del amor. Sin embargo, está preludiando los temas básicos de la última parte, la que corresponde al mito de Theuth y Thamus, en la que la memoria y el olvido, a propósito de la invención de la escritura, van a ser los ejes fundamentales, donde de nuevo se insiste en la necesidad del recuerdo y de la memoria, de su superioridad sobre la escritura, por cuanto significan "revivir" lo aprendido, restablecer la dialéctica desencadenada por el logos. En la última estrofa del texto poético de Coleridge, la escritura es la gran ausente. La visión, el olvido, la memoria y la oralidad son, por contra, sus antagonistas explícitos en el texto e implícitos en su calidad como tales.

3. TEXTOS LITERARIOS INGLESES

A) PRIMERA ESTROFA DEL MANUSCRITO DE CREWE:

La entrada escrita en 1800, en la que Coleridge hace referencia a un sueño en el que se le presenta de forma visual y auditiva todo el *Paradise Lost*, de Milton, es una prueba de la fuerza que este poema tenía para Coleridge[314]. Uno de los pasajes de *Paradise Lost* en los que se ha encontrado una intertextualidad muy evidente con el poema de Coleridge es el que corresponde al momento en el que el arcángel San Miguel le muestra a Adán acontecimientos futuros. El primero de su relación es precisamente el que presenta esa intertextualidad con *Kubla Khan*:

> To show him all Earth's Kingdoms and their Glory.
> His eye might there command wherever stood
> City of old or modern Fame, the Seat
> Of mightiest Empire, from *the destin'd Walls*
> *Of Cambalu, seat of Cathaian Khan*
> And Samarkanda by Oxus, Temir's Throne
>
> (XI, 384-89)

Es concretamente el verso que aparece en cursiva el que se ha relacionado inevitablemente con el primero de *Kubla Khan*. Obsérvese cómo aparece introducido por medio de la expresión "the destin'd walls", al que también nos remite el poema de Coleridge, a través de esa amenza implícita de destrucción. La descripción del Edén en la obra de Milton comienza cuando Satán consigue llegar hasta sus confines:

---

[313] Ibid., 249 *e*, 250 *a*, p. 353.
[314] Cf. Cap. I.

So on he fares, and to the border comes
Of Eden, where delicious Paradise,
Now nearer, Crowns with her enclosure green,
Of *a steep wilderness*, whose hairy sides
With thicket overgrown, *grotesque and wild*,
Access deni'd; and overhead upgrew
Insuperable height of loftiest shade,
Cedar, and Pine, and Fir, and branching Palm,
A Sylvan Scene, and as the ranks ascend
Shade above Shade, a *woody* Theatre
Of *stateliest view*: Yet higher than their tops
The *verdurous wall* of Paradise up-sprung

(IV, 132-42)

Es éste un pasaje al que la crítica le ha prestado muy escasa atención y que consideramos de gran interés en su intertextualidad con *Kubla Khan* en lo que respecta a la transición de la descripción propiamente paradisíaca de Xanadú al verso 12. No hay en los versos citados recurrencias léxicas literales; no obstante, se han señalado en cursiva ciertos términos y expresiones similares o que evocan elementos de la descripción en el poema de Coleridge. El escenario, en cualquier caso, es muy semejante. El cedro es, lógicamente, un árbol que aparece con cierta frecuencia. Quizá la intertextualidad más próxima a los versos de *Kubla Khan* aludidos se encuentre en los siguientes del poema de Milton:

Earth and the Gard'n of God, with *Cedars* crown'd
Above all *Hills*.

(V, 260-61)

Otro pasaje que presenta una intertextualidad indudable es el que sigue[315]:

Southward through Eden went a *River* large,
Nor chang'd his course, but through the shaggy hill
pass'd underneath ingulft, for God had thrown
That Mountain as his Garden-mould high rais'd
Upon the rapid current, which through veins
Of *porous Earth* with kindly thirst *updrawn*
Rose a fresh Fountain, and with many a rill
Water'd the Garden; thence *united fell*
Down the steep glade, and met the nether Flood,
Which from his darksome passage now appears

(IV, 223-32)

De nuevo aparecen elementos fundamentales de *Kubla Khan*: la fuente, el río subterráneo, su desembocadura en el "sunless sea"... Entre el pasaje citado previamente y éste se encuentra la descripción del jardín del Edén en lo alto del monte a donde Satán, tras varias dificultades, ha conseguido llegar:

---

[315] Esta misma es la opinión de Hans H. Meier, *op. cit.*, p. 17.

... Eden stretch'd her Line
From Auran Eastward to the *Royal Tow'rs*
Of great Seleucia, built by Grecian Kings

(IV, 210-12)

También el término "Wall" aparece en esta parte, concretamente en dos ocasiones desde la primera cita y esta última[316]. La imagen del río subterráneo aparece reiterada en el Libro IX, cuando Satán vuelve al paraíso para provocar la caída de Eva:

Where Tigris at the foot of Paradise
Into a Gulf *shot under ground*, till part
Rose up *a Fountain* by the Tree of Life;
In with *the River sunk*, and with it rose
Satan involv'd in rising Mist, then sought
Where to lie hid;...

(IX, 71-76)

El siguiente es uno de los paralelismos que se han tenido muy en cuenta por su semejanza con la descripción en *Kubla Khan* del curso del río:

With *mazy error* under pendent shades
Ran Nectar, visiting each plant, and fed
Flow'rs worthy of Paradise which not nice art
In Beds and curious knots, but Nature boon
Pour'd forth profuse on *Hill and Dale* and Plain

(IV, 239-43)

Es el primero de los versos citados, por la expresión "mazy error", la que ha llamado la atención. Sin embargo, no ha ocurrido lo mismo con los versos inmediatamente siguientes, donde hay un eco verbal en la expresión "Hill and Dale": "Through wood and dale the sacred river ran". Un poco más adelante se funden ambas expresiones:

Through wood, through waste, o'er hill, *o'er dale* his roam
(IV, 538)

Las cuevas, tan importantes en *Kubla Khan*, son un motivo que se reitera continuamente en la obra de Milton. El término "grotesque" que aparece en la descripción de la ladera del monte asirio presenta las connotaciones inherentes a su sentido etimológico, como vocablo derivado del latín "grotto", implicando la existencia de cuevas en ese paraje, idea que se ve confirmada en la descripción del jardín edénico cuando se las menciona de forma expresa, utilizando también la palabra "Grots":

Another side, umbrageous Grots and Caves
Of cool recess,...

(IV, 257-58)

---

[316] Cf. vv. 146 y 182.

Hay otra referencia varios versos después:

Not distant far from thence a murmuring sound
Of waters issu'd from a Cave and spread
Into a liquid Plain,...

(IV, 453-55)

Es ésta una cueva más bien propia del lugar idílico en el que se encuentra y, por consiguiente, con poca relación con las "caverns measureless to man" del poema de Coleridge. Sin embargo, la insistencia en el valor de este elemento como símbolo de lo misterioso y desconocido sí puede entenderse dentro de esa relación de intertextualidad. Así, en el Libro VI vuelve a repetirse con ese mismo sentido:

...There is a Cave
Within the Mount of God, fast by his Throne,
Where light and darkness in perpetual round
Lodge and dislodge by turns,...

(VI, 4-7)

Las imágenes tanto de la cueva como del río subterráneo se funden en los siguientes versos:

Down to the veins of Earth, thence gliding hot
To some Cave's mouth, or whether washt by stream
From underground...

(XI, 565-67)

El océano de *Kubla Khan* tiene su réplica en el abismo que separa el Cielo del Infierno tal y como aparece en la obra de Milton:

Before their eyes in sudden view appear
The secret of the hoary deep, *a dark*
Illimitable Ocean without bound,
Without dimension, where length, breadth, and heighth,
And time and place are lost; where *eldest Night*
And Chaos, Ancestors of Nature, hold
Eternal Anarchy, *amidst the noise*
Of endless wars, and by confusion stand.

(II, 890-97)

Se pueden ver aquí los antecedentes de los versos 4-6 y 27-30 del poema de Coleridge. Exceptuando los vocablos "ocean" y "war", no hay recurrencias léxicas entre ambos textos; sin embargo, los versos de *Kubla Khan* resultan en la comparación una versión condensada del pasaje miltónico, haciendo la salvedad de las cuevas, que aparecen en unos versos anteriores[317]. Las ideas de los espacios infinitos, sin límites, y de la oscuridad reinante en el infierno se van a reiterar con una insistencia muy marcada a lo largo de los tres primeros Libros de *Paradise Lost*[318].

Se ha encontrado el antecedente para la imagen de la "woman wailing" en dos pasajes distintos de la obra de Milton. Uno de ellos es el que corresponde a la alusión a la historia de Tobías, el hijo[319], quien consiguió ahuyentar al demonio que asediaba a Sara y mataba a todos sus esposos en la noche de bodas. El otro es el relativo a Thamus en el Libro I[320], a nuestro entender mucho más directo que el anterior, tanto en el texto como en sus implicaciones:

> Thammuz came next behind,
> Whose annual wound in Lebanon *allured*
> *The Syrian damsels to lament his fate*
> *In amorous ditties* all a summer's day,
> While smooth Adonis from his native rock
> Ran purple to the sea, supposed with blood
> Of Thammuz yearly wounded: *the love-tale*
> *Infected Sion's daughters with like heat,*
> *Whose wanton passions* in the sacred porch
> Ezekiel saw, when by the vision led,
> His eye surveyed the dark idolatries
> Of alienated Judah[321].
>
>   (I, 446-57)

Estos versos presentan una gran densidad en sus alusiones bíblicas y mitológicas. Según la leyenda, a Thamus, dios sirio, lo mató un verraco en el Líbano. Todos los años se celebraban fastos para honrar su muerte y celebrar su renacimiento. Su equivalente en la mitología griega fue Adonis, dios del ciclo solar. Pero la urdimbre de las connotaciones se hace más compleja si tenemos en cuenta que en la guerra mitológica de los gigantes contra los dioses muchos de ellos huyeron a Egipto y se ocultaron bajo las formas más diversas. Júpiter tomó la forma de un carnero, al que se ha visto como "símbolo salvaje de las

---

[317] Cf. II, 787-89: "I fled, and cri'd out *Death*; / Hell trembl'd at the hideous Name, and sigh'd / From all her Caves, and back resounded *Death*".

[318] Particularmente representativos por la forma en que condensan esta idea son los siguientes: "To bellow through the vast and boundless Deep" (I, 177); "The dark unbottom'd infinite Abyss" (II, 403); "Into this gloom of Tartarus profound" (II, 858). Y también más adelante: "Voyag'd th' unreal, vast, unbounded deep" (X, 471).

[319] Cf. Thomas Copeland, *op. cit.* Este autor sólo hace referencia a su mención en el libro IV, 168 ss., pero no señala cómo la alusión se repite en el libro V: "Raphaël, the sociable Spirit, that deign'd / To travel with Tobias, and secur'd / His marriage with the seven times wedded Maid." (221-23).

[320] Cf. Hans H. Meier, *op. cit.*, p. 23. En una nota a pie de página comenta que Addison en el nº 303 del *Spectator* utiliza el término "romantic" para calificar a este pasaje, poniendo de relieve que éste es un uso positivo del término, insólito en una fecha tan temprana.

[321] Cf. Ezequiel 8.14. El germen de este pasaje de *Paradise Lost* se halla en unos versos de *On the morning of Christ's Nativity*: "The Libyc *Hammon* shrinks his horn, / In vain the Tyrian Maids their wounded *Thamuz* mourn." (XXII, vv. 203-04).

fuerzas creadoras de la naturaleza, pero vinculado a problemas del espíritu"[322]. En Egipto se le adorará como el dios Ammón, representado con forma humana y los cuernos de este animal. Por otro lado, en el diálogo platónico del *Fedro* se dice que al rey egipcio Thamus también se le llama Ammón[323]. Según este mito, Thamus se opondrá a la escritura, fármaco de la memoria inventado por el dios Theuth[324]. En una entrada de un cuaderno de apuntes correspondiente a 1802, Coleridge escribió:

KublaiKhan [sic] ordered letters to be invented for his people[325].

Consideramos que Coleridge no pudo dejar de relacionar ambas historias. Es más, en nuestra opinión, si anotó el dato, probablemente ya conocido para él[326], en su cuaderno, fue por esa relación, en la que el Khan Kubla se erige en el fundador de la civilización en Oriente. Unos versos antes del pasaje citado hay otra referencia que, en nuestra opinión, es tan importante como la señalada por Meier en lo relativo a la intertextualidad con *Kubla Khan*:

> With these in troop
> Came Astoreth, whom the Phoenicians called
> Astartè, queen of heaven, with crescent horns;
> To whose bright image *nightly by the moon*
> *Sidonian virgins paid their vows and songs;*

(I, 437-41)

Así, el primero de los dos versos en los que se desarrolla el símil de la "woman wailing" se vería más o menos completado en su intertextualidad: "As e'er beneath a waning moon was haunted".

La imagen del parto de la tierra con que se describe el nacimiento del río en *Kubla Kkan* encuentra su equivalente en el poema de Milton en varias ocasiones, por ser ésta una imagen que, con distintas variantes, se reitera a lo largo de la composición. El primer ejemplo se halla en el diálogo entre Satán y la monstruosa portera del infierno, cuando ésta le replica:

---

[322] E. Aepli en Hans Biedermann, *Diccionario de símbolos*, trad. de Juan Godó Costa, Barcelona: Paidós, 1993 (Munich, 1989), p. 91.

[323] Cf. *Fedro*, 274 d. Emilio LLedó, en su traducción de este diálogo, *Diálogos*, vol. III, Madrid: Gredos, 1986, p. 402 (nota), llama la atención sobre este hecho, señalando que "Razones mitológicas harían pensar en que hay que leer *Theòn Ammona*". Milton, en *On the Morning of Christ's Nativity*, utiliza ambos nombres (cf. estrofa XXII, vv. 203-04).

[324] Sobre el mito expuesto en el diálogo platónico, cf. Emilio Lledó Iñigo, *op. cit.*. En el primer capítulo presenta una interpretación del significado de estos dos personajes, según la cual, el uno, Thot para los egipcios, representaba al dios de la sabiduría y era el patrón de los escribas y de los letrados, mientras que el otro, el rey Thamus-Ammón, representaba el poder y la praxis."

[325] *CN*, I, 1281. Según John Drew, *India and the Romantic Imagination*, Oxford: Oxford University Press, 1987, p. 196, Coleridge tomó esta cita de la obra del orientalista W. Jones ("On the Tartars", *Asiatic Researches*, II, 19-41). Sin embargo, Warren Stevenson, "The Symbolic Unity of *Kubla Khan*", en *Nimbus of Glory. A Study of Coleridge's Three Great Poems*, Salzburg: Institut für Anglistik uns Amerikanistik Universität Salzburg, 1983, pp. 25-77, cree que Coleridge está confundiendo a Kubla con Gengis Khan, que fue quien, según Purchas, recibió el alfabeto de manos de los cristianos nestorianos. (P. 35, nota).

[326] Cf. idem.

> In darkness, while thy head flames *thick and fast*
> *Threw forth*, till on the left side *op'ning wide*,
> Likest to thee in shape and count'nance bright,
> Then shining heav'nly fair, a Goddess arm'd
> Out of thy head I sprung
>
> (II, 754-58)

El paralelismo con la imagen de *Kubla Khan* se ve acrecentado por la presencia de la expresión "thick and fast", dos adjetivos que, aunque no en la misma combinación, se encuentran en la imagen que nos ocupa del poema de Coleridge: "fast thick pants". Es un poco después cuando el mismo personaje describe el sufrimiento que le provoca un parto incesante[327]:

> of that rape begot
> These yelling Monsters that with *ceaseless* cry
> Surround me, as thou saw'st, hourly conceiv'd
> And hourly born, with sorrow infinite
> To me, for when they list into the womb
> That bred them they return, and howl and gnaw
> My Bowels, their repast; then *bursting* forth
> Afresh with conscious terrors vex me round,
> that rest or *intermission* none I find.
>
> (II, 794-802)

En este caso se dan también paralelismos verbales. La imagen se va a trasladar en los siguientes Libros al nacimiento del mundo a partir del caos en el momento en que por mandato divino se hizo la luz:

> Light shone, and order from disorder sprung:
> *Swift* to their several Quarters hasted then
> The cumbrous Elements, Earth, Flood, Air, Fire
>
> (IV, 713-15)

No es ésta propiamente una imagen que represente un parto, aunque más adelante será de ese modo como se describirá:

> Air, and ye Elements the eldest birth
> Of Nature's Womb, that in quaternion run
> Perpetual Circle, multiform, and mix
> And nourish all things, let your *ceaseless* change
>
> (V, 179-82)

En los versos siguientes, es el parto de la madre Tierra lo que aparece:

---

[327] Ésta es la descripción del primer parto, igual que todos los que vendrán después de un modo interminable: "Alone, but long I sat not, till my womb / Pregnant by thee, and now excessive grown / Prodigious motion felt and rueful throes. / At last this odious offspring whom thou seest / Thine own begotten, breaking violent way / Tore through my entrails, that with fear and pain / Distorted, all my nether shape thus grew..." (II, 778 y ss.).

> The Earth obey'd, and straight
> Op'ning her fertile Womb teem'd at a Birth
> Innumerous living Creatures, perfect forms
>
> (VII, 453-55)

La imagen se repite más adelante, pero de una forma mucho más violenta:

> Earth trembl'd from her entrails, as again
> *In pangs*, and Nature gave a second groan
>
> (IX, 1000-01)

Vistos de forma conjunta, estos versos presentan las ideas y los términos esenciales de la imagen en cuestión tal y como aparece desarrollada en *Kubla Khan*.

Sería difícil señalar a qué pasaje concreto de *Paradise Lost* corresponden las voces ancestrales que profetizan guerra. Los Libros I y II están plagados de las alusiones bélicas que se materializarán en el Libro VI. Es una imagen omnipresente en la obra de Milton. En lo que respecta al palacio-cúpula, en general, los críticos que aceptan la obra de Milton como intertexto principal suelen recurrir a la intertextualidad con Purchas. Y, ciertamente, ahí están esos primeros versos del poema, que no podían ser más similares al fragmento de Purchas de donde proceden. No obstante, el Pandemonium de *Paradise Lost* presenta igualmente grandes semejanzas:

> Th'ascending pile
> Stood fixt her *stately* heigth, and straight the doors
> Op'ning their brazen folds discover wide
> Within, her ample spaces, o'er the smooth
> And level pavement: from the *arched roof*
> Pendent by subtle Magic many a row
> Of Starry Lamps and blazing cressets fed
> With Naphta and Asphaltus yielded *light*
> As from a sky.
>
> (I, 722-30)

Aparecen en este fragmento recurrencias léxicas y de contenido: el tejado en forma de cúpula -"arched roof"-, idea implícita en el vocablo "dome" de *Kubla Khan*, iluminado con luces que semejan la luz solar: "sunny dome" en la composición de Coleridge. Una imagen que podría recordar, al menos parcialmente, a la que aparece en los versos "The shadow of the dome of pleasure / Floated midway on the wave" la encontramos en esa construcción de un puente entre el caos y este mundo que realizan el Pecado y la Muerte para poder seguir el camino de su señor, Satán:

> The aggregated Soil
> Death with his Mace petrific, cold and dry,
> As with a Trident smote, and fix't as firm
> As Delos *floating* once
>
> (X, 293-96)

La descripción de la construcción prosigue de este modo:

Deep to the Roots of Hell the gather'd beach
The fasten'd, and the Mole immense wrought on
Over the foaming deep high Archt

(X, 200-301)

A continuación, recurre el poeta al tan característicamente épico tropo del símil:

So, if great things to small may be compar'd,
Xerxes the Liberty of Greece to yoke,
From Susa his Memnonian *Palace high*
Came to the Sea, and over Hellespont
Bridging his way, Europe with Asia join'd,
And scourg'd with many a stroke th'indignant waves.

(X, 306-11)

Aquí es donde se encuentra un mayor grado de intertextualidad con la imagen de *Kubla Khan*. Hay, finalmente, en la composición de Coleridge, una imagen, la del calor superpuesto al frío, entendida como esa fusión de elementos contrarios, que puede tener un equivalente en ese momento de la Creación cuando el Divino Arquitecto toma su compás, circunscribe el Universo y se dispone a dar fin al caos:

Darkness profound
Cover'd th'Abyss: but on the *wat'ry calm*
His brooding wings the Spirit of God outspread,
And vital virtue infus'd, and *vital warmth*
Throughout the fluid Mass, but downward purg'd
The *black tartareous cold infernal* dregs
Adverse to life

(VII, 233-39)

Inmediatamente aparecerá la frase "Let there be Light". La oscuridad -"sunless"-, la muerte -"lifeless"-, implícita por exclusión en el verso donde aparece por dos veces el adjetivo "vital", y el frío -"caves of ice"- situados para siempre en los abismos, mientras que la luz y el calor, fuentes de la vida, van a permanecer en la parte superior.

En lo que respecta a los paralelismos verbales, ya hemos tenido ocasión de poner algunos de relieve, tanto vocablos aislados como expresiones. Hay, sin embargo, una expresión que no se ha mencionado y que aparece *verbatim* en ambos poemas. Es el caso de la frase "fertile ground", señalada ampliamente por la crítica.

En cuanto a las recurrencias léxicas, quizá la más evidente sea la del verbo "decree", que en *Paradise Lost* sólo se utiliza para expresar los designios divinos[328]. Es ésta una idea que se hace explícita en el propio texto; el Hijo le dice al Padre: "Father Eternal, *thine is to decree*, / Mine both in Heav'n and earth to do thy will" (X, 68-69). Dios es el Verbo, la Palabra, el

[328] Cf. Ibid., II, 160; III, 115, 116, 172, 659; V, 602, 674, 717, 774, 814; IX, 151; X, 43, 68, 644, 772, 953; XI, 47, 96, 311.

Logos. Y esa Palabra de Dios encierra en sí el misterio de la creación: "... What he decreed / He effected; Man he made, and for him *built* / Magnificent this World, and Earth his seat" (IX, 151-53). Ya se ha visto con anterioridad cómo Milton utiliza esa imagen de Dios como arquitecto supremo; así, es el verbo "build" el que se usa especialmente para manifestar el acto de la creación. En la numerología de *Paradise Lost* ocupa un lugar central y recurrente el número tres, cifra de profundas implicaciones teológicas. Y esto ocurre con frecuencia a través de la expresión "thrice", que aparece reiterada en varias ocasiones[329]. Otro de los vocablos de *Kubla Khan* que se repite con cierta insistencia en el poema de Milton, ya sea en forma de substantivo o de adjetivo, es el término "tumult", que aparece en dos versos seguidos. En *Paradise Lost* este vocablo siempre hace referencia a hechos o situaciones que se desarrollan o proceden del infierno[330]. Coleridge utiliza el término en el poema para describir la forma en que el río desemboca en el mar tenebroso. Se da en *Paradise Lost*, aunque sólo sea en dos casos, la presencia de un adjetivo, "hideous"[331], utilizado por Coleridge en la versión del manuscrito de Crewe, pero ausente de la versión de 1816, al ser sustituido por "ceaseless". Presenta gran interés la primera de estas dos apariciones en la obra de Milton porque se encuentra en un contexto bastante similar al del nacimiento convulsivo de la fuente de *Kubla Khan*. Esta intertextualidad se ve reforzada asimismo por la proximidad del vocablo "intermitted"[332].

Igualmente, se puede establecer una intertextualidad entre *Kubla Khan* y uno de los poemas de Gray, *The Progress of Poesy*[333], una oda pindárica. Ya en los primeros versos se encuentran paralelismos tanto verbales como de imágenes:

> From Helicon's harmonious *springs*
> A thousand rills their mazy progress take;
>
> ...
>
> Now the rich stream of music winds along,
>
> ...
>
> Thro' *verdant vales*, and Cere's golden reign:
> Now *rolling down the steep amain*,
> *Headlong, impetuous, see it pour;*
> The rocks and nodding groves rebellow to *the roar*[334].

El curso del río de la poesía, desde su nacimiento en la fuente de Helicón -junto con Aretusa y Castalia, fuente de la inspiración en la mitología clásica- transcurre serpeante por verdes valles hasta que se precipita rocas abajo con ímpetu tremendo y gran alboroto: exactamente igual que el río sagrado de *Kubla Khan*. En la primera época se da una rima que también aparece en el poema de Coleridge: "Pleasures / measures". En la segunda antístrofa, la musa aparece en un paraje sombrío y helado:

---

[329] Cf. I, 618; III, 570; IX, 16; X, 855.

[330] Cf. II, 936, 966, 1040; IV, 16; V, 737; VI, 674.

[331] Cf. II, 177 y 788.

[332] Cf. II, 173-78: "Should *intermitted* vengeance Arm again / His red right hand to plague us? what if all / Her stores were op'n'd, and this Firmament / Of Hell should *spout the Cataracts* of Fire, / Impendent horrors, threat'ning *hideous* fall / One day upon our heads".

[333] Cf. E. Schneider, *op. cit.*

[334] I. 1, 3-4; 7; 9-12. Ibid., p. 8.

In climes *beyond the solar road*
Where shaggy forms o'er *ice-built* mountains roam,
The Muse has broke the twilight gloom[335]

Es en la époda correspondiente donde, a la vista de las relaciones expuestas más arriba, de nuevo cobra fuerza la intertextualidad:

Woods, that wave o'er Delphi's steep,
Isles, that crown the *Aegean deep*,
Fields, that cool Ilisus laves,
Or where Maeander's amber waves
In lingering lab'rinths creep
How do your tuneful echoes languish,
Mute, but to the voice of anguish!
Where each *old poetic mountain*
Inspiration breath'd around;
Ev'ry shade and hallow'd *fountain*
Murmur'd deep a solemn sound[336]

En el caso de este texto, el trasfondo clásico de las imágenes se expresa de una forma directa, siendo ésta una diferencia radical con *Kubla Khan*.

Aparte de *Paradise Lost* y *The Progress of Poesy*, consideramos que de todos los intertextos pertenecientes a la literatura inglesa apuntados por los críticos el más obvio es la obra de Samuel Johnson *The History of Rasselas, Prince of Abyssinia*[337], aunque no es la totalidad de la misma la que mantiene esa relación con *Kubla Khan*, sino el primer capítulo, y más concretamente la primera parte de éste, es decir, el mismísimo comienzo de la novela, que lleva el subtítulo de "Description of a Palace in a Valley". No es sino una de tantas descripciones del tópico del paraíso. No obstante, su deuda con la obra de Milton, y, en consecuencia, la ubicación del escenario -Abisinia, Amara-, junto con la descripción en sí forman un entramado de intertextualidades entre las tres composiciones de gran interés[338]. Éstos son los pasajes que mayor semejanza presentan con *Kubla Khan*:

Rasselas was the fourth son of the mighty emperour, *in whose dominions the Father of waters begins his course;...*[339]

---

[335] II. 2, 54-56. Idem.

[336] II. 3, 66-76. Ibid., p. 10.

[337] Cf. W. J. Bate, *op. cit*. En realidad, Lowes fue el primero en señalar esta intertextualidad, aunque más bien con el objeto de restarle toda posible importancia. (Cf. J. L. Lowes, *op. cit.*, p. 590 (nota)).

[338] En un texto tan asequible como la antología de Norton, *The Norton Anthology of English Literature*, ed. M. H. Abrams, New York & London: W. W. Norton & Co., 1986, p. 2319 (nota), se pone de relieve esta triple y cronológicamente escalonada intertextualidad.

[339] Samuel Johnson, *The History of Rasselas, Prince of Abissinia*, ed. D. J. Enright, Harmondsworth: Penguin, 1976, p. 39.

... Rasselas was confined in a *private palace*, with the other sons and daughters of
Abissinian royalty,...[340]

The place, which the wisdom or policy of antiquity had destined for *the residence of the
Abissinian princes, was a spacious valley in the kingdom of Amhara*, surrounded on every side
by mountains, of which the summits overhang the middle part. The only passage, by which
it could be entered, was *a cavern that passed under a rock*,...[341]

From the mountains on every side, *rivulets descended* that filled all the valley *with
verdure and fertility, and formed a lake in the middle*... This lake discharged its superfluities by
a stream which entered a dark cleft of the mountain on the northern side, and fell with
dreadful noise from precipice to precipice till it was heard no more[342].

The sides of the mountains were covered with trees...[343]

The palace stood on an eminence raised about thirty paces above the surface of the lake[344].

Son varios los elementos de *Kubla Khan* que encuentran en estos fragmentos su
contrapartida: el *hortus conclusus* de Xanadú, con el palacio en medio de las aguas,
pudiendo así proyectar su sombra del modo descrito en el poema: "The shadow of the
dome of pleasure / Floated midway on the wave"; el río que tiene su nacimiento en los
dominios del emperador; el ruido estrepitoso de las aguas -en este caso al caer por el surco
que se abre en la montaña: el "deep romantic chasm"-; el verdor y la fertilidad del paraje;
los árboles que cubren las laderas de las montañas -"Down the green hill athwart a cedarn
cover!"-. Al comienzo del capítulo siguiente, se describe el sitio como un lugar destinado al
placer de sus moradores:

Here the sons and daughters of Abissinia lived only to know the *soft vicissitudes of
pleasure and repose*,...[345]

En estos pasajes aparecen algunas referencias que, en realidad, pertenecen a la segunda
estrofa: las correspondientes a los vocablos Abissinia y Amhara. Las hemos incluido aquí
porque su exclusión resultaría un tanto forzada.

De entre los libros de viajes y cosmogonías citados por los críticos[346], aparte de las
obras de Purchas y Hesíodo ya mencionadas, con el que *Kubla Khan* presenta una

---

[340] Idem. Cf. *PL*, IV, 280 y ss.

[341] Samuel Johnson, *op. cit.*, p. 39.

[342] Ibid., pp. 39-40.

[343] Ibid., p. 40.

[344] Ibid., pp. 40-41.

[345] Ibid., p. 41.

[346] J. L. Lowes, *op. cit.*, es quien abrió la brecha en la busca de intertextualidades de este tipo, entre las que
destacan *Travels Through North and South Carolina, Georgia, etc* (1791), de William Bartram; *Travels to Discover
the Source of the Nile*, (1790), de James Bruce; *The History of Hindostan* (1799), de Thomas Maurice; *Voyage to
Surat*, de F. Bernier; y *The Sacred Theory of the Earth* (1753), de Thomas Burnet. Para aportaciones nuevas, cf.
Wylie Sypher, *op. cit.*, quien habla de la importancia de una obra de J. Browne, *Mr Roger's Three Year Travels
Over England and Wales* (1694); John Beer, *op. cit.*, que propone dos obras de Robert Wood, en realidad de
arqueología más que de viajes, *Ruins of Babec* y *Ruins of Palmyra*; H. W. Piper, *op. cit.*, 1981, quien considera

intertextualidad más evidente es la obra de T. Burnet *Telluris Theoria Sacra* (1681-1689). El conocimiento que Coleridge tenía de esta obra, hecho atestiguado ya por Lowes, llegaba hasta el punto de haber proyectado una traducción versificada de la misma[347]. Ésta es principalmente la razón por la que creemos que el peso de este texto en el poema que nos ocupa es superior a la de cualquier fragmento aislado de obras de las que ni siquiera se tiene constancia que el poeta las hubiera leído, al menos con anterioridad a 1797. Precisamente en el pasaje donde habla de los ríos que sumergen su cauce bajo la tierra a lo largo de su recorrido hasta que emergen de nuevo a la superficie, menciona al Alfeo entre ellos. No es sólo esa mención[348] la determinante de la intertextualidad con el poema de Coleridge, sino sus palabras al comienzo y al final del fragmento a propósito de los ríos subterráneos:

'Tis pleasant also to see *a River in the Middle of its Course throw itself into the Mouth of a Cave, or an opening of the earth, and run under Ground sometimes many Miles*; still pursuing its way thro' the dark Pipes of the earth, till at last it find an Out-let[349].

These subterraneous Rivers that emerge again, shew us that the Holes of the earth are longer and reach further than we imagine, *and if we could see into the Ground, as we ride, or walk, we should be affrighted to see so often Waters or Caverns under us*[350].

Esta misma imagen aparece reiterada más adelante cuando Burnet le trata de buscar una explicación al origen de los mares, algo que, en sus palabras, sólo se entiende a partir de una convulsión violenta de la naturaleza:

Where is the Spring-head of the Sea? What Force could eat away half the Surface of the earth, and wear it hollow to an *immeasurable Depth*? This must not be from feeble and lingring Causes, such as the Attrition of Waters, but from *some great violence offered to nature*, such as we suppose to have been in the general Deluge, *when the Frame of the Earth was broken*[351].

La cavidad del océano, en otro momento, aparecerá descrita como "unsearchably deep". Esa imagen de lo que en la traducción inglesa se denomina "Abyss of the Deluge", lógicamente, dada la naturaleza de la obra[352], es una de las más reiteradas a lo largo de toda

---

esencial *De Paradiso Terrestri*, de Morino, prefijado a la *Geographia Sacra* de Bocarth; John M. Patrick, *op. cit.*, hablará de la obra de Ammiano Marcelino, quien hace referencia al Alfeo, al Nilo y a otro río, el Abora, con la idea de que esta fuente es más acertada que el Abola o el Astáboras mencionados por Lowes para el nombre de "Abora".

[347] Cf. J. L. Lowes, *op. cit.*, pp. 16, 159, 461, 502.

[348] Lowes le restó importancia a esta referencia y se centró en otros textos en los que se desarrolla el mito de Alfeo y Aretusa. Sin embargo, en nuestra opinión, son varios los pasajes de esta obra, y no precisamente los señalados por Lowes, los que presentan esa relación de intertexto con *Kubla Khan*, básicamente por las razones que acabamos de aducir. Las citas que Lowes hace de esta obra se centran prácticamente de forma exclusiva en las imágenes del sol y de la luna a lo largo de diversos pasajes de la misma (cf. J. L. Lowes *op. cit.*, pp. 159, 169, 473).

[349] Thomas Burnet, *The Sacred Theory of the Earth*, London, 1759, vol. 1, p. 143.

[350] Idem.

[351] Ibid., p. 161.

[352] Téngase en cuenta que el título completo, en su traducción al inglés, es *The Sacred Theory of the Earth: Containing an Account of the Origin of the Earth, And of the General Changes which it hath undergone, or it is to*

ella. Las "caverns measureless to man" y el "sunless sea" del poema de Coleridge tienen, por consiguiente, en la obra de Burnet una intertextualidad muy probable. Por otro lado, en *The Sacred Theory of the Earth* se encuentra una descripción del paraíso en los términos convencionales de la tradición, es decir, muy similar a la que aparece en *Kubla Khan*[353].

B) SEGUNDA ESTROFA DEL MANUSCRITO DE CREWE:

Quizá el pasaje más relacionado con *Kubla Khan* del poema de Milton sea el que hace referencia al monte Amara[354], cuando el poeta manifiesta que el Edén bíblico no tiene parangón con otros paraísos creados por los hombres:

Nor where *Abássin* Kings their issue Guard
Mount Amara, though this by some suppos'd
True Paradise under the Ethiop Line
By Nilus' Head, enclos'd with shining Rock,
A whole day's journey high, but wide remote
From this Assyrian Garden,...

(IV, 280-85)

Los paraísos abisinio -falso- y asirio -verdadero- aparecen enfrentados en estos versos.

El instrumento musical de la doncella abisinia, el dulcémele, y algo que se asemeja a su sinfonía y a su canto, aparece en los versos siguientes. Esto ocurre precisamente en el séptimo día de la Creación, el dedicado al descanso:

the Harp
Had work and rested not, the solemn Pipe,
And *Dulcimer*, all Organs of sweet stop,
All sounds on Fret by String or Golden Wire
Choral or Unison: of incense Clouds
Fuming from Golden censers hid *the Mount*.
Creation and the Six days' acts they sung

(VII, 594-600)

Son música y cantos a propósito de la creación del Monte del paraíso. La doncella del poema de Coleridge es abisinia porque canta al Monte Amara[355], al monte del paraíso falso en Abisinia. Ésta es la versión del manuscrito de Crewe. Sin embargo, la correspondiente a la edición del poema es menos miltónica; ya no es el monte Amara al que canta la doncella

---

undergo, until the CONSUMMATION of all Things. The two Last Books, Concerning the General Conflagration, and the New Heavens and New Earth. (London, 1759)

[353] Cf. ibid., p. 244.

[354] Creemos que tuvo un gran mérito Lane Cooper, *op. cit.*, p. 2 y ss., estableciendo la conexión entre el Abora de *Kubla Khan* y el Amara de Milton cuando aún no se había descubierto el manuscrito de Crewe, donde aparece el vocablo miltónico. J. L. Lowes, *op. cit.*, pp. 374-76, alude a la intertextualidad con *Paradise Lost*, siguiendo a Cooper, prácticamente de forma exclusiva, en lo que respecta a este punto. No le concede a la obra de Milton mayor importancia que ésta.

[355] Amara y no Abora, como ya hemos señalado, es el nombre que aparece en el manuscrito de Crewe.

abisinia, sino el monte Abora. La expresión "Mount Abora" se pronuncia en inglés prácticamente igual que "Mount Tabor". En el Libro de los Jueces aparece este monte al que la profetisa y juez Débora envía a Barac con una tropa de diez mil hombres para que aniquile a Sísara, jefe del ejército de Yabín, como efectivamente ocurrirá[356]. Estamos ante el mismo caso de ambivalencia que encontrábamos para el vocablo "Alph", que no es ni *Alpheus*, el nombre del río sagrado de la mitología clásica, ni el *Alpha* del *Apocalipsis*, como veíamos más arriba. En ambos vocablos prevalece la indeterminación y, consecuentemente, la ambigüedad y la ambivalencia.

En la construcción del Pandemonium se halla algo similar a la idea del edificio conseguido a través de la fuerza de la música en *Kubla Khan*: "That with music loud and long, / I woud build that dome in air"[357]:

> Anon out of the earth a Fabric huge
> Rose like an Exhalation, *with the sound*
> *Of Dulcet Symphonies and voices sweet*
> *Built like a Temple*
>
> (I, 710-13)

La imagen de las líneas finales "For he on honey-dew hath fed, / And drunk the milk of paradise" tiene también un equivalente en la obra de Milton. El alimento de los dioses en la mitología clásica, la ambrosía, aparece mencionado en múltiples ocasiones en *Paradise Lost*, principalmente, como cabe esperar, en los Libros IV y V. Pero será sobre todo en este último en el que las alusiones se hallen más próximas en su intertextualidad con los versos de *Kubla Khan*. Es precisamente en la descripción del árbol de la ciencia donde se encuentran las siguientes palabras: "his *dewy* locks distill'd/ *Ambrosia*;" (V, 56-57). Eva le prepara a Adán frutas sabrosas:

> of taste to please
> True appetite, and not disrelish thirst
> Of *nectarous draughts* between, from *milky stream*
>
> (V, 304-06)

---

[356] Cf. *Jueces*, 4:4-17. Lowes atribuye el uso del término Abora a un desliz asociativo en la mente de Coleridge procedente de los nombres de los ríos Abola y Astáboras, afluentes del Nilo mencionados por James Bruce en su obra *Travels to Discover the Source of the Nile* (cf. J.L. Lowes, *op. cit.*, pp. 373-74). M. Bodkin, *op. cit.*, aunque trata de justificar la utilización del término dentro de su enfoque de naturaleza arquetípica, no deja de considerarlo como un "nombre extraño", idea en la que insiste: "the unknown's mountain name" (p. 114). John M. Patrick, "Ammianus and Alpheus: The Sacred River", *Modern Language Notes*, 1957, vol. 72, pp. 335-37, ha encontrado el término Abora en una obra de Ammiano Marcelino. No se trata del nombre de un monte, sino del nombre de un río. Walter J. Bate, *op. cit.*, considera que el cambio de Amara por Abora se debió a que Coleridge no quería que se identificase el paraíso de *Kubla Khan* con ningún paraíso falso (p. 83). No tiene en cuenta ninguna posibilidad de carácter intertextual. No estamos de acuerdo, aunque ello no sea más que una anécdota sin mayor trascendencia, con la lectura que hace H. W. Piper del vocablo que aparece en el manuscrito de Crewe; dice que es un híbrido entre Amara y Abora: Amora (H. W: Piper, *op. cit.*, 1976, p. 155). En nuestra opinión, en el manuscrito se lee claramente *Amara*. Dice que Coleridge se inclinó finalmente por Abora por ser éste el nombre del primer paraíso (p. 156).

[357] Cf. Masumi Kaneda, *Coleridge's Tragic Struggle between Xanadu and Abyssinia*, Tokyo: Waseda University Press, 1988, p. 93.

Es un poco después cuando aparecerá el equivalente más próximo a la expresión "honey-dew":

though in Heav'n the Trees
Of life ambrosial fruitage bear, and vines
Yield Nectar, though from off the boughs each Morn
We brush *melifluous Dews*

(V, 426-29)

No cabe duda de que el adjetivo "melifluous" está utilizado en su sentido etimológico estricto[358]. Con su profundo conocimiento de las lenguas clásicas griega y latina, a Coleridge no pudo extraviársele esta etimología. La fuente del Paraíso es calificada por Eva, cuando se ve sujeta al castigo de abandonarlo todo, como "th'ambrosial Fount" (XI, 279), expresión que, dentro de determinadas lecturas de *Kubla Khan*, en las que la fuente se ve como una versión de las fuentes de Castalia o de Aretusa, tendría una gran capacidad de sugerencia poética.

La imagen del poeta inspirado de esta última estrofa, como ya han apuntado algunos críticos[359], tiene un intertexto dentro de la literatura inglesa en una de las composiciones de T. Gray, *The Bard*, una oda pindárica, al igual que *The Progress of Poesy*. Esa imagen aparece en la primera de las antístrofas del siguiente modo:

With haggard eyes the poet stood;
(*Loose his beard, and hoary hair*
Stream'd, like a meteor, to the troubled air)
And with a master's hand, and prophet's fire,
Struck the deep sorrows of his lyre.

Los ojos del poeta en esta descripción no presentan el aspecto refulgente del bardo de *Kubla Khan*, pero la imagen del cabello flotando al viento -"his floating hair"-, aunque difieran las palabras, es la misma. En la tercera antístrofa emerge de modo majestuoso la que podría ser el precedente de la doncella abisinia:

In the midst a form divine!
Her eye proclaims her of the Briton-line;
...
What strings *symphonious* tremble *in the air*,
What strains of vocal transport round her play,
...
Bright Rapture calls, and soaring as she *sings*,
Waves in the eye of heav'n her many-colour'd wings[360].

---

[358] En la edición de Penguin de *Paradise Lost*, New York, 1968, p. 119, encontramos una nota a pie de página donde se explica este uso: "melifluous flowing with honey, as in Rowland: "The increase of Bees is more in regard of ... the plenty of melifluous dews" (1658)".

[359] Cf. H. W. Piper, *op. cit.* y E. Schneider, *op. cit.*

[360] III. 2, 116-16; 119-20; 123-24. En Ibid., p. 15.

En este caso se dan también algunos paralelismos verbales con *Kubla Khan*. De interés especial es el tercero de los versos citados, con esa presentación de la sinfonía trémula en el aire, que evoca en el lector ávido de intertextualidades la expresión de los versos de Coleridge "That with music loud and long / I would build that dome in air". El ritmo predominantemente yámbico de ambas composiciones y las rimas masculinas las acercan aún más. En la primera estrofa del texto poético del manuscrito, las rimas masculinas alternan con las femeninas, pero no así en ésta, donde todas son masculinas.

Los intertextos principales apuntados para la primera estrofa tienen ciertos pasajes que se pueden relacionar con la segunda, pero algunos de los señalados para ésta, *The Bard* y las obras de Platón sobre el tema de la inspiración, no presentan ninguna intertextualidad con la primera. Este hecho contribuye a reforzar la idea de la independencia de esta última parte en lo que respecta a su composición.

Desearíamos, finalmente, expresar nuestra opinión sobre una de las intertextualidades más controvertidas de todas las señaladas: la propuesta por E. Schneider con las obras de R. Southey *Gebir* y *Thalaba*[361]. Poner de relieve dicha intertextualidad fue el principal objetivo de su ya clásico estudio sobre *Kubla Khan*. Su convencimiento sobre este extremo le llevó a demoler dos de los presupuestos hasta entonces inamovibles sobre el poema: el de una fecha de composición no posterior al año 1799 y el de su origen onírico, esto es, sin prácticamente ningún tipo de control consciente por parte del poeta. Creemos que E. Schneider fue "víctima" de la escuela de rastreo de fuentes e intertextualidades inaugurada por Lowes, lo que le llevó a considerar que cualquier texto, escrito dentro de los márgenes que las referencias y publicación de *Kubla Khan* permitían, que presentase afinidades con el poema, había de ser previo al mismo. No tuvo en cuenta la posibilidad de que *Kubla Khan* pudiera ser la referencia de obras posteriores, entre las que se podrían encontrar las obras de Southey, a cuya composición Coleridge contribuyó con su ayuda, y en las que se pudieron filtrar ecos de aquel poema al que probablemente añadió una última estrofa a su vuelta de Alemania, esto es, en el que estuvo trabajando al tiempo que Southey escribía sus obras, y que hubo de dar a conocer al círculo de sus amistades, como prueba la réplica poética de Perdita Robinson. Southey, por tanto, seguramente conocía *Kubla Khan*[362], con lo que los múltiples paralelismos señalados por E. Schneider[363] podrían más bien responder a una intertextualidad, o a una utilización de las mismas fuentes, pero con la dirección de la flecha de la influencia invertida, es decir, del poema de Coleridge a las obras de Southey.

No vamos a detenernos en intertextualidades referidas a ecos verbales concretos, puesto que se trata de algo que queda totalmente fuera de nuestros objetivos. No nos interesa si Coleridge tomó o inconscientemente repitió alguna frase o expresión suelta de otro autor. Nuestro propósito ha sido a lo largo de esta exposición más bien el de resaltar el valor de aquellos intertextos que de alguna manera puedan contribuir a esclarecer el sentido de *Kubla Khan* en el momento de su composición.

[361] Ibid., pp. 115-49. También señala esta intertextualidad Warren U. Ober, "Southey, Coleridge and *Kubla Khan*", *Journal of English and Germanic Philology*, 1959, vol. 58, pp. 414-22.
[362] En el manuscrito de Crewe, al final del texto, hay una nota a lápiz que dice: "Sent by Mr. Southey, as an autograph of Coleridge". John B. Beer, *op. cit.*, parece tener la certeza de que Southey vió el manuscrito antes de componer sus obras de carácter oriental.
[363] Cf. E. Schneider, *op. cit.*, pp. 119-49.

V. El Lugar de *Kubla Khan* en el Pensamiento Poético de Coleridge a través del Canon de su Obra, 1793-1803

La mayor parte de la obra poética de Coleridge se publicó a lo largo de su vida. Las composiciones que se han editado a título póstumo poco han añadido en lo que respecta a la valoración literaria del poeta que se dio a conocer unos pocos días antes de su muerte[364], en el año 1834, con la más amplia recopilación de poemas de todas las llevadas a cabo hasta ese momento. Sin embargo, hasta llegar a esa última edición, el canon literario de Coleridge había recorrido una andadura nada homogénea, desde un punto de vista estético, a través de las diversas ediciones en que se fue publicando su obra[365].

En su primer periodo de creación poética, se observa el interés de Coleridge por sacar a la luz sus composiciones, interés que se mantiene de un modo bastante uniforme hasta el año 1803, en el que aparece la tercera edición de sus poemas. A partir de esta fecha y hasta 1812 no se publicará ningún volumen que contenga de forma exclusiva e independiente composiciones de Coleridge. Ésta es la razón por la que hemos establecido el límite final de esta etapa en el año 1803. La coincidencia aproximada con la periodización utilizada para otros aspectos considerados en apartados anteriores de este trabajo, como el relativo a los ecos del poema en las cartas y cuadernos de apuntes del autor o el referido a las intertextualidades internas, se convierte en una prueba más que corrobora la validez de dicha periodización.

1. EL MARCO EDITORIAL.

En 1794 se publicó por primera y última vez en vida de sus autores la pieza dramática *The Fall of Robespierre*, obra que fue el fruto de la colaboración entre Coleridge, a quien corresponde el primer acto, y el poeta, y gran amigo de nuestro autor por aquellas fechas, R. Southey, que escribió los dos actos restantes. Dicha colaboración no se refleja en el texto publicado, en el que sólo figura la autoría de Coleridge[366].

---

[364] Con estas palabras no pretendemos en modo alguno menoscabar el valiosísimo trabajo de todos los editores que han ido ampliando las colecciones poéticas de Coleridge por medio de la inserción en ellas de composiciones inéditas que han permitido un mejor conocimiento de su evolución literaria.

[365] Al final de este trabajo presentamos un apéndice (Ap. IV) con la relación de la obra poética de Coleridge y las publicaciones en las que salió a la luz en vida del autor.

[366] Es en una carta donde Coleridge le comunica a Southey su decisión de que la obra se publique exclusivamente con su nombre: "I shall put my Name -because it will sell at least an hundred Copies at Cambridge-. It would appear ridiculous to print two names to *such* a Work. But if you choose it, mention it -

La primera colección de poemas apareció en el año 1796. Ha de destacarse aquí la importante labor de J. Cottle[367], propietario de una imprenta en Bristol, con quien Coleridge entró en contacto en su época de fervor unitario y pantisocrático, y que ya había publicado *Joan of Arc*, de Southey. Nada más conocer a Coleridge, se ofreció para publicarle cualquier obra que le presentase[368]. El estímulo y aliento que Cottle les proporcionó tanto a Southey como a Coleridge en su actividad literaria queda perfectamente reflejado en las palabras de este último enviadas al editor en una carta tras recibir el volumen impreso de la primera edición de sus poemas:

> On the blank leaf of my poems, I can most appropriately write my acknowledgments to you, for your too disinterested conduct in the purchase of them. Indeed, if ever they should acquire a name and character, it might be truly said, the world owed them to you. Had it not been for you, none perhaps of them would have been published, and some not written[369].

Con anterioridad, varias composiciones se habían publicado en periódicos y revistas. La primera de la que tenemos noticia[370] tuvo lugar en 1793. Se trata de la composición *To Fortune*, escrita ese mismo año, que apareció en el *Morning Chronicle*[371]. Posteriormente, el *Cambridge Intelligencer*, sobre todo durante 1794, y, después, el *Morning Post* y el *Morning Chronicle*, serán receptáculos de una buena parte de la producción poética de Coleridge en estos años. Asimismo, varios fueron los poemas que aparecieron en *The Watchman*. Cuatro sonetos de Coleridge se publicaron también en el año 1796 en una colección, sin título, de sonetos de varios autores. Y en 1797 aparecerá una segunda edición de sus poemas, con adiciones y omisiones significativas con respecto a la edición de 1796[372].

Un pequeño volumen, con tres composiciones: la que le da el título, *Fears in Solitude*, juntamente con *France: An Ode* y *Frost at Midnight*, se publicará de forma independiente en 1798, año emblemático en la carrera literaria de Coleridge, marcado, desde la perspectiva que nos ocupa, por la publicación anónima, en el mes de septiembre, de *Lyrical Ballads*, edición conjunta de composiciones inéditas de los dos poetas. En 1800 tendrá lugar una segunda edición, esta vez en dos volúmenes, introducidos por la primera versión del prefacio firmado por Wordsworth. En lo que a Coleridge respecta, cabe destacar la inclusión de su poema *Love*. La última edición de *Lyrical Ballads* que tuvo lugar dentro del periodo que estamos analizando fue la de 1802, en la que el prefacio aparecerá ampliado y se omitirá el poema *The Dungeon*, de Coleridge.

---

and it shall be done-. To every man who *praises* it, of course I give the *true* biography of it - to those who laugh at it, I laugh again-" (*CL*, I:60, p. 106).

[367] Autor de sendas memorias sobre su relación con Coleridge y Southey a las que nos hemos referido más arriba. Cf. Cap. I (nota 1).

[368] "I instantly descried his intellectual character, exhibiting as he did, an eye, a brow, and a forehead, indicative of commanding genius. Interviews succeeded and these increased the impression of respect." (J. Cottle, *Early Recollections...*, vol. I, p. 7).

[369] *CL*, I:121, p. 204.

[370] Cf. *CPW*, I, p. 54.

[371] Cf. Apéndice IV.

[372] Se publicaron en este volumen poemas de Charles Lloyd, a la sazón pupilo de Coleridge, y de Charles Lamb.

La estancia de Coleridge en Alemania supuso un paréntesis en lo relativo a las publicaciones de sus obras, que se van a ver interrumpidas desde la aparición de *Lyrical Ballads* en 1798 hasta la publicación un año después -el margen cronológico de su viaje- de un poema, *To a Young Lady*, en el *Morning Post*, el 9 de diciembre de 1799. Juntamente con las ediciones segunda y tercera de *Lyrical Ballads*, de nuevo serán las revistas y los periódicos los medios más frecuentes utilizados por Coleridge para dar a conocer sus composiciones. Al mismo tiempo, se le van a abrir nuevos cauces a través de la *Annual Anthology* de 1800, en cuya edición Southey, con quien Coleridge establece una relación personal y de colaboración literaria muy estrecha a su regreso de Alemania, tenía una parte activa.

Finalmente, este periodo se cierra en el año 1803 con una tercera edición de poemas en la que se recogen todos los de los volúmenes de 1796 y 1797, con la excepción de seis composiciones.

2. LA EDICIÓN DE 1796.

La cuestión de la práctica editorial de Coleridge en la configuración de las colecciones de sus poemas es un aspecto que apenas se ha estudiado, a pesar de lo imprescindible que resulta para una mejor comprensión de lo que hemos denominado el canon poético del autor[373]. La edición de 1796 consta de cincuenta y una composiciones, cuatro de ellas pertenecientes a Charles Lamb. La mayor parte de las de Coleridge corresponden a los años 1794 y 1795. Hay, sin embargo, algunos poemas de fechas muy tempranas, de los años de colegial de Coleridge en Christ's Hospital, como los sonetos *To the Atumnal Moon* (1788)[374], *Genevieve* (1789-90), la oda -ésta es la denominación del poeta- *Absence* (1791) y, según este orden cronológico, seis composiciones de 1793, la casi totalidad de las escritas en ese año. La producción de 1794 es considerablemente superior a la de años anteriores. En esta edición se publicó una selección de la misma. Y, finalmente, de los poemas de 1795, fueron cinco los que se omitieron. El orden de las composiciones en la colección, que no atiende a criterios cronológicos, es el siguiente[375]:

> *Monody on the Death of Chatterton; To the Rev. W.J. Hort; Songs of the Pixies; Lines Written at the King's Arms; Lines to a Beautiful Spring; Epitaph on an Infant; Lines to a Friend; To a Young Lady; Absence;* [EFFUSIONS]: *To the Rev. W. L. Bowles; Burke; Pitt; Priestley; To the Honourable Mr. Eskine; To Richard Brinsley Sheridan; Koskiusco; La Fayette; To Earl Stanhope; The Gentle Look; The Outcast; Pity; Genevieve; Sonnet to the Autumnal Moon; On a Discovery Made Too Late; To the Author of "The Robbers"; Lines Composed While Climbing the Left Ascent of Brockley Coomb; To a Friend (Charles Lamb); To the Nightingale; Lines in the Manner of Spenser; Domestic Peace; The Rose; Kisses; The Kiss; Imitated from Ossian; The*

---

[373] En el año 1981, James H. Averill expresa su malestar por la falta de estudios críticos sobre este tema (cf. "The Shape of *Lyrical Ballads*", *Philological Quarterly*, 1981, vol. 60, pp. 387-407). Ha de hacerse la salvedad, no obstante, del análisis de G. Whalley, *op. cit.*, publicado en 1966, que se aplica sobre todas las ediciones de la obra poética de Coleridge hasta la fecha.

[374] Effusion 18. Les va a dar la denominación general de "effusions".

[375] Para evitar confusiones, citamos el título que presentan los poemas en la edición de E. H. Coleridge.

Complaint of Ninathóma; Imitated from the Welsh; The Sigh; To a Young Ass; To an Infant; The Eolian Harp; Lines on an Autumnal Evening; [EPISTLES]: *Lines Written at Shurton Bars; Lines to a Friend in Answer to a Melancholy Letter; Written after a Walk before Supper; To the Author of Poems; The Silver Thimble, [...]; Religious Musings*[376].

Se observa un deseo manifiesto de proporcionarle una configuración determinada a la edición, independiente por completo del orden cronológico, que, como ya se ha señalado, no se contempla en absoluto[377]. Los poemas con los que comienza y termina esta colección son los más ambiciosos, y los más largos, de todos los escritos por Coleridge hasta el momento: *Monody on the Death of Chatterton* y *Religious Musings* respectivamente. La *Monody* aparece con fecha de 1794. Hay una versión anterior, del año 1790. Esta segunda versión, además de contar con un número mayor de versos, se diferencia notablemente de la primera, en la que la dicción poética y el estilo en general, plagado de personificaciones, muestra de un modo más evidente la imitación de los modelos neoclásicos, de los que aún quedan lastres en el texto de esta colección, puesto que se mantienen varias personificaciones y continúan proliferando los adjetivos en posición atributiva y las rimas en pareados. Es un poema en el que Coleridge se presenta a sí mismo como heredero de la voz poética de Chatterton[378]:

> Grant me, like thee, the lyre to sound,
> Like thee with fire divine to glow

(vv. 109-10)

Es, fundamentalmente, un poema sobre la poesía, no exento de cierto carácter osiánico en algunos de sus pasajes:

> And here, in Inspiration's eager hour,
> When most the big soul feels the mastering power,
> These wilds, these caverns roaming o'er,
> Round which the screaming sea-gulls soar,
> With wild unequal steps he pass'd along,
> Oft pouring on the winds a broken song:
> Anon, upon some rough rock's fearful brow
> Would pause abrupt - and gaze upon the waves below.

(vv. 122-29)

De todos los que forman esta colección, *Relious Musings* es el poema del que Coleridge se sentía más satisfecho. En una carta dirigida a Benjamin Flower -amigo de sus años en Cambridge y editor del *Cambridge Intelligencer*-, escrita el 1 de abril de 1796, quince días antes de su publicación, le hace partícipe de su valoración del poema: "I rest for

---

[376] Las composiciones tras la indicación de [EFFUSIONS], un total de 32 si excluimos los cuatro poemas de Charles Lamb, llevaban esta clasificación, más la numeración correlativa correspondiente, como encabezamiento. Este mismo era el caso de las que se relacionan a continuación del epígrafe [EPISTLES].

[377] Cf. *CPW*, II, pp. 1137-38, donde aparece el índice de esta edición.

[378] Cf. James H. Averill, *op. cit.*

all my poetical credit on the *Religious Musings*"[379]. La influencia de Milton en este poema es innegable, y en ello está de acuerdo toda la crítica, algunos autores teniendo en cuenta las influencias o intertextualidades, otros enfocando sus estudios desde la perspectiva más radical de los préstamos e incluso de los plagios[380]. El tono miltónico permea toda la composición. Su carácter mesiánico y apocalíptico son parte de esa concomitancia. El hartleyianismo es otro de los fundamentos de *Religious Musings*[381]. Ambas deudas están reconocidas por Coleridge en el poema:

> To Milton's trump
> The high groves of the renovated Earth
> Unbosom their glad echoes: inly lushed,
> Adoring Newton his serener eye
> Raises to heaven: and he[382] of mortal kind
> Wisest, he first who marked the ideal tribes
> Up the fine fibres through the sentient brain.
>
>   (vv. 364-70)

El autor se ubica de esta forma poética y filosóficamente ante sus lectores en esta última composición que cierra el volumen, sirviendo así de anticipación de logros posteriores, a modo de promesa del talento literario del poeta[383]. El entusiasmo de Coleridge por *Religious Musings* y, sobre todo, la seguridad que le infundía por estas fechas su calidad poética quedan reflejados en el siguiente pasaje de una carta a J. Thelwall, escrita a finales de abril:

> I beg your acceptance of my Poems - you will find much to blame in them - much effeminacy of sentiment, much faulty glitter of expression. I build all my poetic pretentions on the Religious Musings -[384]

Se observa en estas palabras la preocupación del joven poeta por lo que pudieran considerarse como defectos de sus composiciones. *Religious Musings*, sin embargo, queda exonerado de esa necesidad de la disculpa. El sentimentalismo que Coleridge encuentra en la mayor parte de los poemas de esta edición y la variedad temática -el título completo del

---

[379] *CL*, I:116, p. 197.

[380] Éste es el caso de N. Fruman, *op. cit.*, p. 507, quien lleva a cabo una relación de todos los que considera préstamos del poema, anteponiendo a *Paradise Lost* como fuente principal. R. D. Havens, *The Influence of Milton on English Poetry*, Cambridge, Mass.: Harvard University Press, 1922, p. 553 (nota), ha señalado que los versos 14-22 proceden directamente de *Paradise Lost*, IV, 641-56.

[381] N. Fruman, *op. cit.*, le otorga también un lugar importante a D. Hartley en este poema. Igualmente, ha estudiado esta relación A. Beatty, *William Wordsworth: His Doctrine and Art in their Historical Relations*, Madison: The University of Wisconsin Press, 1960.

[382] En una nota a pie de página del autor, se apunta que la referencia en estos versos es a David Hartley. Cf. *CPW*, I, p. 123 (nota).

[383] Compartimos plenamente esta idea con James H. Averil, *op. cit.*, p. 389.

[384] *CL*, I:122, p. 205. El 11 de abril le escribe una carta a T. Poole, donde repite prácticamente la misma frase de la carta a Benjamin Flower citada más arriba: "My own Poems you will welcome -I pin all my poetical credit on the Religious Musings." (Ibid., 119, p. 203). Más adelante, añade: "....your critique on Joan of Arc & the Religious Musings I expect-" (Idem).

volumen era *Poems on Various Subjects*- son los dos aspectos que mayor inquietud le debieron de producir ante la acogida que la crítica fuera a dar a estas composiciones. Esto es algo que se ve perfectamente reflejado en el prefacio con el que presenta -quizá fuese más apropiado decir justifica- la colección. En el primer párrafo del mismo se hace patente su inseguridad ante la diversidad de los temas:

> POEMS ON VARIOUS SUBJECTS written at different times and prompted by very different feelings; but which will be read at one time and under the influence of a set of feelings - this is an heavy disadvantage: for we love or admire a poet in proportion as he develops our own sentiments and emotions, or reminds us of our own knowledge[385].

El problema del sentimentalismo aparece inmediatamente después de este párrafo:

> Compositions resembling those of the present volume are not unfrequently condemned for their querulous egotism. But egotism is to be condemned then only when it offends against time and place, as in an History or an Epic poem. To censure it in a Monody or Sonnet is almost as absurd as to dislike a circle for being round[386].

Coleridge está reivindicando la naturaleza lírica del soneto y las monodias para justificar el componente emocional de sus poemas. Sin embargo, no fue éste, en apariencia, el inconveniente que más se le censuró, sino algo que no parecía haber previsto y, por lo que se desprende de sus cartas, le causó una gran sorpresa. El 5 de mayo, en una carta a T. Poole, le comenta cómo otra de sus amistades -Richard Poole- encuentra *Religious Musings* "too metaphysical for common readers":

> I answer - the Poem was not written for common Readers. In so miscellaneous a collection as I have presented to the Public, Singula cuique should be the Motto[387].

Hay una falta en el estilo que sí admite:

> There are however instances of vicious affectation in the phraseology of that poem - "unshuder'd, unaghasted" for instance[388].

De estas mismas acusaciones se defiende ante John Thelwall[389], lo que nos hace pensar que no ha sido sincero con Poole sobre la identidad de su detractor. Probablemnte, trató de restarle importancia a las objeciones al ponerlas en boca de alguien cuyo juicio poético no era muy fiable. Pero en este caso el problema del estilo parece ser un defecto que afecta a una buena parte de las composiciones:

---

[385] *CPW*, II, p. 1135.
[386] Idem.
[387] *CL*, I: 124, p. 207.
[388] Idem.
[389] Cf. Ibid., 127, p. 215.

> Your remarks on my Poems are, I think, just in general - there is a rage, & affectation of double Epithets -[390]

Ésta es una falta que Coleridge se esforzará por corregir, como se puede comprobar en los poemas escritos a partir de 1796. Otro aspecto que le preocupó, como se desprende de sus palabras en el prefacio, fue la clasificación poética de las composiciones. El corpus central del volumen lo constituyen treinta y seis poemas que aparecen bajo la denominación de "Effusions":

> I could recollect no title more descriptive of the manner and matter of the Poems - I might indeed have called the majority of them Sonnets - but they do not possess that *oneness* of thought which I deem indispensible [sic] in a Sonnet - and (not a very honorable motive perhaps) I was fearful that the title "Sonnet" might have reminded my reader of the Poems of the Rev. W. L. Bowles - a comparison with whom would have sunk me below that mediocrity, on the surface of which I am at present enabled to float[391].

De las treinta y seis "efusiones", las veinte primeras, incluidos los poemas de Charles Lamb, formalmente, son sonetos. El poeta, sin embargo, no se atreve a presentarlos con esa clasificación, aunque admite que tendrían cabida dentro de ella. Encuentra que les falta unidad de pensamiento. Queda, por tanto, a merced del lector la decisión última. La lectura de estos sonetos revela ciertos defectos en esa afectación en el estilo a la que alude en las citas que se han presentado más arriba, y, fundamentalmente, en la carencia de una voz poética propia, pero no que estén desprovistos de unidad de pensamiento[392]. Es en la segunda parte de la justificación hecha por Coleridge para el término "efusiones" donde se halla, a nuestro juicio, el verdadero motivo: el temor a la comparación con los sonetos de W. L. Bowles, cuya cuarta edición de *Sonnets and Other Poems* se publicó a finales de ese año de 1796. El hecho de que la primera de estas "efusiones" sea un soneto dedicado a Bowles creemos que tiene la misma lectura que la circunstancia de que el volumen se abra con un poema dedicado a Chatterton. Es el tributo a su modelo. La admiración de Coleridge por Bowles en estos años juveniles queda patente en las palabras dirigidas a la esposa de Thelwall cuando le envía los poemas de éste que hemos mencionado:

> I entreat your acceptance of this Volume, which has given me more pleasure, and done my heart more good, than all the other books, I ever read, excepting my Bible[393].

---

[390] Idem.

[391] *CPW*, II, p. 1137.

[392] G. Whalley, *op. cit.*, ve una intención en el uso del término "Effusions" "...to mark the somewhat unvaried tone of personal sentiment, sometimes tender, sometimes elevated, that colours the book: the apparently unifying term gives a schematic solidity to the collection that the poems might not immediately convey to the ear." (P. 12).

[393] *CL*, I:165, p. 287. Unos años después, en una carta a W. Sotheby, de 1802, reconocerá que esa admiración llegó a suponer un lastre en su poesía: "I well remember, that after reading your Welch Tour, Southey observed to me, that you, I, & Himself had all done ourselves harm by suffering our admiration of Bowles to bubble up too often on the surface of our Poems." (Ibid., II:165, p. 855).

La deuda poética con Bowles quedará reconocida definitivamente, veinte años más tarde, en *Biographia Literaria*:

> From causes, which this is not the place to investigate, no models of past times, however perfect, can have the same vivid effect on the youthful mind, as the productions of contemporary genius. The discipline my mind had undergone (...), removed all obstacles to the appreciation of style without diminishing my delight. That I was thus prepared for the perusal of Mr. Bowles's sonnets and earlier poems, at once increased *their* influence, and *my* enthusiasm[394].

Aparte de las posibles intenciones expresadas y del hecho de que las "epístolas" son todas poemas de naturaleza epistolar en su composición más que epístolas poéticas, no parece haber en la estructuración de este volumen ningún criterio determinado. Ni siquiera se puede decir que exista una organización temática, puesto que hay composiciones de carácter amoroso, otras de tema marcadamente político, y, sin embargo, se encuentran entremezcladas las unas con las otras. Por otro lado, resultaría difícil decidir por qué cualquiera de los poemas que aparecen al comienzo de la colección no están considerados como "efusiones" y, a la inversa, por qué muchas de esas "efusiones" no se hallan junto a las composiciones iniciales. Quizá en esas primeras el sentimentalismo, o lirismo, sea menor que en las llamadas "efusiones", aunque tampoco se puede afirmar esto de un modo rotundo porque ¿qué diferencia habría, entonces, entre dos poemas como *Lines on a Friend* y la "efusión" 22, *To a Friend*, con títulos y contenidos tan similares? Lo único que cabe pensar es que la inexperiencia del poeta se ha dejado notar en ello. Su preocupación por otras cuestiones ha prevalecido sobre este aspecto.

Esa preocupación hubo de verse aliviada una vez que la crítica dio su visto bueno a la colección. En junio de 1796, le escribe a John Prior Estlin el siguiente comentario, no exento de cierto tono condescendiente hacia las opiniones a las que hace referencia, y presentado de una forma un tanto burlesca[395]:

> The Reviews have been wonderful - The Monthly has *cataracted* panegyric on my poems; the Critical has *cascaded* it; and the Analytical has *dribbled* it with very tolerant civility. The Monthly has at least done justice to my Religious Musings - They place it "on the very top of the scale of Sublimity"[396].

En general, todos los críticos tuvieron palabras de elogio para la colección, intercaladas con observaciones sobre los defectos encontrados. Hubo unanimidad a la hora de considerar el valor literario de los poemas en relación con la juventud de su autor y con su inexperiencia[397], circunstancia ésta que sirvió asimismo de excusa para las faltas

---

[394] *BL*, I, pp. 6-7.

[395] Ministro unitario y maestro en Bristol, al que Coleridge conoció hacia 1795 y con quien mantuvo una relación bastante próxima a lo largo de varios años.

[396] *CL*, I:134, p. 224.

[397] Es representativa en este sentido la sucinta reseña aparecida en el *British Critic*: "This collection is marked by tenderness of sentiment, and elegance of expression, neither however sufficiently chastened by experience of mankind , or habitude of writing." (*British Critic* (Anónimo), May 1796, vii, 549-50, en J.R. de J. Jackson, p. 32. El *Critical Review* insiste de forma expresa en la misma idea: "...Mr. Coleridge's blemishes are

reseñadas. Coincidieron, de este modo, en señalar la gran promesa que ofrecía el talento del poeta. Dos de estos críticos ponen como ejemplo de ello al poema *The Sigh*[398]. Dos son también los que censuran el juicio poético de Coleridge por incluir las epístolas poéticas que aparecen al final del volumen[399]. El *Monthly Mirror* ataca el carácter marcadamente político de la colección[400]. Los defectos de estilo y dicción, admitidos por Coleridge, no se les van a escapar a estos críticos. El autor de la crítica en el *Anlytical Review* los pone de relieve con palabras muy parecidas a las del propio poeta:

> The numbers are not always harmonious; and the language, through a redundancy of metaphor, and the frequent use of compound epithets, sometimes becomes turgid[401].

Algo similar aparece expresado en el *Critical Review*, donde se dice:

> The liberty (...) taken by Mr. Coleridge of coining words, and the impetuousity of a most powerful imagination, hurry him sometimes into what his readers will call bombast[402].

Pero elogia lo que considera como la "judicious apology for what some readers may choose to call the querulous egotism that is wont to accompany the sonnet"[403].

3. LA EDICIÓN DE 1797.

Una vez registradas todas estas manifestaciones relativas a la acogida de su poesía, Coleridge se halla dispuesto a llevar a cabo una segunda edición, como lo demuestra su carta a Joseph Cottle del 18 de octubre de ese mismo año[404], al haberse vendido toda la tirada de la primera edición. Es una carta en la que el poeta trata básicamente asuntos comerciales, mostrando su preocupación por los escasos beneficios que Cottle va a obtener de la misma. Para ampliar la esfera de sus lectores y, consecuentemente, la venta de ejemplares, le propone la omisión de los poemas de tema político. Desea que la edición se realice en un solo volumen, lo que también facilitará las ventas. En la carta a J. Thelwall citada más arriba, le comentaba cómo un amigo le había recriminado por los poemas de tema amoroso y otro por aquellos de tema político. ¿Es del todo sincero Coleridge cuando aduce únicamente motivos comerciales para la omisión de los poemas políticos? Ha de tenerse en cuenta que en la supuesta crítica se le decía que la política era algo "as wider from

---

such as are incident to young men of luxuriant imaginations, which time and experience will, we doubt not, enable him to correct. His beauties are those of a very superior genius." (*Critical Review* (Anónimo), June, 1796, xvii, 209-12, en ibid., p. 35).

[398] Cf. Idem y *Analytical Review* (Anónimo), June 1796, xiii, 610-12, en ibid., p. 33.

[399] Cf. *Analytical Review* (idem) y John Aikin, *Monthly Review*, June 1796, XX, 194-5, en ibid., p. 36.

[400] *Monthly Mirror* (Anónimo), June, 1796, ii, 97, en ibid., p. 38. Hemos de anotar que el volumen estaba dedicado a Lord Stanhope, un parlamentario radical al que se le había perseguido por sus simpatías hacia la Revolución Francesa.

[401] En ibid., p. 33.

[402] En ibid., p. 35.

[403] Idem.

[404] Ibid., 145.

true poetry than the Equator from the Poles"[405]. ¿No serán, asimismo, consideraciones de
carácter estético las que influyan en esta decisión? Un hecho es cierto, y es que a partir de 1798
se puede decir que la política prácticamente desaparece de la poesía de Coleridge, al menos en
su forma más directa y conspicua. También es cierto que otro tipo de intereses van ocupando
en su pensamiento el lugar de la política en estos últimos años del siglo. Por estas fechas, no
obstante, el proyecto de establecer una comunidad pantisocrática en América aún estaba en
pie. Un mes más tarde, los planes se abandonarán ante la deserción de Southey. En la carta a
Cottle que estamos comentando, llega un momento en el que dice:

> I can therefore have no motive to make such conditions with you, except the wish to
> omit poems unworthy of me, and the circumstance that our separate properties would aid
> each other by the union[406];

En estas palabras están reflejadas las verdaderas motivaciones de Coleridge en la
publicación de sus poemas, la económica por un lado, sin duda alguna de gran importancia
para él por estas fechas[407], pero también está ese interés por su reputación literaria que no
se hizo tan patente en la edición anterior, interés que se proyecta no sólo en la inclusión u
omisión de poemas[408], sino en la estructuración de las ediciones, siguiendo bastante de
cerca, como se observará, los comentarios de la crítica. Concluye la carta a Poole
manifestando ese interés por su valoración como poeta:

> However, I am not solicitous to have any thing omitted, except the sonnet to Lord
> Stanhope and the ludicrous poem; I should like to publish the best pieces together, and those
> of secondary splendour, at the end of the volume,...[409]

---

[405] *CL*, I:127, p. 215.

[406] Ibid., 145, p. 241.

[407] A John Edwards le habla de algunas críticas bastante duras sobre *The Watchman* en una carta de
marzo de 1796 y añade: "But I am perfectly callous except where Disapprobation tends to diminish Profit -
there indeed I am all one Tremble of sensibility, Marriage having taught me the wonderful uses of that vulgar
article, yclept BREAD -." (Ibid., 112, p. 192). En estos momentos Coleridge tenía a su cargo a su esposa, a su
suegra, a un cuñado y a George Burnet. Era también por estas fechas cuando estaba preparando con Cottle la
primera edición de sus poemas. La caridad de alguna institución y personas próximas serán parte esencial de sus
fuentes de ingresos. En mayo, la Royal Literary Fund para autores con dificultades económicas le hace un envío
de diez guineas (cf. ibid., p. 220). La publicación de *The Watchman* le había dejado con deudas importantes. Sus
amigos se mostraron muy generosos con él. Poole, John Prior Estlin, Josiah Wade, John Morgan y John
Cruikshank le donan cuarenta libras. George Dyer se ofrece para liquidar todas las deudas contraídas con la
imprenta. Mrs. Evans, una viuda acaudalada de Derbyshire que sentía gran admiración por Coleridge, le envió a
Sara Coleridge 95 libras para comprar la ropa del niño que estaba esperando. En julio, Coleridge recibe una
oferta del editor del *Morning Chronicle* de Londres para trabajar como co-editor del diario. No le atrae en
absoluto la idea de abandonar Bristol y establecerse en Londres, como tampoco se siente interesado en
cuestiones de política local, pero, como le comenta a John Prior Estlin: "...there are two Giants leagued together
whose most imperious commands I must obey however reluctant - their names are, BREAD & CHEESE.-" (Ibid.,
134, p. 222).

[408] G. Whalley, *op. cit.*, valora de forma positiva la omisión de ciertas composiciones: "The 1797 edition
shows at least that Coleridge could bring himself to leave things out." (P. 13).

[409] *CL*, I:145, p. 242.

Ninguno de los dos poemas se publicaron en la edición de 1797. El contenido del soneto es exclusivamente político y, sin duda alguna, de los que le hubieron de granjear muchas opiniones adversas. Se trata de un panegírico a este personaje por su protesta en la Cámara de los Lores. Se expresan en él ideas tan radicales como la siguiente: "Thyself redeeming from that leprous stain, / Nobility..." (vv. 5-6). El segundo poema aludido es *Written after a Walk before Supper*[410]. Es una composición burlesca de muy escaso mérito literario.

La siguiente de las cartas que aparecen en la recopilación de E. L. Griggs tiene fecha del 1 de noviembre y va dirigida a T. Poole. Coleridge le escribe a su amigo una relación pormenorizada de la estructuración que va a tener este segundo volumen de poemas. A lo largo de los quince días escasos que han transcurrido desde la carta anterior, ha estado meditando sobre la configuración de dicho volumen. La cantidad de poemas que se propone omitir es considerablemente superior a la prevista en un primer momento, lo que demuestra su interés por expurgar la recopilación de todas las composiciones que podrían ir en detrimento de su fama literaria. Asimismo, le concede una gran importancia al orden de los poemas, algo que ya se observa en las palabras citadas previamente. Su intención es la de iniciar el volumen con lo que posteriormente se conocerá como *The Destiny of Nations*, cuyo origen fue la parte de Coleridge en la composición llevada a cabo conjuntamente con Southey, titulada entonces *Joan of Arc*:

> I shall alter the line of the Joan of Arc & make a *one* poem entitled the progress of European Liberty, a vision - (...) Then Chatterton - Pixies Parlour - Effusion 27th - Effusion 28th[411] -To a Young Ass - Tell me on what holy ground[412] - The Sigh - Epitaph on the Infant - The Man of Ross - Spring in a Village -Edmund[413] - Lines with a poem on the Fr. Revolution[414] - Seven Sonnets[415]; (...) Shurton Bars - My pensive Sara![416] - Low was our pretty Cot[417] - Religious Musings -. These in the order I have placed them - then another title page, with juvenilia on it & and an advertisement signifying that the poems were retained from the desire of some friends; but that they are to be considered as being in the Author's own opinion of very inferior merit. In this sheet will be 1 Absence - 2 Fayette - 3 Genevieve - 4 Kosciusko -5 Autumnal Moon - 6 To the Nightingale - 7 Imitation of Spenser - 8 Poem written in Early Youth, - and all the others will be finally & totally omitted[418].

Las diferencias con la composición y configuración del volumen de 1796 son considerables. Coleridge quiere que el primero sea un poema que evidencie su propia voz poética. Después ya puede aparecer el dedicado a Chatterton. Son muchos los poemas que se van a omitir, un total de treinta y dos, incluidos los de Charles Lamb, y, por ahora, la

---

[410] Cf. idem (nota).

[411] Se trata de *The Rose* y *The Kiss* respectivamente.

[412] Primer verso de *Domestic Peace*.

[413] Primera palabra de *Lines on a Friend*.

[414] *To a Young Lady*.

[415] Los siete poemas son *Burke*, *The Gentle Look*, *The Outcast*, *Pity*, *On a Discovery Made Too Late*, *To the Author of the "Robbers"* y *Lines Composed while Climbing the Left Ascent of Brockley Coomb*.

[416] *The Eolian Harp*.

[417] Primer verso de *Reflections on Having Left a Place of Retirement*.

[418] *CL*, I: 146, p. 243.

única adición la constituye la reelaboración de su parte en *Joan of Arc*. En una carta escrita al día siguiente, insiste de nuevo en que eliminará todas las alusiones políticas, excepto las que aparecen en *Religious Musings*[419]. En otra carta, ésta a John Thelwall, de mediados de diciembre, muestra el motivo de las omisiones con mucha más claridad:

> In some (indeed in many of my poems,) there is a garishness & swell of diction, which I hope, that my poems in future, if I write any, will be clear of -; (...) In the second Edition now printing I have swept the book with the Expurgation Besom to a fine tune - having omitted nearly one third[420].

La configuración de este volumen va a ser un proceso más largo de lo que se puede desprender de este pasaje. La colección no se publicará hasta el mes de julio del año siguiente. A comienzos de enero de este año, le envía a Cottle un listado de los poemas de que constará[421], poniendo gran énfasis en el orden que han de presentar. Difiere de la que hemos citado previamente en que se incluyen varias composiciones más:

1. *To a Friend*, después de "Lines with a Poem on the French Revolution".
2. Se añadirían cuatro sonetos inéditos (no se especifican).
3. *On Observing a Blossom on the First of February*, después de "Low was our pretty Cot".
4. *The Hour When We Shall Meet Again*, a continuación del anterior.
5. *Sonnet [To Charles Lloyd]*, a continuación del anterior.

Exceptuando *To a Friend*, todos son poemas que no formaban parte de la edición anterior. Los tres últimos no eran inéditos[422], lo que supone que ya se habían expuesto a la opinión pública. La dependencia del criterio ajeno en lo que respecta a la creación propia, dicho en una palabra, la inseguridad ante la misma, es quizá uno de los aspectos más llamativos de todo este periodo. En la misma carta a Cottle donde le envía el listado que acabamos de mencionar, le dice que les va a enviar a Wordsworth y a Lamb "Visions of the Maid of Arc" (futuro *The Destiny of Nations*, como ya se ha señalado). Tiene gran interés en que lo revise Lamb...

> ...whose *taste & judgment* I see reason to think more correct & philosophical than my own, which yet I place pretty high.- Of my last Ode I have received criticisms from these Quarters, which if I had seen before it's publication would have brought my Ode much nearer to perfection[423].

Acepta todas las críticas sin vacilar, incluso las que afectan a su tan preciado *Religious Musings*. En febrero de 1797, le escribe a Cottle:

---

[419] Ibid., 147.

[420] Ibid., 164, p. 278.

[421] Cf. ibid., 172.

[422] Habían aparecido respectivamente en *The Watchman* (No. vi, 11 de abril, 1796; No. III, 17 de marzo, 1796) y en la colección *Poems on the Death on Priscilla Farmer*, 1796.

[423] *CL*, I: 172, pp. 297-98.

> The Religious Musings, I have altered monstrously, since I read them to you, and received your criticisms[424].

La dependencia presenta tintes casi dramáticos cuando le comunica a Cottle que no publicará la nueva versión de "Joan of Arc":

> The lines which I added to my lines in the "Joan of Arc", have been so little approved by Charles Lamb, to whom I sent them, that although I differ from him in opinion, I have not heart to finish the poem[425].

El hecho de que, a pesar de su propia opinión, decida omitir el poema porque la crítica de Charles Lamb haya sido desfavorable demuestra una vez más la gran inseguridad de nuestro poeta. Diversas son las cartas que registran la labor de lima que Coleridge va a efectuar sobre varias de sus composiciones durante los meses de 1797 previos a la publicación de la colección. Las correcciones afectan, como ya hemos visto, a *Religious Musings*, pero también a *Monody on the Death of Chatterton, Songs of the Pixies, The Rose, Ode to the Departing Year, To an Unfortunate Woman at the Theatre* y *Lines Written at the King's Arms, Ross*[426]. Todas estas remodelaciones y modificaciones, evidentemente, sólo responden a un motivo, manifestado de forma expresa en una carta a Cottle, en marzo de 1797:

> If you do not like these Verses; or if you do not think them worthy of an Edition in which I profess to give nothing but my choicest fish, pick'd, gutted, and clean'd; (...) But if you think as well of them as I do, (most probably from parental dotage for my last-born)...[427]

Desea publicar solamente lo más selecto de su obra poética. Sin embargo, estas palabras están en contradicción abierta con el comentario que le hace en el mes de julio a Southey sobre *Monody* y *Songs of the Pixies*:

> ...I will *attempt* to write a poem on the life & death of Chatterton, but the Monody *must not be reprinted*.- Neither this or the Pixies' Parlour would have been in the second Edition, but for dear Cottle's solicitous importunity[428].

Según la carta citada anteriormente, la publicación de ciertos poemas dependía por completo del juicio que le mereciesen a Cottle y, según esta última, fue por el mal criterio de Cottle por lo que se vio obligado a incluir dos composiciones que no le satisfacían en absoluto. Resulta muy extraño que una de ellas sea *Monody on the Death of Chatterton*, pieza que Coleridge nunca, aparentemente, vaciló en insertar en los proyectos para este volumen y que siempre colocó en un lugar relevante. De haber sido esto cierto, lo más

---

[425] Ibid., 178, p. 309.

[426] Cf. ibid., 172, 181, 190 y 194.

[427] Ibid., 180, p. 312. Sin duda Coleridge se refiere a *On receiving a Letter informing me of the Birth of a Son* y a *To a Friend who asked me how I felt when the Nurse first presented my Infant to me*. Ambos poemas se incluyeron en esta edición, pero no en el lugar que Coleridge propone aquí, sino más adelante.

[428] Ibid., 197, p. 333.

lógico es que ambos poemas hubiesen aparecido en el suplemento de composiciones que se incluyeron sólo porque "Some intelligent friends requested it"[429]. Es muy probable que su comentario se deba a una crítica negativa de Southey. Si Cottle no fue el único responsable de la inclusión de esos dos poemas, las palabras de Coleridge serían no sólo injustas, sino prueba del mayor de los desagradecimientos. A la vista de todos los avatares de esta segunda edición, un hecho queda patente: la gran inestabilidad de Coleridge en la valoración de su propia obra y la necesidad de reafirmarse en su capacidad poética a través del beneplácito de los demás. La composición y estructuración definitiva de este volumen fue la siguiente[430]:

> [DEDICATORIA: *To the Rev. George Coleridge*] *Ode to the Departing Year; Monody on the Death of Chatterton; Songs of the Pixies; The Rose; The Kiss; To a Young Ass; Domestic Peace; The Sigh; Epitaph on an Infant; Lines Written at the King's Arms, Formerly the House of the Man of Ross; Lines to a Beautiful Spring in a Village; Lines on a Friend; To a Young Lady; To a Friend;* [SONNETS]: *To the Rev. W.L. Bowles; On a Discovery Made Too Late; The Gentle Look; *Sonnet to the River Otter; Lines Composed while Climbing the Left Ascent of Brockley Coomb; Pity; The Outcast; To the Author of "The Robbers"; *Sonnet Composed on a Journey Homeward; *Sonnet to a Friend Who Asked, How I felt When the Nurse First Presented My Infant to Me; Lines at Shurton Bars; The Eolian Harp; *Reflections on Having Left a Place of Retirement; *To an Unfortunate Woman; *On Observing a Blossom on the First of February 1796; *The Hour When We shall Meet Again; *To a Young Friend; Religious Musings; [Sonnet To Charles LLoyd];* [SUPPLEMENT]: *To the Author of Poems; Lines on an Autumnal Evening; Lines in the Manner of Spenser; Kisses; To an Infant; *On the Christening of a Friend's Child*[431].

En esta edición se aprecia ese mayor interés del autor por la estructura del libro, aunque, a primera vista, la configuración sea bastante similar a la de 1796. Como ya se ha indicado con anterioridad, el primero de los poemas es una composición en la que Coleridge presenta su nueva, y más personal, voz poética. El tono de *Ode to the Departing Year* es apocalíptico en su sentido más amplio, puesto que se trata de una visión profética:

> The voice had ceas'd, the Vision fled;
> Yet still I gasp'd and reel'd with dread.
> And ever, when the dream of night
> Renews the phantom to my sight,
> Cold sweat-drops gather on my limbs;
>
> (vv. 103-7)

El poeta asume el papel del bardo, tal y como lo expresa en una carta, de finales de diciembre de 1796, a T. Poole:

---

[429] *CPW*, II, p. 1147.

[430] Aparecen con un asterisco los poemas que no formaron parte de la edición de 1796.

[431] En esta relación hemos presentado exclusivamente los poemas de Coleridge. El volumen contaba también con poemas de Charles Lloyd y de Charles Lamb. Cf. *CPW*, II, p. 1143. El *Sonnet To Charles Lloyd* que aparece inmediatamente antes del suplemento era la composición de Coleridge que cerraba el apartado de poemas de Lloyd.

I am more anxious, lest the *moral* spirit of the Ode should be mistaken. You, I am sure, will not fail to recollect, that among the Ancients, the Bard and the Prophet were one and the same character; and you *know*, that although I prophesy curses, I pray fervently for blessings[432].

En ella le habla de cómo se llevó a cabo la composición de la oda. A primeros de mes, el editor del *Cambridge Intelligencer* le pidió unos versos para el último día del año. Una indisposición le impidió escribir el poema durante todo ese tiempo. Finalmente, lo compuso de forma apresurada en los tres días previos a la fecha de esta carta (26 de diciembre). Su mayor preocupación es la que expresa con estas palabras:

> For me to discuss the *literary* merits of this hasty composition were idle and presumptuous. If it be found to possess that Impetuosity of Transition, and that Precipitation of Fancy and Feeling, which are the *essential* excellencies of the sublimer Ode, its deficiency in less important respects will be easily pardoned by those, from whom alone praise could give me pleasure: and whose minuter criticisms will be disarmed by the reflection, that these Lines were conceived "not in the soft obscurities of retirement, or under the Shelter of Academic Groves, but amidst inconvenience and distraction, in sickness and in sorrow"[433].

A pesar de su extensión, consideramos esta cita de gran interés por la semejanza que presenta en ciertos aspectos con el Prefacio a *Kubla Khan*. En este caso, Coleridge trata de disculpar todos los posibles defectos del poema aduciendo que su composición se llevó a cabo de una forma apresurada y en condiciones precarias. En esta edición y en la de 1803 puso una nota a pie de página para explicar que lo compuso los días 24, 25 y 26 de diciembre. En las ediciones sucesivas cambiará el contenido de la nota y dirá que escribió y publicó el poema el último día del año[434], reduciendo así al mínimo la duración de su ejercicio creativo y extremando quizá, además de las dificultades de una escritura apurada, el carácter inspirado del poema. Al mismo tiempo, en el pasaje de la carta, expone cuáles son las dos virtudes que se han de valorar: la transición abrupta y el arrebato de fantasía y sentimientos. Indudablemente, ambas son cualidades difíciles de eludir en esta oda, que el autor ya clasifica dentro de la categoría de las más sublimes. Tenemos razones para pensar que, en el momento de su composición, Coleridge se sentía considerablemente satisfecho con este poema. El 30 de diciembre, le dice a John Prior Estlin:

> - I have printed *that* Ode - I like it myself - (...) If you think, after perusal, that the composition does credit to the Author of the Religious Musings (pardon my vanity) you will recommend it to your friends[435].

---

[432] *CL*, I:167, p. 289.

[433] Idem. La cita corresponde al prefacio de Samuel Johnson a su *Dictionary of the English Language*.

[434] Cf. *CPW*, I, p. 160 (nota).

[435] *CL*, I:169, p. 292. *Ode on the Departing Year* se publicó en un panfleto independiente a finales de 1796, juntamente con el poema dedicado a Charles Lloyd -*To a Young Man*-, en Bristol. Sobre la volubilidad de Coleridge en su apreciación de su propia obra nos parecen muy interesantes las siguientes palabras a John Thelwall, escritas en febrero de 1797: "My Ode by this time you are conscious that you have praised too highly - you wrote to me in the warmth of a first impression. With the exception of "I unpartaking of the evil thing" which line I do not think *injudiciously* weak, I accede to all your remarks, & shall alte[r] accordingly - Your remark that the line on the Empress had more of Juvenal than Pindar *flashed itself* on my mind - I had admired

Nótese que *Religious Musings* continúa en esta edición en esa posición estratégica al final de los poemas de Coleridge. Ésta es la primera incursión del autor en el terreno de la oda pindárica. El poema juvenil *Absence*, que se publicó en 1796, lleva el apelativo de oda en el subtítulo, pero se trata de una composición muy breve, que, en todo caso, seguiría el patrón regular de la oda horaciana, según los cánones poéticos del momento. En *Ode to the Departing Year*, Coleridge utiliza el esquema popularizado por Gray en *The Bard* y *The Progress of Poesy*, piezas que, a pesar de la meticulosidad del autor en su factura y del profundo conocimiento de los modelos clásicos por parte de éste, transmiten ese efecto buscado de inspiración bárdica[436]. Los poemas de Gray eran, sin lugar a dudas, el referente inmediato de Coleridge:

> ...So much for an "Ode" [*Departing Year*] which some people think superior to the "Bard" of Gray, and which others think a rant of turgid obscurity; and the latter are the more numerous class. It is not obscure. My "Religious Musings" I know are, but not this "Ode"[437].

Dos van a ser los prefacios que introduzcan la segunda edición. El primero es una versión reducida y modificada del que apareció en 1796 y se publica con el encabezamiento de "Preface to the First Edition". El que corresponde propiamente a esta edición nueva comienza con las palabras de agradecimiento del autor a todos los que con su labor crítica le han ayudado a descubrir los defectos de sus composiciones. Dice también que, siguiendo esos consejos, se ha limitado a presentar sólo un tercio de los poemas que constituían la primera edición. Las deficiencias vistas en sus poemas son:

---

the line before; but I became immediately of your opinion-" (Ibid., 176, p. 307). Entre el texto poético de esta publicación y el del volumen de 1797 existen diferencias considerables. A su vez, este comentario evidencia a la perfección que el modelo pindárico es el seguido por Coleridge.

[436] M. H. Abrams, "Structure and Style in the Greater Romantic Lyric" en *op. cit.*, ed. F. W. Hilles & H. Bloom, pp. 527-59, mantiene que lo que él llama la "greater Romantic lyric", expresión acuñada para clasificar a poemas de autores románticos como *Frost at Midnight, The Eolian Harp, Fears in Solitude, Dejection, Tintern Abbey, Immortality Ode, Elegiac Stanzas, Stanzas Written in Dejection, Ode to the West Wind* y *To a Nightingale* es un tipo de composición caracterizada porque "...the visual report is invariably the occasion for a meditation which turns out to constitute the *raison d'être* of the poem." (P. 528). Considera que el modelo del que parten es lo que los neoclásicos habían denominado cono "the greater ode". En opinión de G. Dekker, *Coleridge and the Literature of Sensibility*, Plymouth: Clarke, Doble & Brendon Ltd, 1978, en las composiciones que los primeros románticos llamaban "odas" hay algo más que la magnitud lírica y el tema profundo, meditado y sentido; tal y como dice Abrams, se da en ellas indefectiblemente el tema del poder visionario del poeta y de la inspiración, que está en deuda con la oda mayor del siglo XVIII. Afirma que incluso cuando les llamaban "Lines" o "Stanzas" su deuda estructural y estilística era para con la oda del XVIII.

[437] *CL*, I:178, p. 309. Por estas fechas, la crítica había tenido oportunidad de realizar sus comentarios sobre esta oda. Alexander Hamilton es el autor de la expresión "turgid obscurity" en su crítica en el *Monthly Review*: "...all the mechanical tricks of abrupt transition, audacious metaphor, unusual phraseology, &c. produce nothing better than turgid obscurity and formal irregularity" (March 1797, xxii, 342-3, en J.R. de J. Jackson, *op. cit.*, p. 39). Similar es la acusación del *Critical Review*: "...we are sorry to say that he [Coleridge] too frequently mistakes bombast and obscurity, for sublimity." (July 1797, xx, 343-4, en ibid., p. 41). En la reseña correspondiente a la edición de 1797 se reconocerá en esta revista que se ha llevado a cabo un cierto pulido de la pieza; sin embargo, la opinión apenas difiere: "...but the piece, though it has since been altered, is still liable, in some degree, to the same imputations." (*Critical Review* (Anónimo), July 1798, xxiii, 266-8, en ibid., p. 42).

...a profusion of double-epithets, and a general turgidness. I have pruned the double-epithets with no sparing hand; and used my best efforts to tame the swell and glitter both of thought and diction[438].

Hay una tercera falta, más grave que las anteriores, que se le ha imputado y de la que no se considera culpable: la oscuridad de sus poemas. En realidad, éste es un defecto que, en lo que respecta a las composiciones de la primera edición, únicamente se achacó a *Religious Musings*. Sin embargo, también *Ode to the Departing Year*, el segundo poema más ambicioso de Coleridge de los escritos hasta la fecha, como acabamos de ver, se vio tachado de oscuro. No es de extrañar, por tanto, que dedique la mayor parte de este prefacio a defenderse de esta imputación. Viene a decir que la oscuridad de ciertos poemas no radica en el hecho de que los conceptos sean confusos o la expresión deficiente, sino en la profundidad de los pensamientos o en la erudición en ellos vertida:

> A poem that abounds in allusions, like the Bard of Gray, or one that impersonates high and abstract truths, like Collin's Ode on the poetical character, claims not to be popular - but should be acquitted of obscurity. The deficiency is in the Reader. But this is a charge which every poet, whose imagination is warm and rapid, must expect from his *contemporaries*[439].

Seguidamente, cita a Milton como otro de los poetas a los que, en su propia época, se le acusó de este tipo de defecto. Es sumamente interesante observar quiénes son los tres poetas mencionados por Coleridge en este prefacio porque esto nos indica dónde se sitúan sus preferencias literarias y, por tanto, sus modelos poéticos en estas fechas, confirmando lo que ya habíamos apuntado con respecto a Gray. A estos tres hay que añadir la referencia que hace a *Ossian* en la parte correspondiente al prefacio a la primera edición tal y como aparece en este volumen. Es una alusión que no se encuentra en el texto original, esto es, el de 1796. Esta segunda versión del prefacio está centrada por completo en la cuestión del lirismo en la poesía. Hace al respecto un comentario nuevo, que no se halla en el texto previo:

> If I could judge of others by myself, I should not hesitate to affirm, that the most interesting passages in our most interesting Poems are those, in which the Author develops his own feelings. The sweet voice of Cona never sounds so sweetly as when it speaks of itself[440];

Y a continuación cita unos versos de *Pleasures of Imagination*, de Akenside, para ilustrar la idea de que el amor y la poesía producen el mismo efecto. Con estas alusiones, Coleridge se está presentando como heredero de la poesía prerromántica[441]. Es digna de

---

[438] *CPW*, II, p. 1145.

[439] Idem.

[440] Ibid., p. 1144.

[441] Sobre la influencia del prerromanticismo en Coleridge, cf. George Dekker, *op. cit*. La tesis que mantiene en este trabajo es la siguiente: "...the early Romantics are our best (as they are also notoriously our worst) guides to what is characteristic and permanently interesting in the preceding age." (P. 8). Señala asimismo la enorme influencia que tuvo Mark Akenside sobre Coleridge, superior a la de Bowles, Hartley o el místico

mención la forma con que concluye este primer prefacio, en términos similares a los del segundo prefacio cuando afirma que la deficiencia está en el lector si no entiende su poesía. Termina con el trasunto que daba comienzo al texto original de este prefacio: el carácter misceláneo de la colección, cuyos poemas versan sobre aspectos de lo más variado...

...prompted by very different feelings; and therefore that the supposed inferiority of one Poem to another may sometimes be owing to the temper of mind, in which he happens to peruse it[442].

La culpa, en consecuencia, en cualquiera de los casos, será del lector. En este ardid utilizado por Coleridge para desarmar a la crítica encontramos un antecedente de la famosa máxima de que se sirve para introducir el conato de deducción -la interrupción de la misma no nos permite calificarla de otro modo- de la diferencia entre imaginación y fantasía del capítulo XII de *Biographia Literaria*: "until you understand a writer's ignorance, presume yourself ignorant of his understanding"[443]. En la estructuración de este volumen, Coleridge ha seguido un esquema muy similar al de 1796. En la apertura y el cierre, como ya hemos visto, utiliza dos piezas que representan mucho para su imagen poética. Este afán por situar en posiciones significativas los poemas a los que les concede una mayor importancia se trasluce claramente en una carta a J. Cottle, de finales de junio, en la que le expresa su desaliento por no haber sido capaz de terminar el poema que en estos momentos titula "The Progress of Liberty, or Visions of the Maid of Orleans", con el que tenía intención de iniciar el volumen, situando *Ode to the Departing Year* a la mitad del mismo y *Religious Musings* al final[444]. Por otro lado, en lo que respecta a su contribución, el volumen se divide en tres partes: la primera está formada por una serie de poemas, quince en total, incluyendo la dedicatoria a su hermano George, de temas diversos: la segunda lleva el epígrafe general de "Sonetos" y va precedida por la introducción prefijada a la colección de sonetos de varios autores -entre los que se incluyen cuatro del propio Coleridge- publicada en noviembre de 1796[445], lo que nos haría pensar que éste va a ser el único tipo de poemas que se va a encontrar a continuación. Las diez primeras piezas son sonetos, si incluimos dentro de esta categoría a una composición de dieciséis sílabas como *Lines Composed While Climbing the Left Ascent of Brockley Coomb*. Pero a partir de *The Eolian Harp* el resto ya no son sonetos. Coleridge aplica en la mencionada introducción un criterio muy amplio para la clasificación de un poema como soneto. Tras despreciar a los sonetos de Petrarca, define el soneto como "...a small poem, in which some lonely feeling is developed"[446]. Ésta parece ser la única regla fundamental del soneto a juicio de Coleridge. No le concede mayor importancia al número de versos:

visionario J. Boehme. Pero también apunta que esa influencia se diluye a partir de los años 1796-97, probablemente porque Wordsworth sería el sustituto perfecto. (P. 23 y ss.).

[442] *CPW*, II, p. 1145.

[443] *BL*, I, p. 160.

[444] Cf. *CL*, I:194.

[445] Se trata de un panfleto imprimido a título particular. Contiene sonetos de diversos autores. Cf. *CPW*, II, p. 1141.

[446] Ibid., p. 1139. Coleridge se sintió muy satisfecho con esta introducción (cf. *CL*, I:152).

It is confined to fourteen lines, (...), it may as well be fourteen as any other[447].

Y esto es lo que nos ha llevado a clasificar *Brockley Coomb* tentativamente como soneto; a lo que hay que añadir que en la propia introducción afirma que son diez los sonetos que aparecen. Creemos que podría haber por parte del poeta un cierto deseo de desafiar la normativa, puesto que ni el metro ni la rima, en su opinión, han de obedecer a ninguna regla establecida[448]. No obstante, ha de señalarse que los cuatro sonetos de Coleridge que formaron parte de la colección mencionada -*Sonnet to the River Otter, On a Discovery Made Too Late, Pity* y *To the Author of "The Robbers"*- no sobrepasa ninguno los catorce versos. Sí se da en dos de ellos, sin embargo, una rima atípica que no permite la división tradicional del soneto inglés en tres cuartetos y un pareado. Bowles continúa siendo su modelo para el soneto, como lo demuestra, junto con sus palabras de encomio en el prefacio, el hecho de que el primero de los sonetos en esta edición sea el dedicado a este poeta. A pesar de ello, no estaba Coleridge satisfecho con sus sonetos. En la introducción a esta parte del volumen se omiten las últimas líneas del texto de la colección de sonetos -que no eran sino la cita de un soneto de la poetisa Anne Seward utilizado para ilustrar sus ideas- y se sustituyen por el siguiente párrafo:

> The Sonnet has been ever a favourite species of composition with me; but I am conscious that I have not succeeded in it. From a large number I have retained ten only, as seemed not beneath mediocrity. Whatever more is said of them, ponamus lucro[449].

Creemos que Coleridge es totalmente sincero en estas palabras. Una prueba de ello es que a partir de 1796 el soneto va a desaparecer casi por completo de su poesía. El resto son composiciones similares a las que se encuentran al comienzo del volumen, si bien la mayoría de ellas son nuevas, a la inversa de lo que ocurre con las anteriores, que, con excepción de las dos primeras, ya aparecieron en la edición de 1796. De este modo, a pesar de las diferencias en los epígrafes, tenemos la misma secuencia que en dicha edición previa: poemas variados - sonetos - poemas variados. Hay, no obstante, una tendencia hacia el orden cronológico, que no se daba en el volumen anterior, y que parece ser el criterio fundamental que organiza a las composiciones anteriores y posteriores a los sonetos. Coleridge tenía un gran interés en que se señalase cuáles eran los poemas añadidos. Le pidió a Cottle expresamente que aparecieran en cursiva en el índice con una nota que explicase el motivo[450]. Además de ese criterio cronológico, puede haber en ello el deseo de Coleridge por mostrarse como un autor cuya actividad creativa es incesante y está marcada por un proceso de aquilatamiento en su juicio y en su práctica poética.

---

[447] Idem.

[448] "Respecting the metre of a Sonnet, the Writer should consult his own convenience.- Rhymes, many or few, or no rhymes at all - whatever the chastity of his ear may prefer, whatever the rapid expression of his feelings will permit;- and all these things are left at his own disposal." (Ibid., pp. 1139-40). En octubre de 1797 le hace a John Thelwall el siguiente comentario sobre un poema que éste le ha enviado: "Your sonnet - (as you call it - & being a free-born Briton who shall prevent you from calling 25 blank verse lines a Sonnet, if you have taken a bloody resolution so to do) - your sonnet I am much pleased with." (*CL*, I:209, p. 351).

[449] *CPW*, II, pp. 1146-47.

[450] Cf. *CL*, I:179, p. 313.

Finalmente, están los poemas publicados en el "Suplemento", los de inferior calidad poética, introducidos, como ya se ha apuntado, por un "Aviso" al lector sobre los motivos que le han llevado a mantenerlos. En una de las cartas a Cottle en las que le envía borradores de la configuración del libro, con todos los poemas numerados -su primera intención era la de que fuesen las composiciones y no las páginas las que apareciesen numeradas-, le pide que aparezcan al final: "...my Juvenile pieces -unnumbered, to shew how little I value them- with a short Advertisement"[451]. Lo que presente en dicho "Aviso" no serán sino razones meramente circunstanciales que resultaría ocioso repetir.

Hemos hablado del valor que Coleridge les concedía a *Ode to the Departing Year* y a *Religious Musings*, idea confirmada por sus posiciones inicial y final respectivamente en este volumen. Sin embargo, según sus propias palabras, no serán éstos los que Coleridge señale como sus poemas favoritos por estas fechas. En una carta a J. Thelwall, de diciembre de 1796, le cita cuatro versos de *The Eolian Harp*, añadiendo entre paréntesis: "by the by - that is my favourite of *my* poems - do *you* like it?"[452]. Su opinión parece haber cambiado en julio del año siguiente, cuando le dice a Southey que considera a *Reflections on Having Left a Place of Retirement* como el mejor de sus poemas[453]. En cualquier caso, ambos pertenecen al grupo de los poemas llamados meditativos o conversacionales[454]. El propio *Reflections* apareció ya en esta edición con el lema *Sermoni propiora*, tomado de Horacio. Se había publicado anteriormente en el *Monthly Magazine* con el título *Reflections on entering into active life. A Poem which affects not to be Poetry*[455]. Son poemas escritos en verso blanco, al igual que otros de esta colección, como *To the Rev. George Coleridge, On Observing a Blossom on the First of February 1796*, o el propio *Religious Musings*, si bien guardan un mayor parecido estilístico con los dos primeros. Todo ello indica que en la orientación poética de Coleridge se está produciendo un debate interno entre tendencias diversas. De una parte, está la herencia del soneto tomada directamente de Bowles y que Coleridge ha practicado, con mayor o menor acierto, según su criterio, ampliamente. De otra, el interés por la tradición que le precede, esto es, por el prerromanticismo en su línea más próxima a la vertiente visionaria y oracular de la poesía romántica. Y, por último, esa expresión más personal, aunque sin olvidar el antecedente y modelo que supuso la poesía de Cowper, y por la que tanto se le ha admirado, de los poemas conversacionales.

4. PUBLICACIÓN DE *LYRICAL BALLADS*, 1798, 1800.

La siguiente edición de poemas de Coleridge va a ser la que se produzca en colaboración con Wordsworth por medio de la publicación de *Lyrical Ballads*, en septiembre de 1798. Del total de veintitrés poemas de que constaba la colección, Coleridge contribuyó a ella con cuatro composiciones: *The Ancient Mariner, The Nightingale* y dos

---

[451] Ibid., 172, p. 299.

[452] Ibid., 170, p. 295.

[453] Cf. ibid., 197, p. 334.

[454] Esta denominación la acuñó el mismo Coleridge, al utilizarla como parte del título de su poema *The Nightingale* en la primera edición de *Lyrical Ballads* ("The Nightingale, a conversational Poem").

[455] Cf. *CPW*, I, p. 106 (nota).

pasajes pertenecientes a su obra teatral *Osorio*: "The Foster-mother's Tale" y "The Dungeon". Su idea, en un principio, a comienzos de este año de 1798, era la de realizar una tercera edición de sus poemas, donde incluiría como composiciones nuevas *The Ancient Mariner*, los dos pasajes de *Osorio* y *The Destiny of Nations*. No dice nada acerca del resto; su única referencia es a *Religious Musings* para mencionar las considerables enmiendas que ha efectuado sobre esta pieza[456]. A comienzos de marzo sigue con la idea de esa tercera edición, pero ha cambiado el proyecto inicial. Ahora su intención es la de añadir *The Destiny of Nations* más tres poemas en verso blanco, con lo que quedan ya excluidos los tres de *Lyrical Ballads*[457]. Pero, a mediados de este mes, le ruega a Cottle que no hable con nadie sobre este asunto -que ahora afecta también a la publicación de su obra dramática *Osorio* y a *The Borderers*, de Wordsworth-. La razón que aduce es que necesitan dinero para llevar a cabo un plan, el de su viaje a Alemania, y éste no es el mejor momento para la publicación de sus tragedias. Los motivos para que esto sea así resultan un tanto confusos, aunque lo más probable es que se deban a la posible mala acogida que recibirían en el caso de que se llevasen a escena[458]. Han decidido procurarse el dinero de otra forma, consistente, al parecer, en una publicación de poemas de Wordsworth. Pero lo cierto es que, a finales de mayo, Cottle contaba ya con parte de lo que sería el conjunto de *Lyrical Ballads*. Por lo que se desprende de una carta de Coleridge, no estaba el editor muy seguro del éxito de la empresa. Se inclinaba más por la publicación en dos volúmenes de los poemas de Wordsworth por un lado y de los de Coleridge por otro. Sin embargo, según Coleridge, éste se oponía por completo:

> ...to the publishing of *his poems* in two volumes he is decisively repugnant & oppugnant - He deems that they would want variety &c &c - if this applies in his case, it applies with tenfold force to mine.- We deem that the volumes offered to you are to a certain degree *one work*, in *kind tho' not in degree*, as an Ode is one work - & that our different poems are as stanzas, good relatively rather than absolutely: - Mark you, I say *in kind* tho' not in degree[459].

Consideramos de gran interés esta declaración en la medida en que, como se apuntará más adelante, Wordsworth cambiará radicalmente de opinión. Insiste asimismo en que la colección se ha de publicar de forma anónima porque "Wordsworth's name is nothing - to a large number of persons mine *stinks*"[460]. No es muy creible que éste sea el motivo para el anonimato cuando apenas tres meses antes Coleridge tenía el propósito de que saliera a la luz una tercera edición de sus poemas. Sí es sintomático, sin embargo, y puede guardar relación con este punto, el cambio señalado en los poemas que Coleridge tenía

---

[456] Cf. *CL*, I:233.

[457] Cf. ibid., 235.

[458] En la carta de la que hemos obtenido esta información, dice textualmente: "...we both regard the publication of our tragedies as an evil. It is not impossible but that in happier times, they may be brought on the stage." (Ibid., 242, p. 402). Sin embargo, en la siguiente carta a Cottle le confiesa que se siente frustrado si compara su tragedia con las de Shakespeare y alguna otra, aunque, añade, es superior a lo que hacen los dramaturgos modernos: "...I think it too bad to be published, too good to be *squandered*.-I think of breaking it up; the planks are sound, & I will build a new ship of old materials." (Ibid., 250, p. 412).

[459] Ibid., pp. 411-12.

[460] Idem.

originariamente el propósito de añadir en dicha edición. De los cuatro poemas suyos que aparecieron en *Lyrical Ballads*, dos, al menos, presentan un estilo totalmente innovador en relación con lo que había publicado hasta la fecha. Nos estamos refiriendo a *The Ancient Mariner* y "The Foster-mother's Tale". Su carácter narrativo, en primer lugar, constituye, hasta cierto punto, una novedad. El estilo arcaizante del *Mariner* se hace patente en el mismo título de esta su primera edición: "The Rime of the Ancyent Marinere". Tanto la grafía antigua de las palabras como la propia expresión "Rime" ponen ya al lector en antecedentes de lo que se va a encontrar en este poema: una composición en la que se trata de imitar el estilo de los antiguos bardos de las baladas tradicionales. Fue todo un experimento poético por parte de Coleridge[461]. Ha de tenerse en cuenta que se trata de una de las composiciones más extensas de todas las publicadas en este volumen y, en consecuencia, de peso considerable dentro de la misma. Contribuye a ello también la circunstancia de que es el poema con el que se abre la colección[462]. Consabido es el papel adjudicado a *Lyrical Ballads* como "obra" que inaugura una expresión poética nueva. La aportación de Coleridge, aunque escasa dentro de todo el conjunto, participa del primitivismo y tono conversacional que se destacan como las características principales de este nuevo estilo. Precisamente ésa y no otra es la razón por la que estos poemas se publicaron de forma anónima. La misma razón que les indujo a mantener inéditas sus obras de teatro. La acogida de *Lyrical Ballads* queda perfectamente resumida en el comentario de Sara Coleridge en una carta a su marido: "The Lyrical Ballads are laughed at and disliked by all with very few excepted"[463]. La peor parte de los ataques se la llevó *The Ancient Mariner*. Especialmente mordaces son las palabras de Southey, quien en una crítica anónima en el *Critical Review* lo definió como "a Dutch attempt at German sublimity"[464]. También fue duro el autor de la crítica del *Monthly Review*, quien lo ridiculizó diciendo

---

[461] Y, por supuesto, también por parte de Wordsworth. Judith W. Pace, "Style and Rhetorical Intention in Wordsworth's *Lyrical Ballads*", *Philological Quarterly*, 1983, vol. 62, pp. 293-313, pone todo el énfasis de la revolución literaria de *Lyrical Ballads* en la reivindicación que suponen de la forma de la balada: "The ballad is Wordsworth's point of departure for his literary enterprise because it is not a traditional literary mode. By returning to folk origins, Wordsworth begins his project to renovate English poetry with a form that predates the influence of French neoclassicism on English taste." (P. 293).

[462] James H. Averill, *op. cit.*, habla de la importancia de *The Ancient Mariner* como poema introductorio: "The most obvious feature of "The Ryme of the Ancyent Mariner" is perhaps the most important for its function as an introductory poem: it is a poem about a man telling a story to another....The relationship between Marinere and Wedding Guest is like that of poet and reader, with the poet's surrogate getting much the better of things." (P. 392).

[463] *Minnow Among Tritons*, ed. Stephen Potter, London, 1934, p. 4. No obstante, un contemporáneo como Thomas De Quincey, en el apartado dedicado a Coleridge de su obra *Reminiscences of the English Lake Poets*, comenta la profunda impresión que le produjeron estos poemas, aunque también recuerda cómo el público, en general, los recibió como un objeto de mofa y ridiculización de sus autores: "...at a period when neither the one nor the other writer was valued by the public -both having a long warfare to accomplish of contumely and ridicule before they could rise into their present estimation- I found in these poems "the ray of a new morning", and an absolute revelation of untrodden worlds teeming with power and beauty as yet unsuspected amongst men." (*Op. cit.*, p. 1).

[464] October 1798, xxiv, 197-204, en J.R. de J. Jackson, p. 53. La publicación de esta crítica de forma anónima fue totalmente injusta por parte de Southey, quien conocía la identidad de los autores. Charles Lamb le recriminará por este ataque: "...so far from calling it, as you do, with some wit, but more severity, "A Dutch Attempt", &c., I call it a right English attempt, and a successful one, to dethrone German sublimity." (*The Letters of Charles and Mary Lamb*, ed. E.V. Lucas, London, 1935, I, p. 136).

que era "the strangest story of a cock and a bull that we ever saw in paper", aunque reconociendo lo siguiente: "though it seems a rhapsody of unintelligible wildness and incoherence (...) there are in it poetical touches of an exquisite kind"[465]. La mayoría, con algunas excepciones, como bien apunta Sara Coleridge, estuvieron de acuerdo en reprobar el estilo arcaizante[466]. La virulencia de las críticas fue más suave con el resto de las composiciones. Ha de mencionarse la aprobación que muchos de estos críticos mostraron hacia *The Nightingale*, el único poema de estilo conversacional que Coleridge incluyó en la colección[467].

Con anterioridad a *Lyrical Ballads*, en 1798, Coleridge había publicado tres poemas, compuestos en ese año, en un panfleto que llevaba como título el de uno de ellos: *Fears in Solitude*. Los otros dos eran *France: An Ode* y *Frost at Midnight*. El tono grandilocuente de los dos primeros contrasta con el estilo conversacional del último, resultando, así, una miscelánea muy peculiar, a lo que hay que añadir la dimensión política de los unos y el carácter íntimo y personal del otro. Las críticas se dirigieron no tanto a la calidad poética de las composiciones como a las ideas revolucionarias, aunque anti- jacobinas, vertidas en los dos primeros. La conjunción de todos estos extremos sirvió como caldo de cultivo para la arremetida de los críticos contra *Fears in Solitude* y *France: An Ode*[468]. Sin embargo, a pesar de la mala disposición que su lectura hubo de producir en el espíritu de estos críticos, supieron apreciar el valor literario de *Frost at Midnight*. El autor anónimo del *British Critic*, tras exponer lo que considera como necedades en los otros dos poemas, dice: "The Poem called "Frost at Midnight", not being defaced by any of these absurdities, is entitled to much praise"[469]. Aunque ésta no sea la única causa, no es de extrañar que en mayo de 1799 Coleridge le escriba a T. Poole desde Alemania diciéndole: "my poor Muse is quite gone"[470]. Y ya en Inglaterra, a finales de septiembre, le confiesa a Southey:

---

[465] Atribuida a Charles Burney, June 1799, xxix, 202-10, en J.R. de J. Jackson, p. 56.

[466] *British Critic* (Anónimo), October 1799, xiv, 364-5, en ibid., pp. 57-59. Este crítico reconoce a Coleridge como el autor del poema, lo que le lleva a deducir que es el autor de la colección completa. En el *Anti-Jacobin* encontramos una opinión favorable no ya sólo de este aspecto, sino de todos los poemas del volumen. Sobre *The Ancient Mariner* dice que es "an admirable "imitation of the style as well as of the spirit of the elder poets"." (April 1800, v, 334, en ibid., p. 59). Francis Jeffrey, futuro editor del *Edinburgh Review*, particularmente hostil hacia Coleridge, dice en una carta privada de marzo de 1799: "...I have been enchanted with a little volume of poems, lately published, called *Lyrical Ballads*... In the "Rime of the Ancient Marinere", with which it begins, there is more true poetical horror and more new images than in all the German ballads and tragedies... I take this to be some of Coleridge's doings, though I am not infallible discoverer of Styles." (*Memorials of the Life and Writing of the Rev. Robert Morehead, D.D.*, ed. Charles Morehead, Edinburgh, 1875, p. 102). El crítico muestra con estas palabras el valor y la agudeza de su criterio.

[467] Cf. *Analytical Review* (Anónimo), December 1798, xxviii, 590-2, en J.R. de J. Jackson, pp. 44-45; C.L. Moody, *Monthly Review*, May 1799, xxix, 43-7, en ibid., pp.45-47; y *British Critic* (Anónimo), June 1799, xiii, 662-3, en ibid., pp. 48-49.

[468] Ha de excluirse de entre los detractores a C.L. Moody, *op. cit.*, quien comparte plenamente las ideas de Coleridge y valora en grado sumo la calidad de las composiciones.

[469] *British Critic*, en J.R. de J. Jackson, p. 49. Ésta es también la opinión que aparece en *Analytical Review*, en ibid., pp. 44-45 y en *Critical Review* (Anónimo), August 1799, xxvi, 472-5, en ibid., p 50: "The concluding poem is very beautiful".

[470] *CL*, I:277, p. 493.

> As to a Volume of Poems, I am not in a poetical Mood / & moreover am resolved to
> publish nothing with my name till my Great Work[471].

Con la expresión "Great Work" se refiere a la obra filosófica que tiene proyectada
desde que entró en contacto con los pensadores alemanes. Ese desencanto inicial desaparece
enseguida y se dispone a preparar poemas para la edición de la *Annual Anthology* de 1800,
que estaba a cargo de Southey. Éste le propone abrir la colección con *Christabel*, idea que
Coleridge no considera acertada. El poema, a pesar de su empeño por terminarlo desde que
escribió la primera parte en 1797, continuaba, y ésa será su condición definitiva, en estado
fragmentario. Y, aunque estuviese completo, tampoco sería acertado colocarlo el primero:

> ...it cannot be expected to please all / Those who dislike it will deem it extravagant
> Ravings, & go on thro' the rest of the Collection with the feeling of Disgust - (...) It ought I
> think to be the last.- The first ought, me judice, to be a poem in couplets, didactic or satirical
> - such a one as the lovers of genuine poetry would call sensible and entertaining, such as the
> Ignoramuses & Pope-admirers would deem genuine Poetry[472].

En estas palabras se aprecia la amarga experiencia que supusieron *Lyrical Ballads* por
las críticas adversas hacia *The Ancient Mariner* -con toda probabilidad en aquellos
momentos el poema más genuinamente romántico, en la línea de la poesía del alemán
Bürger, por el carácter de misterio y extrañeza, tanto de la historia como de las imágenes-.
Pero hay también en ellas un gran desprecio hacia quienes no han sabido valorar lo que
Coleridge considera verdadera poesía. Digamos que la fe en la calidad de sus poemas sigue
en pie. Una prueba de ello es que de inmediato realizarán una segunda edición de *Lyrical
Ballads*. Esta segunda edición se ideó durante la visita que Coleridge realizó a Grasmere en
abril de 1800. Fue Wordsworth, quien en su calidad de poeta novel se había sentido muy
preocupado por la escasa venta y pésima acogida de la obra, el verdadero promotor. Todo
el peso de la preparación lo llevaron entre Dorothy, la hermana de Wordsworth, y
Coleridge, en especial este último, que se entregó en cuerpo y alma a la tarea[473]. Esta
colaboración tan abnegada y desinteresada de Coleridge no fue correspondida con el
debido agradecimiento por parte de Wordsworth, quien achacó la mala recepción del
primer volumen casi de forma exclusiva a *The Ancient Mariner*. En el manuscrito enviado a
Biggs y Cottle, con los dos párrafos finales del Prefacio que se incluiría en esta edición, se
encuentra una nota muy extensa en la que defiende su poema *The Thorn*, uno de los más
atacados en las críticas anteriormente citadas. Añade una nota sobre *The Ancient Mariner*
absolutamente injusta, que aparecerá en esta edición:

> I cannot refuse myself the gratification of informing such Readers as may have been
> pleased with this poem, or with any part of it, that they owe their pleasure in some sort to
> me; as the Author was himself very desirous that it should be suppressed. This wish had

---

[471] Ibid., 294, p. 535.
[472] Ibid., 300, p. 545.
[473] Cf. *CL*, I, p. 592. En esta recopilación de Griggs son varias las cartas de Coleridge dirigidas a los
editores, Biggs & Cottle, con instrucciones sobre la estructura del volumen, corrección de pruebas, etc. Cf. *CL*,
I: 336, 337, 345, 346, 347, 359 y 372.

arisen from a consciousness of the defects of the poem, & from a knowledge that many persons had been much displeased with it. The Poem of my Friend has indeed great defects; first, that the principal person has no distinct character, either in his profession of Mariner, or as a human being who having been long under the controul of supernatural impressions might be supposed himself to partake of something supernatural: secondly, that he does not act, but is continually acted upon: thirdly, that the events having no necessary connection do not produce each other; and lastly, that the imagery is somewhat too laboriously accumulated[474].

Continúa apuntando que el poema tiene algunas pequeñas virtudes, que son las que le han llevado a solicitarle al autor que le permitiese incluirlo en la edición. Si sopesamos este comentario teniendo en cuenta las palabras de Coleridge a Cottle donde le dice que tanto Wordsworth como él consideran el volumen como si de una sola obra se tratase y le manifiesta su valoración displicente del juicio de los lectores, no parece probable que compartiese la opinión de Wordsworth sobre su poema[475], ni que éste estuviera diciendo la verdad cuando afirma que se publicó a instancias suyas. El carácter prominente asignado a *The Ancient Mariner* con el papel de poema introductorio de la colección es un elemento de juicio añadido en este sentido[476]. Será Charles Lamb de nuevo quien salga en defensa de Coleridge, cuando le replique a Wordsworth:

> I totally differ from your idea that the Marinere should have had a character and profession... The Ancient marinere undergoes such Trials, as overwhelm and bury all individuality or memory of what he was... Your other observation is I think as well a little unfounded: the Marinere from being conversant in supernatural events *has* acquired a supernatural and strange cast of *phrase*, eye, appearance, &c. which frighten the wedding west... I am hurt and vexed that you should think it necessary, with a prose apology, to open the eyes of dead men that cannot see[477].

Este comentario demuestra el certero criterio de Lamb, además de su categoría humana, que supo entender la calidad literaria de la que después se convertiría en una de las composiciones más afamadas de su autor. Otro asombroso cambio de opinión de Wordsworth es el referente a *Christabel*. Coleridge se había esforzado por concluir la segunda parte para esta edición de *Lyrical Ballads*. El 4 de octubre, Dorothy Wordsworth anotó en su diario que habían recibido la visita de Coleridge, quien les recitó *Christabel*. Su primera impresión fue la que reflejan estas palabras: "Exceedingly delighted with the second part of *Christabel*"[478]. La entrada del 5 de octubre comienza de este modo:

---

[474] El manuscrito se halla en la biblioteca de la Universidad de Yale. E.L. Griggs presenta una transcripción de la parte correspondiente al comentario sobre *The Ancient Mariner* en *CL*, I, p. 602.

[475] E.L. Griggs considera que la carta debió de enviarse alrededor del 1 de octubre, por lo que Coleridge no pudo verla, puesto que estuvo ausente de Grasmere del 26 de septiembre al 4 de octubre (idem). A la vista de los hechos, hemos de decir que compartimos plenamente esta opinión.

[476] Sobre la cuestión de *The Ancient Mariner* es muy interesante el análisis que realiza Stephen Gill, *William Wordsworth: A Life*, Oxford: Oxford University Press, 1989, Chapter 7.

[477] *The Letters of Charles and Mary Lamb*, op. cit., I, p. 240.

[478] Colette Clark (ed.), *Home at Grasmere. Extracts from the Journal of Dorothy Wordsworth (written between 1800 and 1803)*, Harmondsworth: Penguin, 1798, p. 76.

"Coleridge read a 2nd time *Christabel*; we had increasing pleasure"[479]. Pero, por sorprendente que parezca, el 6 de octubre, Dorothy escribió en su diario: "Determined not to print *Christabel* with the L.B."[480] Las razones aducidas por Wordsworth, tal y como se las relata Coleridge en una carta a Humphry Davy, resultan aún más desconcertantes:

> The Christabel was running up to 1300 lines - and was so much admired by Wordsworth, that he thought it indelicate to print two Volumes with *his name* in which so much of another man's was included - & which was of more consequence - the poem was in direct opposition to the very purpose for which the Lyrical Ballads were published -viz- an experiment to see how far those passions, which alone give any value to extraordinary Incidents, were capable of interesting, in & for themselves, in the incidents of common Life[481].

Según continúa manifestando en esta carta, tienen la intención de publicar *Christabel* en un volumen aparte con *The Pedlar*, de Wordsworth. Pero el 2 de diciembre le comunica también a Humphry Davy: "I purpose to have Christabel published by itself"[482]. Da la impresión de que Wordsworth hubiera tratado de compensar el desencanto inicial de su amigo con la promesa de una publicación de la que después se olvidó. En el tono de sus alabanzas a *Christabel*, o en la decisión de excluirlo de *Lyrical Ballads*, Coleridge tuvo que entrever su desaprobación tácita del poema. El desaliento que reflejan cartas posteriores de Coleridge sobre su capacidad poética probablemente tuviera su origen en este incidente[483]. En la misma carta que acabamos de citar, muestra su descontento con el poema: "I assure you, I think very differently of CHRISTABEL.- I would rather have written Ruth, and Nature's Lady than a million such poems"[484]. A John Thelwall le escribe a comienzos de diciembre:

> As to Poetry, I have altogether abandoned it, being convinced that I never had the essentials of poetic Genius, & that I mistook a strong desire for original power[485].

A mediados del mismo mes, le habla a F. Wrangham de su relación con Wordsworth, haciendo la siguiente comparación de sus respectivos talentos literarios:

> As to our literary occupations they are still more distant than our residences - He is a great, a true Poet - I am only a kind of a Metaphysician.- He has even now sent off the last sheet of a second Volume of his Lyrical Ballads[486]-.

La última frase de esta cita denota que Coleridge consideraba las *Lyrical Ballads* como algo exclusivo de Wordsworth, sin concederle ningún valor a su participación, lo que es

---

[479] Idem.

[480] Ibid., p. 77.

[481] *CL*, I:356, p. 631.

[482] Ibid., 365, p. 649.

[483] Cf., ibid., p. 631 (nota). Timothy Fulford, *op. cit.*, p. 75, atribuye al rechazo de *Christabel* por parte de Wordsworth la causa de que Coleridge tomara la decisión de abandonar la poesía.

[484] *CL*, I:365, pp. 631-32.

[485] Ibid., 369, p. 656.

[486] Ibid., 371, p. 658.

una prueba más de su desencanto. Ya en marzo de 1801, le hace la siguiente confesión a William Godwin:

> I fear, your Tragedy will find me in a very unfit state of mind to sit in Judgement on it. I have been, during the last 3 months, undergoing a process of intellectual *exsiccation*[487].

Las valoraciones negativas -casi diríamos destructivas- realizadas por Wordsworth tanto sobre *The Ancient Mariner* como sobre *Christabel*, precisamente en el momento en el que Coleridge se estaba recuperando de la pérdida temporal de su creatividad[488], hubieron de hacer una gran mella en su ánimo. Pocas novedades hay, en consecuencia, en la aportación de Coleridge a esta segunda edición de *Lyrical Ballads*, únicamente el poema *Love*, que sustituyó a *The Convict*. Es una composición que se mantiene dentro del estilo de las baladas tradicionales. Sí se produjeron, sin embargo, modificaciones de interés en algunos de los poemas que aparecieron en la edición anterior. Las más sustanciales son las que realizó sobre *The Ancient Mariner*. Coleridge aceptó las críticas a su estilo arcaizante y, así, actualizó la grafía y las expresiones obsoletas utilizadas en la versión original[489]. Por otro lado, también cambió el título y el poema pasó de ser *The Rime of the Ancyent Marinere* a convertirse en *The Ancient Mariner, A Poet's Reverie*. La transformación es muy significativa. El término "Rime" es el que determinaba la clasificación del poema, asociándolo de una forma directa con las baladas tradicionales. Al eliminarlo, ya no se atrae al lector sobre este aspecto, sino sobre otro muy distinto: su calidad de ensoñación -"Reverie"-, que viene a justificar ese carácter extraño y misterioso del poema. Otra alteración que consideramos significativa es la que llevó a cabo también sobre el título de *The Foster-mother's Tale*, que en 1798 se publicó como "The Foster mother's Tale, a Dramatic Fragment". En 1800 aparecerá con el título de "The Foster mother's Tale, a Narration in Dramatic blank Verse". De este modo, oculta su condición fragmentaria y lo presenta como un poema narrativo de pleno derecho.[490] Asimismo, omitió los quince primeros versos. Finalmente, eliminó el subtítulo que había llevado *The Nightingale*: "a conversational poem". Sobre este extremo posiblemente influyera la crítica que apareció en el *British Critic*:

> The Poem on the Nightingale, which is there styled "a conversational poem", is very good: but we do not perceive it to be more conversational then Cowper's "Task", which is the best poem in that style that our language possesses[491].

---

[487] Ibid., 389, p. 713.

[488] El 1 de noviembre, le escribe una carta a Josiah Wedgwood, en la que le habla del asunto de *Christabel*, que puede servir como indicio del desaliento que este hecho le provocó. Repite las ideas expresadas en la carta a Humphry Davy, pero añade un comentario muy significativo: "The next day, my verse making faculties returned to me, and I proceeded successfully -till my poem grew so long & in Wordsworth's opinion so impressive, that he rejected it from his volume as disproportionate both in size & merit, & as discordant in it's character.- In the meantime, I had gotten myself entangled in the old Sorites of the old Sophist, Procrastination." (Ibid., 362, p. 643).

[489] Para una exposición detallada de todos los cambios, véase la carta enviada a los editores a mediados de julio (ibid., 337).

[490] Como es sabido, se trata de un pasaje de su por entonces inédita pieza teatral *Osorio*.

[491] *British Critic*, October 1799, xiv, 364, 5, en J. R. de J. Jackson (ed.), *op. cit.*, p. 58.

La innovación que en teoría representaba el título se vio horadada hasta sus cimientos a través de esta comparación. Obviamente, Coleridge prefirió en esta segunda ocasión no arriesgarse a ser el blanco de críticas similares. La recepción de *Lyrical Ballads* esta vez no fue tan adversa como la anterior. Parece que Coleridge se sintió bastante satisfecho de los resultados, como lo prueban las palabras dirigidas a Poole en una carta de marzo de 1801: "The character of the Lyrical Ballads is very great, & will increase daily. They have *extolled* them in the British Critic"[492]. Tiene proyectos, como el de trasnformar *Osorio* en un poema, probablemente al estilo de *Thalaba* y *Madoc* de Southey, a quien le comenta esta intención, tras expresarle el deseo de leer estas dos obras de nuevo. Pero, de inmediato, interpone el impedimento que encierra este comentario: "But I have no heart for Poetry"[493]. Esta idea la va a repetir una y otra vez en sus cartas de estas fechas, lamentándose de la pérdida de su capacidad poética[494]. Se ha dicho que la filosofía fue lo que apartó a Coleridge de la poesía; sin embargo, él siempre mantuvo que la especulación metafísica se convirtió en un refugio para su espíritu atormentado. En palabras suyas -escritas en julio de 1802-:

> ...Sickness & some other & worse afflictions, first forced me into *downright metaphysics* / for I believe that by nature I have more of the Poet in me[495].

Aún mayor dureza y amargura encierra la siguiente afirmación, insertada en una carta a Southey de finales de este mes:

> As to myself, all my poetic Genius, if ever I really possessed any *Genius*, & it was not rather a mere general *aptitude* of Talent, & quickness in Imitation / is gone - and I have been fool enough to suffer deeply in my mind, regretting the loss - which I attribute to my long & exceedingly severe Metaphysical Investigations - & these partly to Ill-health, and partly to private afflictions which rendered any subject, immediately connected with Feeling, a source of pain & disquiet to me[496].

Coleridge, de inmediato, relacionará la inseguridad con la falta de genio artístico, pues, como le dice a Sotheby en el mes de septiembre:

> Men of great Genius have indeed, as an essential of their composition, great sensibility, but they have likewise great confidence in their own powers[497].

---

[492] *CL*, II:387, pp. 707-8.

[493] Ibid., 405, p. 745.

[494] Cf. ibid., 409, 432, 445. En algunas de estas cartas, y también en otras, va a citar frecuentemente pasajes de *Dejection*, cuyo primer borrador se lo envió, a modo de epístola, a Sara Hutchinson, en abril de este año de 1802 (cf. ibid., 438).

[495] Ibid., 445, p. 814. Ésta es la opinión de L.D. Berkoben, *Coleridge's Decline as a Poet*, The Hague, Paris: Mouton, 1965, p. 14: "The sharp decline in his poetic activity after 1802 may result from the failure of his individual poetic expectations."

[496] *CL*, II: 449, p. 831.

[497] Ibid., 459, p. 863.

Sin duda alguna, los problemas personales y de salud tuvieron mucho que ver con su declive como poeta. Por nuestra parte, consideramos que ha de tenerse en cuenta que el agravamiento de estos factores -desavenencias conyugales, amor frustrado por Sara Hutchinson, trastornos físicos, adicción al opio- coincidió con el desaliento que, según hemos tratado de mostrar en las páginas previas, le produjo el no ver aclamada y aceptada su valía como poeta ni en público ni, tampoco en la forma esperada, sobre todo de Wordsworth, en privado, lo que le generó una gran inseguridad en su actividad literaria.

5. LA EDICIÓN DE 1803.

En octubre de 1802, le escribe a T. Wedgwood a propósito de unos poemas que ha enviado al *Morning Post*: "The Poetry, which I have sent, has been merely the emptying of my Desk"[498]. Y en diciembre de este año, en una carta a Southey, afirma: "Poetic composition has become laborious & painful to me"[499]. Aunque el estado de ánimo que predomina es el que delatan estos comentarios, no deja de haber momentos de euforia, como el que se encuentra en la carta enviada a S. Purkins, el 1 de febrero de 1803, comentándole que durante cuatro meses no ha ingerido ni bebidas alcohólicas ni narcóticos y ha experimentado una notable mejoría. Es entonces cuando habla de la publicación de un segundo volumen de poemas, aunque manifiesta: "My Poverty, & not my Will consenting"[500]. Pero no tardará en abandonar el proyecto. En el mes de junio le escribe a W. Godwin con respecto a estos poemas que tenía intención de publicar:

> ...I had the most pressing motives for sending them off; yet after many attempts I was obliged to give up the very Hope - the attempts acted so perniciously on my disorder (...) It seemed a Dream, that I had ever *thought* on Poetry - or had ever written it - so remote were my Trains of Ideas from Composition, or Criticism on Composition[501].

No vuelve a hacer ninguna referencia a esta colección nueva de poemas, los cuales tardarán varios años en publicarse, prácticamente hasta la edición de *Sybilline Leaves*. Aunque no publicase este "segundo volumen" -resulta curioso que lo llame "segundo volumen" cuando la edición de 1797 presentaba tantas variaciones con respecto a la de 1796-, en 1803 apareció una tercera edición de sus poemas. Parece que fue iniciativa de Longman, el editor[502]. Fue Charles Lamb quien se encargó personalmente de todos los detalles relativos a la composición y corrección de pruebas: "I classed them as nearly as I could, according to dates (...) Can you send me any *wishes* about the book?", le escribe el fiel amigo[503]. En la colección de Griggs no se encuentra ninguna carta de Coleridge en la que se responda a esta pregunta. El volumen de 1803, por tanto, apenas tiene valor alguno como muestra de la evolución del canon poético de Coleridge. Aparecieron en él todos los

---

[498] Ibid., 464, p. 876.
[499] Ibid., 479, p. 903.
[500] Ibid., 485, p. 919.
[501] Ibid., 504, p. 950.
[502] Cf. R. Holmes, *op. cit.*, p. 347.
[503] *The Lettes of Charles and Mary Lamb, op. cit.*, II, p. 111.

poemas de las dos ediciones anteriores, con sólo algunas omisiones[504], sobre las que no vamos a realizar ningún comentario porque posiblemente fuera el criterio de Charles Lamb el que las determinase[505].

6. POEMAS PUBLICADOS EXCLUSIVAMENTE EN PERIÓDICOS, REVISTAS Y COLECCIONES DIVERSAS. POEMAS NO PUBLICADOS.

Como se puede comprobar en el apéndice adjunto, hasta 1797 Coleridge publicó algunos poemas de forma esporádica en periódicos y revistas, pero, a partir de este año, y hasta 1803, este sistema se convirtió en una práctica habitual, afectando a un buen número de las composiciones escritas a lo largo de estos años. Con algunas salvedades, la mayoría de las publicadas de 1798 en adelante -hasta 1803- pasaron posteriormente a formar parte de *Sybilline Leaves*. Este periodo comprende los años de su relación literaria más estrecha con Wordsworth, el paréntesis del viaje a Alemania y el posterior declive de su actividad creativa a partir de 1800. Son un total de treinta y cinco los poemas que se dieron a conocer por estos medios durante esta etapa, más que suficientes para formar una colección. Es muy posible que una buena parte de ellos se encontrasen en el frustrado proyecto de edición del que Coleridge dio en llamar "segundo volumen" de poemas. Puesto que estas contribuciones a periódicos, revistas o colecciones de otro tipo le reportaban un muy escaso beneficio pecuniario, entendemos que su publicación responde a motivos más bien relacionados con el deseo de mantener públicamente su identidad como poeta; ponen de manifiesto la necesidad de dar a conocer sus composiciones para, de alguna forma, contrarrestar la inseguridad que se había ido apoderando de él. En la carta de octubre de 1802 en la que le escribe a su benefactor T. Wedgwood que los poemas que ha enviado al *Morning Post* son lo último que guardaba en el cajón, añade:

> The Epigrams are wretched indeed; but they answered Stuart's purpose better than better things -/. I ought not to have given any signature to them whatsoever / I never dreamt of acknowledging either them or the Ode to the Rain[506].

En un sentido literal, no es cierto que con las publicaciones en el *Morning Post*, muy considerables durante los meses de septiembre y octubre, Coleridge estuviese vaciando sus cajones. Un buen número de composiciones pertenecientes al periodo 1797-1803 permanecerían inéditas a lo largo de varios años; algunas, las menos, no se publicaron nunca en vida de Coleridge. Estos poemas que no dio a conocer por esas fechas son: *Kubla Khan; Christabel; The Three Graves. A Fragment of a Sexton's Tale; The Wanderings of Cain; To _____; The Ballad of the Dark Ladié. A Fragment; Hexameters; Translation of a Passage in Ottfried's Metrical Paraphrase of the Gospel; Catullian Hendecasyllables; The Homeric*

---

[504] Cf. *CPW*, II, p. 1149.

[505] G. Whalley, *op. cit.*, considera que Lamb es el único responsable de la composición del volumen: "The fact that most of the discarded Effusions found their way back into the "Third Edition" of 1803, and so into later collections, is chargeable to Lamb who chose the edition, and Longman who published it." (Pp. 13-14).

[506] *CL*, II:464, p. 876.

Hexameter; The Ovidian Elegiac Metre; On a Cataract; Tell's Birth-Place; The Visit of the Gods; From the German; Water Ballad; On an Infant; Hexameters; Hymn to the Earth; Mahomet; Apologia Pro Vita Sua; A Thought Suggested by a View; The Snow-Drop; To Asra; The Second Birth; Love's Sanctuary; To Mathilda Betham from a Stranger; A Day-Dream; The Happy Husband. A Fragment; The Pains of Sleep.

Lógicamente, la pregunta inevitable es la de por qué no se publicaron. Esta relación sigue un orden cronológico. Los seis primeros -excluido el titulado *To_____*, que consta de cuatro versos y se podría clasificar como un epigrama-, junto con *Mahomet* y *The Happy Husband*, eran en aquella época composiciones fragmentarias, estado en el que, por cierto, a pesar de los esfuerzos del autor, muy notorios en el caso de *Christabel*, han llegado hasta nosotros. Los que aparecen seguidamente, hasta *Hymn to the Earth* inclusive, son las traducciones y adaptaciones llevadas a cabo la mayoría de ellas en Alemania. De los que restan, cuatro, *To Asra, The Second Birth, Love's Sanctuary* y *A Day-Dream* son poemas de carácter amoroso dirigidos a Sara Hutchinson, los llamados "Asra poems". *Apologia Pro Vita Sua* y *A Thought Suggested by a View* son composiciones muy breves, de ocho y nueve versos respectivamente, que, además, no se publicaron en ninguna de las ediciones de poemas en vida del autor.

The Snow-Drop forma parte del diálogo poético entablado por Coleridge con la actriz y poetisa Mary Darby Robinson y es la respuesta a una composición homónima de ésta. En el manuscrito existente, el poema va precedido de unas palabras dirigidas al editor del *Morning Post* explicándole que se compuso "Immediately after the perusal of Mrs. Robinson's Snow Drop". De haberse publicado, lo habría hecho con el pseudónimo de "Zagri"[507], pero, por algún motivo, quizá relacionado con la calidad literaria de la composición, algo que se ve confirmado por el hecho de que Coleridge no tuviera la intención de publicarlo con su nombre, no apareció en el *Morning Post*. El poema titulado *To Matilda Betham from a Stranger* tiene un origen similar al anterior. Es la respuesta poética de Coleridge a la lectura de la composición de Matilda Betham titulada *On a Cloud*. Le remitió estos versos a la poetisa. Tienen, por tanto, un carácter privado y, posiblemente, laudatorio en exceso para una publicación. *The Pains of Sleep* es un poema del que Coleridge envió un primer borrador a Southey en una carta de septiembre de 1803, con las siguientes palabras sobre su calidad poética:

> I do not know how I came to scribble down these verses to you -my heart was aching, my head all confused- but they are, doggrels as they may be, a true portrait of my nights[508].

En la misma carta, le dice a Southey que ha dejado los narcóticos. El estado que Coleridge describe en esta composición se ha considerado, junto con "The Pains of Opium" de las *Confessions* de De Quincey, como una de las principales descripciones literarias del síndrome de abstinencia[509]. El tema, lógicamente, era demasiado personal, y si a esto se le añade la consideración literaria que Coleridge hizo de estos versos, no es de extrañar que no los publicase.

---

[507] Cf. *CPW*, I, p. 356 (nota).
[508] *CL*, II:516, p. 984.
[509] Cf. E. Schneider, *op. cit.*, p. 62 y ss.

Todos estos poemas, en consecuencia, tienen alguna razón que justifica o, al menos, explica que no apareciesen publicados durante estos años. El grupo de mayor interés es el de las composiciones en estado fragmentario. Los poemas que dio a conocer en este periodo eran todos ellos poemas completos; no publicó ningún fragmento. Sí es cierto que su idea había sido la de publicar *Christabel* en la segunda edición de *Lyrical Ballads* y en este caso no lo hizo por la negativa de Wordsworth, pero después tuvo la oportunidad de que saliera a la luz pública, y, sin embargo, pasarían muchos años antes de que esto ocurriera. No le seducía la publicación de partes o fragmentos. En abril de 1801, le escribe a J. Thelwall a propósito de la intención de éste de publicar una parte de un poema épico que está componiendo:

> I am more concerned at your publication of two Books of your Epic Poem. First of all, you mean to publish the whole - & then your Subscribers are to buy these two Books over again / but waiving this, it will appear a childish impatience if you have not finished the Poem; for then it is to be presumed that these two books must be to a certain degree unfinished, at all events, not adjusted so as to be an harmonious part of the Whole.- *At least no Poet has a right to be certain, that any Book of a poem will remain what it is, until he has written the whole*[510].

Estas últimas palabras indican cuál era la opinión de Coleridge sobre la publicación de poemas inconclusos, al menos por estas fechas. Es ésta una postura que va a mantener durante un cierto tiempo. En la carta enviada a Godwin, citada más arriba[511], donde le dice que no se siente con fuerzas de preparar ese "segundo volumen", manifiesta que esto le ocurre "...tho' the poems are all either written, or composed, excepting only the conclusion of one Poem (= to 4 days' common work) & a few corrections..."[512] De ello se deriva que en ningún momento contempla la posibilidad de publicar un poema inconcluso, como, efectivamente, lo demuestran las composiciones que aparecieron en periódicos, revistas y colecciones diversas en estos años.

7. LOS PASOS DE COLERIDGE HACIA LA FORMACIÓN DE UNA TEORÍA POÉTICA.

No es esta primera etapa la que ha suscitado el interés de la crítica por el pensamiento poético de Coleridge, sino la correspondiente a los años en torno a la publicación de *Biographia Literaria*. Se le ha prestado una gran atención a la famosa distinción entre imaginación y fantasía que aparece en dicha obra. *Kubla Khan* se ha interpretado a la luz de esta distinción y son muchos los críticos que han visto en el poema una ilustración del pensamiento poético, y estético en general, de Coleridge. Pero si mantenemos los años 1797 y 1799 como fechas de composición, nos encontramos con que las ideas poéticas de Coleridge distan aún bastante de parecerse a lo que será su formulación posterior.

---

[510] *CL*, II:395, p. 723. La cursiva es nuestra.
[511] Cf. Cap. I.
[512] *CL*, II: 505, p. 950.

Ciertamente, el conjunto Prefacio-poema que constituye *Kubla Khan* plantea cuestiones tan relacionadas con las teorías e ideas de *Biographia Literaria* como las relativas a la creación artística, la unidad de la obra literaria y su valoración, esto es, lo que en el Prefacio se denomina "poetic merit". En los años que estamos analizando, el interés teórico de Coleridge sobre la poesía se dirigía más hacia el objeto -la obra literaria- que hacia el sujeto -el poeta-. En la época de *Biographia Literaria*, sin embargo, el poeta es el eje de todo su pensamiento:

> What is poetry? is so nearly the same question with, what is a poet? that the answer to the one is involved in the solution of the other[513].

La preocupación por la psicología y la epistemología ha operado ese cambio que después se considerará como tan característicamente romántico[514]. Pero también hubo de contribuir a ello su propia experiencia como poeta y, en especial, ese deterioro de su facultad creativa que le llevó a reflexionar detenidamente sobre las cualidades específicas de la mente de un poeta.

En los años en torno a las primeras ediciones de sus poemas, hay una idea relativa a esas cualidades, ajena aún al discurso filosófico de épocas posteriores, que se repite de forma insistente en sus escritos: es la que describe al poeta como alguien con una gran capacidad para el pensamiento por una parte y para las emociones por otra. En diciembre de 1796, refiriéndose a Southey y a él mismo, manifiesta:

> I think, that an admirable Poet might be made by *amalgamating him & me*. I *think* too much for a Poet; he too litle for a *great* Poet. But he abjures *thinking* - & lays the whole stress of excellence on *feeling*.- Now (as you say) they must go together[515].

Este comentario, que aparece en una carta a J. Thelwall, no es más que una generalización de lo que unos días antes le había comentado refiriédose a sí mismo:

> I feel strongly, and I think strongly; but I seldom feel without thinking, or think without feeling. Hence tho' my poetry has in general a *hue* of tenderness, or passion over it, yet it seldom exhibits unmixed & simple tenderness or Passion. My philosophical opinions are blended with, or deduced from, my feelings: & this, I think, peculiarizes my style of Writing. And like every thing else, it is sometimes a beauty, and sometimes a fault[516].

A la luz de las palabras de la cita presentada con anterioridad, sólo cabe deducir que, no obstante la frase final de esta última, Coleridge, al menos en ciertos momentos, sentía que encarnaba las cualidades del poeta ideal. Lo más interesante quizá sea el hecho de que

---

[513] *BL*, II, p. 12.

[514] Esta nueva perspectiva se ha considerado tan esencialmente romántica que M.H. Abrams se sirvió de ella para crear la metáfora que da el título a su ya clásico trabajo sobre la teoría literaria romántica *The Mirror and the Lamp*, Oxford: Oxford University Press, 1953. La imagen de la lámpara representa lo que este crítico denomina las teorías expresivas del arte, que analizan el objeto artístico como una proyección de la mente del artista.

[515] *CL*, I:170, p. 294.

[516] Ibid., 164, p. 279.

este comentario aparezca precisamente en la misma carta donde la crítica ha visto la influencia de Robert Lowth y su tratado *Lectures on the Sacred Poetry of the Hebrews* cuando Coleridge sitúa a Isaías y la epístola de San Pablo a los hebreos muy por encima de Homero, Virgilio y Milton. Lowth en esta obra separa de forma radical el lenguaje de la prosa del lenguaje poético:

> The language of reason is cool, temperate, rather humble than elevated, well arranged and perspicuous, with an evident care and anxiety lest anything should escape which might appear perplexed or obscure. The language of the passions is totally different: the conceptions burst out into a turbid stream, expressive in a manner of the internal conflict; the more vehement break out in hasty confusion; they catch (without search or study) whatever is impetuous, vivid, or energetic. In a word, reason speaks literally, the passions poetically[517].

El lenguaje poético, según Lowth, se caracteriza por la pasión, el lenguaje de la razón, por tanto, tiene que ser otro. Coleridge, al buscar esa síntesis de pensamiento y emociones en la poesía, propone una idea que difiere de la presentada por Lowth. Así, aunque le siga en la importancia concedida a las emociones, en otros aspectos mantiene sus propias tesis[518]. No es de extrañar, así, que *Religious Musings*, al tratarse de una composición en la que las ideas, el dircurso, ocupan un lugar primordial, fuera, como ya se ha señalado más arriba, durante un tiempo, su poema más preciado. Coleridge, como hemos visto, no vacilaba en aceptar las críticas que iban dirigidas a los problemas de dicción en su poesía, pero siempre se defendió de las acusaciones de oscuridad cuando implicaban profundidad o singularidad de pensamiento en sus composiciones. A John Thelwall le dice en diciembre de 1796:

> ...you ought to distinguish between obscurity residing in the uncommonness of the thought, and that which proceeds from thoughts unconnected & language not adapted to the expression of them. When you *do* find out the meaning of my poetry, can you (in general, I mean) alter the language so as to make it more perspicuous -the thought remaining the same?-[519]

En la carta a Thelwall anterior a ésta, en la que Coleridge se presenta como un poeta en el que se conjugan la emoción y los pensamientos, sitúa a Schiller y a Shakespeare por encima de Collins porque su poesía "...gives *more general* pleasure - & I judge of all things

---

[517] Robert Lowth, *Lectures on the Sacred Poetry of the Hebrews*, en Scott Elledge (ed.), *Eighteenth-Century Critical Essays*, 2 vols., New York: Cornell University Press, 1961, vol. II, p. 689. G. Dekker, *op. cit.,* p. 220, afirma que Coleridge leyó este tratado en septiembre de 1796.

[518] La singularidad de Coleridge frente a todas las influencias que se le han buscado, y que tanto atomizan su pensamiento, la pone de manifiesto Richard H. Fogle, *The Idea of Coleridge's Criticism*, Berkeley and Los Angeles: University of California Press, 1962, p. xi: "Coleridge is a genuinely organic thinker, whose mind is a totality and who aims always at synthesis. He appears incomplete if any of his gifts are isolated from the rest: indecisive as an aesthetician, shadowly oracular as a philosopher, fragmentary as a poet and critic." J.A. Appleyard, *Coleridge's Philosophy of Literature: The Development of a Concept of Poetry 1791-1819*, Cambridge (Mass.): Harvard University Press, 1965, considera que Coleridge utilizó las ideas de otros pero adaptándolas a sus propósitos, sin preocuparse de lo que significaban realmente para sus autores, de una forma que podría calificarse de oportunista.

[519] *CL*, I: 164, p. 277.

by their Utility.-"[520] La utilidad de la poesía depende de su capacidad para deleitar, por lo que se deduce que éste es su fin último. Si se lee el Prefacio a *Lyrical Ballads* teniendo en cuenta estas ideas de Coleridge, su parecido con ciertos pasajes del mismo es bastante notorio. Sin ir más lejos, en la famosa definición de la poesía, Wordsworth escribe:

> For all good *poetry is the spontaneous overflow of powerful feelings*: and though this be true, poems to which any value can be attached were never produced on any variety of subjects but by *a man who, being possessed of more than usual organic sensibility, had also thought long and deeply*[521].

¿Qué encierra esta definición sino esa idea de la síntesis de emoción y pensamiento tan valorada por Coleridge? Cuando se cita sólo la primera parte de esta definición, se está desvirtuando su verdadero significado. No son sólo los sentimientos, sino también las ideas. En contra de las palabras de Lowth citadas con anterioridad, Wordsworth manifiesta:

> Is there then, it will be asked, no essential difference between the language of prose and metrical composition? I answer that there neither is nor can be any essential difference[522].

La oposición entre poesía y prosa establecida por Lowth e implícitamente refutada por Coleridge en los pasajes previamente citados aparece negada aquí de nuevo. También dice Wordsworth: "The end of Poetry is to produce excitement in coexistence with an overbalance of pleasure"[523]. El deleite como fin de la poesía y un deleite que han de experimentar todos los lectores porque "...these passions and thoughts and feelings are the general passions and thoughts and feelings of men"[524]. Cuando Coleridge situaba a la poesía de Schiller y a Shakespeare por encima de *Ode on the Poetical Character* de Collins era porque el deleite derivado de sus composiciones lo compartían la mayoría de los hombres, a pesar de que él personalmente, como poeta, se había sentido más arrebatado con el poema de Collins que con cualquiera de los pasajes más apasionados de la poesía de Schiller y de Shakespeare[525]. Pero -se desprende de esto- un poeta ha de saber dirigirse a todos los hombres. Y esto es lo que Wordsworth dice en el Prefacio: "...poets do not write for poets alone, but for men." Este deseo de utilidad general se hace más evidente cuando Wordsworth se disculpa de los defectos que puedan tener sus poemas: "...my associations must have sometimes been particular instead of general..."[526]

El fundamento filosófico del que se sirve Wordsworth en el Prefacio se halla en la psicología asociacionista de D. Hartley y J. Priestley[527], teorías que, a su vez, marcaron la

---

[520] Ibid., 164, p. 279.

[521] *Lyrical Ballads*, ed. R.L. Brett and Jones, A.R., London: Methuen, 1963, p. 246. En adelante *LB*.

[522] Ibid., p. 253.

[523] Ibid., pp. 263-64.

[524] Ibid., p. 261. Este pasaje pertenece a la versión ampliada del Prefacio que apareció en la edición de *Lyrical Ballads* de 1802.

[525] Cf. *CL*, I:164.

[526] *LB*, p. 268.

[527] Para un análisis de la influencia del asociacionismo en el Prefacio, cf. Newton P. Stallknecht, *Strange Seas of Thought. Studies in William Wordsworth's Philosophy of Man and Nature*, Bloomington: Indiana University Press, 1958.

primera etapa en el desarrollo filosófico del pensamiento de Coleridge[528]. Ya en el primer párrafo del Prefacio se hace obvia esa influencia, cuando dice que el volumen anterior "...was published as an experiment which (...) might be of some use to ascertain, how far, by fitting to metrical arrangement a selection of the real language of men in a state of vivid sensation..." La palabra "sensation" tiene todas las implicaciones propias del empirismo de Hartley[529], aspecto éste que se hace más patente al explicar Wordsworth el interés por adoptar en la poesía la lengua real hablada por los campesinos:

> The language of these men is adopted (...) because such men hourly communicate with the best objects from which the best part of language is originally derived;[530]

Estas palabras hacen extensivo al lenguaje el origen puramente empírico de las ideas, esto es, del conocimiento, propio de la psicología de Hartley. La relevancia del asociacionismo llega hasta el punto de que el proceso mental descrito por este filósofo en *Observations on Man* se convierte en el objetivo principal que Wordsworth dice haberse trazado con sus poemas:

> The principal object then which I proposed to myself in these Poems was to make the incidents of common life interesting by tracing in them, truly though not ostentatiously, the *primary laws of our nature: chiefly as far as regards the manner in which we associate ideas in a state of excitement*[531].

Además de todas las concomitancias que se puedan buscar entre las manifestaciones de Coleridge y el Prefacio a *Lyrical Ballads*, contamos con las palabras del poeta para corroborar la idea de su comunión con la teoría expuesta por Wordsworth. En septiembre de 1800, afirma: "The Preface contains our joint opinions on Poetry"[532]. El propio Wordsworth dirá muchos años después que escribió el Prefacio "...by Coleridge's urgent entreaties"[533]. Aproximadamente un año más tarde, en febrero de 1801, Coleridge manifiesta su deseo de escribir un tratado de poética, pero debido a su salud...

---

[528] El entusiasmo por estas ideas le llevó a bautizar al primero de sus hijos con el nombre de David Hartley. J.A. Appleyard, *op. cit.*, pone de relieve la importancia que tuvo para el pensamiento de Coleridge durante estos años la lectura de *Observations on Man*, de Hartley, fundamentalmente en lo que respecta a los principios éticos y religiosos implícitos en la obra, que Appleyard resume como: "..the theistic conception that underlies the work, the idea of the perfectibility of man, the mechanism of necessity by which this process toward happinesss is accomplished, and the confidence in rational analysis which pervades the study. These are the themes of Coleridge's theology and his politics in the early 1790's." (Pp. 28-9). Considera que la psicología asociacionista presentará más relevancia en años posteriores, cuando se dedique a refutarla.

[529] El término "sensation" es una de las palabras fundamentales en la epistemología derivada de las ideas de Hartley: "The ideas which resemble sensations, are called ideas of sensation: all the rest may therefore be called intellectual ideas." (D. Hartley, *Observations on Man, His Frame, His Duty, and His Expectations*, 2 vols., London, 1749, vol. I, p. 2).

[530] *LB*, p. 245.

[531] *LB*, pp. 244-45. La cursiva es nuestra.

[532] *CL*, I:353, p. 627. J. Roberth Barth, *op. cit.*, no parece tener ninguna duda al respecto: "The Preface represents Coleridge's thought as much as Wordsworth's." (P. 44).

[533] Cf. E. L. Griggs, *CL, I*, pp. 627-28 (nota).

I shall not be able to do what my heart within me *burns* to do -that is, *concenter* my free mind to the affinities of the Feelings with Words & Ideas under the title of "Concerning Poetry & the nature of the Pleasures derived from it"[534].

Ha de tenerse en cuenta que en el mes de marzo, en una carta a T. Poole, admite lo siguiente:

If I do not greatly delude myself, I have not only completely extricated the notions of Time and Space; but I have overthrown the doctrine of Association, as taught by Hartley, and with it all the irreligious metaphysics of modern Infidels - especially the doctrine of Necessity[535].

Desde comienzos de febrero de 1801, se encuentran una serie de cartas de contenido filosófico en las que Coleridge revisa las doctrinas de Locke hasta llegar a un rechazo del empirismo británico[536]. Esto le situaba en una posición radicalmente opuesta a la mantenida por Wordsworth en el Prefacio. Y es a partir de este momento -se puede tomar como referencia la carta a T. Poole donde aparece el pasaje que acabamos de citar- cuando Coleridge comienza a hablar de su desacuerdo con las ideas del Prefacio. Precisamente es en esta misma carta donde afirma que va a publicar *Christabel*, y dice que lo hará con dos ensayos, uno sobre el tema de lo sobrenatural y otro sobre el tema de la métrica. Es el primero de éstos el punto de la discordia con Wordsworth en lo que respecta a *The Ancient Mariner* y *Christabel*, que, como se ha expuesto con anterioridad, le llevó al rechazo de este último poema en la segunda edición de *Lyrical Ballads* y a la publicación del primero con

---

[534] Ibid., II:378, p. 671. A.C. Goodson, *Verbal Imagination. Coleridge and the Language of Modern Criticism*, Oxford: Oxford University Press, 1988, estudia, como ha sido una práctica muy habitual estos últimos años, la teoría poética de Coleridge desde la perspectiva de sus ideas sobre el lenguaje. Considera que para Coleridge existía una interrelación muy estrecha entre las palabras y las emociones. Para él: "Words relied on feelings - not things, nor even ideas in the usual sense. On this modified basis Coleridge set out to explicate Wordsworth's commitments." (P. 102).

[535] Ibid., 387, p. 706. James McKusick, *Coleridge's Philosophy of Language*, New Haven and London: Yale University Press, 1986, retrotrae la insatisfacción de Coleridge con el asociacionismo a una conferencia de 1795 (*Lectures*, 1795, p. 47 en ibid., p. 19). Este autor sostiene la tesis de que Coleridge mantuvo siempre una lucha contra la idea de la arbitrariedad del signo lingüístico: "...he gradually works himself into a more Platonic conception of natural signs, whereby they possess a direct and intuitively obvious connection with the things they represent. This turn toward a more substantialist account of linguistic representation clearly entails some notion of "givenness" in addition to that of sense-impressions; Coleridge's subsequent researches in German transcendental philosophy will equip him to give a more adequate account of the mind's innate faculties than the British empiricists had provided." (P. 32). La oposición de Coleridge a la arbitrariedad del signo lingüístico tiene su manifestación más evidente en la carta escrita a W. Godwin, en septiembre de 1800, donde se pregunta: "Is *thinking* impossible without arbitrary signs? & - how far is the word "arbitrary" a misnomer? Are not words &c parts & germinations of the Plant? And what is the Law of their Growth? - In something of this order I would endeavor to destroy the old antithesis of *Words* & *Things*, elevating, as it were, words into Things, & living Things too. All the nonsense of vibrations, etc you would of course dismiss." (*CL*, I:352, pp. 625-26). La última frase encierra ya por estas fechas el rechazo de las teorías del asociacionismo, fundamentadas en la transmisión neurofisiológica al cerebro de las vibraciones producidas en el sistema nervioso por las impresiones sensoriales.

[536] *CL*, I: 381, 382, 383 y 384.

muchísimos reparos[537]. Paulatinamente se va perfilando ese cambio radical en las ideas de los dos poetas, que, por parte de Coleridge, se pondrá de manifiesto un año más tarde, a mediados de 1802, en una carta a W. Sotheby, en la que admite de nuevo que el Prefacio fue fruto de las conversaciones mantenidas con Wordsworth y afirma que los primeros pasajes corresponden parcialmente a notas suyas, así como que en un principio habían acordado que él sería quien lo redactara. Pero, como dice en la misma carta:

> ...*metre itself* implies a *passion*, i.e. a state of excitement, both in the Poet's mind, & is expected in that of the Reader - and tho' I stated this to Wordsworth, & he has in some sort stated it in his preface, yet he has [not] done justice to it, nor has he in my opinion sufficiently answered it. In my opinion, Poetry justifies, as *Poetry* independent of any other Passion, some new combinations of Language, & *commands* the omission of many others allowable in other compositions / Now Wordsworth, me saltem judice, has in his system not sufficiently admitted the former, & in his practice has too frequently sinned against the latter... & we begin to suspect that there is, somewhere or other, a *radical* Difference [in our] opinions[538].

En este pasaje Coleridge está expresando lo que serán sus opiniones propias sobre el lenguaje poético y, en especial, la noción tan ampliamente desarrollada en *Biographia Literaria* en lo que respecta a las diferencias entre la lengua de la prosa y la lengua poética[539]. Esa licencia a la que alude de crear combinaciones nuevas en la poesía y de evitar otras existentes no es otra cosa que la cuestión de la dicción poética, el punto sobre el que Coleridge, como veremos más adelante, centró el grueso de su crítica a Wordsworth en la segunda parte de *Biographia Literaria*, cuyo proyecto estaba ya en cierne por estas fechas. En una carta a Robert Southey de ese mes de julio repite la misma idea, prácticamente *verbatim*, de la diferencia radical entre sus ideas poéticas y las de Wordsworth, y continúa:

> ...this I shall endeavor to go to the Bottom of - and acting the arbitrator between the old School & the New School hope to lay down some plain, & perspicuous, tho' not superficial, Canons of Criticism respecting Poetry[540].

Si encuentra necesario exponer unos cánones críticos es, obviamente, porque el Prefacio de *Lyrical Ballads* ya no tiene, para él, valor como tratado poético. Es más, su

---

[537] En su original estudio de *Christabel*, Warren Stevenson, *op. cit.*, pp. 3-24, encuentra en el poema una autobiografía espiritual de su relación con Wordsworth, quien estaría encarnado en el personaje de Geraldine: "Geraldine's deformity is thus vitally linked to the total symbolic structure of the poem, which deals *on one level* with the psychic conflict and poetic rivalry of Wordsworth and Coleridge... Her foul and deformed side, the mark of her shame and seal of her sorrow, symbolizes both Coleridge's intuitive apprehension of Wordsworth's "hidden vice", and his deep unconscious feeling that Wordsworth has arrogated to himself the title of divinely inspired poet, while denying it to Coleridge, the true aspirant." (P. 18).

[538] *CL*, II: 444, p. 812.

[539] Tim Fulford, *op. cit.*, encuentra en las manifestaciones de Coleridge sobre la poesía una necesidad por derivar el discurso lingüístico de principios espirituales. Así, es de la opinión de que la diferencia radical con Wordsworth se produce en el mismo momento que éste publica el Prefacio: "For Coleridge rustic language was pure not because it derived from sense impressions of objects, but because it attributed spiritual power to words and ideas." (P. 37).

[540] *CL*, II: 449, p. 830. Lucy Newlyn, *op. cit.*, considera que en esta carta está el origen de *Biographia Literaria*.

intención es la de situarse en una posición de distanciamiento en relación con el Prefacio, que en esos momentos era la representación teórica de lo que denomina la "escuela nueva". En octubre, le escribe a T. Wedgwood en una clara alusión al pensamiento poético de Wordsworth:

> ...in point of poetic Diction I am not so well s[atisf]ied that you do not require a certain *Aloofness* from [the la]nguage of real Life, which I think deadly to Poetry[541].

Insiste, asimismo, nuevamente, en su intención de publicar un tratado de poética. William Sotheby será su interlocutor cuando retome la idea de que "...a great poet must be, implicitè if not explicitè, a profound Metaphysician"[542], añadiendo:

> A Poet's *Heart & Intellect* should be *combined, intimately* combined & *Unified*, with the great appearances in Nature - & not merely held in solution & loose mixture with them, in the shape of formal Similies[543].

En esta afirmación Coleridge retorna a su ya conocida idea, pero dando un paso adelante, puesto que ahora no se limita a hablar de la síntesis de las emociones y el pensamiento -*Heart & Intellect*-, sino que, como afirma, también es fundamental la forma por medio de la cual esa síntesis ha de representarse en el poema. Seguidamente, presentará esa primera distinción entre imaginación y fantasía, al contraponer la poesía religiosa clásica a la hebrea, en detrimento de la primera:

> ...the Greeks in their religious poems address always the Numina Loci, the Genii, the Dryads, the Naiads, &c &c - All natural objects were *dead* - mere hollow Statues - but there was a Godkin or Goddessling *included* in each - In the Hebrew Poetry you find nothing of this poor Stuff as poor in genuine Imagination, as it is mean in Intellect -/ At best, it is but Fancy, or the aggregating Faculty of the mind - not *Imagination*, or the *modifying*, and *co-adunating* Faculty. This the Hebrew Poets appear to me to have possessed beyond all others - & next to them the English. In the Hebrew Poets each Thing has a Life of it's own, & yet they are all one Life[544].

Resulta a todas luces innegable que en estas palabras se halla el germen de las ideas expresadas en el capítulo XIII de *Biographia Literaria*[545]. Hay otro pasaje correspondiente a

---

[541] Ibid., 464, p. 877.

[542] Ibid., 444, p. 810.

[543] Ibid., 459, p. 864. Paul Hamilton, *Coleridge's Poetics*, Oxford: Basil Blackwell, 1983, apunta que los románticos rompieron con la primacía de la metáfora visual como paradigma del conocimiento empírico, el llamado "despotism of the eye": "The poet's originality will measure his departure from empirical explanations and models of knowledge. Original linguistic creation will embody a rival philosophical method. The "great poet" will have proved Coleridge's dictum; and become "a profound philosopher"". (P. 35).

[544] *CL*, II: 459, pp. 863-64. En opinión de J. A. Appleyard, *op. cit.*, es entre los años 1800-1804 cuando los intereses de Coleridge se apartan de los temas políticos y religioso-morales característicos de la década anterior y se dirigen hacia la psicología, la epistemología y, por primera vez, hacia la teoría poética.

[545] Stephen Prickett, *op. cit.*, p. 187, afirma lo siguiente: "The foundations of the *Biographia* were being laid at the time of *Dejection* and the *Immortality Ode*." En el mismo sentido se manifiesta Lucy Newlyn, *op. cit.*

una carta de 1804, en la que habla de Wordsworth como el primer gran poeta filosófico, donde repite la distinción:

...the only man who has effected a compleat and constant synthesis of thought & Feeling and combined them with poetic Forms, with the music of pleasurable passion and with Imagination or the *modifying* Power in that highest sense of the word in which I have ventured to oppose it to Fancy, or the *aggregating* power -in that sense in which it is a dim Analogue of Creation, not all that we can *believe* but all that we can *conceive* of creation[546].

Como demuestran los pasajes citados, ya está implícita, y en buena medida también explícita, en el pensamiento de Coleridge, una concepción de la poesía que trasciende los estrechos límites de la metáfora y el símil, en aras de un modo de expresión simbólico, a través de la imaginación, para lo que ha sido necesario traspasar los márgenes impuestos por el empirismo[547]. El interés de Coleridge durante estos años por el tema de lo sobrenatural en la poesía, representado en *The Ancient Mariner* y *Christabel* -los poemas más denostados por Wordsworth-, indudablemente se halla muy relacionado con esta concepción simbólica que se está forjando en su pensamiento poético[548].

Pocos son los críticos que han subrayado la importancia que representa el hecho de que esa primera distinción entre imaginación y fantasía venga de la mano del

[546] *CL*, II: 537, p. 1038. Existe una entrada de 1800 en uno de los cuadernos de apuntes de Coleridge donde diferencia el genio del talento y que, según K. Coburn, es el antecedente de esta distinción entre imaginación y fantasía. (Cf. *CN*, 669).

[547] J.A. Appleyard, *op. cit.*, p. 64, considera que la distinción entre imaginación y fantasía tuvo su origen en una desviación del asociacionismo: "The notion of imagination as a modifying and coadunating faculty, analogous to the creative capacity of God, could only have arisen after (and because) the associative explanation of the mind's operation (that is, by an aggregative power, or fancy) was rejected as inadequate to experience." Para un estudio de la trayectoria y evolución de la teoría literaria desde la perspectiva del proceso creativo en la literatura y crítica británicas desde el renacimiento, cf. R.L. Brett, *Fancy and Imagination*, London: Methuen & Co Ltd, 1969, Chapter I: "Imagination and the Association of Ideas". Pone de relieve la importancia de Shaftesbury, discípulo del círculo de los platónicos de Cambridge, los primeros en oponerse a Hobbes como el primer filósofo inglés que se interesó por cuestiones relacionadas con la estética, y señala que tuvo una influencia muy notable sobre los románticos alemanes (Lessing, Herder, Kant y Schiller). Dice que la línea de esta oposición a la tradición empírica británica discurre después de él a través de W. Blake -quien adolecía del rigor intelectual necesario para llegar a una exposición sistemática- hasta llegar a Coleridge, cuya capacidad filosófica le permitió hacerle frente, en términos intelectuales, a los presupuestos del empirismo del XVIII.

[548] J.R. Barth, *op. cit.*, encuentra en la poesía romántica una búsqueda continua del numen, pero una búsqueda más que de la visión trascendental de la forma en que ésta ha de representarse: "The search is a struggle to articulate what has already been grasped without words - what has been felt in the bones, what has been dreamt, what has been glimpsed in vision. The search is for words, words to express this numinous "other"." (P. 121). Es muy interesante la interpretación de Albert S. Gérard, *English Romantic Poetry. Ethos, Structure, and Symbol in Coleridge, Wordsworth, Shelley, and Keats*, Berkeley & Los Angeles: University of California Press, 1968, Chapter 3: "Counterfeit Infinity: Coleridge and the Symbol", que considera que el concepto de símbolo le sirvió a Coleridge para superar el panteísmo que se encuentra en algunas composiciones tempranas como *The Eolian Harp*. D. Brownlow Wilson, "Two Modes of Apprehending Nature: A Gloss on the Coleridgean Symbol", *PMLA*, 1972, vol. 87, pp. 42-45, encuentra un dualismo en la visión que Coleridge tiene de la naturaleza: por una parte como inmóvil y muerta, opuesta al espíritu, y, por otra, aunque de modo imperfecto, como el vehículo del espíritu y la fuente del símbolo. Este dualismo corresponde a la distinción entre la *natura naturata* y la *natura naturans* respectivamente, que Coleridge encontró en Spinoza, filósofo con el que estaba muy familiarizado en 1802, fecha en la que ya se observa esa actitud ambivalente hacia la naturaleza.

redescubrimiento de la naturaleza oracular de la poesía religiosa hebrea[549]. En la misma carta donde presenta la mencionada distinción es donde habla de la composición de *Chamouny before Sunrise*, atribuyéndose la autoría de este modo: "I involuntarily poured forth a Hymn in the manner of the *Psalms*"[550]. Se representa a sí mismo como el vate y profeta que entronca con la poesía oracular griega, al modo pindárico, y con la tradición hebrea. Con ello está reivindicando de un modo tácito el valor de poemas como *The Ancient Mariner*, *Christabel* y, por supuesto, *Kubla Khan*. Nos interesa resaltar cómo Coleridge ha encontrado su voz propia, para lo que, a nuestro juicio, ha sido determinante esa confrontación con los postulados de Wordsworth[551], como una evolución de sus propias ideas, pero también como una necesidad de liberarse de la pesada losa que representaba el poeta amigo, que durante un tiempo le aplastó bajo el peso de una supuesta superioridad poética que había aceptado sin titubeos. Sin embargo, tras la crisis sufrida en la confianza en sus capacidades -sobre todo en el periodo comprendido entre los años 1801-1802-, por otra parte siempre amenazada por los ataques de los críticos, consigue, en un esfuerzo intelectual que nos atrevemos a calificar de titánico, iniciar el alzamiento de esa losa, que, desgraciadamente, junto con otros factores, tuvo unas consecuencias nefastas para su actividad creativa.

En un apartado anterior hemos hablado de la excursión que Coleridge realizó por el norte de Escocia en agosto de 1801, primero en compañía de los Wordsworth y a partir del 29 de septiembre por separado. En su diario personal, anotó: "I left W. and D. and (...) am to make my own way to Edinburgh." Unos años después, añadió la siguiente nota "O Esteese [STC], that thou hadst from thy 22nd year indeed made *thy own* way and *alone*!" Sin duda hay un lapsus, algo nada infrecuente en Coleridge, en la fecha, puesto que tenía 23 años cuando conoció a Wordsworth. Sin embargo, creemos que este último comentario es la ratificación de la idea apuntada de que en la relación con Wordsworth, no obstantes todos los aspectos positivos de la colaboración entre ambos poetas, está en gran medida la causa de la paralización del genio poético de Coleridge[552].

---

[549] Es pionero el trabajo de E.S. Shaffer, *op. cit.* Por su parte, A. John Harding, *op. cit.*, señala la interrelación que existe entre los estudios bíblicos de Coleridge y su poética: "...the new sense of the Bible propagated by historical scholarship, and the significant Romantic reaction to historicism, contributed in a major way to the Romantic poetics of inspiration, and (...) Coleridge was a central figure in the spread of this new sense of biblical inspiration in the English-speaking world." (P. 8).

[550] *CL*, I:459, p. 864.

[551] Lucy Newlyn, *op. cit.*, es tajante en este sentido: "Coleridge's famous distinction between fancy and imagination rests on a profound, though unvoiced, criticism of his friend." (P. 127). Esta contraposición es también esencial en opinión de Paul Hamilton, *op. cit.*, en el desarrollo de la poética de Coleridge: "Coleridge agreed entirely with Wordsworth's view of the symbolic power of poetry, but he objected to a contradictory strain of literalism which had been generally seized on as the essence of Wordsworth's theory. This literalist interpretation understood him to be dispensing with poetic diction, assimilating the language of poetry to that of prose, and defining poetry as the selection of "the real language of men". Coleridge feared that the symbolic dimension necessary for the autonomy of poetry would be completely obscured by this interpretation." (P. 136).

[552] Cf. Warren Stevenson, *op. cit.*, p. 8.

VI. El Lugar de *Kubla Khan* en el Pensamiento Poético de Coleridge a través del Canon de su Obra, 1804-1817

1. POEMAS PUBLICADOS EXCLUSIVAMENTE EN PERIÓDICOS, REVISTAS Y COLECCIONES DIVERSAS.

Desde 1803 hasta la publicación en 1816 del que se conoce como volumen de *Christabel*, donde aparecieron *Kubla Khan* y *The Pains of Sleep* -con excepción del panfleto de *Fears in Solitude*, en el que, como ya se ha señalado con anterioridad, estaban incluidos *Frost at Midnight* y *France: An Ode*, del que se hizo una reimpresión en 1812-[553] contamos con un periodo de trece años durante el que no sale a la luz ninguna edición o reedición de poemas de Coleridge. Se van a publicar de forma esporádica algunos poemas en periódicos, revistas, antologías y colecciones de diverso tipo, más bien escasos en número y poco relevantes, en general, desde la perspectiva de la fama literaria de su autor. Hemos de hacer una salvedad en lo que repecta a la obra de teatro *Remorse*, que se trata, como ya es sabido, de una refundición de *Osorio*, y que se publicó en 1813, llegando, en el mismo año, hasta las tres ediciones[554].

Como se puede comprobar en el Apéndice IV, son un total de diecinueve los poemas publicados de esta forma. Los primeros en publicarse tras la edición de 1803 son *The Exchange*, en este caso inédito, que aparece en *The Courier* el 16 de abril de 1804 y posteriormente, en 1805, en el *Poetical Register* de 1804, y *The Mad Monk*, que ya había aparecido con anterioridad y ahora se recoge en una colección titulada *Wild Wreath*, cuya edición estaba a cargo de M. E. Robinson, la hija de la poetisa. *The Exchange* es la única composición escrita por Coleridge a lo largo de ese año, un poemita muy breve, de tema amoroso, cuasi-epigramático, que consta de dos cuartetos. *The Mad Monk* se había publicado en 1800 en el *Morning Post* con el subtítulo de "An Ode in Mrs. Radcliff's Manner", al que responde perfectamente. Desconocemos los motivos por los que se le

---

[553] Los tres poemas formaban parte del *Poetical Register* de 1808-1809, del que se hizo una reimpresión en 1812. E. H. Coleridge, *CPW*, I, p. 1149, cree bastante probable que esta publicación por separado se tratase de un acuerdo del editor del *Poetical Register* con el autor.

[554] Se estrenó el 23 de enero de ese año en Drury Lane y tuvo bastante éxito, a juzgar por las veinte representaciones que se realizaron, lo que era todo un logro para la época (cf. V. Purton, *op. cit.*, p. 98). Es interesante observar, aunque ello signifique apartarnos de nuestros objetivos en este punto, cómo Coleridge había puesto todas sus esperanzas en esta representación, como lo manifiesta en una carta a J. Wedgwood: "If I succeed in this, it will (...) give me heart & spirits (still more necessary than time) to bring into shape the fruits of 20 years Study & observation." (*CL*, III: 879, p. 421). Estas palabras evidencian la necesidad perentoria del autor por obtener un triunfo, sin importarle demasiado el terreno en el que se produzca, para llevar a término su proyecto, por las referencias que hace, probablemente, de su obra sobre lógica.

incluyó en esta colección. Ha de tenerse en cuenta que el 7 de abril de este año de 1804 Coleridge parte hacia Malta en busca de un clima benigno para aliviar su delicado estado de salud. Permanecerá en la isla a lo largo de dos años, hasta agosto de 1806, donde desempeñará un cargo oficial, primero como ayudante y después como secretario del gobierno. Su actividad creativa durante este periodo es más bien escasa. Sin embargo, en los cuadernos de apuntes abundan las anotaciones, de considerable extensión[555], así como los experimentos métricos y poéticos de la más variada índole[556]. Desde la perspectiva que nos ocupa, estos dos años constituyen inevitablemente un paréntesis. No es de extrañar, en consecuencia, que no haya a lo largo de los mismos ninguna publicación de composiciones del poeta. No obstante, ha de hacerse la salvedad de *A Stranger Minstrel*, que apareció en la recopilación de las obras completas de M. Robinson, editada en 1806.

La primera publicación de Coleridge a su vuelta de Italia tiene lugar de forma más bien inmediata, a finales de septiembre de 1806, en el *Courier*, con el soneto *Farewell to Love*, adaptado y tomado en parte del soneto LXXIV de Lord Brooke (Fulke Greville)[557], pero con una transformación considerable en el tema, que presenta en los versos de Coleridge un tono amoroso ausente en el original. Habida cuenta de las angustias del poeta a causa de su amor por Sara Hutchinson que evidencian los cuadernos de apuntes correspondientes a su estancia en Italia, creemos que este poema es la expresión de esos sentimientos, en los que la esperanza ya no tiene cabida:

> O grief! - but farewell, Love! I will go play me
> With thoughts that please me less, and less betray me.
>
> (vv. 13-14)

En el *Poetical Register* de 1806-1807 aparecerá, curiosamente, un poema de fecha tan temprana como *On a Late Connubial Rupture in High Life*, que ya se había publicado en el mismo año de su composición, 1796, y que no volverá a recogerse en ninguna de las ediciones posteriores. Se trata de una composición dedicada a los Príncipes de Gales, en un estilo muy convencional. A finales de 1807, con pseudónimo, se publica en el *Courier* la composición *To Two Sisters*, escrita en ese año, en la que el tema amoroso cobra presencia de nuevo. Ninguno de los poemas registrados hasta el momento formarán parte de las ediciones que se producirán a partir de 1817. Pero no ocurre así con los que se publicaron a partir de 1809, la mayoría de los cuales se volverían a editar de nuevo en *Sybilline Leaves* y en las recopilaciones posteriores. Éste es el caso de la trilogía formada por *Frost at Midnight*, *France: An Ode* y *Fears in Solitude*. Aparecieron en el *Poetical Register* de 1808-9 y, como ya se ha apuntado, en un panfleto independiente en 1812.

---

[555] E. K. Chambers, *op. cit.*, p. 188, señala que una tercera parte de la recopilación de apuntes llevada a cabo por el nieto del poeta bajo el título de *Anima Poetae* pertenece a las anotaciones escritas en Italia. Para un mejor conocimiento de esta etapa, cf. el estudio biográfico de D. Sultana, *op. cit.*

[556] Son continuas las referencias a una obra que se titularía "Soother of Absence", probablemente relacionada con Sara Hutchinson, quien parece ser la persona que Coleridge más añora y la que con más frecuencia puebla sus sueños de nostalgia (cf. *CN*, 2061).

[557] Cf. *CPW*, I, p. 402 (nota).

Durante el año 1809, Coleridge va a contar con un semanario propio, *The Friend; a Literary, Moral and Political Weekly Paper*, que le servirá como cauce de publicación de algunas de sus composiciones. En octubre de 1809, le comunica a T. Poole:

> I have determined to take your advice *in totto* and shall announce to the public that with the exception of my Volume of Political essays & State-Memorials, & some technical works of Logic and Grammar I shall consider THE FFRIEND as both the Reservoir & the living Fountain of all my mind, i.e. of both my powers & my attainments - & shall therefore publish all my poems in THE FRIEND, as occasion rises[558].

Esta misma idea había aparecido expresada en una carta escrita casi un año antes, en diciembre de 1808, a otro corresponsal, Sir George Beaumont:

> ...I consider THE FRIEND as the Main Pipe, from which I shall play off the whole accumulation and reservoir of my Head and Heart. And truly, as I said to a correspondent, it is high Time. Hitherto I have layed my Eggs with Ostrich Carelessness and Ostrich like Oblivion. The greater part have been crashed under foot: but some have crawled into light to furnish Feathers for other men's Caps - and not a few to plume the Shafts in the Quivers of Calumny[559].

La expresión "of my Head and Heart" creemos que no deja lugar a dudas sobre su intención inicial de publicar poemas junto con los ensayos de carácter filosófico y los artículos políticos. *The Friend*, sin embargo, a pesar de los denodados esfuerzos de su autor por mantenerlo a flote, se vio condenado a la extinción al cabo de veintiocho números consecutivos[560]. Cinco fueron los poemas que Coleridge incluyó en los números publicados, por este orden: *Ode to Tranquility; The Three Graves; Hymn before Sun-Rise; A Tombless Epitaph; The Good, Great Man*. El único inédito hasta aquel momento era *A Tombless Epitaph*.

Ode to Tranquility es una composición de 1801, publicada en diciembre de ese año en el *Morning Post*. Aparece en el Nº 1 de *The Friend* como ilustración del tema. Por estas fechas -junio de 1809- las intenciones de Coleridge en lo que respecta a la publicación de sus poemas por estos medios parecen haber cambiado en relación con las expresadas en la carta a G. Beaumont de diciembre de 1808 y en la dirigida a T. Poole, de la que presentamos un fragmento en la cita previa. Inmediatamente después del texto del poema, el autor se disculpa por la licencia que se ha permitido:

> But I have transgressed from a Rule, which I had intended to have established for myself, that of troubling my Readers with my own Verses. I shall indeed very rarely and cautiously avail myself of this privilege. For long and early Habits of exerting my intellect in

---

[558] *CL*, III:782, p. 235.

[559] Ibid., 731, p. 145.

[560] A.S. Byatt, *op. cit.*, defiende a Coleridge de las múltiples acusaciones de idealismo excesivo e incompetencia por la forma en que llevó a cabo la publicación: "...the truth is that in many fronts he was pertinacious and competent." (P. 213). Atribuye el fracaso al exceso de confianza en los suscriptores, la mayoría de ellos "amigos de sus amigos", que nunca llegaron a pagarle las cuotas y a una mala organización por su parte en esta cuestión de los pagos. (Ibid., p. 214).

metrical composition have not so enslaved me, but that for some years I have felt and deeply
felt, that the Poet's high Functions were not my proper assignment[561].

Coleridge se presenta en los mismos términos en los que lo hacía en las cartas escritas
diez años antes, en las que se lamentaba de esa carencia de lo que sería el verdadero genio
poético en sus facultades. El Nº 6, correspondiente al 21 de septiembre de 1809, concluye
con las partes III y IV de *The Three Graves*, según el autor, con el objeto de "...comply with
the wishes communicated to me by one of my female Readers, who writes as the
representative of many others"[562]. Dice también que la narración consta de seis partes y
promete la publicación de las dos últimas si la obra resulta del agrado de los lectores. E.H.
Coleridge recoge en su edición cuatro partes, las dos primeras se publicaron por primera
vez de un manuscrito ológrafo en la colección de poemas editada en 1893[563]. Pero las dos
últimas partes de las que habla Coleridge probablemente no se llegaron a componer,
puesto que en *Sybilline Leaves* y en las ediciones sucesivas sólo se incluyeron estas dos
partes. En *The Friend*, un resumen de la historia hace las veces de prefacio introductorio,
además de algunas aclaraciones exculpatorias por la publicación del texto, de las que
deseamos destacar estas palabras:

> I was not led to chuse this story from any partiality to tragic, much less, to monstrous
> events (though at the same time that I composed the verses, somewhat more than twelve
> years ago, I was less averse to such subjects than at present), but from finding in it a striking
> proof of the possible effect on the imagination, from an Idea violently and suddenly imprest
> on it[564].

Y también las que hacen una referencia explícita a la valoración literaria de la
composición:

> The language was intended to be *dramatic*, that is, suited to the narrator, and the metre
> to correspond to the homeliness of the Diction: and for this reason, I here present it not as
> the Fragment of a *Poem*, but of a tale in the common ballad metre[565].

El autor no le concede la categoría de poema, sino que lo considera un cuento
versificado. *The Three Graves* se escribió en 1798, el año de la publicación de *Lyrical Ballads*,
y corresponde totalmente al estilo y a los propósitos de la colección[566]. Con estos
comentarios, Coleridge, de forma implícita, está desacreditando públicamente por primera
vez las ideas expresadas por Wordsworth en el Prefacio; sobre todo, las relativas a la
dicción poética. En la carta a T. Poole citada previamente, Coleridge le comunica su

---

[561] *TF*, II, p. 15.

[562] Ibid., p. 88.

[563] James D. Campbell (ed.), *op. cit.*

[564] *TF*, II, p. 89.

[565] Idem.

[566] Nos parece de interés señalar cómo T. Hutchinson, en su edición del volumen de 1798 de *Lyrical
Ballads*, añade en un apéndice *The Three Graves*, juntamente con *Peter Bell* y *The Wanderings of Cain*, porque
"having been written in 1798, they appear to share a common psychological motive with *The Ancyent Marinere*
and *Goody Blake*". (*Op. cit.*, p. xlv).

sorpresa ante la acogida tan favorable que ha tenido este poema entre sus lectores: "Strange! but the three Graves is the *only* thing, I have yet heard generally praised & enquired after!!"[567]. Y es un poco más adelante cuando le expresa la intención de publicar su obra poética en el semanario, en contra del proyecto original de incluir en él una mínima parte de la misma, lo que es una muestra más de su gran dependencia de la opinión pública y de los verdaderos motivos que le llevaron a mantener oculta su poesía durante tantos años.

El siguiente poema publicado, *Hymn before Sunrise*, no se hace esperar, se encuentra en el Nº 11, correspondiente al 26 de octubre. El número es una especie de miscelánea en miniatura, a modo de ilustración general del carácter de la obra, que comienza con un tema político, donde el autor defiende la propiedad privada, incluyéndose unos versos de Wordsworth, continúa con una incursión en el terreno literario, en la que Coleridge trata de disculpar la complicación del estilo que ha venido utilizando, con la promesa de enmendarlo, pero, al mismo tiempo, haciendo una defensa del mismo frente a los "epigrammatic unconnected periods of the fashionable *Anglo-gallican* Taste"[568]. Esta, llamémosla, segunda parte concluye con dos sonetos de Wordsworth. A continuación, vienen dos historias presentadas con el título de "Specimens of Rabbinical Wisdom, Selected from The Mishna" y, finalmente, sin ningún tipo de introducción previa, *Hymn before Sunrise*. El criterio por el que Coleridge escogió este poema y no otro posiblemente esté más relacionado con el propósito de mostrar una composición distinta por completo a las que había publicado con anterioridad que con ningún motivo derivado del contenido del número.

El Nº 14 comienza directamente con el poema titulado *A Tombless Epitaph*. E.H. Coleridge apunta ese mismo año de 1809 como posible fecha de composición, pero no hay ninguna prueba que lo corrobore. El poema, según la nota aclaratoria escrita por el autor al final del mismo, está adaptado de un epitafio del poeta italiano Chiabrera "in the movements rather than the thoughts"[569]. El primer verso de la adaptación de Coleridge dice: "'Tis true, Idoloclastes Satyrane!". En la nota a su edición del texto, E.H. Coleridge sugiere que Satyrane fuera el pseudónimo que Coleridge utilizase para referirse a Lutero. Tanto en el contenido como en la forma difiere totalmente de los dos anteriores. Los tres van a formar parte de las futuras ediciones de sus poemas. No es esto, sin embargo, lo que ocurre con la última de las composiciones publicadas en *The Friend*, perteneciente al año 1802, que se encuentra en el Nº 19. Es un poema muy breve, insertado dentro de la exposición, prácticamente a modo de epigrama. Como tal se publicó en el *Morning Post* en 1802 y en el *Poetical Register* de ese año.

El entusiasmo inicial de Coleridge por publicar sus poemas en *The Friend* fue decayendo progresivamente de la misma forma que en ocasiones anteriores. Los contenidos y el estilo de *The Friend* les habían resultado a los lectores demasiado áridos; y fueron muchas las quejas recibidas a causa de ello. En noviembre de 1809, le escribe a R. Southey: "I shall take your advice with regard to the Friend - Nos. 13 & 14 will be pure

---

[567] *CL*, III:782, p. 234.

[568] *TF*, II, p. 150. Ya en la introducción al tercer volumen de su edición de las cartas de Coleridge, que cubre el periodo 1807-1814, E.L. Griggs señala cómo en su prosa se produce, a medida que transcurren los años, una tendencia creciente a escribir oraciones largas y complicadas y a utilizar con mucha frecuencia los paréntesis, en ocasiones de gran extensión. (Cf. *CL*, III, p. xxix).

[569] *TF*, II, p. 184.

Amusement"[570]. En enero del año siguiente, le anuncia a T. Poole: "I have but slender expectations that THE FRIEND can be continued. The very Essays, you so much admired (3, 4, 5, & 6) occasioned the discontinuance of 70 Subscribers at the 7th No"[571]. También le dice que la mitad de los suscriptores aceptaron serlo sólo por compromiso "...but they did me disservice by giving out every where that it was an *unreadable* work, dry, obscure, fantastical, paradoxical, and God knows what else"[572]. A pesar de ello, aún salieron a la luz siete números más de la publicación. Pero resulta evidente que, ante tanta animadversión, no era el receptáculo más adecuado para sus composiciones poéticas. No tenemos noticia de que a lo largo de 1810 tuviera lugar la publicación de ningún poema de Coleridge. Fue un año particularmente difícil. Por un lado, tuvo lugar el desastre de *The Friend*, que supuso no sólo un fracaso profesional, sino también un fuerte revés a su maltrecha economía[573]. Se produjo, asimismo, el famoso altercado con Wordsworth, a partir del cual las relaciones entre los dos amigos ya nunca volverían a ser lo mismo[574]. Para Coleridge, todo ello supuso un golpe muy duro que le afectó profundamente. Por fin, el 3 de noviembre, se traslada a la residencia de los Morgan, en Hammersmith, donde permanecerá a lo largo de dieciocho meses[575].

En 1811 se observa una cierta, aunque muy escasa, actividad poética que dará lugar a la publicación de dos composiciones, *Epitaph on an Infant* y *The Virgin's Cradle Hymn*, en el *Courier*. El primero, un epitafio, como indica el título, breve, por tanto, apareció con el pseudónimo "Aphilos". El segundo es una traducción del latín de una inscripción dedicada a la Virgen vista en Alemania trece años antes. La similitud del tema en ambas composiciones nos lleva a relacionar su publicación con el posible recuerdo, que por alguna causa se reavivó durante ese año, del hijo perdido en aquella época. Ya hemos tenido ocasión de comprobar más arriba cómo son varios los poemas publicados por Coleridge en estos años que no son sino la expresión de sus emociones más íntimas. La última publicación previa a las ediciones que tuvieron lugar a partir de 1815 es la de la breve composición epigramática, de cuatro versos, *To a Lady*, también perteneciente a

---

[570] *CL*, III:792, p. 260.

[571] Ibid., 799, p. 271.

[572] Idem.

[573] E.L. Griggs, ibid., p. 314 (nota), señala cómo, desde que llegó a Londres en octubre de 1810, Coleridge se dedicó desesperadamente a tratar de cobrar a los morosos, con muy poca fortuna, por cierto, pues en diciembre del mismo año D. Wordsworth le escribió a Mrs. Clarkson: "One thing is certain, that he is in great want of money, for he had been with Tom Monkhouse to ask him to help him to collect." (*Middle Years*, I, p. 416, en idem).

[574] E. L. Griggs, ibid., pp. 296-97, presenta una relación detallada de los pormenores de la disputa. Basil Montagu, un abogado y escritor que conocía a los dos amigos desde 1797, se había ofrecido para alojar a Coleridge en su casa. Al parecer, Wordsworth le puso en antecedentes de los problemas de éste con el alcohol y el opio, desaconsejándole llevar a la práctica el ofrecimiento. B. Montagu se arrepintió y le comunicó a Coleridge el cambio de opinión en unos términos en los que hizo gala de una gran falta de delicadeza, comprometiendo a Wordsworth, en cuya boca puso las palabras "rotten drunkard" como referidas a Coleridge. El problema no se solucionó hasta que Wordsworth le aseguró a Coleridge, casi dos años después, que Montagu había traicionado el espíritu de la verdad. Cf. *CL*, III: 815, 821, 823, 831, 856, 858-9, 863-9, 871, 881 y 888.

[575] Coleridge conoció a John James Morgan en su etapa de Bristol. Fue su tabla de salvación en estos momentos tan difíciles y estuvo siempre a su lado en el periodo más dramático de su adicción al opio.

1811, que salió a la luz en la colección miscelánea titulada *Omniana*, que se editó en noviembre de 1812, y que habían preparado conjuntamente Coleridge y Southey.

De los poemas publicados durante estos años, dada su escasez, el modo esporádico y asistemático en que aparecieron y la mínima repercusión, tanto desde la perspectiva de su recepción como desde la que atañe a la intención autorial, en lo que respecta a su canon poético, sólo puede concluirse que lo único que demuestran es que, exceptuando lo que hubiese sido *The Friend* de haberse convertido en la expresión de la mente de su autor, como llegó a proyectar, estos cauces de publicación no eran los que Coleridge consideraba como los más adecuados para dar a conocer aquello que pudiera representar algo para su fama literaria. También ha de resaltarse que con excepción de *The Three Graves*, que por su carácter está dentro de la línea de otros fragmentos publicados anteriormente, como *The Dungeon* o *The Foster-mother's Tale*, todos ellos son composiciones terminadas, no hay fragmentos.

2. EL LARGO CAMINO HASTA LAS EDICIONES DE 1816 Y 1817.

El camino desde la edición de 1803 hasta la publicación de *Sybilline Leaves* fue, efectivamente, muy largo. Catorce años separan a las dos ediciones, si bien hay entre medias la reedición del panfleto de *Fears in Solitude*, con el título genérico, y, por supuesto, mucho más neutro que el del poema señalado[576], de *Poems*. Ninguna novedad les ofrecía Coleridge a sus lectores con esta publicación. Antes de *Sybilline Leaves*, que apareció en 1817, en 1816 el público tuvo la oportunidad de conocer tres poemas inéditos que se editaron conjuntamente: *Christabel, Kubla Khan* y *The Pains of Sleep*. La incógnita que se plantea es la del motivo por el que estas tres composiciones no se incluyeron en *Sybilline Leaves*. Para despejarla, conviene, en primer lugar, recorrer al lado de Coleridge la senda que le llevó hasta una y otra publicación. La primera mención que hemos encontrado con respecto a una edición de poemas se encuentra en una carta a W. Sotheby, con fecha del 5 de mayo de 1807, donde el autor dice textualmente:

> In settling some money-matters between Mr Stuart and Wordsworth I found myself indebted 30 pounds, of which, either from defect of memory, or from absence of mind at the time - [*sic*] I have made a contract with Mr Longman for 100 guineas to be paid me on the delivery of two volumes of poems - these are all ready, save only two - but these are the two that I cannot with propriety place any where but at the beginning of the first Volume-[577]

En realidad, el motivo de la carta es el de pedirle a Sotheby que le preste cincuenta libras hasta que Longman le pague lo estipulado, pues, dada la naturaleza de su relación con éste -"a man for whom I have no other feeling than that of a selling Author to a purchasing Publisher"-[578], le repugna la idea de pedírselo. Todo el asunto resulta un tanto farragoso,

---

[576] En su momento, como es lógico, era mucho más oportuna la titulación de *Fears in Solitude*, que hacía una referencia a los temores a una invasión napoleónica, nada difícil de asociar para el público, y, por lo tanto, en virtud de la actualidad del tema, mucho más atrayente para los posibles lectores.

[577] Ibid, 647, p. 15.

[578] Ibid., p. 16.

pero entra dentro de lo posible. Es obvio que esta edición, de haberse llevado a cabo, no habría tenido otra motivación que la económica. De todas formas, la alusión que hace a dos poemas que aún no están preparados nos parece de gran interés, particularmente por la circunstancia de que ésos han de ser los poemas con los que habría de comenzar el primer volumen y, en consecuencia, composiciones a las que el autor les confiere un gran valor, como prueba su práctica editorial de etapas anteriores. Entendemos que cuando Coleridge afirma que los poemas no están preparados quiere decir que, de alguna forma, se hallan inconclusos. Ya hemos tenido ocasión de comprobar previamente cómo, de los poemas no publicados antes de 1803, ocho han llegado hasta nosotros como fragmentos: *Kubla Khan*, *Christabel*, *The Three Graves*, *The Wanderings of Cain*, *To _____*, *The Ballad of the Dark Ladié*, *Mahomet* y *The Happy Husband*. No hay constancia de que ninguno de los poemas compuestos entre 1803 y 1807 atravesara por las vicisitudes de una labor de creación con interrupciones. Por este motivo, restringimos el abanico de las posibilidades a los poemas citados. ¿Cuáles son esos dos poemas con los que Coleridge desea comenzar el primer volumen? Aquí la respuesta sólo tiene cabida en el terreno de las conjeturas. La edición de *Sybilline Leaves* en 1817 no proporciona ningún indicio, ya que los dos primeros poemas son *Time, Real and Imaginary: an Allegory*, escrito en 1812, y *The Raven*, que ya se había publicado muchos años antes. Podrían ser, por tanto, cualesquiera de los citados. Sólo si tenemos en consideración que el volumen de *Christabel*, *Kubla Khan* y *The Pains of Sleep* se publicó un año antes que *Sybilline Leaves*, actuando, así, a modo de primer volumen de la recopilación que suponían ambas publicaciones, sería posible aventurar que fueran éstos los poemas a los que Coleridge se refería. El hecho de que les asignara ese primer lugar en la proyectada edición sería entonces una prueba de la relevancia que estas composiciones tenían para su autor. No puede olvidarse tampoco el enorme interés, casi nos atrevemos a calificarlo de obsesión, de Coleridge por concluir *Christabel*, que le acompañó hasta el final de sus días[579]. De todos modos, en la carta a W. Sotheby de marzo de 1804, dice que desea terminar *Christabel* y *The Dark Ladié* antes de partir para Malta[580], por lo que también es bastante probable que fuera este último el poema que tenía intención de terminar; sobre todo, por tratarse de dos composiciones de estilo similar y que en esos momentos representarían la expresión poética que Coleridge no había tenido ocasión de dar a conocer por la negativa de Wordsworth a incluir la primera en la edición de 1800 de *Lyrical Ballads*. En el capítulo XIV de *Biographia Literaria*, tras hablar de los objetivos que se habían marcado Wordsworth por una parte y él por otra con respecto a las composiciones que iban a formar *Lyrical Ballads*[581], Coleridge relaciona la composición de *Christabel* con la de *The Dark Ladié* en los siguientes términos:

---

[579] Cf. Ibid., II: 574, 599; III: 662; IV: 634, 981, 1011, 1023, 1043, 1050, 1051, 1076; V: 1228, 1229. J. Gillman, *op. cit.*, afirma que Coleridge se murió con el plan completo de *Christabel* en mente.

[580] Ibid., 574.

[581] Son famosas sus palabras al respecto: "...my endeavours should be directed to persons and characters supernatural, or at least romantic; yet so as to transfer from our inward nature a human interest and a semblance of truth sufficient to procure for these shadows of imagination that willing suspension of disbelief for the moment, which constitutes poetic faith." (*BL*, II, p. 6).

With this view I wrote "The Ancient Mariner," and was preparing among other poems, "The Dark Ladie," and the "Christabel," in which I should have more nearly realized my ideal, than I had done in my first attempt[582].

Estos dos poemas habrían representado el ideal poético que Coleridge se había propuesto incluso mejor que *The Ancient Mariner*. Lo más probable, en definitiva, es que en 1807 quisiera que estas dos composiciones que tanto representaban para él, y que Wordsworth había rechazado, abrieran el mencionado primer volumen de sus poemas, como una respuesta al amigo en la que él pudiera reafirmar su frustrada voz poética. Una prueba más en lo que respecta a *Christabel* es una carta a D. Wordsworth, de noviembre de 1807, donde le dice que ha duplicado los versos de este poema, lo que significa que ha estado trabajando en él últimamente[583]. La colección no se llegó a editar. La única razón aducida por Coleridge es que le ha sido imposible concluir esos poemas. Sin embargo, las causas que se lo han impedido varían según el corresponsal al que se las refiera. A Humphry Davy, después de lamentarse de sus problemas pecuniarios, le hace esta confesión:

Other & to me far far crueller Calamities, & of more envenomed Sting, had rendered me till very lately incapable of finishing the two or 3 poems, which it was necessary to do previously to my collecting all my poetic scraps into two volumes-. Indeed, I have determined to defer this publication[584].

En este caso Coleridge menciona un posible tercer poema. Pudiera estar refiriéndose a *Kubla Khan*, pero no hay pruebas que lo atestigüen, por lo que no podemos ir más allá de la mera suposición. Por otra parte, el aguijón envenenado al que alude parece tratarse más de agentes externos que de problemas íntimos o personales. De nuevo se presentan diversas posibilidades: ¿las críticas adversas, o haber visto que Wordsworth no reconocía su talento literario en los poemas en los que había puesto todas sus esperanzas? A J. Cottle, un mes más tarde, contradiciendo lo expresado en el pasaje que acabamos de citar, le dice que el abandono del proyecto se ha debido a motivos económicos[585]. Pero, al tratarse ésta de una carta en la que Coleridge le comunica a Cottle la decisión de aceptar el préstamo de trescientas libras que le ha ofrecido a través de este intermediario un benefactor que prefiere permanecer en el anonimato, nos inclinamos a pensar que los verdaderos motivos que postergaron la publicación de los poemas son los expresados en la carta anterior y los de ésta no son otra cosa que la excusa para aceptar el ofrecimiento[586]. Dos años depués insiste de nuevo en que no ha conseguido terminar dos poemas. Las causas:

---

[582] Idem.

[583] Cf. *CL*, III, 662.

[584] Ibid., 656, p. 31.

[585] *CL*, III:658, pp. 33-34: "...the pecuniary pressures at the moment are the only serious obstacles at present to my completion of those Works, which if compleated would make me easy."

[586] El benefactor anónimo no era otro que T. De Quincey, quien tuvo ocasión de conocer a Coleridge en el verano de 1807 y fue el reponsable de una donación particularmente generosa, habida cuenta de lo que su fortuna personal le permitía dentro de los límites de lo razonable y sin menoscabo para su pecunio. Cf. T. De Quincey, *Reminiscences of the English Lake Poets, op. cit.*, p. 25 y nota, para la versión, absolutamente intachable en la delicadeza con que se expresa, del propio De quincey sobre este asunto. Coleridge nunca llegó a devolver el préstamo. En una carta de agosto de 1821, que con toda probabilidad sería la respuesta de Coleridge a los

> Ill-health, and still more the consequent morbid Low-spirits amounting almost to despondency, joined to the unworthy Reception of Southey's Madoc & Wordsworth's Poems hung such a weight on every attempt I made to finish two Poems, four fifths of which had been written years ago, that I at last gave up the Thought altogether[587].

En definitiva, la inseguridad, provocada por el desaliento, es lo que le ha llevado a mantener oculta su obra poética. Dice más adelante que él mismo ha sido también el blanco de esas críticas: en un primer momento recibió censuras -merecidas- por hacer uso de un estilo excesivamente ornamentado, y, más adelante, se le ha criticado, en este caso de una forma totalmente injusta, por la supuesta simpleza y puerilidad de sus poemas:

> Now it is most certain, that my Poems do not contain either in kind or degree the qualities which make Wordsworth's poems so dear to me and many much greater men and so repulsive to others -But it was enough that I am known to be the particular Friend both of Southey & Wordsworth to draw upon me the whole clamor of those who have waged war against them[588].

Encontramos una cierta inconsistencia en la forma en que Coleridge trata de defenderse a sí mismo al tiempo que encomia los poemas de Wordsworth. Las cualidades por las que se les ha atacado se reducen básicamente a la sencillez estilística que presentan. Por el comentario que acabamos de citar, parece que Coleridge aprecia dicha cualidad. Sin embargo, al final de este párrafo, le recuerda a Longman, el destinatario de esta carta, que él fue el primero en ridiculizar la afectación de sencillez en el estilo de ciertos poemas, con la publicación de unos sonetos burlescos en una revista con la firma de Nehemiah Higginbottom[589]. Entre líneas se puede leer una crítica implícita al estilo de Wordsworth, completamente distinto al suyo "in kind or degree". Por otro lado, y sin más preámbulos, le escribe a Longman:

> The poems in my possession are of two sorts - 1. Poems of such length that either of them with the necessary notes would make a small volume, when completed - of these not a line has ever appeared in any form.- 2. Poems all of which are completed, & corrected for the Press... But of these tho' all are my own property, yet several have already appeared, tho'

requerimientos del donante, le expresa a De Quincey la desesperación y humillación que siente ante la imposibilidad de devolverle en esos momentos la cantidad prestada. (Cf. *CL*, V: 1272).

[587] Ibid., III: 762, p. 203. *Madoc*, una composición en verso de carácter narrativo, siguiendo de un modo aproximado el modelo épico, se publicó en 1805. Sobre el gran interés y aprecio de Coleridge por este poema, cf. *CL*, II: 534, 562, 568 y 614.

[588] *CL*, III: 762, p. 203.

[589] Se trata de tres sonetos que se publicaron en el *Monthly Magazine* de noviembre de 1797, con el título de "Sonnets attempted in the Manner of Contemporary Writers" (cf. *CPW*, I, pp. 209-11 y nota). Con ellos, según sus palabras, pretendía ridiculizar sus propios poemas, además de los de Charles Lloyd y Lamb "in ridicule of that affectation of unaffectedness, of jumping & misplaced accent on common-place epithets, flat lines forced into poetry by Italics (signifying how well & *mouthis[h]ly* the Author would read them), puny pathos &c &c-" (*CL*, I:212, p. 357). Tanto Lloyd como Lamb, así como Southey, quien también se dio por aludido, se sintieron muy ofendidos por el escarnio al que Coleridge les había expuesto sin previo aviso. Cf. ibid., 214 y nota.

very different from their present form, in the Morning Post - these however are of small consequence from their minor size, etc.-...

My wish therefore is to publish these, as a second in 2 & 3 Volumes of *my* Poems - the first being "Poems written chiefly from the age of 17 to 25" - the second - "Poems from 25 to 33" - and hereafter to publish whatever I may publish by the name of the particular Poem as "The Three Graves, a Sexton's Tale, by S.T.C." -etc"[590].

En estos comentarios se trasluce la formación de un canon poético totalmente innovador. Dice que cuenta con poemas inéditos que, una vez completados -y esto es lo importante-, formarían por sí solos un volumen cada uno: ¿Sería *Christabel* uno de ellos? Seguramente. Entre el resto, ¿se hallarían *The Dark Ladié, Mahomet* y *Kubla Khan*? También es posible. Por sus palabras, de lo que no cabe duda alguna es de que Coleridge valoraba de un modo especial los poemas extensos, se podría decir que incluso despreciando a los más breves. Se observa, asimismo, en estos momentos, el deseo de presentar su obra poética en un orden cronológico, obviamente con el propósito de que, de esta forma, refleje su evolución estética. Muchos años depués, en enero de 1834, dirá: "I still think the chronological order the best arranging for a poet's works". Esto se debe al interés "...which arises from watching the progress, maturity, and even decay of genius"[591]. Consideramos relevante, igualmente, el proyecto de publicar *The Three Graves* en un volumen aparte, dándole el título a la colección que conforme. Esto es una prueba de su aprecio por el poema, que, sin embargo, contrasta con la forma en que lo presentó en *The Friend* primero y en *Sybilline Leaves* después[592]. Nada, en fin, se materializó de todos estos planes. E. L. Griggs cita unas palabras de Coleridge de las que se desprende el escaso interés del editor por las sugerencias del poeta[593].

Hay atisbos de algo que podría ser un proyecto de edición de poemas precisamente cuando se hace cada vez más esporádica y menos relevante su publicación en *The Friend*. En noviembre de 1809, en la carta a Southey donde le habla de intentar que *The Friend* les resulte más entretenido a los lectores, hace una referencia con respecto a John Brown, el editor del semanario, y dice: "My Poems are getting ready for him"[594]. Podría entenderse que está hablando de poemas que tiene intención de publicar en *The Friend*, pero el uso de la mayúscula -"Poems"-, que repetirá después en otra frase, hace pensar que se trata de una publicación independiente. La carta que se halla a continuación de ésta en la edición de Griggs va dirigida al propio J. Brown y en ella le habla de lo satisfecho que está con su trabajo, añadiendo: "As to *my* poems therefore, and all my other works, I neither need or shall ask the opinions of any..."[595] Más adelante, insiste sobre lo mismo: está muy interesado en que se publique un volumen de *The Friend* antes del día 26, para lo que le ha

---

[590] Ibid., III:762, pp. 203-4.

[591] *Table Talk*, ed. T. Middleton Raysor, *Coleridge's Miscellaneous Criticism*, Cambridge: Harvard University Press, 1936, p. 432. En adelante *MC*.

[592] Cf. Cap. VII.

[593] Cf. *CL*, III:762, p. 204 (nota). La oferta que le hizo Longman le resultó a Coleridge tan poco ventajosa que le pareció un insulto.

[594] *Ibid.,* 792, p. 261. En la carta a Longman citada más arriba, Coleridge propone a Brown para la impresión de aquella proyectada colección.

[595] Ibid., 793, p. 262.

procurado el papel necesario, y termina: "...you might begin earlier with the Poems - which are ready for you whenever you wish to begin"[596]. En nuestra opinión, estos pasajes son la evidencia de que Coleridge está dispuesto a editar una colección de poemas. Pero, por otro lado, como solía ser habitual en él, no hace alusiones a cuáles sean los poemas que va a publicar, el orden de presentación, etc., ni en ésta ni en ninguna de las cartas escritas por estas fechas. Es más, no vuelve a hablar del tema en ninguna de ellas. Lo que sí sabemos, precisamente a través de la primera de estas dos cartas, es que se encuentra en serios apuros económicos[597]. Probablemente ése y no otro sea el motivo que le hace pensar en una edición de sus obras poéticas. No vemos en este caso el interés mostrado en el proyecto anterior.

Un segundo intento de publicar con Longman se produce en la primavera de 1811. Sería un volumen compuesto por poemas inéditos[598], en el que incluiría un prefacio de unas treinta páginas: "...relative to the principles of Poetry, which I have ever held, and in reference to myself, Mr Southey, and Mr Wordsworth, I should think it necessary to add"[599]. Parece que estamos, por fin, ante lo que sería la réplica de Coleridge a *Lyrical Ballads*: una colección de poemas totalmente nuevos, precedidos de un prefacio sobre sus principios poéticos; es interesante ver que dice "los que siempre ha mantenido". Un dato, aunque anecdótico, digno de tenerse en cuenta es el deseo expresado a Longman de que el formato sea similar al de la edición de *Lyrical Ballads*. Y otro hecho que nos lleva a ratificarnos en esa idea de esta edición como la respuesta poética a *Lyrical Ballads* es el comentario a Longman sobre la intención de Wordsworth, en la próxima edición de éstas, de excluir los poemas de Coleridge. Le propone también la confección de un segundo volumen con todas estas composiciones. No podemos olvidar una cuestión de carácter estrictamente personal, pero que por estas fecha pudo tener alguna repercusión en la vida literaria de Coleridge: el distanciamiento entre los dos poetas a causa de la indiscreción de Basil Montagu, que no se solventaría hasta el verano de 1812[600], aunque más en la forma que en el fondo: la relación entre los dos amigos nunca volvería a ser lo mismo. De todos modos, probablemente desde un punto de vista profesional, Coleridge salió beneficiado[601].

Nada se llevó a término de los planes para la publicación. Parece que Longman hizo caso omiso del proyecto[602]. De cualquier forma, consideramos de gran interés el hecho de que Coleridge tuviera la intención de editar un volumen de poemas con las características

[596] Idem.

[597] Se queja en esta carta de que su madre está agonizando, desea verle antes de morir y su hermano George, aunque sabe que se encuentra sin un penique, no ha tenido el detalle de ofrecerle un préstamo. Sus últimas palabras son el fiel reflejo de la desesperación que siente: "In truth, I know no what to do -for [there] is not a shilling in our whole House-". (Ibid., 792, p. 261).

[598] Con la excepción de uno, de doscientos versos aproximadamente, que ya se ha publicado como un fragmento, pero que ya se da por terminado. Posiblemente se refiera a *The Three Graves*.

[599] Ibid., 824, p. 324.

[600] Para una relación detallada de las circunstancias de esta disputa, cf. E.K. Chambers, *op. cit.*, pp. 235-58 y E. L. Griggs, *CL*, III, pp. xli-xliii.

[601] Griggs considera que la separación de Wordsworth benefició a Coleridge: "It freed him from servile idolatry and an unhealthy dependence, and put an end to his association with Sara Hutchinson." (Ibid., p. xliii).

[602] Cf. E.L. Griggs, ibid., p. 681 (nota). Este autor afirma que Coleridge le ofreció los poemas por encontrarse en serios apuros económicos.

señaladas, por tratarse de algo que, en nuestra opinión, demuestra su independencia de Wordsworth, por la que, quizá sin ser del todo consciente, ha venido luchando a lo largo de varios años. Esta emancipación se hace patente en el siguiente comentario, escrito en una carta a R. Southey, en febrero de 1813:

> ...if it had not been for *the Preface* to W's Lyrical Ballads would themselves have never dreamt of affected Simplicity & Meanness of Thought & Diction-. This Slang has gone on for 14 or 15 years, against us - & really deserves to be exposed[603].

La necesidad de reivindicar su voz propia se hace cada vez más acuciante. El vehículo se ha ido prefigurando en la forma de una colección de poemas con un prefacio introductorio: un doblete de la segunda edición de *Lyrical Ballads*. Así las cosas, en marzo de 1815, le comunica a J. Cottle que tiene preparado un volumen de poemas y material para otro, pero la necesidad perentoria de dedicarse a ocupaciones que le proporcionen un sustento inmediato le impide llevar a cabo las correcciones y enmiendas oportunas. Le ruega a Cottle que acepte los manuscritos y le envíe un anticipo que le permita dejarlo todo listo para la imprenta sin mayores apremios. Cuatro o cinco días depués, le escribe en un estado de desesperación absoluta, afirmando que si no puede prestarle ninguna ayuda, se verá obligado a deshacerse de todos sus poemas... "...fragments and all, for whatever I can get, from the first rapacious Bookseller that will give *any* thing"[604]. Le propone, como otra posibilidad, una reedición de *The Friend*. A finales de marzo, le escribe una carta a Byron -con quien no tenía relación alguna- en la que, tras una breve, y un tanto farragosa, presentación, le informa de lo siguiente:

> Long since from many and respectable Quarters I have been urged -and my circumstances now compel me to publish in two Volumes all the poems composed by me from the year 1795 to the present Date, that are sanctioned by my mature judgment, all that I would consent to call mine, if it depend on my own will. Of these the better Half, comprizing the poems of greater comparative importance from Length and the Interest of the Subject and (*me* saltem judice) from their superior worth - exist only in manuscript -[605]

Dos hechos importantes se desprenden de este pasaje. En primer lugar, Coleridge sólo publicará aquello que considere digno de ser publicado. Encontramos, por tanto, en el poeta una seguridad en su juicio personal que contrasta con los temores e inquietudes de otras épocas. En segundo lugar, es muy significativo el énfasis que pone en resaltar que lo mejor de su creación aún no se ha publicado. De este modo, al tiempo que se presenta como una figura prometedora, trata de contrarrestar los posibles prejuicios que Byron pudiera tener sobre su poesía. No ha de pasarse por alto tampoco la reiteración de la idea, ya expresada previamente, de que esos poemas más valiosos son, a su vez, los de mayor longitud. Se hace evidente de nuevo que Coleridge valora los poemas extensos muy por encima de las composiciones breves. En el pasaje citado se refiere únicamente a una parte

[603] Ibid., III: 887, p. 433.
[604] Ibid., IV: 858, p. 551.
[605] Ibid., 963, p. 560. Coleridge desvela el verdadero objetivo de esta carta en el párrafo siguiente: su imprecación a Byron es la de que éste le recomiende la obra propuesta a algún editor.

de los poemas que pretende publicar. La otra, según sus palabras, la constituirían los poemas que han aparecido en publicaciones diversas; los que se publicaron en *Lyrical Ballads*, a los que añadiría las mejores composiciones de la segunda edición de sus "Juvenile Poems"[606], considerablemente corregidos; la obra de teatro *Remorse*, también corregida y, en este caso, aumentada; finalmente, termina la relación haciendo referencia a un Prefacio:

> A general Preface will be pre-fixed, on the Principles of philosophical and genial criticism relatively to the Fine Arts in general; but especially to Poetry; and a Particular Preface to the Ancient Mariner and the Ballads, on the employment of the Supernatural in poetry and the Laws which regulate it-"[607]

A nuestro entender, los términos en los que Coleridge proyecta el contenido del Prefacio no dejan lugar a dudas sobre su verdadera naturaleza: la réplica al Prefacio de Wordsworth en *Lyrical Ballads*. La parte relativa a las baladas y al tema de lo sobrenatural en poesía es la prueba fehaciente de esa intención. Las críticas más duras de Wordsworth sobre *The Ancient Mariner* versaban precisamente sobre la cuestión del elemento sobrenatural en el poema[608]. Por otro lado, *Christabel*, la otra gran balada de Coleridge, también se había visto sujeta al desprecio de su amigo. Al final de esta carta, Coleridge expone la ya consabida queja de cómo ha sido objeto de las críticas más duras meramente por su relación con Wordsworth y Southey. Se hace más que evidente cómo Coleridge siente la necesidad imperiosa de liberarse de una forma definitiva de esa asociación establecida por el público y por la crítica:

> The cataracts of anonymous criticism never fell on them, but I was wet thro' with the Spray; and without any participation in the Praise, which their merits extorted even from Calumny itself[609].

Este hecho implica que desea mostrar sus diferencias con respecto a estos dos poetas: su estilo no se corresponde con el suyo, es otro, y, en consecuencia, no se le pueden imputar los mismos defectos.

En el mes de abril se van a suceder una serie de acontecimientos que serán determinantes para el modo en que Coleridge conforme esos proyectos. A comienzos de mes, en una carta a Lady Beaumont, hace una comparación entre *The Excursion* y *The Prelude*, de Wordsworth, en detrimento de la primera de estas composiciones, en la que encuentra un defecto importante: falta de profundidad. Expone su idea de una forma en la que la crítica se funde con lo que constituye la supuesta explicación por medio de la que trata de disculpar la falta, conviertiéndose en crítica a su vez :

> As proofs meet me in every part of the Excursion, that the poet's genius has not flagged, I have sometimes fancied, that having by the conjoint operation of his own experiences, feelings, and reason *himself* convinced *himself* of truths, which the generality of

---

[606] Hemos de suponer que se refiere a la edición de 1797.

[607] Ibid., p. 561.

[608] Cf. Cap. V.

[609] *CL*, IV: 963, p. 563.

persons have either taken for granted from their Infancy, or at least adopted in early life, he has attached all their own depth and weight to doctrines and words, which come almost as Truisms or Common-place to others[610].

Lady Beaumont le mostró esta carta a Wordsworth, quien no vaciló en pedirle explicaciones a Coleridge, manifestándole que se sentía muy sorprendido ante su crítica. Éstas son sus razones:

One of my principal aims in the Exn: has been to put the commonplace truths, of the human affections especially, in an interesting point of view; and rather to remind men of their knowledge, as it lurks inoperative and unvalued in their own minds, than to attempt to convey recondite or refined truths[611].

La crítica, según estas afirmaciones de Wordsworth, por tanto, estaría fuera de lugar, dado que lo que Coleridge aduce como objeciones concuerda perfectamente con los objetivos del poeta. Deseamos llamar la atención sobre un aspecto, y es la semejanza entre el propósito que Wordsworth se ha trazado en este poema y el que apareció en el Prefacio a *Lyrical Ballads* de 1802, donde realizó diversas interpolaciones sobre la versión de 1800, siendo ésta una de ellas:

The principal object then which I proposed to myself in these Poems was to chuse incidents and situations from common life, and to relate or describe them, throughout, as far as possible, in a selection of language really used by men; and, at the same time, to throw over them a certain coloring of imagination, whereby ordinary things should be presented to the mind in an unusual way[612].

Con este comentario los poemas de Coleridge, especialmente *The Ancient Mariner* y *Christabel*, quedaban fuera por completo de los objetivos de la colección. Por otra parte, Wordsworth le ruega a Coleridge con insistencia que le indique en qué pasajes concretos ha encontrado tanto los defectos como los méritos. Sobre este particular, Coleridge elude el requerimiento de un modo que hubo de causar a Wordsworth tanto perplejidad como indignación:

...it would have been alike unjust both to you and to myself, if I had led you to suppose that any disappointment, I may have felt, arose wholly or chiefly from the Passages, I do not like -or from the Poem considered irrelatively[613]. —>

Le está diciendo que la desilusión ante el poema en el que había puesto tantas esperanzas se la ha causado el conjunto del mismo. Anteriormente, ha citado los versos 12-47 de su poema titulado *To William Wordsworth*, compuesto, como se dice en el subtítulo, tras oír la recitación de *The Prelude*. Pone de relieve los tres últimos, escritos en mayúsculas, en los que describe la composición de Wordsworth como:

[610] Ibid., 964, p. 564.
[611] *CL*, V, p. 571. Fechada el 22 de mayo de 1815.
[612] *LB*, p. 244.
[613] *CL*, V:969, p. 576.

AN ORPHIC SONG INDEED,
A SONG DIVINE OF HIGH AND PASSIONATE TRUTHS
TO THEIR OWN MUSIC CHAUNTED[614]

Y, un poco más adelante, le señala qué era lo que esperaba de este poema:

> Of course, I expected the Colors, Music, imaginative Life, and passion of *Poetry*; but the matter and arrangement of *Philosophy*[615].

Se puede entrever en estas palabras una velada alusión al pasaje del Prefacio que hemos citado más arriba. Se have obvio que los objetivos de Coleridge y los de Wordsworth eran totalmente dispares. Seguidamente, pasa nuestro autor a exponer cuáles deberían haber sido los contenidos del poema, de los que presentamos una selección:

> I supposed you first to have meditated the faculties of Man in the abstract, (...), to have laid a solid and immoveable foundation for the Edifice by removing the sandy Sophisms of Locke, and the Mechanic Dogmatists, and demonstrating that the Senses were living growths and developments of the Mind & Spirit in a much juster as well as higher sense, than the Mind can be said to be formed by the Senses-[616].

> ...in short, the necessity of a general revolution in the modes of developing & disciplining the human mind by the substitution of life, and Intelligence (...) for the philosophy of mechanism which in every thing that is most worthy of the human Intellect strikes *Death*, and cheats itself by mistaking clear Images for distinct conceptions, and which idly demands Conceptions where Intuitions alone are possible or adequate to the majesty of the Truth.- In short, Facts elevated into Theory - Theory into Laws -& Laws into living & intelligent powers - true Idealism necessarily perfecting itself in Realism, & Realism refining itself into Idealism.-[617]

Esto era lo que Coleridge esperaba encontrar en el proyecto de *The Recluse*, del que *The Excursion* habría sido una parte. En nuestra opinión, aquí está el germen de los capítulos filosóficos de *Biographia Literaria*. Falta, eso sí, la distinción entre imaginación y fantasía. Al final de la carta, le comenta que en dos o tres días terminará un Prefacio en el que va a manifestar cuáles son sus objeciones principales a *The Excursion*. En el capítulo XXII de *Biographia Literaria* se hará esta crítica. Wordsworth se va a adelantar a Coleridge. A finales de abril, se publicó su famosa edición de poemas, incluidos los correspondientes a

---

[614] Sobre la importancia de los temas órficos en la literatura a partir del Romanticismo, cf. Walter A. Strauss, *Descent and Return. The Orphic Theme in Modern Literature*, Cambridge (Mass.): Harvard University Press, 1971. Dice que los románticos trataron de restablecer, en un universo mecanizado, la visión simbólica, e incluso mágica, del mundo. La figura de Orfeo desempeñó un papel fundamental, uniéndose a todas las variedades del neoplatonismo, la Cábala, y los movimientos alquimistas, teosóficos y swedenborgianos hasta comienzos del siglo XX. La experiencia del poeta será el punto de referencia: "...the decisive factor in appraising the nature of the modern Orphic is not so much in the magical mission of the poet, but in the account and interpretation of his experience as refelected in his poetry - the nature of his Orphic journey, that quest for a dark but "pure" center." (P. 10).

[615] *CL*, V: 969, p. 574.

[616] Idem.

[617] Ibid., p. 575.

Lyrical Ballads, con un Prefacio introductorio nuevo, quedando el definitivo de 1802 relegado al final del volumen. Frente a la revolución propuesta por Coleridge para el plan de *The Recluse*, por la que el idealismo derrocaría al mecanicismo, Wordsworth mantiene su pensamiento poético dentro de los esquemas del materialismo. Sirvan como ejemplo las palabras con las que da comienzo a su breve disquisición sobre la creación poética:

THE powers requisite for the production of poetry are: first, those of Observation and description,- *i.e.* the ability to observe with accuracy things as they are in themselves, and with fidelity to describe them, unmodified by any passion or feeling existing in the mind of the describer; whether the things depicted be actually present to the senses, or have a place only in the memory. This power, though indispensable to a poet, is one which he employs only in submission to necessity, and never for a continuance of time: as its exercise supposes all the higher qualities of the mind to be passive, and in a state of subjection to external objects, much in the same way as a translator or engraver ought to be to his original[618].

La mayor parte de este Prefacio va a estar dedicada a la distinción entre imaginación y fantasía, dos facultades imprescindibles para el poeta, puesto que son las que le permiten: "to modify, to create, and to associate"[619]. Las dos primeras de estas funciones se las atribuye a la imaginación, la tercera a la fantasía. La imaginación modifica:

...by conferring additional properties upon an object or abstracting from it some of those which it actually possesses, and thus enabling it to re-act upon the mind which hath performed the process, like a new existence[620].

La acción de crear se lleva a cabo:

By innumerable processes; and in none does it more delight than in that of consolidating numbers into unity, and dissolving and separating unity into number[621].

Baste recordar la definición de imaginación proporcionada por Coleridge en 1802 para ver cómo Wordsworth no está sino repitiendo sus palabras. Cuando habla de la fantasía, Wordsworth se permite el atrevimiento de despreciar la definición de Coleridge:

To the mode in which Fancy has already been characterised as the power of evoking and combining, or, as my friend Mr. Coleridge has styled it, "the aggregative and associative power," my objection is only that the definition is too general. To aggregate and to associate, to evoke and to combine, belong as well to the Imagination as to the Fancy; but either the materials evoked and combined are different; or they are brought together under a different law, and for a different purpose. Fancy does not require that the materials which she makes use of should be susceptible of change in their constitution, from her touch; and, where they admit of modification, it is enough for her purpose it be slight, limited, and evanescent[622].

---

[618] *The Poetical Works of William Wordsworth*, ed. E. De Selincourt, 5 vols., Oxford: Clarendon Press, 1952 (1944), vol. 2, pp. 431-32.
[619] Ibid., p. 432.
[620] Ibid., p. 438.
[621] Ibid., p. 439.
[622] Ibid., pp. 440-41.

Cualquier comparación con las famosas definiciones de Coleridge en el capítulo XIII de *Biographia Literaria* hacen palidecer estas incursiones de Wordsworth en el terreno de la estética. En las cartas de Coleridge, la siguiente referencia a la edición de sus poemas aparece en una misiva, del 29 de julio, dirigida a R.H. Brabant:

> The necessity of extending, what I first intended as a preface, to an Autobiographia literaria, or Sketches of my literary Life & opinions, as far as Poetry and *poetical* Criticism is [are] concerned, has confined me to my Study...[623]

Nos ha llamado la atención la forma en que comienza la carta, hablando de la necesidad de convertir el prefacio en una "Autobiographia Literaria". ¿Cuál fue la causa que le obligó a ampliar el Prefacio inicial? Consideramos que no puede haber sido otra que la lectura del Prefacio de Wordsworth[624]. Por estas fechas, lo considera acabado y dice que ha presentado en él:

> ...a full account (raisonné) of the Controversy concerning Wordsworth's Poems & Theory, in which my name has been so constantly included - I have no doubt, that Wordsworth will be displeased - but I have done my Duty to myself and to the Public, in (as I believe) compleatly subverting the Theory & in proving that the Poet himself has never acted on it except in particular Stanzas which are the Blots of his Compositions.- One long passage - a disquisition on the powers of association, with the History of the Opinions on this subject from Aristotle to Hartley, and on the generic difference between the faculties of Fancy and Imagination - I did not indeed altogether insert, but I certainly extended and elaborated, with a view to your perusal - as laying the foundation Stones of the Constructive or Dynamic philosophy in opposition to the merely mechanic-[625].

---

[623] *CL*, V:972, p. 578. E.L. Griggs fue el primero en llamar la atención sobre la verdadera naturaleza de la obra, que se había malinterpretado a causa de la omisión de una coma en la frase inicial de esta carta tal y como había aparecido en la *Westminster Review*: "The necessity of extending what I first intended as a preface to an Autobiographia Literaria" (Idem, nota). Víctimas de este error fueron J.D. Campbell, *op. cit.*, p. 212 (nota), para quien en julio Coleridge había comenzado y ampliado el prefacio a una autobiografía, y nada menos que G. Watson y J. Shawcross, artífices de sendas ediciones de *Biographia Literaria*. En el caso de G. Watson *(Biographia Literaria*, London: J.M. Dent & Sons, Ltd, 1956, pp. xiii-xiv), el error da lugar a otro: el de considerar que los capítulos 1-13 fueron los primeros en escribirse. J. Shawcross afirma en la introducción a la obra: "Intended in the first instance as a preface to the *Sybilline Leaves*, it grew into a literary autobiography which itself came to demand a preface. This preface itself outgrew its purposed limits, and was incorporated in the whole work, which was finally issued in two parts - the autobiography (two vols.) and the poems." (*BL*, p. lv. Cf. también p. xc). Sin embargo, Daniel M. Fogel, "A Compositional History of the *Biographia Literaria*", *Studies in Bibliography*, 1977, vol. 30, pp. 219-34 y los editores de la edición de *Biographia Literaria* en la recopilación de las obras de Coleridge, James Engell y W. Jackson Bate, *Biographia Literaria*,. Vol. II, London and Princeton: Princeton University Press, 1983, se hacen eco de este error y siguen el camino marcado por Griggs en sus historias repectivas sobre la génesis de la obra, que apenas difieren en los puntos fundamentales.

[624] J. Engell y W. Jackson Bate, *op. cit.*, hacen, probablemente, la lectura más radical de todas con respecto a las motivaciones de Coleridge: "The effective cause of the *Biographia* is Wordsworth's 1815 Preface: as we trace the unity and structure of the *Biographia*, we find that it hinges - at every crucial point and transition (Chapters 4-5, 12-13, and 13 to the second volume as a whole) - on the dialogue between Coleridge and Wordsworth and on Coleridge's reply to Wordsworth concerning the subject of imagination and fancy." (P. cxxxv).

[625] *CL*, V:972, pp. 578-79.

Por fin se ha arrancado los aguijones que ha tenido clavados durante todos estos años: la cuestión de la dicción poética tal y como aparece expuesta en el Prefacio de *Lyrical Ballads*, en la que no encajaban sus poemas, y que, sin embargo, le había hecho objeto de las críticas más mordaces, y la evolución de su pensamiento filosófico, del mecanicismo al idealismo. Su teoría de la imaginación sólo tiene cabida dentro de los presupuestos de este último sistema, mientras que Wordsworth, en el Prefacio de 1815, se ha obcecado en desarrollarla a partir de las doctrinas del empirismo, dando lugar a una contradicción interna en su discuro absolutamente insostenible.

Coleridge aún tiene en mente la idea de editar la exposición teórica -llámesele como se desee en este estadio de su composición- en un volumen junto con sus poemas. El 10 de agosto, le pide a Morgan que escriba a William Hood, uno de los editores, expresándole su deseo de que la obra se imprima "in the size of Wordsworth's last edition of Poems &c. the prefatory remarks same sized type < as Wordsworth's *last* preface, not his old Preface >"[626]. Si en otros momentos había, como hemos tratado de exponer, tenido la idea de elaborar una réplica a *Lyrical Ballads*, en éstos, su obsesión es la de contestar a esta nueva edición. A mediados de septiembre, ha cambiado de opinión en lo que atañe a las características de su edición. Los poemas han pasado a un segundo plano y la biografía literaria ocupa el lugar más importante: "...in consequence of information received from various Quarters I concluded, that a detailed publication of my opinions concerning Poetry & poets, would excite more curiosity and a more immediate interest than even my Poems-"[627]. El orden de prioridades se ha invertido:

> Therefore instead of poems *and* a Preface I resolved to publish "Biographical Sketches of my LITERARY LIFE, Principles, and Opinions, chiefly on the Subjects of Poetry and Philosophy, and the Differences at present prevailing concerning both: by S. T. Coleridge. To which are SYBILLINE LEAVES, or a Collection of poems by the same Author. The *Autobiography* I regard as the main work: tho' the Sybilline Leaves will contain every poem, I have written, except the Christabel which is not finished-[628].

Este cambio afecta igualmente al formato de la obra. Ya no le preocupa el tamaño o el tipo de letra y añade que el de la edición de la obra de Wordsworth le parece "too *open* and naked for a *Book*"[629]. A nuestro juicio, esto demuestra que Coleridge ya no se ve como el rival de Wordsworth, sino que, en alguna medida, se siente superior a él. Quizá la extensión de la parte filosófica de su autobiografía literaria, mencionada un poco después, tenga algo que ver en ello. Dice que le ha enviado a Morgan, el editor, la primera parte, y la segunda, que no iba a sobrepasar unas pocas páginas:

> ...has now become not only a sizeable Proportion of the whole, not only the most interesting portion to a certain class, but with the exception of four or five Pages of which

---

[626] VCL mss; en James Engell y W. Jackson Bate, *op. cit.*, p. l.

[627] *CL*, V: 974, p. 584.

[628] Ibid., pp. 584-85.

[629] Idem. James Engell y W. Jackson Bate, *op. cit.*, no tienen en cuenta este cambio tan significativo.

due warning is given, the most *entertaining* to the general reader, from the variety both of information and of personal Anecdotes-[630].

El 27 de septiembre, en una carta a John May, amigo de la familia, Coleridge le comunica que ha enviado a la imprenta los manuscritos correspondientes a dos volúmenes, el primero su "*Literary* Life" y el segundo una colección de poemas escritos después de sus publicaciones juveniles en 1796[631]. El 7 de octubre, le escribirá a Daniel Stuart, repitiendo la misma noticia y describiendo su autobiografía en términos similares a los apuntados en citas anteriores. Reitera de nuevo la idea de que a Wordsworth no le va a agradar la parte dedicada a la poesía, escrita: "...in the hope of settling the controversy on the nature of poetic diction"[632]. Finalmente, ha logrado Coleridge erigirse en el árbitro entre la vieja y la nueva escuela poética. Le habla de *Sybilline Leaves* como segundo volumen, que contiene:

> ...all the Poems, I think worthy of publication, exclusive of those in my "Poems" published in 1794 [1796] - about one third, or little more, from MSS; and all corrected & finished to the best of my power-[633].

3. *BIOGRAPHIA LITERARIA* Y *SYBILLINE LEAVES*.

Biographia Literaria apareció en julio de 1817. *Sybilline Leaves* unos días después. En este punto, no es nuestro propósito realizar ningún examen exhaustivo de una obra como *Biographia Literaria* sobre la que tantos ríos de tinta se han vertido desde las perspectivas más variadas, principalmente en lo que respecta a su contenido filosófico. Simplemente, trataremos de señalar la forma en que fue el resultado al que llegó el autor tras ese largo recorrido en pos de una réplica a Wordsworth, centrándonos en aquellos aspectos que tengan una mayor relación con esa frustración de su voz poética, cuyos orígenes se remontan a quince años antes de la composición de *Biographia*. Por otra parte, puesto que su objetivo inicial era el de servir de Prefacio a la colección de poemas, que, finalmente, se publicaría en un volumen aparte, hemos considerado oportuno incluir el análisis de *Sybilline Leaves* en relación con el canon poético de Coleridge dentro del mismo punto.

---

[630] *CL*, V: 974, p. 586. En el capítulo XII de *Biographia Literaria*, el más filosófico de todos, el autor pone en guardia a sus lectores: "In lieu of the various requests which the anxiety of authorship addresses to the unknown reader, I advance but this one; that he will either pass over the following chapter altogether, or read the whole connectedly." (I, p. 162). En su estudio de la composición de la obra, Daniel M. Fogel, *op. cit.*, propone que los capítulos I-V y XIV-XXII se escribieron entre los meses de junio y julio. Ésta sería, por tanto, la primera parte de la que habla Coleridge en esta carta. En agosto y septiembre se elaboraron los capítulos VI-XIII. Finalmente, entre enero y junio de 1817, el autor escribió la "Conclusión" y engrosó en unas dos terceras partes el capítulo XXII. Considera que para Coleridge tenía una gran importancia esta parte filosófica: "That Coleridge spent two months adding the metaphysical part to a work which he could have passed off as finished demonstrates that from his standpoint the philosophy of Volume I of the *Biographia* was an essential foundation for the assessment of Wordsworth's poems, theory, and poetry in Volume II." (P. 233).

[631] *CL*, V:976.

[632] Ibid., 977, p. 591.

[633] Idem.

La parte de *Biographia Literaria* dedicada a la poética la constituyen los capítulos I-IV y XIV-XXII. El corpus central, esto es, los capítulos V-XIII, está centrado en cuestiones filosóficas, con la excepción de los capítulos X y XI, en los que la filosofía se ve sustituida por una serie de digresiones, anécdotas y experiencias personales, en apariencia, al menos, completamenta ajenas al hilo discursivo con el que se hilvanan los capítulos precedentes y siguientes. Es en el bloque compuesto por los cuatro primeros y nueve últimos capítulos donde se produce esa respuesta más directa a Wordsworth[634]. Sin embargo, la crítica más incisiva, aunque de una forma soterrada, posiblemente tenga lugar en esos capítulos centrales. En el tercer capítulo, Coleridge expone el motivo por el que ha sido objeto de censuras que considera injustas: el hecho de que se le haya asociado con Southey y Wordsworth, y la supuesta escuela que los tres habrían formado. No obstante, ni en su obra ni en la de Southey se podrían encontrar los defectos imputados. Concretamente, en cuanto a la primera edición de sus poemas:

> The critics of that day, the most flattering equally with the severest, concurred in objecting to them obscurity, a general turgidness of diction, and a profusion of new coined double epithets[635].

Admite que la primera de las objeciones se puede aplicar a *Religious Musings*. Para justificarse, repite la misma idea que hemos visto expuesta en cartas correspondientes al periodo de la publicación[636]:

> Satisfied that the thoughts, such as they were, could not have been expressed otherwise, or at least more perspicuously, I forgot to enquire, whether the thoughts themselves did not demand a degree of attention unsuitable to the nature and objects of poetry[637].

Era la profundidad del pensamiento la causa de la oscuridad imputada, y no la forma en que estaban expresadas las ideas. El resto de las críticas le parecieron perfectamente justificadas:

> In the after edition, I pruned the double epithets with no sparing hand, and used my best efforts to tame the swell and glitter both of thought and diction[638].

Los defectos, por tanto, de sus primeras publicaciones nada tenían que ver con la sencillez afectada y el estilo burdo del que se le ha acusado. Su evolución se dirigió en un sentido que aparece manifestado de forma inmediata:

---

[634] Cf. M.G. Cooke, "*Quisque Sui Faber:* Coleridge in the *Biographia Literaria*", *Philological Quarterly*, 1971, vol. 50, pp. 208-29: "The initial motion of the *Biographia* tends toward escape from a satellite's orbit around the figure of Wordsworth. It is made, as the biographical evidence amply shows, as much under the duress of disillusioned hero-worship as under the banner of independent desire." (P. 220).

[635] *BL*, I, p. 2.

[636] Cf. Cap. V.

[637] *BL*, I, pp. 2-3.

[638] Ibid., p. 3. Obsérvese cómo también aquí repite las mismas palabras que utilizó veinte años antes en la edición de 1797. Cf. Cap. V.

From causes, which this is not the place to investigate, no models of past times, however perfect, can have the same vivid effect on the youthful mind, as the productions of contemporary genius[639].

Así, no obstantes su conocimiento y admiración por los autores de la tradición clásica greco-latina y por los grandes modelos de la literatura inglesa, Shakespeare y Milton, su atención se va a dirigir a las obras de los que califica como modernos. Las compara con las de los autores comprendidos entre la época de Donne y la de Cowley, y dice que ninguno le resultó satisfactorio:

Our faulty elder poets sacrificed the passion and passionate flow of poetry, to the subtleties of intellect, and to the starts of wit; the moderns to the glare and glitter of a perpetual, yet broken and heterogeneous imagery, or rather to an ambitious something, made up, half of image, and half of abstract meaning. *The one sacrificed the heart to the head; the other both heart and head to point and drapery*[640].

Habla seguidamente de su admiración por poetas contemporáneos: Bowles, West, Warton. El primero fue el que mayor impresión le causó; en los otros había algunos defectos o irregularidades que hacían sus obras no del todo de su agrado. El mayor impacto sobre su sensibilidad poética vino de otra dirección:

Whatever relation therefore of cause or impulse Percy's collection of Ballads may bear to the most *popular*[641] poems of the present day; yet in the more sustained and elevated style, of the then living poets, Bowles and Cowper were, to the best of my knowledge, the first who combined natural thought with natural diction; *the first who reconciled the heart and the head*[642].

Coleridge encontró el ideal poético -tantas veces repetido en este trabajo por medio de la cita de sus propias palabras- que aunase el corazón y el intelecto: las emociones y el pensamiento. No es necesario decir nada, y no lo hace por el momento, sobre cuáles de sus poemas mejor siguen el modelo de las baladas recopiladas por Percy: *The Ancient Mariner, Christabel* y *The Dark Ladié*. Mucho más adelante, según la estructuración definitiva de *Biographia*, en el capítulo XIV, que, de no haberse insertado la parte filosófica, habría aparecido poco después de éste[643], habla de los objetivos, tan opuestos como complementarios, que Wordsworth y él se habían marcado con los poemas de la colección; el suyo, concentrarse en personajes sobrenaturales o, al menos, románticos; el de Wordsworth, proporcionarle el encanto de la novedad a lo cotidiano. Con esa idea escribió *The Ancient Mariner* y preparó *The Dark Ladié* y *Christabel*, "in which I should have more

---

[639] Ibid., p. 6. Para la cita completa, cf. Cap. V.

[640] Ibid., p. 15. La cursiva es nuestra.

[641] La cursiva en el original.

[642] Ibid., p. 16.

[643] Si seguimos la, a nuestro juicio, acertada propuesta sobre la configuración original de la obra de Daniel M. Fogel, *op. cit.*, seguida también por James Engell y Walter Jackson Bate en su introducción a la edición de Princeton (*op. cit.*), este capítulo ocuparía si no el lugar inmediato al IV, el siguiente al V.

nearly realized my ideal, than I had done in my first attempt"[644]. A ninguna de estas composiciones se les pueden interponer las objeciones aducidas por la crítica, o, al menos, aquellas que Coleridge parece haber sentido como más injustas en relación con su obra. Las tres fueron despreciadas por Wordsworth, quien con el Prefacio a la segunda edición, donde dice que su objetivo es escoger incidentes y situaciones de la vida cotidiana, no les dejó cabida dentro de *Lyrical Ballads*. En la edición de 1815, excluyó los poemas de Coleridge. En el Prefacio justifica esta decisión en unos términos confusos pero lo suficientemente expresivos de su idea de que las composiciones de Coleridge son una estridencia que rompe la armonía del conjunto:

> The feelings, with which that joint publication was made, have been gratified: its end answered, and the time is come when considerations of general propriety dictate the separation[645].

Coleridge, al hacer explícito en *Biographia* cuál fue su cometido en esta colección, está otorgándoles ese lugar que Wordsworth no quiso reconocer, con una versión del origen de *Lyrical Ballads* que cambia por completo el sentido de esta obra. Por otro lado, dada la naturaleza atribuida a sus composiciones, resulta obvio que Coleridge le está mostrando al lector cómo la controversia de la dicción poética no le atañe a él, sino que es un problema exclusivo de Wordsworth, no tanto por el carácter de sus composiciones en la colección: "...the omission of less than an hundred lines would have precluded nine-tenths of the criticism of this work"[646], como por el Prefacio:

> In the critical remarks, therefore, prefixed and annexed to the "Lyrical Ballads," I believe that we may safely rest, as the true origin of the unexampled opposition which Mr. Wordsworth's writings have been since doomed to encounter"[647].

La última parte de *Biographia* está centrada en el tema de la dicción poética y en una crítica de los méritos y defectos de Wordsworth. Previamente, Coleridge ha tratado de zanjar el asunto de la distinción entre la imaginación y la fantasía. Introduce el tema del siguiente modo: "It has been already hinted, that metaphysics and psychology have long been my hobby-horse"[648]. Él, por tanto, es quien sabe de metafísica y filosofía, y, en consecuencia, quien puede hablar con propiedad de estas materias. Y añade poco después:

---

[644] *BL*, II, p. 6.

[645] E. De Selincourt (ed.), *The Poetical Works of William Wordsworth*, 5 vols., Oxford: Clarendon Press, 1952 (1944), II, p. 444. En adelante *PWW*.

[646] *BL*, I, p. 50.

[647] Ibid., p. 51. Wordsworth, por su parte, se defendería de estas críticas referidas a la teoría expuesta en el Prefacio: "I never cared a straw about the theory - & the Preface was written at the request of Coleridge out of sheer good nature - I recollect the very spot, a deserted Quarry in the Vale of Grasmere where he pressed the thing upon me, & but for that it would never have been thought of." (*The Prose Works of William Wordsworth*, ed. W.J.B. Owen and J.W. Smyser, 3 vols., Oxford: Clarendon Press, 1974, I, p. 167). Coleridge, en una carta a William Sotheby, escrita en 1802, admitió: "...it was at first intended that the Preface should be written by me." (*CL*, II:444, p. 811).

[648] *BL*, I, p. 62.

> There was a time, certainly, in which I took some little credit to myself, in the belief that I had been the first of my countrymen, who had pointed out the diverse meaning of which the two terms were capable, and analyzed the faculties to which they should be appropriated[649].

De ello se deduce que, en su Prefacio, Wordsworth se ha apropiado de unas ideas que le pertenecen a él[650]. Coleridge hace referencia a su distinción:

> The explanation which Mr. Wordsworth has himself given will be found to differ from mine, chiefly perhaps, as our objects are different. (...) it was Mr. Wordsworth's purpose to consider the influences of fancy and imagination as they are manifested in poetry, and from the different effects to conclude their diversity in kind; while it is my object to investigate the seminal principle, and then from the kind to deduce the degree[651].

Nos está adelantando que va a presentar una exposición mucho más profunda que la de Wordsworth, quien, en realidad, se ha quedado en la superficie[652]. En los capítulos

---

[649] Idem. J. Shawcross considera que Coleridge llegó a la discriminación de los dos términos sin ningún tipo de influencia, ni británica ni alemana. La distinción entre "Phantasie" y "Einbildungskraft" de Jean Paul en su *Aesthetik* es similar a la de Coleridge, aunque con el sentido de los términos invertido, pero cree a Coleridge cuando afirma que en 1817 apenas conocía esta obra (ibid., p. 226, nota). T.F. Diffey, "The Roots of Imagination: The Philosophical Context" en *The Romantics*, ed. Stephen Prickett, London: Methuen, 1981, pp. 164-201, pone de relieve cómo la controversia sobre si la fantasía y la imaginación eran dos facultades distintas fue bastante fecunda en el siglo XVIII. James Beattie (*Dissertations Moral and Critical*, 1783) postuló que presentaban una diferencia de grado. El filósofo Dugald Stewart (*Elements of the Philosophy of the Human Mind*, 1792) también propuso la desinonimización de los vocablos: la imaginación representa una facultad superior a la fantasía, meramente asociativa. James Engell y W. Jackson Bate, *op. cit.*, asimismo, añaden otros nombres relevantes en la historia de la distinción: Hester Thrale Piozzi (*British Synonymy*, 1794), que sigue la línea de Beattie, y William Duff (*Essay on Original Genius*, 1767) y John Moir (*Gleanings; or, Fugitive Peaces*, 1785) se aproximan bastante a la idea de Coleridge. Su opinión, sin embargo, es la siguiente: "Until a few of these previous distinctions in England were called to Coleridge's attention (mainly by Wordsworth's 1815 Preface), he does not seem to have been conscious of them, though he had at one time or other read most of the authors cited above." (P. xcviii). La brecha, no obstante, la rompió muchos años atrás M.H. Abrams, *op. cit.*, 1953, al presentar en su estudio todos los antecedentes en la tradición británica de lo que él calificó como la teoría expresiva del arte característica del romanticismo, recogiendo todas estas obras y valorando su repercusión en las teorías románticas.

[650] Creemos que no se puede pasar por alto el gran parecido del pasaje del Prefacio de Wordsworth de 1815 que citamos seguidamente con la definición de imaginación que aparece en la carta escrita por Coleridge en 1802 (cf. Cap. V): "The grand store-houses of enthusiastic and meditative Imagination, of poetical, as contra-distinguished from human and dramatic Imagination, are the prophetic and lyrical parts of the Holy Scriptures, and the works of Milton; to which I cannot forbear to add those of Spenser. I select these writers in preference to those of ancient Greece and Rome, because the anthropomorphitism of the Pagan religion subjected the minds of the greatest poets in those countries too much to the bondage of definite form; from which the Hebrews were preserved by their abhorrence of idolatry." (*PWW*, II, pp. 430-40).

[651] *BL*, I, p. 64.

[652] La metáfora que utiliza es muy gráfica: "My friend has drawn a masterly sketch of the branches with their *poetic* fruitage. I wish to add the trunk, and even the roots as far as they lift themselves above ground, and are visible to the naked eye of our common consciousness." (Idem). J.R. de J. Jackson, *Method and Imagination in Coleridge's Criticism*, London: Routledge & Kegan Paul, 1969, considera que Coleridge se está rebelando contra la costumbre de la crítica de expresar opiniones sin basarlas en unos fundamentos previos: "In *Biographia Literaria*, Coleridge tries to give evidence of his own competence and to show himself "master of the means of studying the question." The autobiographical materials introduced into the work are calculated to explain to us the bias of his taste and to reveal the steps of thought by which he arrived at the ideas which he wishes to

siguientes, procede a realizar su refutación del asociacionismo y trata de deducir la triple distinción presentada en el famoso capítulo XIII, en el que, sin duda alguna para asombro de Wordsworth, Coleridge no presenta exactamente la definición de los dos términos, sino que uno de ellos se ve desdoblado, dando lugar a tres facultades -imaginación primaria, imaginación secundaria y fantasía-. No por repetidas podemos pasar por alto en este trabajo las palabras de Coleridge, especialmente habida cuenta de la repercusión que han tenido en una parte muy importante de las interpretaciones de *Kubla Khan*:

> The IMAGINATION then, I consider either as primary, or secondary. The primary IMAGINATION I hold to be the living Power and prime Agent of all human Perception, and as a repetition in the finite mind of the eternal act of creation in the infinite I AM. The secondary Imagination I consider as an echo of the former, co-existing with the conscious will, yet still as identical with the primary in the *kind* of its agency, and differing only in *degree*, and in the *mode* of its operation. It dissolves, diffuses, dissipates, in order to recreate; or where this process is rendered impossible, yet still at all events it struggles to idealize and to unify. It is essentially *vital*, even as all objects (*as* objects) are essentially fixed and dead.

> FANCY, on the contrary, has no other counters to play with, but fixities and definites. The Fancy is indeed no other than a mode of Memory emancipated from the order of time and space; while it is blended with, and modified by that empirical phenomenon of the will, which we express by the word CHOICE. But equally with the ordinary memory the Fancy must receive all its materials ready made from the law of association[653].

Estas tres definiciones han provocado un auténtico aluvión de análisis críticos, en los que se ha tratado tanto de asignarles fuentes[654], sobre todo dentro de la poética y la filosofía alemanas del momento[655], a las ideas expresadas, como de desentrañar el significado último

---

expound." (P. 54). Más o menos similar es la idea de P. Hamilton, *op. cit.*, p. 21: "He presents difficulty in *Biograhia* as a means of enhancing his own philosophical authority..."

[653] *BL*, I, p. 202.

[654] Es interesante el estudio de la tradición británica sobre el tema de la imaginación que realiza Ernest L. Tuveson, *op. cit.*

[655] Prácticamente todos los críticos coinciden en que la deuda de Coleridge con los alemanes es un hecho. No ha de olvidarse, por otra parte, que se trata de una deuda reconocida por el autor en su obra. Difieren, no obstante, en la fuente que consideran como fundamental. J. Shawcross relaciona las dos facultades resultantes con el desdoblamiento de la inteligencia que se encuentra en la introducción de Schelling a *Entwurf eines Systems der Naturphilosophie*, 1799 (*BL*, I, p. 272, nota). R. Wellek, *op. cit.*, le resta importancia a la influencia de Kant en *Biographia* -aunque no deja de estar presente, afirma, en los capítulos preparatorios de la definición de la imaginación- en favor de Schelling. Algunos procuran poner el punto de mira en otras direcciones. Así, R.J. Brett, *op. cit.*, pone de relieve la influencia del platonismo y el neoplatonismo, considerando que el papel activo de la mente en el conocimiento, la idea de la reciprocidad entre la naturaleza y la mente humana, la obtuvo Coleridge de los platónicos ingleses, fundamentalmente de Cudworth y su obra *The True Intellectal System of the Universe*. Del mismo año es el trabajo de Thomas McFarland, *op. cit.*, quien habla de la influencia de Maas en *Biographia Literaria* y considera que la distinción entre imaginación y fantasía, que se le atribuye a Schelling, en realidad, está basada en las distinciones kantianas: "What in fact does Coleridge mean by "imagination"? To this the answer is clear: *he means exactly what we all mean in ordinary language by the word imagination.*" Quiere decir lo mismo que Descartes ("imaginatio"), Kant ("Einbildungskraft"), Wordsworth ("imagination"), Fichte, Schelling, Herder, los Schlegel, etc. (Pp. 306-7). G.N.G. Orsini, *op. cit.*, incide también en la influencia de Schelling y, sobre todo, de Kant, apuntando cómo los orígenes de su doctrina de la imaginación están en los pensadores ingleses del siglo XVIII. N. Tetens, antecesor de Kant, fue quien estableció sus fundamentos. Las

de cada una de las facultades. El origen de este debate inagotable, en el que pugnan interpretaciones en ocasiones radicalmente opuestas, se halla en esa categoría añadida que supone la duplicación de la facultad imaginativa[656]. El problema, a nuestro entender, se ha centrado en dilucidar cuál de las dos imaginaciones es la facultad operativa en el proceso creativo y cuál es la que corresponde al proceso cognitivo[657]. Sin embargo, también cabe la posibilidad de interpretar que estas definiciones pertenecen exclusivamente al terreno de la estética, sin ninguna implicación de carácter epistemológico[658]. Ahora bien, si, por un

raíces se encuentran en los críticos italianos de los ss. XVI y XVII, y culminan en G.B. Vico. J. Wordsworth, "The Infinite I AM: Coleridge and the Ascent of Being" en *Coleridge's Imagination*, ed. Gravil, Newlyn & Roe, Cambridge: Cambridge University Press, 1985, pp. 22-52, destaca que la influencia de la tradición británica del XVIII es superior a la del idealismo alemán. Sobre la influencia del idealismo alemán son de gran interés los estudios de Mark Kipperman, *Beyond Enchantment: German Idealism and English Romantic Poetry*, Philadelphia: University of Pennsylvania Press, 1986, que explora la conexión entre *Biographia*, el idealismo alemán y la ya mítica búsqueda romántica del yo; y Gerald McNiece, *The Knowledge that Endures. Coleridge, German Idealism and the Logic of Romantic Thought*, London: Macmillan, 1992.

[656] G.N.G. Orsini, *op. cit.*, sugiere que hay una tercera facultad -primera según un orden jerárquico- en la definición de Coleridge: la imaginación del Creador Supremo -"the infinite I AM". T. McFarland, "The Origin and Significance of Coleridge's Theory of Secondary Imagination" en *New Perspectives on Coleridge and Wordsworth*, ed. G.H. Hartman, London & New York: Columbia University Press, 1972, pp. 195-246, cree que el origen de esta división tripartita está en la que el filósofo alemán Tetens presenta en su obra *Philosophische Versuche über die menschliche Natur und ihre Entwickelung* (1777), que Coleridge estudió con bastante interés con anterioridad a 1804. El equivalente a la imaginación secundaria de Coleridge sería la "Dichtungsvermörgen" de Tetens. Se va a oponer a ello J. Wordsworth, *op. cit.*, para quien es Schelling y no Tetens el origen de la división.

[657] J. Shawcross es el punto de partida inevitable en este debate. Sostiene que la imaginación secundaria es el órgano de la percepción, mientras que la primaria es la misma capacidad en un grado superior "which enables its possessor to see the world of our common experience in its real significance. And the creations of art are the embodiments of this vision." (*BL*, I, p. 272, nota). Esta misma es la interpretación de I.A. Richards, *Coleridge on Imagination*, London: Kegan Paul, Trench, Trubner, 1934, pp. 58-9: "The Primary imagination is normal perception that produces the usual world of the senses. (...) The Secondary Imagination, re-forming this world, gives us not only poetry... All the supernumerary perceptions which support civilized life are the product of the secondary Imagination." Del mismo modo se expresa M. H. Abrams, *op. cit.*, 1953. Manteniendo esta clasificación, Basil Willey, *Coleridge on Imagination and Fancy*, London: Oxford University Press, 1947, encuentra que, para Coleridge, la percepción es una actividad mental y no un mero registro pasivo y mecánico de impresiones. Éstas son, igualmente, las interpretaciones de George Powell, "Coleridge's Imagination and the Infinite Regress of Consciousness", *Journal of English Literary History*, 1972, vol. 39, pp. 266-78; de A.E. Powell, *The Romantic Theory of Poetry*, New York: Russell & Russell, 1962; y de K. Wheeler, "Coleridge's Theory of Imagination: a Hegelian Solution to Kant" en *The Interpretation of Belief*, ed. D. Jasper, London: Macmillan, 1986, pp. 16-40. R. L. Brett, *op. cit.*, añade otro matiz: la imaginación primaria es involuntaria, mientras que la secundaria depende de la voluntad. K.M. Wheeler, *Sources, Processes and Methods in Coleridge's Biographia Literaria*, Cambridge: Cambridge University Press, 1980, encuentra una analogía entre la actividad artística y la actividad esencial de la percepción en la explicación de Coleridge, a partir de la cual el autor "...drew out into full view the ramifications of the German Romantic concept of irony." (P. 73).

[658] J.R. de J. Jackson, *op. cit.*, 1969, propone una interpretación innovadora: la imaginación primaria es el término literario para el inconsciente y la secundaria está a medio camino entre el entendimiento y el inconsciente: "Secondary Imagination is the faculty used to exploit the God-given resources hidden in the unconscious interior of the human mind." (P. 117). G. McNiece, *op. cit.*, sigue esta misma línea: "As a dim analogue of creation, imagination is associated with obscure or only partly voluntary or conscious processes active within the general process of reconciling opposites." (P. 56). J.A. Appleyard, *op. cit.*, p. 203 y ss., opina que la descripción de la imaginación en *Biographia Literaria* falla porque, en lo que tiene que ver con la actividad poética -con la capacidad creativa-, no presenta ninguna relación con la teoría de Schelling que aparece como el sustrato teórico de la deducción. Considera este crítico que añade poco a las definiciones de 1802 y 1804. Las diferencias con éstas son sólo para errar. J. Wordsworth, *op. cit.*, considera que la distinción en *Biographia Literaria*

momento, volvemos la vista a la definición de 1802[659], nos encontramos con que la imaginación secundaria parece ser la que mayor similitud presenta con lo que entonces Coleridge denominó imaginación: las dos comparten las capacidades de modificar y unificar, y en ambos casos se resalta su carácter esencialmente *vital*. Decía Coleridge que en la poesía griega "All natural objects were *dead*"[660]. Ahora dice que la imaginación secundaria es esencialmente vital, aunque los objetos, como tales, no sean sino algo inmóvil y muerto. En la definición de 1804 repite la misma idea de la capacidad "modificadora" de la imaginación, pero también va a aportar un dato nuevo: es un pálido reflejo de la Creación -"a dim analogue of Creation"-[661]. En *Biographia*, la imaginación secundaria coexiste con la voluntad consciente y es un eco de la primaria, la cual, a su vez, es una repetición -y no ese pálido reflejo, ese eco- en la mente finita del acto eterno de la creación en la Conciencia Suprema, infinita. Esa capacidad de creación absoluta no estaba incluida en las definiciones anteriores de la imaginación, que, creemos, se correspondían con lo que posteriormente denomina imaginación secundaria[662]. En el Prefacio de 1815, Wordsworth no establece estas diferenciaciones:

> Thus far of an endowing or modifying power: but the Imagination also shapes and *creates*; and how? By innumerable processes; and in none does it more delight than in that of consolidating numbers into a unity, and dissolving and separating unity into number-[663].

Una sola es, según estas palabras, la facultad que realiza las dos operaciones de modificar y de crear. Con independencia de cualquier consideración de naturaleza estética o epistemológica, o de las fuentes o influencias en las que pudiera tener su antecedente la división tripartita de las facultades, lo cierto es que el desdoblamiento en dos imaginaciones que realiza Coleridge viene a ser de nuevo una forma más por su parte de demostrar el lugar que le corresponde en su primacía sobre Wordsworth en lo que a este tema respecta.

El hecho de que manifieste en su definición de forma explícita que la voluntad es partícipe de las actividades de la imaginación secundaria parece excluirla de las operaciones de la imaginación primaria, que, en definitiva, serían involuntarias. En el ensayo *On Poesy or Art*, escrito con toda probabilidad no antes de 1818[664], tomado en su mayor parte de *La*

---

sigue la línea de estas anteriores y, por lo tanto, es de carácter exclusivamente estético y no epistemológico. Además, invierte el orden de preeminencia: "The primary imagination is rather the highest exertion of the imagination that the "finite mind" has to offer; and its scope (...) necessarily includes universals which lie beyond the restricted field of the "secondary" imagination. For the appointed task of the "secondary" imagination is to "idealize and unify" its objects; and it can hardly "unify" the universals." (P. 24). M. Bowra, *The Romantic Imagination*, Oxford: Oxford University Press, 1950, p. 4, también parece asignarle un lugar primordial a la imaginación primaria.

[659] Cf. Cap. V.

[660] J. Shawcross, *BL*, I, p. 272 (nota) establece una comparación con la definición de objeto en *Abhandlungen, &c. (Werke, I. 367)*, de Schelling.

[661] Cf. Cap. V.

[662] Cf. M.H. Abrams, *Natural Supernaturalism. Tradition and Revolution in Romantic Literature*, New York and London: W.W. Norton & Co, 1971, p. 379: "Coleridge's passages in the *Biographia* incorporate, in precise summation, the key terms in the Romantic lexicon of creative perception."

[663] *PWW*, II, pp. 438-39.

[664] *BL*, II, p. 317.

relación del arte con la naturaleza, de Schelling[665], Coleridge, siguiéndole casi literalmente, proclama la importancia del papel del inconsciente en la actividad creativa[666]:

> In every work of art there is a reconcilement of the external with the internal; the conscious is so impressed on the unconscious as to appear in it; as compare mere letters inscribed on a tomb with figures themselves constituting the tomb. He who combines the two is the man of genius; and for that reason he must partake of both. Hence there is in genius itself an unconscious activity; nay, that is the genius in the man of genius. And this is the true exposition of the rule that the artist must first eloign himself from nature in order to return to her with full effect. Why this? Because if he were to begin by mere painful copying, he would produce masks only, not forms breathing life. He must out of his own mind create forms according to the severe laws of the intellect[667].

En la definición de la imaginación primaria, la parte en la que Coleridge la describe como "the living power and prime Agent of all human Perception" es la que ha inducido a muchos críticos a excluirla de la interpretación como facultad del orden estético. Quizá lo que Coleridge nos quiere indicar es que esa actividad creativa es una forma de conocimiento[668]. Hay una entrada del año 1810, en uno de sus cuadernos, donde dice:

[665] Se trata de la décimotercera conferencia del ciclo impartido en 1818 en la London Philosophical Society (cf. *MC*, p. 204). La deuda con Schelling la señaló por primera vez James J. Ferrier, "Plagiarisms of Coleridge", *Blackwood's Edinburgh Magazine*, XLVII, 1840, vol. 47, pp. 287-99. Sara Coleridge, la hija del autor, publicó la conferencia en 1849 en la colección titulada *Lectures upon Shakespeare and Other Dramatists*, señalando todos los pasajes tomados de Schelling. Thomas M. Raysor, *MC*, p. 205, considera que la acusación de plagio es injusta, dado que Coleridge no tenía ninguna obligación de dar cuenta de las fuentes utilizadas para una conferencia y, por otra parte, no es responsable de la publicación póstuma de un texto que, aparentemente, nunca tuvo intención de publicar.

[666] Owen Barfield, *What Coleridge Thought*, London: Oxford University Press, 1972, señala este carácter inconsciente de la imaginación primaria, pero manteniendo la capacidad creativa para la secundaria: "Primary imagination (...) is an act, but it is an act of which we are not normally conscious. It becomes secondary, whether philosophically or poetically, when it is raised to, or nearer to, the level of consciousness and therewith becomes expressible." (P. 77). Esta misma es la línea seguida por James Engell en su estudio "Coleridge and German Idealism: First Postulates, Final Causes", en *The Coleridge Connection*, ed. R. Gravil & M. Lefebure, London: Macmillan, 1990, pp. 153-77, quien relaciona el concepto de imaginación de Coleridge con las tesis schellingeanas: para Coleridge, el acto de la creación artística "...recreates and idealizes its own forms - its own "beauty" - by starting from our perceptions of nature; yet the act does not copy objects of nature but imitates its productive power, and hence calls on a degree of imagination considered poetic or creative, and "co-existing with the conscious will". This creative or poetic imagination is productive itself of ideas conveyed by symbols that fuse unconscious nature with conscious mind." (P. 157).

[667] *BL*, II, p. 258. Cf. F. Schelling, *La relación del arte con la naturaleza*, traducción de Alfonso Castaño Piñán, Madrid: Sarpe, 1985, p. 68: "Es digno de llamarse feliz, y sobre todo digno de alabanza, aquel artista a quien los dioses han agraciado con el genio creador; (...) Desde hace largo tiempo se ha reconocido que en el arte no todo se hace con consciencia; que a la actividad consciente debe unirse una fuerza inconsciente, y que la unión perfecta y la correspondiente compenetración de ambas produce lo más excelso del arte. Las obras donde falta este sello de la ciencia inconsciente adolecen de la falta de una vida propia e independiente de su realizador." G. McNiece, *op. cit.*, pone de relieve la importancia que Coleridge le concedía al inconsciente y hace referencia a su relación con Schelling en este sentido: "The unconscious supplies power and evolving insight to the artist in the process of creation. Like Schelling, Coleridge defined genius as unconscious activity." (P. 147).

[668] K. Wheeler, "Coleridge's Notebooks Scribblings" en *Coleridge and the Armoury of the Human Mind. Essays on his Prose Writings*, ed. Peter J. Kitson y Thomas N. Corus, Portland: Frank Cass, 1991, pp. 18-35, analiza el conocimiento y uso de los recursos de la retórica clásica por parte de Coleridge en todos sus escritos, que se hace extensiva a su definición de la imaginación; la tiranía de la costumbre nos ciega y no nos deja ver

> I wish much to investigate the connection of the Imagination with the Bildungstrieb...
> Is not there a *link* between physical Imitation and Imagination?[669]

Henry Crabb Robinson registra en una entrada de su diario del 15 de noviembre de 1811 cómo, tras hablar de Kant, Fichte, Schelling, Schiller y Jean Paul, Coleridge expresó una distinción entre imaginación y fantasía en la que le atribuye a la primera una capacidad generativa:

> He made an elaborate distinction between Fancy & Imagination. The excess of fancy is delirium, of imagn., mania. Fancy is the arbitrary bringing together of things that lie remote & forming them into a Unity: the materials lie ready for the fancy which acts by a sort of juxtaposition. On the other hand the Imagination under some excitement *generates & produces* a form of its own[670].

En el capítulo XVIII de *Biographia*, utlizando la famosa metáfora organicista, insiste en esa capacidad productiva, creativa, de la imaginación:

> Could a rule be given from *without*, poetry would cease to be poetry, and sink into a mechanical art. It would be *mórfosis*, not *poiesis*. The *rules* of the IMAGINATION are themselves the very powers of growth and production[671].

En *Poesy or Art*, a continuación del pasaje que hemos citado más arriba, introduce un comentario, que no se encuentra en el tratado de Schelling, en el que relaciona la producción artística con el proceso cognitivo acudiendo a la teoría de la anámnesis platónica[672]:

"...the essentially creative, oppositional character of basic perception itself, of which artistic activity is a secondary echo. This (at first shocking) reversal of priorities is a very deconstructive gesture, as is Coleridge's second move, namely to reconcile the two apparent opposites of basic perception and artistic creation (after reversing their priorities), so that they become intimately related functions of each other, different in mode of opperation, but not different in kind. Coleridge's distinction is closely involved in Platonic and neo-Platonic ideas about imitation (though he alters the terminology to speak more intelligently to his early nineteenth-century audience)." (P. 34). Por su parte, James Engell, *op. cit.*, mantiene también una interpretación creativa de la imaginación primaria, como facultad esencial de la creación artística.

[669] *CN*, III, 3744.

[670] Henry Crabb Robinson, *Blake, Coleridge, Wordsworth, Lamb, etc.*, ed. Edith J. Morley, Cambridge: Cambridge University Press, 1922, pp. 31-2. La cursiva es nuestra.

[671] *BL*, II, p. 65. Sobre el organicismo en Coleridge, cf. M.H. Abrams, *op. cit.*, 1953. Para una visión más general de las teorías de la unidad orgánica en la obra de arte, cf. G.N.G. Orsini, *Organic Unity in Ancient and Later Poetics*, Carbondale and Edwardsville: Southern Illinois University Press, 1975. Compara el desarrollo del concepto en la antigüedad clásica y posteriormente, y afirma: "The concept of organic unity, when fully developed by later speculation, will reveal itself as the concept of subjective activity of the human mind, in contrast to the objective view which prevails in ancient thought." (P. 46). Encuentra atisbos de esta visión subjetiva en el *Teeteto* de Platón.

[672] Ian Wylie, *Young Coleridge and the Philosophers of Nature*, Oxford: Clarendon Press, 1989, subraya, al igual que T. Corrigan, *Language and Criticism*, Georgia: The University of Georgia Press, 1982, la repercusión del estudio de las ciencias naturales en la poesía y en la formación del pensamiento de Coleridge: "At the heart of Coleridge's later theory of the imagination is the conjunction of *creation* and *creativity* which originates in the Platonic theory of Forms and permits the ideal *concept* to become the realized, physical *conception*. (...) Only in the Neoplatonic naturalist tradition would Coleridge have met the idea that the imagination was the

For of all we see, hear, feel and touch the substance is and must be in ourselves; and therefore there is no alternative in reason between the dreary (and thank heaven! almost impossible) belief that every thing around us is but a phantom, or that the life which is in us is in them likewise; and that to know is to resemble[673], when we speak of objects out of ourselves, even as within ourselves to learn is, according to Plato, only to recollect-[674].

J. Shawcross, en una nota a propósito de las primeras palabras de esta cita, hace una llamada al primer *Lay Sermon* (Apéndice B), donde Coleridge afirma:

That which we find in ourselves is *gradu mutato* the substance and the life of all our modes of knowledge. Without this latent presence of the "I am" all modes of existence in the external world would flit before us as coloured shadows[675].

Hemos de manifestar aquí que estamos de acuerdo con J.A. Appleyard cuando dice que el método de Coleridge se caracteriza no por la adhesión a una doctrina concreta, sino por la adaptación a sus propósitos de las ideas de otros pensadores, sin preocuparle demasiado lo que realmente significaran para ellos[676]. En cualquier caso, la unión de lo inconsciente con lo consciente en el proceso creativo y, sobre todo, la reivindicación de lo primero es algo que no se encuentra expresado en el Prefacio de 1815 de Wordsworth. Es posible que tanto la imaginación primaria como la secundaria sean operativas en la actividad artística, diferenciándose por el carácter espontáneo, inconsciente, de la una y por la naturaleza voluntaria y consciente de la otra: una diferencia de grado y no de cualidad, como dice Coleridge.

Desde la perspectiva de su pensamiento poético, *The Statesman's Manual, or the Bible the Best Guide to Political Skill and Foresight*, publicado en diciembre de 1816, se ha hecho famoso por la distinción que ahí aparece entre alegoría y símbolo, y desde la perpectiva de

---

generative energy in man which prompted the formation of the next, more perfect generation." (P. 139) Estas ideas las habría encontrado en *Zoonomia*, de E. Darwin.

[673] Thomas M. Raysor (*MC*, pp. 205-13) transcribe el texto de uno de los cuadernos de Coleridge, el nº 22 (pp. 92-105), que serían sus apuntes para la conferencia. Pero J. Shawcross toma la versión publicada por H.N. Coleridge en *Literary Remains*, con toda probabilidad ampliada y revisada por el propio Coleridge. En el texto del cuaderno, después de "resemble" hay un punto y aparte. El párrafo siguiente comienza con la frase que en la edición de Shawcross aparece separada sólo por una coma: "When we speak of objects out of ourselves..." (*MC*, p. 211).

[674] *BL*, II, p. 259. T. McFarland, *op. cit.*, 1972, considera que tanto la imaginación secundaria de Coleridge como la "Dichtkraft" de Tetens, de la que ésta se habría derivado, son articulaciones de la *vis activa* de Leibniz, y detrás de Leibniz está Platón y su doctrina de la anámnesis. Su conclusión es a favor de una teoría de la imaginación en Coleridge que se aleja de la estética para entrar en otros territorios: "With antecedents of this kind, it is inevitable that Coleridge's threefold theory of imagination actually bears less on poetry than it does on those things that always mattered most to him -as they did to Leibnitz and to Kant- that is, the freedoms of the will, the immortality of the soul, and the existence of God." (P. 226). Esta idea se ve expandida en su trabajo posterior *The Creative Mind in Coleridge's Poetry*, London: Heinemann, 1981, p. 150: "A theory of aesthetics and a theory of knowledge are expressed which are said to be integrally related. (...) Certain techniques in Coleridge's poetry demonstrate that aesthetic activity (both for the spectator and the artist) is an intensification of ordinary experience and perception. This point is turned to time and again throughout Coleridge's prose. It is the root of the distinction between primary and secondary imagination (...) The constant linking of poetry and philosophy is another gesture to show the relation of perception to aesthetic acts."

[675] *BL*, II, p. 319.

[676] Cf. J.A. Appleyard, *op. cit.*, p. XI.

su teoría filosófica porque en este ensayo presenta la contraposición entre razón y entendimiento:

> The imperative and oracular form of the Scripture is the form of reason itself in all things purely rational and moral.
> If it be the word of Divine Wisdom, we might anticipate that it would in all things be distinguished from other books, as the Supreme Reason, whose knowledge is creative, and antecedent to the things known, is distinguished from the understanding, or creaturely mind of the individual, the acts of which are posterior to the things, it records and arranges. Man alone was created in the image of God: a position groundless and inexplicable, if the reason in man do not differ from the understanding[677].

Únicamente el hombre fue creado a imagen y semejanza de Dios. Está reiterando el lenguaje de *Biographia* no sólo cuando define la imaginación primaria como una repetición en la mente finita del acto eterno de la creación en el Yo infinito, sino, prácticamente, en toda la obra. Distingue también entre nociones y principios. Las nociones son "the depthless abstractions of fleeting phenomena"; hemos de entender, por tanto, que producto del entendimiento. Sin embargo,

> ...every principle is actualized by an idea; and every idea is living, productive, partaketh of infinity, and (as Bacon has sublimely observed) containeth an endless power of semination[678].

Las ideas, por contra, proceden de la razón, son creativas, seminales y participan de lo infinito. Contrasta más adelante la historia tal y como aparece en las Sagradas Escrituras con la historia moderna, la primera se deriva de la imaginación, la segunda es un producto del entendimiento:

> The histories and political economy of the present and preceding century partake in the general contagion of its mechanic philosophy, and are the *product* of an unenlivened generalized Understanding. In the Scriptures they are the living *educts*[679] of the Imagination; of that reconciling and mediatory power, which incorporating the Reason in Images of the Sense, and organizing (as it were) the flux of the Senses by the permanence and self-circling energies of the Reason, gives birth to a system of symbols, harmonious in themselves, and consubstantial with the truths, of which they are the *conductors*[680].

---

[677] *TSM*, pp. 18-19.

[678] Ibid., pp. 23-4.

[679] T. Corrigan, *op. cit.*, relaciona el lenguaje crítico de Coleridge con el lenguaje científico de la época, que, a su juicio, es el armazón que vertebra todas las ideas expresadas en *Biographia Literaria*, afectando también a este aspecto: "The thinker, as well as the imaginative artist, adds a dimension to the poem, so that balance, imagination, and energy of thought unite in a poem, like electricity, magnetism, and chemical affinity in the life process, to generate an object that is as complicated and mysterious as the highest organism in nature." (P. 155). R.J. White comenta el uso de los términos "educt" y "product" en este pasaje en la misma línea -la explicación: "Coleridge's use of the chemical terms "educt" and "product" in a figurative sense may have been a reflexion of his reading of the German *Naturphilosophen*." (*Lay Sermons*, London and Princeton: Princeton University Press, 1972, vol. VI, p. 29, nota).

[680] Ibid., pp. 28-9.

La imaginación se expresa por medio de símbolos. Coleridge va a presentar una definición literaria del símbolo, contraponiéndolo a la alegoría:

> ...an Allegory is but a translation of abstract notions into a picture language which is itself nothing but an abstraction from objects of the senses; (...) On the other hand, a Symbol is characterized by a translucence of the Special in the Individual or of the General in the Especial or of the Universal in the General. Above all by the translucence of the Eternal through and in the Temporal. It always partakes of the Reality which it renders intelligible; and while it enunciates the whole, abides itself as a living part in that Unity, of which it is the representative[681].

La alegoría es la expresión literaria del conocimiento obtenido a través del entendimiento, de las nociones. El símbolo, que sólo puede derivarse de la imaginación, debería ser el transmisor de las ideas. No lo expresa en esta obra, pero sí en *Biographia* cuando afirma: "An IDEA, in the *highest* sense of the word, cannot be conveyed but by a *symbol*; and except in geometry, all symbols of necessity involve an apparent contradiction"[682]. Más adelante, para definir a la poesía, define al poeta, y a éste describiendo el acto imaginativo:

> The poet, described in *ideal* perfection, brings the whole soul of man into activity, with the subordination of its faculties to each other, according to their relative worth and dignity. He diffuses a tone and a spirit of unity, that blends, and (as it were) *fuses*, each into each, by that synthetic and magical power, to which we have exclusively appopriated the name of imagination. This power, first put into action by the will and understanding, and retained under their irremissive, though gentle and unnoticed, controul (*laxis effertur habenis*) reveals itself in the balance or reconciliation of opposite or discordant qualities...[683]

---

[681] Ibid., p. 30. Para diversas interpretaciones de esta definición, cf. Paul De Man, "The Rhetoric of Temporality", en *Interpretation. Theory and Practice*, ed. Charles S. Singleton, Baltimore: The Johns Hopkins Press, 1969, pp. 173-209. Mantiene que la temporalidad es el sustrato sobre el que Coleridge establece la distinción. Encuentra que en la cualidad trascendental que Coleridge les asigna tanto al símbolo como a la alegoría: "It becomes of secondary importance whether this relationship is based, as in the case of the symbol, on the organic coherence of the synecdoche, or whether, as in the case of allegory, it is a pure decision of the mind." (P. 177). De esta forma, en las propias palabras de Coleridge pierde su importancia lo que sería la base de la distinción. Estas ideas se ven ampliadas en su obra posterior *The Rhetoric of Romanticism*, New York: Columbia University Press, 1984. También es de gran interés el estudio de J. R. Barth, *op. cit.* Para una visión más amplia dentro del contexto del romanticismo, cf. Tzvetan Todorov, *Theories of the Symbol*, trad. de Catherine Porter, Oxford: Basil Blackwell, 1982 (Paris: Seuil, 1977). Son interesantes sus palabras cuando afirma: "Poetic language (art in language) is opposed to nonpoetic language by that superabundance of meaning -even if it lacks the clarity, the explicitness, of logical attributes and of concepts." (P. 191).

[682] *BL*, I, p. 100. Owen Barfield, *op. cit.*, p. 96, llama la atención sobre una nota marginal del propio Coleridge donde escribió la siguiente escala:

Reason
Imagination
Understanding
Understanding
Fancy
Sense

[683] *BL*, II, p. 12.

El lenguaje de la imaginación, en suma, es simbólico y esto se refleja en el equilibrio o reconciliación de cualidades opuestas[684].

En esta pugna suya con Wordsworth que estamos representando, Coleridge llega a su definición de imaginación y fantasía con un discurso filosófico y a través del rechazo del empirismo, que era la base ideológica del Prefacio a *Lyrical Ballads* y que continuaba presente en el Prefacio de 1815[685]. La crítica suele pasar por alto un detalle que consideramos de importancia. El capítulo XIII concluye con estas palabras:

> Whatever more than this, I shall think it fit to declare concerning the powers and privileges of the imagination in the present work, will be found in the critical essay on the uses of the Supernatural in poetry, and the principles that regulate its introduction: which the reader will find fixed to the poem of *The Ancient Mariner*[686].

Nunca se llevó a efecto tal publicación[687]. No obstante, la circunstancia de que Coleridge tuviese en mente una edición de *The Ancient Mariner* en la que el poema fuese precedido de un ensayo sobre el tema de lo sobrenatural, como complemento a esta exposición sobre la imaginación, y, por lo tanto, a modo de prefacio introductorio al texto poético, indica que este poema -despreciado por Wordsworth- era, para él, un producto artístico de dicha facultad. Al tiempo, este último párrafo sirve de enlace con el capítulo siguiente, primero del segundo volumen de la obra, cuyo punto de partida es "Occasion of the Lyrical Ballads, and the objects originally proposed". En este segundo volumen Coleridge procede a efectuar una crítica al Prefacio a *Lyrical Ballads*, centrada en la cuestión de la dicción poética. Constata cómo Wordsworth en la edición de poemas de 1815 ha

---

[684] Owen Barfield, *op. cit.*, considera que todo el pensamiento de Coleridge está fundamentado en la ley de la polaridad, cuya tradición, según palabras del propio Coleridge en *The Friend* (*TF*, I, p. 94, nota), se remonta a Heráclito y fue recogida por Giordano Bruno. El concepto físico procede de las teorías sobre el magnetismo terrestre descubiertas en el siglo XVIII. Posteriormente, se desarrolló de una forma más amplia en la *Naturphilosophie* de Schelling. Barfield afirma que, para Coleridge, "the apprehension of polarity is *the basic act of imagination*." (P. 37).

[685] C.M. Wallace, *The Design of Biographia Literaria*, London: George Allen & Unwin, 1983, señala la importancia de esta parte de la obra: "The concept of the will is the *Biographia*'s structural foundation because here Coleridge is centrally interested in discrediting the Lockean contention that the mind is a *tabula rasa*. The theory of imagination arises by contrast to this common but perniciously mistaken notion that the mind is passive. By asserting that the mind is active, he can account for the controversy over *Lyrical Ballads* by analyzing the intellectual passivity of fanatical critics. From the same standpoint, he can undermine portions of Wordsworth's theory by contending that Wordsworth's careless writing suggests that the mind is passive in its relation to the landscape." En su análisis de *Intimations of Immortality*, C.M. Bowra, *op. cit.*, compara la forma en que Coleridge se lamenta en su oda *Dejection* de la pérdida de su "shaping spirit of Imagination" con la forma en que lo hace Wordsworth en este poema, y considera que la situación de Coleridge es mucho más dramática, pues "For Coleridge, who believes that the imagination is the primary instrument of all creative activities, this is indeed a bitter confession. He has lost not only his poetical gift but what makes life worth living. With Wordsworth it is quite different. For him nature exists independently and needs only to be used and interpreted." (P. 89).

[686] *BL*, II, p. 202. Ya hemos visto más arriba cómo ya en 1801 Coleridge tenía la intención de publicar *Christabel* con un tratado sobre los temas de lo sobrenatural y la métrica (Cf. Cap. V)

[687] En el prospecto correspondiente a la undécima de las conferencias impartidas por Coleridge en 1818 en la London Philosophical Society se anuncia como uno de los puntos de ésta "the *romantic* use of the supernatural in poetry and in non-poetical works of fiction", pero en ninguna de las crónicas de que se disponen aparece nada sobre este tema. Cf. *MC*, p. 191.

relegado dicho Prefacio al final del segundo volumen de la colección: "But he has not, as far as I can discover, announced any change in his poetic creed"[688]. Cita textualmente las partes del Prefacio con las que no está de acuerdo:

> *"a selection of the REAL language of men;"* - *"the language of these men"* (i.e. men in low and rustic life) *"I propose to myself to imitate, and, as far as is possible, to adopt the very language of men." "Between the language of prose and that of metrical composition, there neither is, nor can be any essential difference."* It is against these exclusively that my opposition is directed[689].

Coleridge ha descontextualizado las palabras de Wordsworth sobre la dicción poética[690], que, como se ha señalado en el apartado anterior, se apoyaban en las teorías de la psicología asociacionista de Hartley. Al haber sido socavados los cimientos de esta doctrina en la primera parte de *Biographia*, los postulados de Wordsworth quedan totalmente a merced de esa crítica realizada por Coleridge, tan acorde con los ataques de todos los detractores de estas ideas y que se ha tachado de convencional y anti-romántica[691]. Pero teniendo en mente la primera parte de *Biographia*, se observa que Coleridge está operando a dos niveles; uno de ellos va dirigido a quienes entendieron, Wordsworth el principal, que el asociacionismo era la base de la que partían esos principios innovadores sobre la dicción poética[692]; el otro a los que interpretaron dichos principios con el mismo aparente

---

[688] *BL*, II, p. 8.

[689] Ibid., p. 41. J. McKusick, *op. cit.*, enlaza la disputa sobre la dicción poética con la cuestión de la arbitrariedad del signo lingüístico, que Wordsworth había tomado de la filosofía de Condillac durante su estancia en Francia: "The entire controversy between Wordsworth and Coleridge arises from their very different concepts of natural language. For Wordsworth, "natural language" is synonymous with "ordinary language"; only in everyday conversation can the referents of words be determined sufficiently to make communication possible... For Coleridge, on the other hand, natural language is entirely the result of individual acts of creation." (P. 114). Similar es la postura de A.C. Goodson, "Coleridge on Language: A Poetic Paradigm", *Philological Quarterly*, 1983, vol. 62, pp. 45-68. Dice que en *Biographia* "Coleridge addresses himself to the relation of language and thought in poetry." (P. 62). M. H. Abrams, *op. cit.*, 1953, realiza un profundo análisis de la crítica de estos pasajes de Wordsworth, partiendo de la base de que "Coleridge's disagreement with Wordsworth was not a long-delayed afterthought, nor (as has sometimes been charged) a result of the strangement between the poets; and it was a disagreement in fundamentals, not in details." (P. 116).

[690] William Walsh, *Coleridge: The Work and the Relevance*, London: Chatto & Windus, 1967, encuentra por parte de Coleridge en su crítica a Wordsworth "a deeply personal response." (P. 60). Don H. Bialostosky, "Coleridge's Interpretation of Wordsworth's Preface to *Lyrical Ballads*", *PMLA*, 1978, vol. 93, pp. 912-24, mantiene que Coleridge manipula en su crítica las palabras de Wordsworth en el Prefacio: "...he was out to refute, rather than to clarify, Wordsworth's argument. (...) Not only has he variously and inconsistently identified the passages to which he objects, but he has misleadingly distinguished between what the Preface can legitimately be taken to mean and what it probably does mean." (P. 912).

[691] El propio J. Shawcross manifiesta que hay una discordancia entre la primera y la segunda parte de la obra: "...the poetical criticism of the second part is based, not on the deductions of the metaphysician, but on the intuitive insight of the poet: and its author owes nothing to Schelling's system or another's, but everything to the teaching of his own inward experience, long ripened into settled convictions." (*BL*, I, p. lxxvi).

[692] Cf. J.R. de J. Jackson, *op. cit.*, 1969, p. 139: "...the line of his attack, for all its appearance of growing common-sensically out of the points of disagreement themselves, seems to be predicted on his metaphysics and determined by them." Catherine M. Wallace, *op. cit.*, encuentra una gran ironía en el método utilizado por Coleridge: "As the portrait of Wordsworth gains detail, so does the condemnation of his critics (chapter XXI), and the speaker's (chapter XXIV)." (Pp. 108-09) Sin embargo, otras voces se han alzado en contra de la idea de la coherencia filosófica entre las dos partes de *Biographia*; éste es el caso de P. Hamilton, *op. cit.*, p. 88: "Coleridge's

literalismo que utiliza Coleridge en su crítica[693], patente en el tono condescendiente de la siguiente explicación sobre "the real object which, it is probable, Mr. Wordsworth had before him in his critical preface":

> I apprehend, that in the clear perception, not unaccompanied with disgust or contempt, of the gaudy affections of a style which passed current with too many for poetic diction, (...), he narrowed his view for the time; and feeling a justifiable preference for the language of nature and of good sense, even in its humblest and least ornamented form, he suffered himself to express, in terms at once too large and too elusive, his predilection for a style the most remote possible from the false and showy splendour which he wished to explode[694].

Nos viene a decir que Wordsworth por no caer en un extremo, cayó en el otro. Él, sin embargo, se atuvo a sus objetivos, por lo que la exclusión de sus poemas en la última edición de *Lyrical Ballads* no está justificada en modo alguno[695].

Según el breve prefacio introductorio, *Sybilline Leaves* contiene:

> ... the whole of the author's poetical compositions, from 1793 to the present date, with the exception of a few works not yet finished, and those published in the first edition of his juvenile poems, over which he has no controul[696].

Los poemas de esta colección son los siguientes[697]:

> *Time Real and Imaginary: An Allegory; The Raven; Mutual Passion; The Rime of the Ancient Mariner; The Foster-Mother's Tale;* [POEMS OCCASIONED BY POLITICAL

---

criticism of Wordsworth, drawing on Kant and Schiller, is quite inconsistent with the Schellingean philosophy of volume I, in which his idea of language grew to conceptions outside *Biographia*. As again, one is forced to view the use of Schelling's terminology as primarily strategic."

[693] Donald H. Reiman, "Coleridge and the Art of Equivocation", *Studies in Romanticism*, 1986, vol. 25, pp. 325-50, relaciona el amplio uso y conocimiento de la retórica por parte de Coleridge con ciertas estrategias de sus escritos, que se convierten en un auténtico arte en *Biographia Literaria*, particularmente en la crítica de Wordsworth: "The *Biographia* was stimulated by Coleridge's need both to confess himself and to express candidly his feelings about Wordsworth and his poetry, though to do both, perhaps, through the *inevitable Insincerities between imperfect Beings*." (P. 337). La últimas palabras de esta cita están tomadas de la carta a Wordsworth del 30 de mayo en la que Coleridge le expresa sus objeciones a *The Excursion* (cf. *CL*, IV:969: p. 571). Reiman encuentra una similitud premeditada entre el título completo de *Biographia* (*Biographia Literaria, or Biographical Sketches of My Literary Life and Opinions*) y el de *Tristram Shandy* (*The Life and Opinions of Tristram Shandy, Gent.*). Esto es algo que el lector de comienzos del XIX hubo de percibir. Para un estudio más amplio de esta relación, cf. Peter Conrad, *Shandysm: The Character of Romantic Irony*, Oxford: Basil Blackwell, 1978.

[694] *BL*, II, p. 70.

[695] L. Newlyn, *op. cit.*, considera que lo que Coleridge realmente valora es la visión simbólica, y eso es algo que no encuentra en Wordsworth. La crítica que hace de su poesía deja entrever que su decepción va más allá de lo que explicitan sus palabras: hay vaguedad en las alabanzas y la crítica se ciñe a pasajes muy específicos.

[696] *CPW*, II, p. 1150.

[697] Ibid., pp. 1151-53. Aparecen con un asterisco los poemas publicados por primera vez.

EVENTS OR FEELINGS CONNECTED WITH THEM][698] *Ode to the Departing Year; France: An Ode; Fears in Solitude; Recantation; Parliamentary Oscillators;* ["Fire, Famine, and Slaughter"] **[An Apologetic Preface]; Fire Famine and Slaughter;* [LOVE-POEMS] *[Motto, 11 versos de Petrarca]; Love; Lewti, or the Circassian Love-chaunt; The Picture, or the Lover's Resolution; *The Night-Scene: A Dramatic Fragment; To an Unfortunate Woman; Lines Composed in a Concert-room; The Keep-sake; *To a Lady, with Falconer's "Shipwreck"; To a Young Lady; Something Childish, but very Natural; Home-Sick; Answer to a Child's Question; *The Visionary Hope; *The Happy Husband. A Fragment; *Recollections of Love; On Re-visiting the Sea-Shore;* [MEDITATIVE POEMS IN BLANK VERSE] *[Motto, 8 versos de Schiller]; Hymn Before Sunrise; Lines Written in the Album at Elbingerode; The Eolian Harp; Reflections on Having Left a Place of Retirement; To the Rev. George Coleridge; Inscription For a Fountain on a Heath; A Tombless Epitaph; This Lime-tree Bower my Prison; To a Friend; *To a GENTLEMAN; The Nightingale, a Conversation Poem; Frost at Midnight;* [THE THREE GRAVES] *The Three Graves. A Fragment of a Sexton's Tale;* [ODES AND MISCELLANEOUS POEMS] *Dejection: An Ode; Ode to Georgiana, Duchess of Devonshire; Ode to Tranquillity; To a Young Friend; Lines to W.L. Esq.; Addressed to a Young Man of Fortune; Sonnet to the River Otter; Sonnet. Composed on a journey homeward; Sonnet, To a Friend who asked, how I felt when the Nurse first presented my Infant to me; The Virgin's Cradle-Hymn; Epitaph on an Infant; Melancholy. A Fragment; *Tell's Birth-place. Imitated from Stolberg; A Christmas Carol; *Human Life. On the Denial of Immortality. A Fragment; An Ode to the Rain; *The Visit of the Gods. Imitated from Schille[699]; Elegy, Imitated from one of Akenside's Blank-verse Inscriptions; The Destiny of Nations. A Vision.*

No se sabe a ciencia cierta por qué Coleridge dice que no tiene ninguna potestad sobre las composiciones de la primera edición[700]. Esto resulta un tanto incongruente cuando se observa que uno de los poemas publicados en 1796, *The Eolian Harp*, tiene un lugar en *Sybilline Leaves*, mientras que, sin embargo, se excluye una de sus composiciones favoritas durante mucho tiempo, *Religious Musings*. La omisión en este caso, además de estar acorde con las palabras del prefacio, podría tener su explicación en la crítica sobre la oscuridad de este poema a la que se refiere en *Biographia Literaria*, crítica que parece admitir. La versión de *The Eolian Harp* que publica en *Sybilline Leaves* presenta algunas variantes sobre el texto publicado en las tres ediciones anteriores. El concepto de la mente como algo pasivo representado por la imagen del arpa eólica cambia de forma radical con la inclusión de los versos 26-33:

O! the one Life within us and abroad,
A light in sound, a sound-like power in light,
Rythm in all thought, and joyance every where
Methinks, it should have been impossible
Not to love all things in a world so fill'd;

---

[698] A modo de introducción, este grupo de poemas cuenta con el soneto de Wordsworth cuyo primer verso es "When I have borne in memory what has tamed".

[699] Seguidamente viene una composición del pintor Washington Allston, *America to Great Britain*, en cuyo honor, supuestamente, Coleridge publicó, en agosto y septiembre de 1814, en el *Felix Farley's Bristol Journal* la serie de ensayos titulados *On the Principles of Genial Criticism*, de corte netamente kantiano y que presentan una muy dudosa relación con el motivo que en teoría les dió origen. (Cf. J. Shawcross, *BL*, II, pp. 304-05).

[700] Cf. G. Whalley, *op. cit.*, p. 16.

Where the breeze warbles, and the mute still air
Is Music slumbering on its instrument[701].

Desde el punto de vista de sus implicaciones filosóficas, el poema ha cambiado totalmente: de una concepción de la mente como un receptáculo pasivo se ha evolucionado hacia una visión activa de la mente en su relación con la naturaleza. Con esta transformación, Coleridge ha adecuado el texto poético a su pensamiento de esta época, opuesto por completo al del periodo en que se compuso, convirtiéndolo así en otro poema.

Por otra parte, en el Apéndice IV se puede comprobar que son bastantes los poemas compuestos a lo largo del extenso periodo marcado por el autor, y susceptibles de ser publicados según el criterio expuesto en el prefacio, que no están incluidos en la colección. Se trata fundamentalmente de composiciones juveniles -hay un grupo importante del año 1794-, una parte de las cuales la constituyen composiciones de carácter político de contenido radicalmente opuesto a las ideas mantenidas por Coleridge en estos momentos. Pero también faltan algunos de los poemas publicados en la edición de 1797, como *The Hour When We shall Meet Again; To A Young Friend* [Charles Lamb]; *On the Christening of a Friend's Child*. Están ausentes, asimismo, la mayoría de los poemas tomados o recreados básicamente de composiciones alemanas en 1799, y los que aparecen, como *Tell's Birth-place* y *The Visit of the Gods*, llevan reconocida su procedencia. La única excepción la constituye *Hymn before Sunrise*, composición que Coleridge siempre presentó como original. Faltan, por otra parte, los llamados "Asra poems", dedicados a Sara Hutchinson. En cuanto a los poemas compuestos a partir de 1800, el criterio se hace cada vez más selectivo, hasta el punto de que ninguno de los poemas escritos de 1805 a 1807 aparece en *Sybilline Leaves*. Consideramos que esta idea de la selección, a pesar de la afirmación en el prefacio, es la que preside el criterio bajo el que se configuró este volumen de poemas. En contradicción con el prefacio están las manifestaciones de Coleridge en sus cartas privadas, como es el caso de la carta a Daniel Stuart citada parcialmente más arriba o la carta a Byron, escrita también en el mes de octubre de 1815, donde le anuncia sus próximas publicaciones:

> The second Volume I entitle, Sybilline Leaves: as a collection of all the Poems that are my own property, which I wish to have preserved[702].

Aunque, dados los hábitos de puntuación de la época, puede quedar lugar para la duda, creemos que la última frase indica esa idea de la selección apuntada: se trata de los poemas de su propiedad que quiere conservar, no poemas publicados por la única razón de querer preservarlos, que sería la otra alternativa. Junto con este criterio selectivo, destaca, en relación con las ediciones anteriores, la cuidada estructuración de los contenidos. Los poemas aparecen agrupados bajo epígrafes clasificatorios que sirven de orientación temática. Esta norma la rompen los cinco primeros, que no están introducidos por ningún epígrafe. Tres de éstos, los iniciales, en realidad, están, por decirlo de algún modo, en la

---

[701] En realidad, no aparecerán insertados propiamente en el texto hasta la edición de 1828. En esta edición se hallan en el apéndice de las erratas. Cf. *CPW*, I, p. 101 (nota).

[702] *CL*, IV: 980, p. 598. Por estas fechas, aún estaba proyectado que *Biographia* se editase en un solo volumen. No obstante, en la carta a John M. Gutch, le dice que la colección contiene todos los poemas que ha escrito excepto *Christabel*.

periferia del canon, puesto que se encuentran en una página suplementaria, al comienzo del volumen. El último párrafo del prefacio está dedicado a justificar su presencia. Dice que son composiciones juveniles[703]; sin embargo, *The Raven* es del año 1797, *Mutual Passion* se publicó por primera vez en *The Courier* en 1811, aunque la fecha de composición es dudosa, y E.H. Coleridge fechó tentativamente en 1812 *Time, Real and Imaginary*[704]. Todo ello indica que Coleridge deseaba publicar estos poemas, puesto que no nos cabe ninguna duda de que la selección corresponde exlusivamente a su propio criterio, pero, con toda probabilidad, encontraba que podían ser objeto de críticas, por lo que decidió adjudicarles esta situación marginal y exculpatoria. No es éste el único caso de la colección. *Fire, Famine, and Slaughter* y *The Three Graves* aparecen asimismo con sendos prefacios exculpatorios.

Otro aspecto que llama la atención es que, a pesar de las palabras del autor sobre el carácter acabado de estas composiciones, varias de ellas llevan la denominación de "fragmento" tras el título. En dos casos, el de *The Night-Scene* y el de *The Three Graves*, se especifica que son fragmentos de obras mayores, esto es, al menos supuestamente, partes o extractos de éstas, lo que les permite tener cabida dentro de este criterio. Sin embargo, *The Happy Husband* y *Melancholy*, por sus características, serían fragmentos por tratarse de poemas incompletos, lo cual, sí parece contradecir la idea de que todos están acabados. Ha de considerarse también que otros poemas se han excluido por estar incompletos, esto es, porque el autor tiene la intención de completarlos. Hemos de pensar que para Coleridge, por estas fechas, el concepto de poema completo ya no es el mismo que el que había mantenido años antes: hay poemas inacabados que el autor espera concluir, pero hay también poemas que *son* fragmentos: es un canon nuevo, a partir de una estética nueva.

En lo que respecta al orden de las composiciones, es muy significativo que los dos primeros poemas de pleno derecho, que se introducen directamente, sin epígrafes de ningún tipo, sean *The Rime of the Ancient Mariner* y *The Foster-mother's Tale*, ambos en la línea de las baladas características de Coleridge en *Lyrical Ballads*. Sin duda, esta posición privilegiada confirma su carácter reivindicatorio de una voz y unos criterios poéticos propios frente a Wordsworth. Faltarían *Christabel* y *The Ballad of the Dark Ladié*. El primero, aún inacabado, se publicó en 1816. Parece que lo lógico hubiera sido que el segundo, del que Coleridge también mantuvo esperanzas de llegar a completar, apareciese también en esa publicación. Pero esto no fue así. El motivo es algo a lo que trataremos de dar una explicación en las páginas siguientes. El volumen concluye con una composición, *The Destiny of Nations*, con la que, a nuestro juicio, se trata de poner de relieve el carácter visionario y oracular del poeta. Además, es un poema extenso, lo que para Coleridge en estos momentos constituía un valor añadido.

---

[703] Según sus palabras, *The Raven* y *Mutual Passion* se publican "At the request of the friends of my youth, who still remain my friends, and who were pleased with the wildness of the compositions". Añade: "Surely, malice itself will scarcely attribute their insertion to any other motive, than the wish to keep alive the recollections from my early life." Sobre el primero de ellos, dice: "By imaginary Time, I meant the state of a schoolboy's mind when, on his return to school, he projects his being in his day dreams, and lives in his next holidays, six months hence: and this I contrasted with real Time." (*CPW*, II, p. 1151).

[704] Cf. ibid., I, p. 419 (nota).

4. LA PUBLICACIÓN DE *CHRISTABEL: KUBLA KHAN, A VISION; THE PAINS OF SLEEP.*

Coleridge no sólo despreció, en un segundo momento, el formato de la colección de poemas de Wordsworth, sino también el de *The White Doe of Rylstone*, que se publicó en 1815, de forma independiente, aunque su composición data de 1807-1808:

> ...were I to gain 500 pounds by it, I am certain, that I could not consent to have published my CHRISTABEL, which will be a longer Poem than the WHITE DOE of my friend Wordsworth, in the form of the White Doe, and in a GUINEA QUARTO![705]

En este comentario hay implícita una comparación de la que se puede deducir que, de algún modo, Coleridge veía en *Christabel* una réplica a *The White Doe* de Wordsworth. Ya hemos tenido ocasión de mostrar cuáles eran los motivos por los que Coleridge no incluyó esta composición en *Sybilline Leaves*. En octubre de 1815, recibió una carta de Byron, en la que el poeta le comentaba:

> Last spring I saw Wr. Scott. He repeated to me a considerable portion of an unpublished poem of yours - the wildest and finest I ever heard in that kind of composition. (...) I mention this, not for the sake of boring you with compliments, but as a prelude to the hope that this poem is or is to be in the volume you are now about to publish[706].

La respuesta de Coleridge no se hace esperar. El 22 de octubre le escribe una carta relatándole los pormenores sobre la composición de *Christabel*. Las explicaciones están motivadas porque W. Scott se inspiró en *Christabel* para la composición de *The Lay of the Last Minstrel*, publicado en 1805. El metro tan peculiar de *Christabel*, basado en el número de acentos -cuatro en cada verso-, e incluso frases literales (tales como "Jesu Maria shield thee well") están tomadas del poema de Coleridge, del que tuvo la oportunidad de ver una copia en 1801. No fue hasta 1830, sin embargo, cuando reconoció públicamente la deuda con *Christabel*, en un prefacio a *The Lay of the Last Minstrel*, pero sin hacer ninguna referencia al hecho de que había visto una transcripción del poema, sino señalando que lo había oído recitar antes de escribir el suyo. Dadas estas circunstancias, es natural que Coleridge desee dejar constancia de la originalidad de *Christabel* ante Byron, quien desconocía estos detalles. No lo va a publicar en la colección. El motivo:

> It is not yet a Whole: and as it will be 5 Books, I meant to publish it by itself: or with another Poem entitled, the Wanderings of Cain - of which, however, as far as it was written, I have unfortunately lost the only copy - and can remember no part distinctly but the first stanza[707].

Poco después, establece la relación, entrevista en la cita previa, de *Christabel* con *The White Doe*:

---

[705] *CL*, IV: 974, p. 585.
[706] Peter Quennell, *Byron, a Self-Portrait*, 2 vols., 1950, i, 316-17, en ibid., pp. 600-01.
[707] Ibid., p. 601.

I have not learnt with what motive Wordsworth omitted the original a[d]vertisement prefixed to his White Doe, that the peculiar metre and mode of narration he had imitated from the Christabel[708].

Coleridge le envía a Byron una copia del poema "in the form and as far as it existed before my voyage to the Mediterranean"[709]. Con ello, está reivindicando la primacía de *Christabel* tanto sobre el poema de Scott como sobre el de Wordsworth. No dice nada, no obstante, sobre la falta de reconocimiento de la deuda por parte del primero, lo que es una muestra de que ha sido la actitud poco honesta de Wordsworth la que realmente le ha ofendido. No es de extrañar, dadas las circunstancias por las que *Christabel* no se publicó en la segunda edición de *Lyrical Ballads*. En el capítulo II de *Biographia Literaria*, dice:

I have laid too many eggs in the hot sands of this wilderness, the world, with ostrich carelessness and ostrich oblivion. The greater part indeed have been trod under foot, and are forgotten; but yet no small number have crept forth into life, *some to furnish feathers for the caps of others*[710].

Está repitiendo una imagen utilizada en una carta de diciembre de 1808, citada más arriba -cuando ya tenía conocimiento de la existencia de *The White Doe*-, sobre cómo otros se han aprovechado de su trabajo. En el contexto de *Biographia*, obviamente, el campo de las alusiones implícitas en estas palabras es mucho más amplio de lo que podría representar un solo poema.

Byron recibió la copia de *Christabel* y, de inmediato, le expresó a Coleridge, en una carta, su admiración por el poema. Aparentemente, por cuenta propia, escribió al editor John Murray, el 4 de noviembre, proponiéndole, con una cierta vehemencia, su publicación:

I think most highly of it and feel anxious that you should be the publisher; but if you are not, I do not despair of finding those who will[711].

John Murray aceptó la idea y se puso en contacto con Coleridge, quien en su relato del encuentro dice que accedió a la publicación de *Christabel* sólo por motivos económicos, derivados de la difícil situación que estaba atravesando la familia Morgan, por quienes sentía un profundo afecto y agradecimiento:

The publication was utterly against my feelings and my Judgment -But poor Morgan's Necessities, including his Wife & Sister, were urgent & clamorous... With many a pang &

---

[708] En realidad, fue Coleridge quien, en 1808, le instó a que no incluyera dicho prefacio en un proyecto -que no se llevó a cabo- de publicación de *The White Doe*, dado que ya se había publicado *The Lay of the Last Minstrel* y, según palabras de Coleridge, resultaría un tanto burdo remitir la influencia a un poema inédito, algo que se consideraría "*invidious*, and a covert attack on Scott's Originality, which for the world I would not, that you be suspected of". (Ibid., III:708, p. 112).

[709] Ibid., IV: 981, p. 602.

[710] *BL*, I, p. 32. La cursiva es nuestra.

[711] *Byron Letters and Journals*, ed. R.E. Prothero, 13 vols., London, 1898-1904, vol. III, p. 246. El apoyo de Byron en esta época a Coleridge fue de una gran generosidad. Además de estas recomendaciones para la publicación de sus obras, le donó 100 libras para aliviar sus apuros económicos. Cf. *CL*, V:995.

many a groan, when I could groan unheard, I concluded the bargain - and gave the 80 pounds to Morgan[712].

No hay fecha que nos permita datar este comentario. Si se escribió después de la publicación del volumen, se podría dudar de su sinceridad, no en lo que respecta a la generosidad hacia los Morgan, sino sobre el hecho de que Coleridge aceptase la publicación totalmente contra su voluntad y que su única intención fuese la de obtener un dinero que le permitiese ayudar a sus amigos, puesto que, de haber sido así, parece más verosímil que la iniciativa de una publicación hubiese partido de él. El volumen fue objeto de unas críticas durísimas[713], por lo que entra dentro de lo probable que Coleridge no estuviera sino defendiéndose de los ataques recibidos. En *Biographia Literaria* manifiesta expresamente su frustración ante estas críticas tan desfavorables, cuando antes de publicar *Christabel* no había recibido sino alabanzas:

> During the many years which intervened between the composition and the publication of the CHRISTABEL, it became almost as well known among literary men as if it had been on common sale, the same references were made to it, and the same liberties taken with it (...) From almost all our celebrated Poets, and from some with whom I had no personal acquaintance, I either received or heard of expressions of admiration that (I can truly say) appeared to myself disproportionate to a work, that pretended to be nothing more than a common Faery Tale. (...) This before the publication. And since then, with very few exceptions, I have heard nothing but abuse...[714]

Es evidente que Coleridge no se había imaginado en absoluto los ataques tan duros que se hicieron contra la publicación. Estas palabras demuestran que tenía esperanzas, alentadas por los elogios recibidos, con respecto a la aportación de este volumen a su fama literaria. Coleridge tuvo ocasión de conocer personalmente a Byron, con toda probabilidad

---

[712] E.L. Griggs (ibid., p. 634, nota) toma esta cita de un manuscrito que se halla en el Museo Británico.

[713] Particularmente punzante fue la crítica de W. Hazlitt en *Edinburgh Review* (September 1816, en John Wain (ed.), *Contemporary Reviews of Romantic Poetry*, New York: Books for Libraries Press, 1969 (1953), pp. 87-91) y también en *Examiner* (2 June 1816, 348-9, en J.R. de J. Jackson (ed.), *op. cit.*, 1970, pp. 205-09). El argumento de *Christabel* le parece incongruente, y de *Kubla Khan* dice "...only shews that Mr. Coleridge can write better *nonsense* verses than any man in England. It is not a poem, but a musical composition." (P. 2089). En la crítica atribuida a Josiah Conder en *Ecclectic Review* (June 1816, v, 565-72, en ibid., pp. 209-13), se dice de *Christabel*: "...we cannot conceal that the effect of the present publication upon readers in general, will be that of disappointment." (P. 209). Y sobre los otros dos: "As to "Kubla Khan", and "The Pains of Sleep", we can only regret the publication of them, as affording a proof that the Author over-rates the importance of his name." (P. 212). En el *Anti-Jacobin* (July 1816, i, 632-6, en ibid., pp. 217-21), el autor atribuye el hecho de que se llevara a cabo una segunda edición exlusivamente a la recomendación de Byron: "for what woman of fashion would not purchase a book recommended by Lord Byron? For our part, we confess, that the perusal of it has excited in our minds, nothing but astonishment and disgust." (P. 217). Igualmente adversas fueron las críticas en *British Review* (August 1816, viii, 64-81, en ibid., pp. 221-26); *Edinburgh Review* (September 1816, xxvii, 58-67, en ibid., pp. 226-36); y *Monthly Review* (January 1817, lxxxii, 22-5, en ibid., pp. 244-47). También hubo algunas favorables, pero fueron las menos: *Critical Review* (May 1816, iii, 504-10, en ibid., pp. 199-205); *Literary Panorama* (July 1816, iv, 561-5, en ibid., pp. 213-16); *European Magazine* (November 1816, lxx, 434-7, en ibid., pp. 236-44).

[714] *BL*, II, p. 211.

entre el 10 y el 15 de abril[715]. En este encuentro le recita *Kubla Khan*. Leigh Hunt, que estaba en casa de Byron, relata así el acontecimiento:

> He recited his *Kubla Khan* one morning to Lord Byron, in his Lordship's House in Piccadilly, when I happened to be in another room. I remember the other's coming away from him, highly struck with his poem, and saying how wonderfully he talked[716].

En el Prefacio introductorio Coleridge dirá que publica el poema "at the request of a poet of great and deserved celebrity". Sin duda, Byron hubo de animarle a que lo publicase. Pero fue Coleridge quien, por su propia voluntad, se lo dió a conocer. Y si lo hizo fue porque confiaba en que la composición sería del agrado de su, hasta la fecha, benefactor.

El silencio en torno a *Kubla Khan* por parte de Coleridge tanto en sus cartas como en los cuadernos de apuntes, al menos de una forma directa en este último caso, es sorprendente. Sin embargo, ya hemos visto cómo D. Wordsworth hace una referencia a "Kubla" en su diario y cómo la poetisa Mary Robinson tenía conocimiento del poema hacia el año 1800. También sabemos que el manuscrito de Crewe estuvo en posesión de Southey, probablemente por esas fechas[717]. En una entrada de 1811 del Diario de J.P. Collier, consta que Coleridge recitó: "some lines he had written many years ago upon the building of a Dream-palace by Kubla Khan"[718]. Teniendo en cuenta todos estos antecedentes, unidos a la estrecha relación de tantos años, no sería difícil deducir que Wordsworth conocía el poema. Su silencio, no obstante, es absoluto, y no dirá nada sobre la composición hasta 1830, cuando lo comentó en Cambridge con unos estudiantes[719]. J. Beer es el primero en llamar la atención sobre ciertos ecos de *Kubla Khan* en la poesía de Wordsworth. Destaca el caso de *Heartleap Well*, al que llega a calificar de "Wordsworth's own version of Coleridge's first two stanzas"[720]. Compuso este poema en enero o febrero de 1800[721], esto es, inmediatamente después de que le escribiera a Coleridge la carta de diciembre de 1799 en la que le describe un paraje muy parecido al del escenario natural de *Kubla Khan*[722]. Lo publicó en la segunda edición de *Lyrical Ballads*, ocupando un puesto relevante, pues era el poema con el que se abría el segundo volumen.

Descrito a grandes rasgos, en la primera parte de este poema se habla de la construcción de una casa de recreo, mientras que en la segunda se describen las ruinas en que aquel lugar de lujo y gozo se ha convertido. La intertextualidad con *Kubla Khan* se hace patente en varios versos[723]:

---

[715] Cf. *CL*, IV, p. 636 (nota).

[716] E. Blunden (ed.), *The Autobiography of Leigh Hunt*, London, 1928, p. 345.

[717] Cf. Cap. IV.

[718] Thomas M. Raysor, *SC*, II, p. 47. A Collier le debemos una buena parte de las crónicas sobre las conferencias impartidas por Coleridge.

[719] Cf. F. Alford, *Life, Journals and Letters of Henry Alford*, London, 1873, p. 62.

[720] J.B. Beer, *op. cit.*, 1985, p. 256.

[721] Cf. *PWW*, II, p. 249.

[722] Cf. Cap. II. Es asimismo J. B. Beer, *op. cit.*, 1985, p. 255, quien señala esta circunstancia.

[723] El texto está tomado de PWW, II, p. 249 y ss.

Where is the throng, the *tumult* of the race?

(v. 25)

Upon his side the hart was lying stretched:
His nostrils touched *a spring beneath a hill,*
And with the last deep groan his breath had fetched
The waters of the spring were trembling still

(vv. 41-44)

(...)
And gazed had gazed upon that *darling spot*

(v. 48)

I'll build a pleasure-house upon this spot

(v. 57)

Ere *thrice* the Moon into her port hard steered
A cup of stone received the living well;
Three pillars of rude stone Sir Walter reared,
And *built a house of pleasure in the dell.*
And near *the fountain,* flowers of stature tall

(vv. 81-85)

"*A jolly place,*" said he, "in times of old!
But something ails it now: *the spot is curst.*

"You see these *lifeless* stumps of aspen wood-
Some say that they are beeches, others elms-
These were the bower; and here a mansion stood,
The finest palace of a hundred realms!

(vv. 123-28)

You see the stones, *the fountain, and the stream;*
But as to the great Lodge! you might as well
Hunt half a day for *a forgotten dream.*

(vv. 130-32)

And oftentimes, when all are fast asleep,
This water doth send forth a dolorous groan.

(vv. 135-36)

Hemos señalado en cursiva los versos o las expresiones que mayores concomitancias, verbales, semánticas e incluso rítmicas, presentan con el poema de Coleridge. A la vista de estos versos, que no son sino los más representativos, no nos cabe ninguna duda de que *Hartleap Well* es el *Kubla Khan* de Wordsworth. Resultan especialmente significativos los versos 131-32, donde se dice que la mansión sería tan difícil de rastrear como un sueño olvidado. La alusión, en este caso, se extiende tanto a la última estrofa de *Kubla Khan* como a la historia de su composición onírica, que, por lo que se desprende de estas referencias, Coleridge mantuvo desde un primer momento.

Por otra parte, se hallan en los poemas de Wordsworth algunas intertextualidades tan flagrantes como las que citamos seguidamente. En la versión de 1805 de *The Prelude* se encuentran estos versos:

> Gehol's matchless gardens, in a clime
> Chosen from widest empire, *for delight*
> *Of the Tartarian dynasty* composed
> Beyond *that mighty wall*, not fabulous
> (China's stupendous mound!) by patient skill
> Of myriads, and boon Nature's lavish help:
> Scene linked to scene, and ever-growing change,
> Soft, grand, or gay, *with palaces and domes*
> *Of pleasures spangled over...*
>
> (VIII, ll. 123-31)[724]

> How with their *honey* from the fields they came
> And *fed him* there, alive, from month to month,
> Because the goatherd, blessèd man, *had lips*
> *Wet with the Muse's nectar.*
>
> (X, ll. 1023-26)[725]

Habida cuenta de lo expuesto, se puede afirmar que la publicación, el 25 de mayo de 1816, del volumen de *Christabel: Kubla Khan, A Vision; The Pains of Sleep* es, ante todo, dentro del canon poético de Coleridge, un acto de reivindicación de la preeminencia de su voz como poeta, incluso más manifiesto en este sentido que *Sybilline Leaves*, a cuya edición se adelantó en un año -aunque, todo hay que decirlo, Coleridge tuvo poco que ver en esta dilación-, y comparable como tal con *Biographia Literaria*. Prueba de ello son las pormenorizadas relaciones sobre las fechas de composición en los prefacios tanto de *Christabel* como de *Kubla Khan*.

---

[724] Cf. J. B. Beer, *op. cit.,* 1985, p. 256.
[725] Cf. ibid. p. 257.

VII. El Significado de *Kubla Khan* desde la Perspectiva de la Intención Autorial

1. EL SIGNIFICADO DE *KUBLA KHAN* EN LOS AÑOS DE SU COMPOSICIÓN.

Nuestro punto de partida para los análisis llevados a cabo en la primera parte de este trabajo lo ha constituido, principalmente, el texto del manuscrito de Crewe, versión de *Kubla Khan* anterior a la que se publicó en 1816, aunque no necesariamente la primera del poema. Ciertas expresiones que aparecen en el poema escrito por Mary Robinson a modo de respuesta poética a *Kubla Khan* y su semejanza con la carta de Wordsworth de finales de 1799 nos han permitido considerar la posibilidad de que el texto poético del manuscrito pudiera ser algo posterior a esas fechas. En cualquier caso, la conclusión fundamental a la que hemos llegado es la de que existen una serie de diferencias importantes entre las dos estrofas del poema tal y como aparece en el manuscrito ológrafo.

En lo que respecta a la fecha de composición del poema[726], el estudio comparativo del léxico, de las expresiones, de las imágenes y de la configuración estrófica de *Kubla Khan* con el resto de la obra de Coleridge, y la constatación de algunas circunstancias, como las que acabamos de mencionar sobre la carta de Wordsworth y el poema de Perdita, juntamente con la alusión de Dorothy Wordsworth en su diario a "Kubla" y la posibilidad de que el poema de Coleridge influyera en las composiciones de carácter orientalizante de Southey, nos ha permitido concluir que la primera y la segunda estrofa del manuscrito se compusieron en dos periodos diferentes: la primera estrofa hubo de componerse, como el propio autor afirma reiteradamente, en el año 1797, mientras que la segunda tendría su fecha de composición en algún momento del año 1799, o, como límite, a comienzos de 1800[727].

---

[726] La mayor parte de la crítica le ha asignado una fecha que ha oscilado, principalmente, entre los años 1797 y 1798. E.H. Coleridge (*CPW*, I, p. 295, nota), como ya se ha señalado más arriba, fue el primero que propuso el año 1798 como fecha probable de composición. Han seguido esta indicación del nieto del poeta, constatándola explícitamente por algún motivo relacionado con su interpretación del poema, entre otros, Robert Graves, *The Meaning of Dreams*, London: Cecil Palmer, 1924; Norman Rudich, "*Kubla Khan*, a Political Poem", *Romantisme*, 1974, vol. 8, pp. 36-53. Mantienen la fecha dada por Coleridge Alyce D. Snyder, *op. cit.*; E.L. Griggs, *CL*, I, pp. 348-9; E.K. Chambers, *op. cit.*; Mark L. Reed, *op. cit.*; John B. Beer, *Coleridge the Visionary*, London: Chatto & Windus, 1959; E.S. Shaffer, *op. cit.*; J. Drew, *op. cit.* Se han propuesto fechas alternativas, entre 1799 y 1802, por parte de E. Schneider, *op. cit.*; Jean Robertson, "The Date of *Kubla Khan*", *Review of English Studies*, 1967, vol. 18, pp. 439-49; George Whalley, *Coleridge and Sara Hutchinson*, London: Routledge & Kegan Paul, 1955; Warren U. Ober, *op. cit.*

[727] Sobre la posibilidad de una composición discontinua, en diferentes momentos, e incluso con sucesivas revisiones, cf. H. R. Rookmaker, *op. cit.* y Jack Stillinger, *op. cit.*

Esta idea de una escritura de *Kubla Khan* en momentos distintos se ve corroborada por las consecuencias que se derivan de la posibilidad que hemos apuntado con respecto al estado mental del autor durante la composición del texto. Son muchos los críticos que se han opuesto a la relación hecha por Coleridge sobre las circunstancias en que tuvo lugar la composición del poema[728]. Es aceptable la idea de que el poema tuviera su origen en una ensoñación provocada por algún narcótico, probablemente un opiáceo[729], aunque, a posteriori, se llevaría a cabo una revisión considerable de lo redactado en un primer momento[730]. Pero, como hemos señalado, esta hipótesis sólo puede considerarse para el caso de la primera estrofa. La segunda responde a unas circunstancias de composición absolutamente normales[731].

Por otra parte, también los intertextos apuntados señalan diferencias entre ambas estrofas. Si bien la Biblia, la obra de Virgilio, *Paradise Lost* y *Rasselas* mantienen una intertextualidad con las dos estrofas, otros, cuya importancia la ha señalado una buena parte de la crítica, son exclusivos de una de ellas. Así, la obra de T. Burnet, *Telluris Theoria Sacra*, es un intertexto relacionado únicamente con la primera estrofa, mientras que *The Bard*, de T. Gray, y la obra de Platón afectan en su intertextualidad a la segunda, pero no a la primera.

Una de las inquietudes de Coleridge a lo largo de estos mismos años la va a constituir el conflicto entre ciertas inclinaciones personales hacia el sensualismo, incardinadas en una constante recurrencia de imágenes relacionadas con el paraíso en sus escritos personales, y

[728] Destacan E. Schneider, *op. cit.*; Warren U. Ober, *op. cit.*; Werner A. Beyer, "Woman wailing for her demon lover and the Genesis of *Kubla Khan*", en *The Enchanted Forest*, Oxford: Basil Blackwell, 1963, pp. 118-43; Edward E. Bostetter, *op. cit.*; Vincent Buckley, "Coleridge: Vision and Actuality", *Melbourne Critical Review*, 1961, vol. 4, pp. 3-17; Allan C. Purves, *op. cit.*; Hans H. Meier, *op. cit.*; Irene H. Chayes, "*Kubla Khan* and the Creative Process", *Studies in Romanticism*, 1966, vol. 6, pp. 1-21; Beverly Fields, *Reality's Dark Dream: Dejection in Coleridge*, Kent, Ohio: Kent State University Press, 1967, pp. 84-100; K.M. Wheeler, *The Creative Mind in Coleridge's Poetry*, London: Heinemann, 1981; Jean-Pierre Mileur, *Vision and Revision. Coleridge's Art of Immanence*, Berkeley, Los Angeles, London: University of California Press, 1982; Jerome J. McGann, *The Romantic Ideology*, Chicago and London: The University of Chicago Press, 1983; Charles R. Rzepka, "*Kubla Khan*: Mesmerism and Logos", *The Self as Mind. Vision and Identity in Coleridge, Wordsworth and Keats*, Cambridge (Mass.) and London: Harvard University Press, 1986, pp. 106-14; Peter Hühn, "Outwitting Self-Consciousness: Self Reference and Paradox in Three Romantic Poems", *English Studies*, 1991, vol. 73, pp. 235-45.

[729] Han alzado sus voces de un modo particularmente comprometido a favor de una composición totalmente bajo la influencia del opio J.M. Roberts, *New Essays Towards a Critical Method*, London, 1897; Robert Graves, *op. cit.*; J.L. Lowes, *op. cit.*; M.H. Abrams, *The Milk of Paradise*, Cambridge (Mass.): Harvard University Press, 1934; Kenneth Burke, *The Philosophy of Literary Form*, Louisiana: Louisiana State University Press, 1967 (1941); Graham Hough, *The Romantic Poets*, London: Hutchinson University Library, 1953; John B. Beer, *op. cit.*; Charles Moorman, *op. cit.*; George Watson *op. cit.*; Max F. Schulz, *The Poetic Voices of Coleridge*, Detroit: Wayne State University Press, 1963; William Walsh, *op. cit.*; Alethea Hayter, *Opium and the Romantic Imagination*, London: Faber and Faber, 1968; C.M. Bowra, *op. cit.*; John B. Beer, *op. cit.*, 1985.

[730] La idea de que todo el poema tuvo un primer origen en una especie de alucinación, visión o ensoñación provocada por el opio, o en un sueño normal, sobre cuyo borrador se efectuaría una elaboración posterior, la comparten Richard Gerber, *op. cit.*; Patricia M. Adair, *op. cit.*; Norman Fruman, *op. cit.*; Molly Lefebure, *Samuel Taylor Coleridge: A Bondage of Opium*, London: Victor Gollancz, 1974; Paul Magnuson, *Coleridge's Nightmare Poetry*, Charlottesville: University Press of Virginia, 1974; Alicia Martínez, "Coleridge, *Kubla Khan*, and the Contingent", *Concerning Poetry*, 1977, vol. 10, pp. 59-61; Richard Holmes, *op. cit.*

[731] Esta tesis la mantienen N.B. Allen, "A Note on Coleridge's *Kubla Khan*", *Modern Language Notes*, 1942, vol. 57, pp. 108-13 y Masumi Kaneda, *op. cit.*

los fuertes reparos de carácter moral en su contra que sus principios le imponían[732], que se hacen patentes de una forma particularmente notoria en varios pasajes de *The Watchman*[733]. En *France: An Ode* aparece de forma manifiesta esta repulsa al sensualismo, que deja también entrever un cierto temor a su yugo:

> The Sensual and the Dark rebel in vain,
> Slaves by their own compulsion!
>
> (vv. 85-6)

En la segunda estrofa del manuscrito, sin embargo, estos temas no aparecen, al menos de una forma directa, y cobran una presencia absoluta la creatividad y la inspiración poéticas como elementos de su contenido. Como hemos tenido ocasión de señalar, es a partir del año 1800 cuando en las cartas y cuadernos de notas se observa una atención considerable por parte de Coleridge hacia estas cuestiones, lo que se convierte en una prueba más a favor de la composición de la última estrofa del manuscrito con posterioridad a la primera y en torno a las fechas señaladas[734].

---

[732] Cf. Max F. Schulz, "Coleridge and the Enchantments of Earthly Paradise" en *Reading Coleridge: Approaches and Applications*, London: Cornell University Press, 1979, pp. 116-59. Y del mismo autor, *Paradise Preserved. Recreations of Eden in Eighteenth - & Nineteenth-Century England*, Cambridge: Cambridge University Press, 1985, p. 80, donde manifiesta: "Coleridge was caught in an irresolvable contradiction. He took comfort in the earthly garden he and all humans presumably inhabited yet distrusted its virtuous appearances and feared to stay there; he longed to be of it yet kept fleeing from it to the security of the mind and soul.". Dentro de la amplia bibliografía al respecto, destacan en el estudio del tema del paraíso en *Kubla Khan* los trabajos de Lane Cooper, *op. cit.*; Maud Bodkin, *op. cit.*; M. H. Abrams, *op. cit.*; Howard Parsons, "A New Interpretation of Coleridge's *Kubla Khan*", *Poetry Review*, 1943, vol. 34, pp. 112-14; John B. Beer, *op. cit.*; Max F. Schulz *op. cit.*; Geoffrey Yarlott, *op. cit.*, quien pone de relieve el carácter sensualista y artificial del paraíso del Khan, que, aunque está tomado de la obra de Purchas que Coleridge cita en el Prefacio, ha sido filtrado a través de las experiencias vitales del poeta; Alethea Hayter, *op. cit.*; H. W. Piper, *op. cit.*, 1976, 1981 y 1987; Frederic S. Colwell, *Rivermen. A Romantic Iconography of the River and the Source*, McGill: Queen's University Press, 1989, pp. 67-100.

[733] Cf. Cap. II. La debilidad e indolencia provocadas por un refinamiento artificial y falso de las costumbres, propio de su época, se pone en contraposición con la dignidad propia de los antiguos pueblos bárbaros en el siguiente pasaje: "...that only can with propriety be stiled refinement, which, by strengthening the intellect, purifies the manners. All else enervates and depraves. If a mind skilled in the routine of etiquette, and the nothingness of *politesse*, and a body enfeebled by the delicate languor of fashion, constitute refinement, I must turn to contemplate the dignity of woman in the tent of a barbarian." (*TW* (No. III, Thursday, March 17, 1796), p. 90).

[734] Prácticamente la mayoría de los críticos que han analizado *Kubla Khan* se han referido en mayor o menor medida a la imagen del poeta inspirado de la última estrofa. Para un estudio de Coleridge como poeta visionario, cf. John B. Beer, *op. cit.*, -relaciona directamente los temas del paraíso y del poeta inspirado en el capítulo dedicado a *Kubla Khan*- y, muy especialmente, Harold Bloom, *op. cit.*, pp. 199-237, quien basa su interpretación del poema en el contraste entre el paraíso creado por el Khan y el paraíso creado por el poeta visionario de la última parte. Una respuesta a esta interpretación de H. Bloom se encuentra en el artículo de Vincent Buckley, *op. cit.* Este crítico pone todo su énfasis en denostar el carácter visionario que se ha atribuido a la poesía de Coleridge. Posteriormente, Irene H. Chayes, *op. cit.*, volverá a relacionar el tema del paraíso con el del bardo -el verdadero paraíso en este caso-: "It is the Paradise to which the *vates,* seer or bard is snatched up in his holy ecstasy, his *furor poeticus*..." (p. 20). El tema de la inspiración dentro de la tradición platónica y en relación con las fuerzas dionisíacas es el que domina la segunda parte del poema, según la lectura que hace del mismo Charles I. Patterson (Jr.), *op. cit.* Por otro lado, E. S. Shaffer, *op. cit*, ve en *Kubla Khan* un poema de inspiración bíblica y de carácter marcadamente profético en su tono. En la obra de Richard Hoffpauir, *op. cit.*, pp. 91-110, hay un capítulo titulado "Inspiration and Madness: *Kubla Khan* and the Critics", en el que el autor ataca de forma directa a esa concepción del poeta visionario heredada del Romanticismo, y propone una concepción mucho más "positivista" de la poesía. Es curiosa la interpretación de

A tenor de lo expuesto a lo largo de este trabajo, consideramos que la primera estrofa del manuscrito de Crewe se escribió en un primer momento, en una etapa de la vida de Coleridge en la que el poeta se sentía especialmente interesado por ciertas cuestiones que afloraron en unos versos posiblemente originados en unas imágenes presentadas en una visión, ensoñación o alucinación provocada por algún tipo de narcótico -opio, con toda probabilidad- en las que se filtraron una serie de elementos pertenecientes a la tradición literaria, con los que Coleridge debía de estar trabajando en aquellos momentos, de una forma más o menos directa, para llevar a cabo un determinado proyecto poético. Una vez recobrada la consciencia plena, el autor trabajó sobre ese material hasta un punto a partir del cual, por algún motivo -¿pérdida de la inspiración?- no pudo continuar. La relevancia para Coleridge de dicho proyecto y de los versos del mismo que había llegado a componer se pone de manifiesto en la presencia de expresiones y términos procedentes de la parte del poema escrita hasta entonces en las cartas de Alemania y en composiciones como *The Ancient Mariner* y *Osorio*, a las que tanto valor les concedía.

De los proyectos poéticos que pudo tener Coleridge, tenemos constancia de dos que no se llevaron a cabo: un poema épico sobre la caída de Jerusalén y una serie de himnos a los elementos. En una entrada de uno de sus cuadernos de notas, escribe una especie de planificación, en donde se encuentra lo siguiente:

> Hymns to the Sun, the Moon, and the Elements - six hymns.- In one of them to introduce a dissection of Atheism - particularly the Godwinian System of Pride Proud of what? An outcast of Blind Nature ruled by a fatal Necessity - Slave of an ideot Nature![735]

Proyectó estos himnos en mayo de 1796. En varias entradas tanto de este año de 1796 como de parte de 1797 hace referencia a material que le habría de servir para ellos. Una de estas entradas presenta una imagen que, inevitablemente, se ha relacionado con *Kubla Khan*[736]:

> Hymns moon
> In a cave in the mountains of Cashmere an Image of Ice, which makes its appearance thus - ["] two days before the new *moon* there appears a bubble of Ice which increases in size

---

Charles R. Rzepka, *op. cit.*, quien relaciona la imagen del poeta inspirado en el Romanticismo con las teorías de Mesmer -que tanto impacto causaron a comienzos del siglo XIX- sobre los poderes magnéticos que animaban la vida y su capacidad de influir de forma hipnótica sobre las mentes y los cuerpos de los seres humanos, incluso con propiedades terapéuticas. Masumi Kaneda, *op. cit.*, establece una conexión entre el poeta inspirado de la última estrofa y la idea de Coleridge del hombre de genio absoluto, según la distinción que propone el poeta en *Biographia Literaria* entre los dos tipos de genio: "absolute" y "commanding". En su biografía de Coleridge, Richard Holmes, *op. cit.*, tiene un capítulo titulado "Kubla Coleridge", pp. 135-68, donde manifiesta: "Kubla is a pagan celebration of creative force in the universe, which the poet shares in the moment -perhaps irrecoverable- of trance-like inspiration." (P. 166).

[735] *CN*, 174 G.169. J.L. Lowes, *op. cit.*, pp. 74-9, considera que estos himnos se desarrollaron parcialmente en *The Ancient Mariner*.

[736] Cf. ibid., p. 379 y Werner B. Beyer, *op. cit.*, quien establece una intertextualidad con la obra de Wieland *Oberon*, pero también una relación muy estrecha con los himnos a los elementos: "For all of *Kubla Khan* too is ultimately demon-haunted and steeped in the daemonic world of Titania and her consort - and the unwritten Hymns to the Elements!" (P. 140).

every day till the 15th day, at which it is an ell or more in height: then as the moon decreases, the Image ["] does also till it vanishes.
Read the whole 107th page of Maurice's Indostan[737].

Es muy posible que la "sunny pleasure-dome with caves of ice" y la "waning moon" tengan aquí uno de sus antecedentes. El proyecto del poema épico tiene un primer bosquejo en una carta a J. Cottle, de abril de 1797. Comienza haciendo una crítica a la última publicación de Southey y expresando sus temores sobre el ejercicio de su talento de seguir por ese camino:

> I am fearful that he will begin to rely too much on *story* and *event* in his poems, to the neglect of those *lofty imaginings*, that are peculiar to, and definitive of, the poet. The *story* of Milton might be told in two pages - it is this which distinguishes an *Epic Poem* from a *Romance in metre*[738].

A continuación, dice de sí mismo: "I should not think of devoting less than 20 years to an Epic Poem"[739]. Y presenta todo el plan de trabajo. Vuelve a hablar del asunto en octubre de 1802, en una carta a T. Wedgwood; en esta ocasión hace explícito el tema:

> Dear Sir! indulge me with looking still further on to my literary Life. I have since my twentieth year meditated an heroic poem on the Siege of Jerusalem by Titus - this is the Pride, & the Stronghold of my Hope. But I never think of it except in my best moods[740].

Ésta es la misma carta en la que Coleridge comenta que ha enviado a la imprenta todas sus composiciones y expresa su desacuerdo con las ideas de Wordsworth sobre la dicción poética, mostrándose en contra del uso de la lengua de la vida real en la poesía[741]. Creemos que la coincidencia no es fortuita. Está presentándole a T. Wedgwood sus planes sobre un proyecto grandioso al tiempo que muestra un distanciamiento con Wordsworth. Las alusiones a ambos proyectos se encuentran de nuevo en el año 1816. El 4 de julio, le pide a J. Murray que le envíe cualquier obra que pueda tener sobre la historia de los judíos desde la destrucción del Templo[742]. Y, en una carta del mes de septiembre, anuncia estos planes:

> Should it please the Almighty to restore me to an adequate state of Health, and prolong my years enough, my aspirations are toward the concentring my powers in 3

---

[737] *CN*, I, 240 G.236. También relativas a los himnos son las entradas 241 G.237, 244 G. 240, 256 G.242. K. Coburn comenta en la nota sobre esta entrada que el resto de la página 107 de *The History of Hindostan*, de T. Maurice (2 vols., 1795, I) describe tres festivales dedicados a la luna: uno, el sexto día de la luna nueva, relacionado con ritos a la fertilidad; el que tiene lugar durante la luna llena, en el que se realizan ritos de purificación en el Ganges; y la danza circular, en la luna llena de octubre. Sobre la posibilidad de una relación de todo ello con *Kubla Khan*, cf. J.L. Lowes, *op. cit.*, pp. 379-85.

[738] *CL*, I:184, p. 320.

[739] Idem.

[740] Ibid., II:464, p. 877. E. Shaffer, *op. cit.*, p. 19 y ss., apunta a Herder y, sobre todo, a Eichorn, uno de los principales líderes de la crítica bíblica en Alemania a finales del XVIII, como los autores de los que Coleridge obtuvo la idea del tema.

[741] Cf. Cap. V.

[742] *CL*, V:1015, p. 649.

Works. The first (for I am convinced that a true System of Philosophy (= the Science of Life) is *best* taught in Poetry as well as most safely) Seven Hymns with a large preface or prose commentary to each- 1. to the Sun. 2. Moon. 3. Earth. 4. Air. 5. Water. 6. Fire. 7. God.- The second work, 5 Treatises on the Logos, or communicative and communicable Intellect, in God and man. (...)
The third, an Epic Poem on the Destruction of Jerusalem under Titus[743].

Como se puede observar, los seis elementos se han convertido en siete. Todavía en el año 1832 la idea sigue presente en su cabeza. Transcribimos la cita casi completa, a pesar de su extensión, por considerarla de gran interés:

The destruction of Jerusalem is the only subject now remaining for an epic poem; a subject which, like Milton's Fall of Man, should interest all Christendom, as the Homeric War of Troy interested all Greece. (...) there would be a greater assemblage of grandeur and splendour than can now be found in any other theme. As for the old mythology, *incredulus odi*; and yet there must be a mythology, or a *quasy*-mythology, for an epic poem. Here there would be the completion of the prophecies - the termination of the first revealed national religion under the violent assault of Paganism, itself the immediate forerunner and condition of the spread of a revealed mundane religion; and then you would have the character of the Roman and the Jew, and the awfulness, the completeness, the justice. I schemed it at twenty-five; but, alas! *venturum expectat*[744].

La cuestión de por qué volvió sobre este tema después de la publicación de *Kubla Khan* es algo que trataremos más adelante. Por el momento, hemos constatado estas referencias como prueba de la importancia que este plan de una composición épica sobre la caída de Jerusalén tuvo para Coleridge a lo largo de toda su vida. En los años que nos ocupan y, concretamente, en la época en torno a la composición de la primera estrofa de *Kubla Khan*, escribió poemas como *Religious Musings*, *The Destiny of Nations*, *Ode to the Departing Year*, *France: An Ode* y *Fears in Solitude*, todos composiciones en las que se hace patente la influencia miltónica. Se da en ellos un tipo de dicción que J. Bate califica de pseudo-miltónica[745]. Son, como ya hemos señalado, sus poemas más ambiciosos -entre los que habría que incluir también, obviamente, a *The Ancient Mariner*-. En los dos primeros la presencia de la poesía épica de Milton sobrepasa a cualquier otra relación intertextual; en las dos odas, sin embargo, se da una experimentación con una forma nueva, manteniéndose, no obstante, el tono y la dicción miltónicas. *Kubla Khan*, por sus irregularidades versales en esa primera estrofa, podría representar, desde este punto de vista, el intento de Coleridge por aunar el modelo miltónico de la épica con la forma de la oda, que en la poesía inglesa que le precedió iba estrechamente relacionada con el tema de la inspiración. Una parte muy importante en ello le corresponde también al énfasis que a finales del XVIII, comenzando por Lowth y continuando hasta Herder, se había puesto en

---

[743] Ibid., 1031, p. 687.

[744] *Table Talk*, pp. 177-78, en *MC*, p. 409.

[745] Jonathan Bate, *Shakespeare and the English Romantic Tradition*, Oxford: Clarendon Press, 1986, interpreta esta característica como parte de la lucha de Coleridge por liberarse de la influencia de Milton, al menos en su manifestación de una forma tan notoria.

la forma lírica por encima de la épica como lenguaje bíblico por excelencia[746]. Esto coincide con la atracción por los temas sobrenaturales en la poesía, que tuvo su primera plasmación en *The Ancient Mariner*[747]. Coleridge mostró un gran interés por las cuestiones teológicas en la década de los 90, patente en una buena parte de su poesía, que se incentivó por su relación con T. Beddoes, quien le puso en contacto con los estudios bíblicos que se estaban realizando en Alemania[748]. Ya en noviembre de 1796, en una carta a J. Thelwall, le comenta que tiene en su poder la obra de Dupuis, un total de 12 volúmenes, y que va a leerla con detenimiento, uno a la semana[749]. La obra era *Origine de tous les Cultes, ou Religion universelle*, publicada en 1795. C.F. Dupuis en esta obra reduce el cristianismo a mera mitología. Está buscando el origen común de todas las religiones, a través de un estudio comparativo. Además, aporta un abundante material sobre los ritos y costumbres de las tribus más primitivas. Dada su condición de astrónomo, llega a la conclusión de que el origen buscado se halla en los ritos de adoración al sol, a la luna y a las estrellas[750]. Durante el año 1797, Coleridge leyó no sólo las obras de Dupuis o de W. Jones, sino toda una serie de textos de eminentes orientalistas sobre el hinduismo[751]. E. Shaffer afirma que leyó a Purchas porque en el tercer libro hay una vida de Mahoma[752]. Considera que es en la confluencia helénica de culturas -del periodo del neoplatonismo de Plotino y Proclo- donde Coleridge vió el origen de la civilización occidental, personificada en la figura de

---

[746] La importancia de los estudios bíblicos en el estilo poético de Coleridge la subraya E. Shaffer, *op. cit.*, p. 62: "The epic *Fall of Jerusalem* was not to be a history based on Josephus and rivalling Tasso, but the recreation of a Book of Revelation in a time of reasoning doubt. (...) The shape of romantic poetry, indeed of poetry to the present day, begins to be visible as the eighteenth-century Biblical epic emerges into the lyrical ballad." Esta misma es la tesis de Ina Lipkowitz, "Inspiration and the Poetic Imagination: Samuel Taylor Coleridge", *Studies in Romanticism*, 1991, vol. 30, pp. 605-31: "In the higher critics' redaction theories of the Bible, which had been extended to Greek epic as well, Coleridge found a way to reconcile his dream of an epic with the lyrical presentation of the Bible: lyric poems, particularly ballads, hymns, and odes, were seen as the raw material from which epics had been assembled." (Pp. 622-23).

[747] E. Shaffer, *op. cit.*, p. 63, relaciona las nuevas teorías sobre la inspiración secular de los profetas del Antiguo Testamento y los apóstoles del Nuevo Testamento, cuyo modelo más representativo era el Apocalipsis de San Juan, con el deseo de Coleridge por crear y definir una poesía de lo sobrenatural.

[748] Cf. E. Shaffer, *op. cit.*, p. 28 y ss. Anthony J. Harding, *op. cit.*, sostiene que el interés de Coleridge por los estudios bíblicos está muy relacionado con sus teorías poéticas: "My argument is that the new sense of the Bible propagated by historical scholarship, and the significant Romantic reaction to historicism, contributed in a major way to the Romantic poetics of inspiration, and that Coleridge was a central figure in the spread of this new sense of biblical inspiration in the English-speaking world." (P. 8). Posteriormente, expresará la relevancia de esta idea en su teoría de la imaginación: "...to grasp the full scale of Coleridge's idea of Imagination we must look, not at Schelling, but at Coleridge's patient and, in his time, adventurous attempts to understand how the Bible shows "*Imagination, or the modifying, and co-adunating* Faculty" working within Jewish tradition as an organ of faith, and at how these studies dealt with the difficult question of the "inspiration" of the Bible." (P. 73).

[749] *CL*, I: 156, p. 260.

[750] Las afirmaciones de este racionalista francés son tan osadas como la siguiente: "Les Dieux, chez moi, sont enfans des hommes; et je pense, comme Hésiode, que la terre a produit le Ciel." Prefacio, p. xiii, en J.L. Lowes, *op. cit.*, p. 535 (nota). Este crítico considera que hay influencia de esta obra en *Ode to the Departing Year*.

[751] E. Shaffer, *op. cit.*, p. 56, cita a George Sale, a Gibbon, a Thevenot y a Harris.

[752] Idem.

Cristo[753]. Así, el orientalismo de Coleridge no es producto de la fantasía del anticuario ni una pose literaria, sino la muestra de su interés por el surgimiento de la fe en un solo Dios para toda la humanidad, y su deseo de llegar hasta el germen de la civilización europea. La caída de Jerusalén era el tema idóneo, porque en la Nueva Jerusalén estaría representado el restablecimiento del cristianismo, con la ciudad santa como lugar común para toda la humanidad.

En enero de 1797, Lamb le escribió una carta instándole a que escribiese un poema épico: "something philosophical, something more worthy of his great powers than the spade"[754]. El camino estaba preparado. Sus dos grandes intereses, la teología cristiana y una poesía de temas sobrenaturales, confluyeron en el deseo por crear una mitología moderna[755].

Los intertextos que, con un criterio muy selectivo, hemos presentado como los principales para la primera estrofa, son la mayoría de ellos obras en las que están presentes lo sublime de la Revelación y la grandeza de la épica, como substratos ineludibles en un proyecto de estas magnitudes. La diversidad de su temática y procedencia contribuyen a dotarla de esa complejidad en su textura, en sus referencias y alusiones, con los arquetipos más comunes, desde el paraíso edénico hasta los abismos infernales[756], así como del sincretismo mitológico que el autor estaría buscando[757]. *Kubla Khan* puede ser parte de ese sueño literario de una composición épica que Coleridge había proyectado. En él están vertidas un amplio espectro de inquietudes y experiencias, tanto personales como intelectuales, que hemos tratado de presentar en este trabajo[758]. De ahí su gran capacidad de sugerencia y evocación. Sobre el primer borrador, que posiblemente fuese el fruto de una experiencia con el opio, el autor se encontró con dos posibilidades, o bien trasladarlo a un lenguaje discursivo, o bien mantener en buena medida el efecto impresionista de su experiencia psicológica: la primera de estas alternativas no le iba a permitir fácilmente lograr el efecto de síntesis totalizadora de elementos tan dispares. En la carta a T. Poole, del 19 de mayo de 1799, en la que aparecen expresiones de *Kubla Khan* como "walls and towers" y "Slope of Greenery"[759], Coleridge le escribe:

---

[753] Dice la autora: "Jew and Babylonian, Greek, Roman, and Egyptian, Christian and Mohammedan yet to be born, were conquered by and absorbed into Christianity in the great symbolic metropolis of the East that stood for the enduring significance of that life and that death." (Ibid., p. 37).

[754] E. V. Lucas (ed.), *op. cit.*, I, p. 85.

[755] Cf. E. Shaffer, *op. cit.*, p. 32 y ss.

[756] Cf. M. Bodkin, *op. cit.*; S.K. Heninger (Jr.), *op. cit.*: "The poem itself is a description of a common psychological experience delineated by Jung as "the individuation process," an integration of disparate elements by which the personality achieves identity and wholeness." (P. 359). Arquetípicas, asimismo, son las interpretaciones de Kathleen Raine, *op. cit.*; Patricia M. Adair, *op. cit.* También le dedican una parte importante al arquetipo en sus lecturas Max F. Schulz, *op. cit.* y H.W. Piper, *op. cit.*, 1981.

[757] E. Shaffer, *op. cit.*, expresa su absoluto convencimiento de que *Kubla Khan* es ese poema épico: "Coleridge's transcendental enterprise was to lay bare the source of mythology, the sense for a God in the human race. In "Kubla Khan" we see the enterprise making its earliest and most attractive appearance, as we find there the sense for a God in its first pristine form, before articulation, before all tradition. It is first revelation, as it is last." (P. 144).

[758] Incluido parte del material recogido para los himnos a los elementos.

[759] Cf. Cap. II.

I could half suspect that what are deemed fine descriptions, produce their effects almost purely by a charm of words, with which & with whose combinations, we associate *feelings* indeed, but no distinct *Images*[760].

Dada la forma en que Coleridge filtra en la descripción que realiza en la carta ecos de *Kubla Khan*, lo que significa que lo tiene muy presente cuando la está escribiendo, parece que es ésta una reflexión sobre la técnica descriptiva utilizada en su propio poema. Una técnica nueva, propia de una época de experimentación poética, y, en gran medida, sugerida por sus vivencias personales. En la tercera conferencia de la serie de 1818, Coleridge disertó sobre Spenser, concretamente sobre *The Faery Queene*. Uno de los aspectos que destaca de esta composición es el siguiente:

You will take especial note of the marvellous independence and true imaginative absence of all particular space or time in the Faery Queene. It is in the domain neither of history or geography; it is ignorant of all artificial boundary, all material obstacles; it is truly in land of Faery, that is, of mental space. The poet has placed you in a dream, a charmed sleep, and you neither wish, nor have the power, to inquire where you are, or how you got there[761].

A continuación, cita unos versos de *Remorse* que, a su entender, producen el mismo efecto[762]. Se trata de los versos que hemos citado previamente en la primera versión de esta pieza teatral[763]. Son los que, como ya hemos apuntado, se han asociado con las sensaciones que a Coleridge le producía el opio en los primeros estadios de la adicción. Creemos que en este comentario sobre el poema de Spenser Coleridge está proyectando una experiencia que le era muy conocida. Pero también habla Coleridge a partir del apoyo de un soporte teórico que hubo de encontrar en E. Burke, quien, en la sección IV de la segunda parte de su tratado sobre lo sublime y lo bello, sitúa a la poesía por encima de la pintura:

If I make a drawing of a palace, or a temple, or a landscape, I present a very clear idea of those objects; but then (...) my picture can at most affect only as the palace, temple, or landscape would have affected in reality. (...) The proper manner of conveying the *affections* of the mind from one to another, is by words; and so far is a clearness of imagery from being absolutely necessary to an influence upon the passions, that they may be considerably operated upon without presenting any image at all, by certain sounds adapted to that purpose[764].

---

[760] *CL*, I:282, p. 511.

[761] *MC*, p. 36. E. Shaffer, *op. cit.*, p. 134, sostiene que Coleridge utilizó en *Kubla Khan* una técnica de carácter pictórico, consistente en una sucesión de imágenes, basada en el modelo de *The Faery Queene*: "The "picture" method employed upon an existing, in principle locatable, but invisible, natural landscape created an interchangeably internal and external vision."

[762] *Remorse*, IV, iii, 13-20. En octubre de 1797, Coleridge envió una copia de *Osorio* a Drury Lane para que se considerase su representación. Se la rechazaron aduciendo como razón principal "the obscurity of the last three acts". (Cf. *CPW*, II, p. 519, nota) Creemos que la cita de estos versos en esta conferencia no es fortuita. Coleridge está reivindicando el valor de su obra.

[763] Cf. Cap. III.

[764] E. Burke, *op. cit.*, p. 60.

La idea del poeta en la carta a Poole está formulada en este pasaje, si se nos permite decirlo así dentro de este contexto, con toda claridad[765]. En un apartado anterior de este trabajo, hemos tenido ocasión de señalar el peso de Burke en ciertos comentarios de Coleridge en la excursión que realizó durante su viaje a Alemania[766]. En la primera estrofa se refleja el interés despertado en Coleridge hacia el año 1796, y que va a subsistir hasta los primeros años del siglo entrante, por el tema de lo sublime relacionado con el paisaje, siguiendo así la tradición británica del siglo XVIII sobre esta cuestión. En *Kubla Khan* encontramos la mayoría de los elementos enumerados por Burke como imprescindibles para producir el efecto de lo sublime: la oscuridad, así como la luz en su intensidad máxima, como cuando el ojo la recibe directamente del sol; la fuerza -"mighty"- y el poder -Kubla-; la privación en un sentido general -recurrencia del sufijo "less" en el poema-; la inmensidad y la infinitud; la magnitud en las construcciones arquitectónicas; la dificultad; la profusión de elementos; lo repentino y lo intermitente[767]. Burke pone como ejemplo del tipo de expresión poética que defiende unos versos de *Paradise Lost*, sobre los que realiza el siguiente comentario:

> The mind is hurried out of itself, by a crowd of great and confused images; which affect because they are crowded and confused. For separate them, and you lose much of the greatness, and join them, and you infallibly lose the clearness[768].

No nos cabe ninguna duda de que Coleridge estaba siguiendo este modelo cuando llevó a cabo la redacción definitiva de la primera estrofa del manuscrito de Crewe. En su tratado, cuando desarrolla esa primera idea, Burke se expresa en unos términos que no pueden por menos que resultarnos familiares:

> I think there are reasons in nature why the obscure, when properly conveyed, should be more affecting than the clear. It is our ignorance of things that causes all our admiration, and chiefly excites our passions. Knowledge and acquaintance make the most striking causes affect but little. It is thus with the vulgar, and all men are as the vulgar in what they do not understand. The ideas of eternity, and infinity, are among the most affecting we have, and yet perhaps there is nothing of which we really understand so little, as of infinity and eternity[769].

Las ideas de eternidad e infinitud son dos elementos fundamentales en el entramado poético de *Kubla Khan*. Hay algo más que desearíamos resaltar de este pasaje. Cuando el autor dice que el conocimiento cercano incluso de las cosa más sorprendentes provoca en

---

[765] E. Schneider, *op. cit.*, pp. 277-82, hace referencia a esta carta y relaciona las palabras de Coleridge con la influencia de *Laocoön*, de Lessing, quien afirma que en literatura son las palabras las que crean el paisaje, a través de las sugerencias que contienen de forma implícita, más que las descripciones precisas. Lessing habla, además, de fluctuaciones espacio-temporales. Admite que estas ideas se encuentran ya en Burke y Lord Kames; sin embargo, como le interesa proponer una fecha de composición que relacione a *Kubla Khan* con *Gebir* y *Thalaba* de Southey, prefiere mantener a Lessing como fuente principal de esta idea.

[766] Cf. Cap. II.

[767] Cf. E. Burke, *op. cit.*, parte II.

[768] Ibid., p. 62.

[769] Ibid., p. 61.

éstas la capacidad de excitar y afectar a las pasiones. Es lo oscuro, lo ininteligible, lo que provoca ese efecto. Si recordamos los objetivos que, según dice Coleridge en *Biographia Literaria*, se habían propuesto Wordsworth y él al escribir los poemas de *Lyrical Ballads*, observaremos que son un calco de estas ideas del pensador británico. El propósito de Coleridge seguiría la línea más netamente burkiana. *Kubla Khan*, como *The Ancient Mariner* y *Christabel*, responderían a este plan. En algún momento entre enero y mayo de 1799 -recuérdese que la carta citada corresponde al mes de mayo-, Coleridge realizó la siguiente anotación en uno de sus cuadernos de apuntes:

> The elder languages fitter for Poetry because i̶t̶ they expressed only prominent ideas with clearness, l̶i̶k̶e̶ others but darkly - Therefore the French wholly unfit for Poetry; because is *clear* in their language -i.e.- Feelings created by obscure ideas associate themselves with the one *clear* idea. When no criticism is pretended to, & the Mind in it̶s̶e̶l̶f̶ simplicity gives itself up to a Poem as to a work of nature, Poetry gives most pleasure when only generally & not perfectly understood. It was so by me with Gray's *Bard*, & Collins' odes - *The Bard* once intoxicated me, & now I read it without pleasure. From this cause it is that what *I* call metaphysical Poetry gives me so much delight-[770].

Frente a las primeras lecturas de este apunte, en las que no se trata de contradecir sino de explicar a Coleridge[771], una serie de críticos han tratado de demostrar que Coleridge realmente lo que quería decir era todo lo contrario de lo que aparentemente dice[772]. Nuestra opinión es la de que este pasaje ha de entenderse dentro del contexto de la teoría de Burke, al igual que hemos hecho con el tomado de la carta a T. Poole, y, por tanto, su sentido es el que se desprende de ese contexto. Hemos de deducir de ello que la primera estrofa de *Kubla Khan*, ya escrita por entonces, sería un ejemplo de ese tipo de poesía.

Varios son los críticos que, cada uno desde su enfoque particular, consideran a *Kubla Khan* como parte de ese poema épico sobre la caída de Jerusalén, si bien aplican esta interpretación a todo el texto poético[773]. Por nuestra parte, según los datos aportados, creemos que la primera estrofa pertenece a un proyecto ambicioso, que podría tratarse perfectamente de dicho poema épico, pero no así la segunda.

Situamos la composición de esta segunda estrofa entre finales de 1799 y comienzos de 1800. Ya hemos hablado de cómo, a su regreso de Alemania, Coleridge continuó con la composición de *Christabel*. Hubo de ser por estas fechas cuando abordó la prolongación de los versos de *Kubla Khan* escritos hasta el momento, esto es, la primera estrofa del manuscrito de Crewe. Pero las musas le traicionaron y no pudo ir más allá de un comentario poético sobre la experiencia que desde el punto de vista de la creatividad representaban aquellos versos. Su interés creciente por el platonismo y el neoplatonismo le

---

[770] *CN*, I, 383 21.37.

[771] El ejemplo más claro es el de I.A. Richards, *op. cit.*, p. 213 y ss., quien interpreta que con la expresión "elder languages" Coleridge se refiere a la lengua de los isabelinos.

[772] Cf. K. Coburn, ibid. (nota); Timothy J. Corrigan, "Coleridge, the Reader: Language in a Combustible Mind", *Philological Quarterly*, 1980, vol. 59, pp. 76-94; A.C. Goodson, *op. cit.*

[773] Por supuesto, E. Shaffer, *op. cit.*, fue quien abrió el camino. La han seguido, dentro de sus propias sendas, T. McFarland, *Romanticism and the Forms of Ruin*, Princeton: Princeton University Press, 1971; M. Kaneda, *op. cit.*; J. Bate, *op. cit.*

llevó a plasmar en esa segunda estrofa las ideas sobre la inspiración con las que ya se había enfrentado en algún otro momento[774] y que ahora, cuando parecía que su capacidad poética ya no era la misma, cobraban para él un significado muy especial. Trató de mantener la conexión con la primera estrofa por medio de los vocablos "Amara" y "Abyssinian", que pudieron en buena medida también ser el resultado de la consulta de una parte de los intertextos sobre los que se había configurado dicha primera estrofa. Pero el discurso, tanto en la forma como en el fondo, es otro.

La forma en que difundió la nueva composición, como lo prueban el poema de Mary Robinson y su posible influencia sobre las obras en las que estaba trabajando Southey, demuestra que, al menos temporalmente, había abandonado el proyecto. Pero también es una muestra de que Coleridge encontraba en el poema quizá la plasmación de esa voz poética propia, que, enseguida, vería truncada, cuando Wordsworth rechazó *Christabel* para su publicación en la segunda edición de *Lyrical Ballads*, realizó aquellos comentarios tan incisivos sobre *The Ancient Mariner* y la crítica se ensañó precisamente con los poemas que más representaban para él. En unos apuntes, escritos en 1812, para sus conferencias sobre Shakespeare, representa las dificultades del genio artístico en su dependencia del gusto del público con una metáfora que es una paráfrasis de *Kubla Khan*, lo que demuestra que Coleridge estaba pensando en aquel proyecto que no había podido llevar a cabo, y tampoco se había atrevido a publicar, transformando su significado poético en una parábola de esa frustración:

> Yonder in the distance see that rich and varied country and the splendid palace or temple which commands it, and nothing insurmountable in the interspace to stop us in our road toward it. We descend from the mountain (pity that we cannot make a crow's flight toward it), and then we discover the Stygian pools or morasses, or even park walls and gates with reformer-traps and spring-guns threatened to trespassers, thickest hedges, amd miry lanes - and at length tread back our road, tired, way-worn, sick at hear, with torn clothes...[775]

Así, al igual que *Christabel* y a diferencia de otras composiciones más convencionales, *Kubla Khan* permaneció inédito durante casi veinte años, siendo, probablemente, a través de la difusión de manuscritos entre un círculo muy reducido y de la recitación en reuniones también selectas, como se fue dando a conocer, del mismo modo que *Christabel*. No lo publicó, debido a que, por una parte, era un conato fallido, un proyecto de grandes dimensiones que se veía reducido a 54 versos[776]; y, por otra, era una de sus composiciones

---

[774] En el manuscrito de *Osorio* enviado a Sheridan, Coleridge escribe: "In short, the thing is but an embryo, and whilst it remains in manuscript, which it is destined to do, the critic would judge unjustly who should call it a miscarriage. It furnishes me with a most important lesson, namely, that to have conceived strongly, does not always imply the power of execution." (*CPW*, II, p. 1114).

[775] *SC*, I, p. 187.

[776] Graham Davidson, *Coleridge's Career*, London: Macmillan, 1990, se opone a la interpretación de E. Shaffer de que Coleridge considerase a *Kubla Khan* como una composición épica condensada, esto es, como un poema completo. Aunque su enfoque es distinto al nuestro, y la interpretación final más drástica, en su lectura de *Kubla Khan* desempeña un papel esencial la idea del proyecto, en este caso no irrealizado, sino irrealizable: "The poem is prophetic because, in Coleridge's words, it speaks "of what must be", of the ideal order of our humanity, and of the method by which we must seek to reorder what has mysteriously fallen into disorder.

"experimentales", sobre las que la crítica y Wordsworth le habían hecho perder toda la seguridad. Nótese cómo en la edición de 1800 de *Lyrical Ballads*, *The Ancient Mariner* aparecerá con el subtítulo de "A Poet's Reverie", sin duda en un intento por justificar la "extrañeza" del poema. Igualmente, la nota aclaratoria al final del manuscrito de Crewe dice que *Kubla Khan* se compuso en una ensoñación -"reverie"-. Creemos que las siguientes palabras, que pertenecen a una carta escrita en diciembre de 1818, son de una claridad meridiana en lo que se refiere a esta cuestión del declive poético de Coleridge, tan delicada por otro lado:

> ...during the prime manhood of my intellect I had nothing but cold water thrown on my efforts! I speak not now of my systematic and most unprovoked Maligners. (...) But I have loved with enthusiastic self-oblivion those who have been so well pleased that I should, year after year, flow with a hundred nameless Rills into *their* Main Stream, that they could find nothing but cold praise and effective discouragement of every attempt of mine to roll onward in a distinct current of my own - who *admitted* that the Ancient Mariner, the Christabel, the Remorse, and *some* pages of the Friend were not without merit, but were abundantly anxious to acquit their judgements of any blindness to the very numerous deffects[777].

El interés por la poesía, al mismo tiempo, fue, aparentemente, decayendo en su vida y se vió sustituido por otras actividades[778]. Fue necesario el transcurso de varios años y toda una revolución tanto personal como ideológica y literaria para que ambas composiciones apareciesen publicadas.

2. EL SIGNIFICADO DE *KUBLA KHAN* EN LA ÉPOCA DE SU PUBLICACIÓN.

Kubla Khan se publicó en 1816, como ya se ha señalado, con una configuración estrófica distinta de la que el texto poético presenta en el manuscrito de Crewe y con ciertas variantes verbales, algunas muy significativas[779]. También la ortografía se ha visto sujeta a transformaciones. Principalmente, cabe destacar la regularización en el uso de las mayúsculas, que en el texto del manuscrito aparecen de la misma forma indiscriminada en

---

But it is also prophetic in a simpler and sadder sense: Coleridge would never realize in a completed work of art what he has planned and imagined here." (p. 98).

[777] *CL*, IV:1155, p. 888.

[778] Sobre este tema concreto es de gran interés el estudio de L.D. Berkoben, *op. cit.* La frustración es la razón fundamental aducida por este crítico. Le da un sesgo particular a su interpretación, relacionando esas expectativas de Coleridge en su poesía con sus ideas religiosas y filosóficas: "...after 1802 the effort to impose harmony and order, to tame the chaos, became too great for Coleridge. He never lost his "shaping spirit of the Imagination"; it is likely that he suppressed it in hopes of protecting his religious and philosophic beliefs from his emotional world and Chaos." (P. 165).

[779] Téngase en cuenta que las comparaciones las vamos a realizar sobre los textos del manuscrito de Crewe y de la edición de 1816 respectivamente. Ya hemos constatado que existen algunas diferencias, tanto estructurales como verbales, en primer lugar, entre esta edición y algunas de las ediciones sucesivas que se realizaron en vida de Coleridge, y, en segundo lugar, entre éstas y la edición de E.H. Coleridge.

que Coleridge solía utlizarlas en los escritos de sus años de juventud. Hay ciertos cambios que consideramos de carácter estilístico, como la sustitución de la expresión "From forth" del manuscrito por "And from" en el verso 17, que resulta más acorde con el esquema rítmico anafórico que presenta el poema. Algo similar ocurre con el cambio de "hideous" (v. 17) por "ceaseless", con lo que, por una parte, se refuerza esa recurrencia del sufijo "less" a lo largo del poema y, por otra, se efectúa una transformación en el significado, que insiste en ese aspecto de eternidad representado por otros términos, y, al mismo tiempo, se compensa la pérdida de la aliteración en este verso al haber hecho desaparecer la expresión "From forth" con la que mantienen las palabras "ceaseless" y "seething". Hemos de suponer que, como ya hemos comentado más arriba, la expresión "And folding" (v. 11) no fue un cambio del autor, sino un error de lectura de la imprenta, dada la corrección que Coleridge realizó en un ejemplar de esta primera edición restableciendo el término "Enfolding" del manuscrito. También cabe la posibilidad de que fuera él quien realizase el cambio y que después se arrepintiese de la enmienda. De haber sido así, el motivo de la variante se explicaría de nuevo como una alteración estilística llevada a cabo para conferirle a la composición ese ritmo anafórico al que nos hemos referido[780]. En el verso 16 del manuscrito, aparece el vocablo "Daemon", que en el texto impreso se halla transcrito como "demon". Con el cambio se pierde algo de la ambivalencia. La voz "demon" se asocia con lo maligno, aunque también puede ser una variante de "daemon", voz más próxima a la etimología del término, del griego "daímon". En la mitología clásica, según la acepción inglesa, un "daemon" puede ser un tipo de divinidad menor, o bien el genio de un lugar o de una persona, siempre relacionado con fuerzas irracionales, de carácter no moral, y estrechamente unido a lo numinoso[781]. El cambio en este caso ha decantado el significado hacia lo maléfico frente al sentido sobrenatural de "daemon", aunque éste no deje de estar implícito[782].

Otro cambio de mayor interés es el relativo a la ortografía del nombre del Khan, transcrito de una forma más aproximada a la del texto de Purchas -"Cublai"- en el manuscrito, mientras que en el texto impreso el autor utiliza una "K" como consonante inicial, de forma que la aliteración ya no es sólo acústica, sino también visual. Además, con ello se está alejando de Purchas, al igual que ocurre con el toponímico, que de "Xannadù" -más parecido al "Xamdu" del pasaje de Purchas- pasa a "Xanadu". También es

---

[780] Sobre la imitación de la prosodia y estructura de los versos hebreos en la poesía de Coleridge a través de la obra de R. Lowth, cf. T. Fulford, *op. cit.*, p. 83 y ss.

[781] Cf. R.D. Stock, *The Holy and the Daemonic from Sir Thomas Browne to William Blake*, Princeton: Princeton University Press, 1982, pp. 18-20. Para una interpretación de *Kubla Khan* basada en las implicaciones del término, cf. Charles I. Patterson (Jr.), "The Daemonic in *Kubla Khan*: Toward Interpretation", *PMLA*, 1974, vol. 89, pp. 1033-42. Este autor considera que es esa idea de lo "daemonic", de las fuerzas dionisíacas, la que predomina en toda la composición.

[782] Lawrence Kramer, "That Other Will: The Daemonic in Coleridge and Wordsworth", *Philological Quarterly*, 1979, vol. 58, pp. 299-320, sostiene que de la distinción kantiana entre lo bello y lo sublime se derivan dos tipos de imaginación: "As a rule, the daemonic imagination manifests itself in association with some manifestation of the sublime, only to be completed, and negated, by a healing emergence of the romantic imagination in association with the beautiful." (P. 300). *Kubla Khan* es la expresión poética de esta idea: en la segunda estrofa se encuentran los elementos de la que denomina "daemonic imagination", mientras que en la tercera, por medio del palacio-cúpula, se halla su contrapartida. La doncella abisinia es la anulación final de las fuerzas negativas.

un distanciamiento de la descripción de Purchas el número de millas que se encuentran dentro del recinto de la muralla según el texto de la edición. Purchas habla de dieciséis millas, y en el manuscrito aparecen "twice six miles", que no son dieciséis, pero mantienen esa presencia del número seis. La expresión "twice five miles" que las sustituye es, a nuestro juicio, un cambio eminentemente estilístico, que le proporciona una mayor musicalidad al verso, por la recurrencia del diptongo /ai/ en nada menos que cuatro palabras del mismo. Por otro lado, se establece un juego numérico con las cinco millas que recorre el río hasta llegar a las caverna, justamente la mitad, algo que no se daría en el otro caso. Lo curioso de todo ello es que en el Prefacio Coleridge cita, aparentemente de memoria, el pasaje de Purchas y escribe, de forma equivocada, "ten miles", que se corresponden con la segunda versión, pero no con la primera. O bien adecuó el texto al poema, o bien citó de memoria y siguió el dictado de sus propios versos. Se puede considerar esta segunda posibilidad, pero en ese caso resulta extraño que éste sea el punto en el que el original de Purchas más difiere del poema de Coleridge, mientras que el resto del pasaje se parece más al poema de Coleridge que su cita en el Prefacio. Todo parece indicar que hay una cierta manipulación del material por parte del poeta. No obstante, de acuerdo con un estudio en el que se compara el escenario del poema con el escenario real de Shantgu, las diez millas de Coleridge se aproximan más al espacio real que las dieciséis de Purchas. Ésta sería una tercera posibilidad que no descartamos[783].

El término "compass'd" del manuscrito se corresponde morfológica y acústicamente con el vocablo "encompassing" de Purchas, mientras que "girdled" mantiene sólo el significado del original. Sin embargo, el verso resulta más fluido con este término. En los versos 32 y 34 del manuscrito la rima viene determinada por los vocablos "Wave" y "Cave", que en el texto de la edición se hallan en plural. Quizá el autor decidió modernizar la palabra "wave", tan propia de Milton y los isabelinos para designar a las aguas, en cualesquiera de sus formas, y esto le llevó, por razones de la rima, a utilizar el plural para "cave". La transformación en este caso afecta al significado: en el manuscrito parece que la cueva ubicada en el extremo opuesto de la fuente es distinta de las cuevas de hielo del palacio-cúpula, mientras que en el segundo caso no se plantea esta diferencia. Sin embargo, nuestra opinión es la de que la forma ha prevalecido sobre el contenido en la mayoría de estas variaciones. En la versión primitiva todo ello respondía a un sentido determinado, pero, dado que el proyecto inicial se vió frustrado, aquel sentido ya no tenía ninguna relevancia. Podemos concluir, por tanto, que Coleridge se alejó del original de Purchas principalmente por razones estilísticas, y no de contenido, esto es, llevó a cabo una esmerada labor de lima sobre los versos más que sobre el poema.

Hay una variante, que ya hemos comentado en un apartado anterior[784], correspondiente a la última estrofa, la del miltónico "Amara" por el enigmático "Abora". Estamos de acuerdo con que, además de establecer el ya apuntado juego de palabras con "Mount Tabor", que difícilmente hubo de pasarle desapercibido a Coleridge, la transformación responde al deseo de alejar los ecos miltónicos de su composición. Con ello efectúa una desviación de los intertextos, dirigiendo al lector precisamente al que quizá menor relevancia tenga en el poema.

[783] Cf. Nai-Tung Ting, "From Shangu to Xanadu", *Studies in Romanticism*, 1984, vol. 23, pp. 205-22.
[784] Cf. Cap. IV.

La cuestión de la estructura de *Kubla Khan* aparece tratada también más arriba. Nuestro análisis de las diferencias entre las distintas configuraciones de las dos versiones con las que contamos nos ha llevado a concluir que en la estructuración nueva del texto Coleridge utilizó el formato de las odas, cuya composición proliferó a partir de 1799, aunque hubiera algún ejemplo de fechas anteriores. Es el tipo de oda que, supuestamente, siguió, según los cánones de la poesía inglesa del siglo XVIII, el modelo pindárico, caracterizado por la irregularidad versal y la transición abrupta entre las estrofas. En las ediciones de poemas posteriores a 1817, *Kubla Khan* siempre se insertó dentro del grupo que llevaba el epígrafe de "Odes and Miscellaneous Poems". La oda era la composición por antonomasia dedicada al tema de la creación poética[785].

Quizá uno de los aspectos fundamentales de *Kubla Khan* en su edición de 1816 es el Prefacio introductorio del que va precedido el texto poético. En él se da una relación diferente de la que aparece al final del manuscrito de Crewe sobre la composición del poema, hecho que hemos analizado en la parte de este trabajo dedicada al opio. En ella llegamos a la conclusión de que lo referido por Coleridge sobre la forma en que escribió los versos correspondientes es verosímil desde el punto de vista de la neurofisiología, lo cual no quiere decir que necesariamente tenga que ser cierto. Cuando redactó el Prefacio, Coleridge tenía una larga experiencia con los efectos de los estupefacientes. Por otra parte, siempre había mostrado un gran interés por el tema del sueño, tan característico entre los románticos alemanes, de cuya obra tenía un conocimiento importante por estas fechas[786]. En *The Friend*, concretamente, en un breve ensayo sobre "Ghosts and Apparitions" manifiesta su deseo de escribir una obra sobre el tema de los sueños, las visiones, los espíritus, la brujería, etc. (sic.). Dice que entonces podría explicar:

> ...in a more satisfactory way the mode in which our thoughts, in states of morbid slumber, become at times perfectly *dramatic* (for in certain sorts of dreams the dullest Wight becomes a Shakespeare) and by what law the *Form* of the vision appears to talk to us its own thoughts in a voice as audible as the shape is visible: and this too oftentimes in connected trains, and not seldom even with a concentration of power which may easily impose on the soundest judgements, uninstructed in the *Optics* and *Acoustics* of the inner sense, for Revelations and gifts of Prescience[787].

Este pasaje, en realidad, parece tener una mayor relación con la última estrofa de *Kubla Khan* que con el Prefacio. Casi podría decirse que es una versión en prosa de parte de esos versos. Lo interesante es comprobar cómo Coleridge dice que su intención es la de proporcionarles una explicación científica a esos fenómenos que, sin ella, darían la

---

[785] George Dekker, *op. cit.*, p. 180, dice que Coleridge, siguiendo la tradición de los llamados prerrománticos, utilizó la estrofa pindárica, con un objetivo emblemático, creando el efecto de espontaneidad e inspiración, en tres poemas sobre la capacidad poética y su pérdida: *Monody on the Death of Chatterton, Dejection: An Ode* y *Kubla Khan*.

[786] Sobre la importancia asignada al sueño por los pensadores y poetas románticos alemanes, cf. el ya clásico estudio de Albert Bèguin, *El alma romántica y el sueño*, trad. de M. Monteforte Toledo, Méjico: F. C. E., 1954. Destaca el autor una frase de Jakob, perteneciente a 1791, que posteriormente, en 1798, repetirá Jean Paul: "El sueño no es más que poesía involuntaria." (P. 30). Este trabajo se ve ampliado en su obra *Création et Destinée*, traducida al español: *Creación y destino*, 2 vols., trad. de Mónica Mansour, Méjico: F.C.E., 1987.

[787] *TF*, I, p. 145.

impresión de ser Revelaciones o estados de clarividencia. Afirma seguidamente que tiene un cuaderno repleto de apuntes sobre este tema. Sin embargo, en otros momentos no se ha mostrado tan "científico" sobre esta cuestión. En una entrada de 1804, anota en un cuaderno:

> Poetry a rationalized dream dealing [?about] to manifold Forms our own Feelings, that never perhaps were attached by us consciously to our own personal Selves.- What is the Lear, the Othello, but a Divine Dream/ all Shakespeare, and nothing Shakespeare-[788].

Está asociando la inspiración creativa de la poesía con el estado mental durante los sueños[789]. En marzo de 1805, apunta lo siguiente:

> ...it is all attention / your eyes being shut, other images arise, which you must *attend to* / it being the habit of a *seeing* man to attend chiefly to *sight* - so close your eyes, you attend to the ideal images - & attending to them you abstract your *attention* / and it is the same as when deeply Thinking in a reverie you no longer hear distinct sounds made to you[790].

Anteriormente, en 1801, le había escrito a W. Godwin una carta en la que le hablaba de visiones, asociadas con estados patológicos, y de cómo éstas parecían dársele a conocer a su imaginación sólo a través de palabras:

> O that you had now before your eyes the delicious picture of Lake, & River, & Bridge, & Cottage, & spacious Field with it's pathway, & woody Hill with it's spring verdure, & mountain with the snow yet lingering in fantastic patches upon it - this, even the same which I had from my sick bed, even without raising my head from the Pillow!- O God! all but *dear & lovely Things seemed to be known to my Imagination only as Words* - even the Forms which struck terror into me in my fever-dreams were still forms of Beauty. Before my last seizure I bent down to pick something from the Ground, & when I raised my head, I said to Miss Wordsworth - I am sure, Rotha! that I am going to be ill: for as I bent my head, *there came a distinct & vivid spectrum upon my eyes* - it was one little picture - a Rock with Birches & Ferns on it, a Cottage backed by it, & a small stream-[791].

Es de gran interés la comparación de este pasaje con el Prefacio a *Kubla Khan*, especialmente cuando dice que todas las imágenes se le presentaron como "cosas", con la producción paralela de las expresiones correspondientes.

En el apartado dedicado al opio, hemos constatado una cita perteneciente a una carta de diciembre de 1815, en la que Coleridge le atribuye al calomel, una medicina para el estómago, la capacidad de actuar sobre él como tranquilizante primero y como somnífero acto seguido, y, durante el sueño al que le induce, se convierte en un poderoso estimulante del cerebro, o cualquiera que sea el órgano de reproducción visual[792]. Creemos que es muy probable que exista una relación entre esta experiencia y la forma en que Coleridge redactó

---

[788] *CN*, I, 2086.
[789] Cf. J.A. Appleyard, *op. cit.*, p. 139.
[790] *CN*, II, 2486.
[791] *CL*, II:402, p. 737. La cursiva es nuestra.
[792] Cf. Cap. I.

el Prefacio. La ingestión de este medicamento no debió de ser algo circunstancial, pues en otra carta, de agosto de 1817, le dice a Southey que no puede dejar de tomar calomel una vez cada tres semanas o cada mes. Afirma que le produce un efecto especial sobre su idiosincrasia, de modo que "...within a couple of hours from the Time that Mr Frere left me on Sunday Night to 5 o/clock this morning the Interval has been divided between Gripes and *involuntary fits of Sleep*"[793]. Se dormía de forma involuntaria. En el espacio de tiempo que separa ambas cartas, Coleridge escribió el Prefacio de *Kubla Khan* y publicó el poema. Finalmente, y aunque pertenezca a una fecha posterior a la publicación de *Kubla Khan*, creemos que puede tener interés el siguiente pasaje, tomado de la octava conferencia del ciclo de 1818, en el que Coleridge relaciona los sueños con lo fantástico y sobrenatural:

> Novels are to love as fairy tales to dreams. I never knew but two men of taste and feeling who could not understand why I was delighted with the Arabian Nights' Tales, and they were likewise the only persons in my knowledge who scarcely remembered having ever dreamed[794].

Sirvan estos ejemplos para mostrar cómo lo que el autor plasmó en el Prefacio no fue algo expresado de forma arbitraria, sino que respondía a una cuestión sobre la que se había ocupado y que le había afectado, fundamentalmente por su problema de adicción al opio, durante muchos años. Si Coleridge se destacó por algo fue por su gran capacidad de observación de los procesos mentales, por su afición a la psicología, como ya se ha atestiguado, materia que revestía para él un interés muy especial cuando se trataba de situaciones en las que desaparecía el estado de consciencia[795]. Es por ello por lo que el Prefacio es verosímil[796]. El autor sabía por experiencia propia que lo que decía en él estaba dentro de lo posible. Parece estar refiriéndose a sí mismo y al sueño de *Kubla Khan*, cuando en 1830 comenta *Robinson Crusoe* con estas palabras:

> The *Robinson Crusoe* is like the vision of a happy nightmare such as a denizen of Elysium might be supposed to have from a little excess in his nectar and ambrosia supper[797].

Todas estas vivencias y conocimientos, y, concretamente, su plasmación en el Prefacio se hallan estrechamente relacionados con el tema de la creatividad. En el Prefacio se dice que el poeta compuso un número de versos "without any sensation or consciousness

---

[793] *CL*, IV:1073, p. 764. La cursiva es nuestra.

[794] *MC*, p. 103.

[795] A.E. Powell, *op. cit.*, afirma que lo que realmente le interesaban a Coleridge eran lo que denomina "facts of mind", así: "The emotional excitement, the chaos of his being, which in him accompanied impressions of all sorts, made him regard the state of reverie as one of intense psychological interest. (...) It was the supreme "fact of mind", for which any philosophy must provide a place and an explanation." (P. 76).

[796] Aunque refiriéndose a sus ideas filosóficas, Richard Haven, *Patterns of Consciousness. An Essay on Coleridge*, Amherst: The University of Massachussets Press, 1969, redunda en esta idea: "One of the many striking things about the many speculative remarks scattered through the notebooks and letters is the extent to which they seem to grow out of his own observation or introspection, the frequency with which he seems to arrive at some idea not as the result of consideration of an abstract problem but from dwelling on some particular experience of his own." (P. 12).

[797] *MC*, p. 299.

of effort", y esto ocurrió durante un sueño, al menos de los sentidos externos. Esta última aclaración resulta un tanto peculiar, dado que habla de un "profound sleep", en el que, obviamente, los sentidos externos no desempeñan ninguna función. Consideramos que Coleridge quiere subrayar la idea de que estamos en el terreno de lo puramente mental, sin ninguna intervención de los sentidos. Y con ese énfasis de que la composición fue espontánea, sin ningún esfuerzo, nos la está presentando como algo que le fue dado, como un producto del inconsciente[798]. Más arriba hemos señalado cómo la clave de la diferencia entre la definición de la imaginación que hace Coleridge frente a la que expone Wordsworth en su prefacio se podría encontrar en esta actividad inconsciente que se atisba en la doble definición de Coleridge y que no está presente en la de Wordsworth. Según su teoría, la actividad del inconsciente estaría indefectiblemente ligada al acto creativo llevado a cabo a través de la imaginación primaria[799].

Ya hemos apuntado cuál es su definición del genio artístico en *On Poesy or Art*[800]. En un manuscrito recogido por K. Coburn, donde Coleridge habla de la dificultad para recordar un nombre y de cómo repentinamente afloró a la superficie de la consciencia cuando menos lo esperaba, realiza la siguiente afirmación:

> There is no explanation of this fact, but by a full sharp distinction of Mind from Consciousness - the Consciousness being the narrow *Neck* of the Bottle[801].

---

[798] Uno de los primeros críticos en poner de relieve esta cuestión del inconsciente en el proceso creativo en las teorías de Coleridge fue James V. Baker, *The Sacred River*, Louisiana: Louisiana State University Press, 1957, asignándole un papel decisivo a *Kubla Khan*: "His experience with *Kubla Khan* surely convinced him that unconscious powers aid the conscious." (P. 174). Señala asimismo la influencia que tuvieron los alemanes sobre Coleridge en lo que se refiere a este tema (Leibniz, Goethe, Schiller). Otro crítico, David Perkins, "The Imaginative Vision of *Kubla Khan* on Coleridge's Introductory Note" en *Coleridge, Keats, and the Imagination*, ed. J. Robert Barth and John L. Mahoney, Columbia and London: University of Missouri Press, 1990, pp. 97-108, compara la relación del Prefacio con las teorías sobre los sueños de los contemporáneos de Coleridge, especialmente G.H. von Schubert (*Symbolik des Traumes*, 1814), quien afirmó que las imágenes de los sueños son metafóricas y simbólicas. En general, la tesis más comúnmente mantenida era la de que en los sueños las funciones mentales, como la percepción, la razón o la voluntad quedaban suspendidas. Las imágenes no se producían por asociaciones, sino que variaban con los estados emocionales del sujeto.

[799] Albert Bèguin, en un ensayo titulado "Los románticos alemanes y el inconsciente" (en *Creación y destino*, pp. 62-70), habla del inconsciente de los románticos en estos términos: "El "Inconsciente" de los románticos es, pues, la vía por la cual pretenden llegar a la dominación "mágica" de lo real; lejos de limitarse a un mayor conocimiento de sí mismos, intentan llegar a un conocimiento total que sea al mismo tiempo un poder. Por ello, el inconsciente sobrepasa los límites de un campo de fuerzas dentro de individuos aislados, para hacerse asimilable, según los lenguajes, a la Naturaleza, a lo Divino o a la Unidad primitiva y futura." (P. 69).

[800] Cf. Cap. VI.

[801] Kathleen Coburn (ed.), *Inquiring Spirit. A Coleridge Reader*, U. S.: Minerva Press, 1951, p. 31. Gerald McNiece, *op. cit.*, realiza el siguiente comentario: "An important element in Coleridge's psychological clairvoyance was his awareness that consciousness was in fact an intermediate center of clarity and stability which drew energy and direction from the darker areas surrounding it. In short Coleridge was strongly interested in the potentialities of the unconscious or subconscious." (P. 146). Anteriormente, J.R. de J. Jackson, *op. cit.*, 1969, había asociado la idea del inconsciente, para Coleridge, con poderes ocultos relacionados con la Revelación divina: "The unconscious was for Coleridge a region of the mind, half-sensed, half-understood, for which he had profound respect as a repository of fundamental if largely inaccessible power. He identified it with Revelation and the infinite mind of God." (P. 87).

La creatividad es el punto fundamental de todo ello en lo que se refiere al Prefacio de *Kubla Khan*. En una carta escrita en el mes de marzo de 1815, esto es, en unas fechas relativamente próximas a la publicación de *Kubla Khan*, Coleridge habla de su intención de procurarse el sustento impartiendo lecciones:

> To this I am certain I could attend with strictest regularity: or indeed to any thing mechanical. But *Composition is no voluntary business*: the very necessity of doing it robs me of the power of doing it[802].

Kubla Khan, en virtud de las circunstancias en que tuvo lugar su composición, es un producto de la imaginación primaria, de la imaginación en su manifestación más genuina. Estas palabras están en contradicción con el método que, tal y como dice en *Biographia Literaria*, le impuso el Reverendo James Bowyer, su maestro en Christ's Hospital:

> Lute, harp, and lyre, muses, and inspirations, Pegasus, Parnasus, and Hippocrene were all an abomination to him. In fancy I can almost hear him now, exclaiming *"Harp? Harp? Lyre? Pen and ink, boy, you mean! Muse, boy, Muse? Your Nurse's daughter, you mean! Pierian spring? Oh aye! the cloister-pump, I suppose!"*[803]

La voz del Prefacio dice que el autor se dispuso a transcribir el poema "taking *pen, ink, and paper*". Pero le resultaron inútiles cuando su memoria ya no fue capaz de retener el recuerdo de los versos compuestos en el sueño. La expresión del Prefacio no es aleatoria, está remitiendo al lector a ese primer capítulo de *Biographia*, sobre el que está realizando un comentario irónico. Coleridge defiende la idea de la inspiración, o, por lo menos, quiere creer en ella. En la creación poética intervienen factores que no son controlables, que proceden de los abismos más profundos de la mente del artista. Esa idea de la inspiración ya se encontraba en la forma en que presentó la composición de *Chamouny before Sunrise*: "I involuntarily poured forth a hymn in the manner of the Psalms"[804]. No es sólo el papel del poeta inspirado, sino, sobre todo, el del profeta, el que Coleridge está reivindicando; "the Author has frequently purposed to finish for himself *what had been originally, as it were, given to him*." Éste es un punto de contacto importante entre el Prefacio y el carácter apocalíptico de su frustrado poema épico[805], muy relacionado con sus ideas sobre el tema de la inspiración en las Sagradas Escrituras, que desarrollará en su tratado "Letters on the Inspiration of the Scriptures", escrito varios años después -en una carta de 1825 habla del plan de esta obra-[806], y que H.N. Coleridge publicó en 1840 con el título *Confessions of an*

---

[802] *CL*, IV:958, p. 552. La cursiva es nuestra.

[803] *BL*, I, p. 5.

[804] Cf. Cap. V.

[805] Anthony J. Harding, *op. cit.*, 1982, en este estudio que anticipa su obra posterior (*Coleridge and the Inspired Word*) encuentra que el tema de la inspiración es esencial en *Kubla Khan*, relacionándolo tanto con la obra de Platón (*Ion*) como con la tradicón hebrea: "The frequent use of images of possession and inspiration in *The Rime of the Ancient Mariner* and *Kubla Khan* suggests that, as Coleridge came to doubt the truth of the claim he made so often in the conversation poems -that it was possible to "read" divine love in the appearances of nature- he was more and more attracted to the idea of supernatural inspiration." (P. 5).

[806] Cf. carta a J.A. Hessey, escrita el 23 de mayo de este año (*CL*, V:1466).

Inquiring Spirit[807]. Del mismo modo, es el punto de partida en *The Statesman's Manual*, donde el autor subraya continuamente la inspiración de la Biblia.

El tema concreto de la inspiración, asociado a la capacidad creativa del genio artístico, distinto del talento, también está presente en *Biographia Literaria*, de una forma explícita, en el capítulo XIV:

> I have endeavoured to discover what the qualities in a poem are, which may be deemed promises and specific symptoms of poetic power, as distinguished from general talent determined to poetic composition by accidental motives, by an act of the will, rather than by the *inspiration of a genial and productive nature*[808].

El Prefacio se convierte, de este modo, en una glosa, desde un tipo de discurso distinto, de la última estrofa del texto poético: el misterio de la creación artística, el problema de la inspiración, su pérdida y la posibilidad de recobrarla, son, al igual que en dicha última estrofa, el núcleo de todo el engranaje. Uno de los intertextos presentados en el apartado correspondiente a este punto podría haber sido el nexo entre ambos. Hemos citado un pasaje de la obra de Pausanias en la que habla de cómo a Píndaro le fue dado el don de la poesía: "mientras dormía, unas abejas volaron hacia él e hicieron miel sobre los labios. De este modo fue como Píndaro empezó a componer cantos"[809]. Seguidamente, relata cómo la Pitia les ordenó a los delfios que le hicieran las misma ofrendas que al dios Apolo: ahí tenemos al poeta "endiosado", poseído, de la última estrofa. A continuación, relata lo siguiente:

> Se dice que, cuando llegó a viejo, tuvo una visión en un sueño: Perséfone se le presentó mientras dormía y le dijo que era la única entre los dioses que no había sido celebrada con un himno por él, pero que le compondría un canto cuando fuese junto a ella. La muerte le sorprendió antes del décimo día después del sueño. Pero en Tebas había una mujer anciana pariente de Píndaro y que se había ejercitado en cantar la mayoría de sus cantos. A esta anciana se le presentó Píndaro mientras dormía y le cantó el himno a Perséfone, y ella, tan pronto como el sueño la dejó, escribió todo lo que le había oído a él cantando en el sueño[810].

El sueño de Píndaro se corresponde con la visión del poeta de la última estrofa, el sueño de la anciana con el del narrador del Prefacio. En todos los casos, el estado onírico, o de obnubilación de la conciencia, es la vía para la creación poética.

---

[807] Establece esta obra una distinción entre "revelation by the Eternal Word, and actuation of the Holy Spirit", que se han identificado erróneamente bajo el término común de "inspiración". Considera que hay una diferencia muy importante entre ambas: "Information miraculously communicated by voice or vision; and, where without any sensible addition or infusion, the writer or speaker uses and applies his existing gifts of power and knowledge under the predisposing, aiding, and directing actuation of God's Holy Spirit." (*Confessions of An Inquiring Spirit*, ed. Harold Bloom, New York: Chelsea House, 1983, p. 77). Entre ambas formas hay un abismo: la segunda presupone una comunión con el Espíritu Santo, en el grado supremo de la gracia. A la primera pertenecen las Leyes y los escritos de los profetas.

[808] *BL*, II, p. 13.

[809] Cf. Cap. IV.

[810] Pausanias, "Beocia", 23.

En el capítulo XVIII de *Biographia Literaria* -a propósito de la cuestión de la dicción poética- Coleridge compara, equiparándolos, el estilo de las odas pindáricas con el de los libros proféticos de la Biblia[811]. Con ello está aunando las dos tradiciones cuya influencia sobre sus propios esfuerzos por encontrar una voz poética, proyectados sobre *Kubla Khan* en los distintos estadios de su composición, pero también sobre los llamados poemas sobrenaturales, *Christabel* y *The Ancient Mariner*[812] -y cuyo significado fue evolucionando de forma paralela al progreso de su pensamiento poético-, hemos tratado de poner de relieve en este trabajo: la tradición clásica de la poesía oracular, recogida a través de los escritos platónicos y neoplatónicos, y la tradición judeo-cristiana[813], vistas ahora desde el filtro de su nueva posición filosófica[814].

A medida que se fue conformando su pensamiento literario, dentro de las corrientes filosóficas procedentes de Alemania, el poema iba adquiriendo un sentido nuevo a la luz de esas teorías. La función del inconsciente en la actividad creativa, implícita en su definición de la imaginación, era algo que *Kubla Khan* podía reflejar mejor que cualquier otra de sus composiciones. El texto poético podía entenderse como una representación de muchas de sus ideas. No es de extrañar que se haya visto reflejada en el poema la distinción entre hombres de "commanding genius" y hombres de "absolute genius"[815], al describir Coleridge a los primeros en *Biographia Literaria* del siguiente modo:

> While the former [absolute genius] rest content between thought and reality, as it were in an intermundium of which their own living spirit supplies the *substance*, and their imagination the ever-varying *form*; the latter must impress their preconceptions on the world without, in order to present them back to their own view with the satisfying degree of clearness, distinctness, an individuality. These in tranquil times are formed to exhibit a perfect poem in palace, or temple, or landscape garden; (...) But alas! in times of tumult they are the men destined to come forth as the shaping spirit of Ruin, to destroy the wisdom of ages in order to substitute the fancies of a day, and to change kings and kingdoms, as the wind shifts and shapes the clouds[816].

---

[811] Cf. *BL*, II, p. 67.

[812] Tim Fulford, *op. cit.*, pone de relieve este aspecto: "In the mid-1790s he had tried to generate a prophetic poetry by envisaging the point of inspiration at which the poet-seer found his words filled with apprehension of the divine." (P. 37).

[813] A.J. Harding, *op. cit.*, 1985, señala el valor que tuvo para la teoría poética de los románticos el redescubrimiento de la voz oracular y profética. En el caso de Coleridge, asigna el ejercicio de dicho redescubrimiento a su práctica poética en *The Ancient Mariner*, *Christabel* y *Kubla Khan*.

[814] En un ensayo de *The Friend* donde delinea las distintas edades de la humanidad y su evolución, afirma: "...the Hebrews may be regarded as the fixed point of the living line, toward which the Greeks as the *ideal* pole, and the Romans as the *material*, were ever approximating; till the coincidence and final *synthesis* took place in Christianity, of which the Bible is the law, and Christendom the phaenomenon." (*TF*, I, p. 506, Essay x).

[815] John B. Beer, *op. cit.*, 1959, 1985, es quizá el crítico que mayor insistencia ha puesto en interpretar el poema, al menos parcialmente, desde esta perspectiva. Ésta es asimismo la idea implícita en la interpretación de Carl R. Woodring, "Coleridge and the Khan", *Essays in Criticism*, 1959, vol. 9, pp. 361-8, quien encuentra una oposición entre los placeres puramente materiales que se derivan de la creación del Khan y el gozo que produce la creación del artista. También fundamenta su análisis del poema en esta distinción Masumi Kaneda, *op. cit.*, basándose en la idea de que en los poemas del *annus mirabilis* está el germen del pensamiento posterior de Coleridge: "What he later accomplished as a critic and philosopher was the natural outcome of the elaboration of what he had conceived as a poet in his youth." (P. 475).

[816] *BL*, I, p. 21.

Resulta difícil leer este poema sin ver en el Khan la representación del genio dominante y en el poeta de la última estrofa, y, en consecuencia, en el propio Coleridge, a través de la ecuación que se establece entre ésta y el Prefacio, la del genio absoluto. Igualmente, se ha visto en el palacio de Kubla la representación del palacio de hielo de Catalina la Grande, al que hace referencia en el capítulo primero:

> I remember to have compared Darwin's work to the Russian palace of ice, glittering, cold and transitory[817].

También es inevitable encontrar en el poema esa reconciliación de cualidades opuestas o discordantes que el autor presenta en *Biographia* como la característica por la que se manifiesta la imaginación[818]. Ciertamente, el texto poético es un cúmulo de elementos yuxtapuestos, comenzando por el jardín paradisíaco creado por el Khan y su contraste con el abismo romántico, un lugar que a su vez es simultáneamente "holy and enchanted"; y pasando por el sol de los jardines y las tinieblas del mar inerte, que a su vez se contrapone al río que mana de la fuente; el lugar de recreo del Khan y la amenaza de una guerra; las imágenes de frío y calor, de luz y tinieblas; todo, por fin, sintetizado en el extraño milagro de la "sunny pleasure-dome with caves of ice"[819]. Una vez que se entra en este tipo de lecturas del poema, el paso inmediato es el de interpretarlo como una representación del acto creativo: la fuente como símbolo de la imaginación, las cavernas y el mar tenebroso como símbolos de las profundidas más recónditas de la mente humana, esto es, como una ilustración a través de la poesía de las ideas que sobre este aspecto se han encontrado expresadas, o sugeridas, en *Biographia Literaria* en lo referido al proceso mental de la creación artística. Son varios los críticos que han centrado su interpretación del poema en esta idea, enfatizando uno u otro aspecto del mismo, pero manteniéndose dentro de esta línea[820]. Asimismo, el pensamiento poético de Coleridge, su propia teoría, se ha visto recreado en el poema, como una especie de versión reducida de *Biographia Literaria*[821]. Por

---

[817] Ibid., p. 12. Cf. Carl R. Woodring, *op. cit.*, p. 50: "Her ice-palace, "stately" in a perverse way, may have had a strong influence on the poem." Constata cómo, en los años en torno a la composición del poema, la figura del potentado tenía unas connotaciones absolutamente negativas para Coleridge.

[818] Cf. Cap. VI. Ven en la teoría de la unión de cualidades opuestas la piedra angular del pensamiento de Coleridge Owen Barfield, *op. cit.*; Richard H. Fogle, *op. cit.*; Thomas McFarland, *op. cit.*, 1969.

[819] Son de gran interés las interpretaciones del poema basadas en esta idea de Richard H. Fogle, *op. cit.*; Humphry House, *op. cit.*; S.K Heninger (Jr.), *op. cit.*; Charles Moorman, *op. cit.*; Harold Bloom, *op. cit.*, 1961; D.B. Schneider, "The Structure of *Kubla Khan*" American Notes and Queries, 1962, vol. 1, pp. 68-70; Hans H. Meier, *op. cit.*; Marshall Suther, *op. cit.*; John Shelton, *op. cit.*; Erland Anderson, *op. cit.*; y J.R. Barth, *op. cit.*, quien encuentra en esta unión de cualidades opuestas el significado último de *Kubla Khan* como símbolo poético, conseguido gracias a la imaginación del poeta.

[820] Cf. Graham Hough, *op. cit.*; James Baker, *op. cit.*; Vinvent Buckley, *op. cit.*; Irene H. Chayes, *op. cit.*; Virginia L. Radley, *Samuel Taylor Coleridge*, Boston: Twayne Publishers, 1966; C.M. Bowra, *op. cit.*; Leslie Brisman, *Romantic Origins*, London: Cornell University Press, 1978; David Jasper, *Coleridge as Poet and Religious Thinker*, London and Basingstoke: The Macmillan Press, 1985; Frederic D. Colwell, *op. cit.*

[821] Cf. John Shelton, *op. cit.*; Nathan C. Starr, "Coleridge's Sacred River" *Papers on Language and Literature*, 1966, vol. 2, p. 117-25; Patricia Adair, *op. cit.*; Geoffrey Yarlott, *op. cit.*; J.S. Barth, *op. cit.*; John S. Hill, *Imagination in Coleridge*, London: The Macmillan Press, 1978; Lawrence Kramer, *op. cit.*; F.H. König, "Twenty Years Later: Still Walking to Xanadu", *Anuario de estudios filológicos*, 1982, n° 5, pp. 81-84; Jean-Pierre Mileur, *op. cit.*; Warren Stevenson, *op. cit.*; Jerome McGann, *op. cit.*; John B. Beer, *op. cit*, 1985; William

otra parte, tampoco es difícil combinar ambas interpretaciones: una lectura de los elementos del poema como esa recreación del proceso creativo y una lectura más amplia en la que *Kubla Khan* se entiende como la representación de su teoría de la imaginación[822]. La cuestión que se plantea es la de hasta dónde llegaba el texto poético para Coleridge desde estos presupuestos. Creemos que encontraba en *Kubla Khan* esa representación de los dos tipos de genio y un ejemplo de la idea de la reconciliación de cualidades opuestas. Pero son muchos otros los elementos del poema que se quedarían apartados de la esfera de sus ideas y teorías si reducimos su relación con *Biographia Literaria*, y con el pensamiento poético de Coleridge, en general, a estos dos puntos, principalmente en lo que se refiere al sentido de las imágenes y elementos del poema.

Si realizamos un repaso de sus obras en prosa correspondientes a fechas más o menos próximas a la publicación de *Kubla Khan*, nos encontramos con que el poema, o aspectos del mismo, afloran en el discurso de Coleridge con una frecuencia considerable. Algo que, inevitablemente, ha de tenerse en cuenta es su naturaleza de tópicos e incluso su carácter de arquetipos, lo que, hasta cierto punto, le resta singularidad a su aparición en estos pasajes que vamos a citar. Sin embargo, es interesante cómo el significado de cada uno de estos elementos se va concentrando en un sentido concreto para Coleridge. La imagen de la fuente, como símbolo del principio unificador de la imaginación se pone de manifiesto en un borrador para una de las conferencias sobre Shakespeare, posiblemente para el ciclo de 1808[823], donde señala primero como una de las características de su poesía la fantasía "or the aggregative power" y, seguidamente, la imaginación, de la que menciona uno de sus efectos:

> ...namely, that of combining many circumstances into one moment of thought to produce that ultimate end of human thought and human feeling, unity, and thereby the reduction of the spirit to its principle and fountain, who alone is truly *One*[824].

Al año 1809 pertenece el siguiente pasaje de *The Friend*, donde se reitera una idea muy similar a través de la misma imagen:

> The widest maxims of *prudence* are like arms without hearts, disjoined from those feelings which flow forth from *principle* as from a fountain[825].

Benzon, "Articulate Vision: A Structuralist Reading of *Kubla Khan*", *Language and Style*, 1985, vol. 18, pp. 3-29. Es esta interpretación probablemente una de las más minuciosas en su análisis de los elementos del poema: Kubla y su construcción arquitectónica representan el principio de la forma, mientras que la fuente y el río reflejan lo vital; por último, la imaginación tiene su expresión poética en la confluencia de ambos elementos -forma y vida- por medio de la imagen de la sombra de la construcción flotando sobre las aguas. De gran interés son asimismo los estudios de Marjorie Levinson, *op. cit.*; Charles R. Rzepka, *op. cit.*; Masumi Kaneda, *op. cit.*

[822] La conjunción de ambas interpretaciones, obviamente, desde ángulos diversos en su enfoque, se puede encontrar en los análisis de Dorothy Mercer, *op. cit.*; Chales Moorman, *op. cit.*; Harold Bloom, *op. cit.*; Edward G. Bostetter, *op. cit.*; Walter J. Bate, *op. cit.*; Paul Magnuson *op. cit.*; Alicia Martínez, *op. cit.*; Rolf Breuer, "Coleridge's Concept of Imagination - with an Interpretation of *Kubla Khan*", *Bucknell Review*, 1980, vol. 25, pp. 52-66; K. M. Wheeler, *op. cit.*, 1981; Peter Hühn, *op. cit.*

[823] Cf. Thomas M. Raysor, *SC*, I, p. 187 (nota).

[824] Ibid., pp. 191-92.

[825] *TF*, I, p. 123 (Essay xvi).

En la misma obra se repite la imagen de la fuente como símbolo de la verdad:

> ...Truth considered in itself and in the effects natural to it, may be conceived as a gentle spring or water-source, warm from the genial earth, and breathing up into the snow drift that is piled over and around its outlet: It turns the obstacle into its own form and character, and as it makes its way increases its stream[826].

En *Biographia Literaria* aparece de nuevo la fuente como símbolo de la verdad:

> ...the haughty priests of learning not only banished from the schools and marts of science all who had dared draw living waters from the *fountain*, but drove them out of the temple,...[827]

Y, de nuevo, en *The Statesman's Manual*, relacionada con la verdad de las Escrituras y su carácter profético:

> ...the Hebrew legislator and the other inspired poets, prophets, historians and moralists of the Jewish church have two immense advantages in their favor. (...) their particular rules and prescripts flow from principles and ideas that are not so properly said to be confirmed by reason as to be reason itself! (...) The regulator is never separated from the main spring. For the words of the apostle are literally and philosophically true: WE (that is, the human race) LIVE BY FAITH[828].

La fuente y el río que fluye de ella aparecen como símbolos del genio en una conferencia sobre Shakespeare de 1818:

> Judgment and genius are as much one as the fount and the stream that flows from it[829].

La luz como símbolo del conocimiento y las aguas subterráneas como símbolo del inconsciente se encuentran en un mismo pasaje de *Biographia Literaria*:

> It is the essential mark of the true philosopher to rest satisfied with no imperfect light, as long as the impossibility of attaining a fuller knowledge has not been demonstrated. That the common consciousness itself will furnish proofs by its own direction, that it is connected with master-currents below the surface, I shall assume as a postulate pro tempore[830].

Sin embargo, en una carta de abril de 1814, utiliza el símbolo de la oscuridad para representar a la mente humana:

---

[826] Ibid., p. 65. (Essay viii).
[827] *BL*, I, p. 96.
[828] *TSM*, pp. 17-18.
[829] *SC*, II, p. 250.
[830] *BL*, I, p. 167.

The mind of man is involved in inscrutable darkness, (as the profoundest metaphysicians well know) and is to be estimated (if at all) alone by an inductive process; that is, by its *effects*[831].

La importancia teológica que le concede al símbolo de la luz se pone de manifiesto en la siguiente afirmación expresada en *The Friend*:

Religion is the sun, whose warmth indeed swells, and stirs, and actuates the life of nature[832].

Este simbolismo del sol se reitera en *The Statesman's Manual*:

Reason and Religion are their own evidence. The natural Sun is in this respect a symbol of the spiritual[833].

Más adelante, el resplandor, la luz, se utilizan de forma expresa como símbolos materiales:

...what a new world of Power and Truth would the Bible promise to our future meditation, if in some gracious moment one solitary text of all its inspired contents should but dawn upon us in the pure untroubled brightness of an IDEA, that most glorious birth of the God-like within us, which even as the Light, its material symbol, reflects itself from a thousand surfaces, and flies homeward to its Parent Mind enriched with a thousand forms, itself above form and still remaining in its own simplicity and identity![834]

Una de las imágenes de *Kubla Khan* que se reitera de una forma más literal en los escritos de Coleridge es la del poeta dentro de los círculos de la última estrofa. No se puede hablar de simbolismo en este caso, pero sí del sentido que la imagen fue cobrando para Coleridge. La imagen de *Kubla Khan* se transforma en metáfora en este pasaje de *The Friend*, donde el autor, refiriéndose a Gran Bretaña, exclama en un arrebato de patriotismo:

Here, from within *this* circle defined, as light by shade, or rather as light within light, by its intensity, *here* alone, and only within these magic circles, rise up the awful spirits, whose words are oracles for mankind, whose love embraces all countries, and whose voice sounds through all ages![835]

En la segunda de las conferencias del ciclo de 1811-12, utiliza la imagen del siguiente modo:

---

[831] *CL*, III:922, p. 483.
[832] *TF*, I, p. 105 (Essay xiv).
[833] *TSM*, p. 10.
[834] Ibid., p. 50.
[835] *TF*, I, p. 293 (Essay xiii).

Such, therefore, as I have now defined it, I shall consider the sense of the word "Poetry": pleasurable excitement in its origin and object; pleasure is the magic circle out of which the poet must not dare to tread[836].

En la tercera conferencia, la aplica directamente a Shakespeare:

Shakespeare had advantages as well as disadvantages in forming the class of writing which he took, and it had been truly said that it was a magic circle in which he himself could only tread[837].

En *Biographia Literaria*, sin embargo, la imagen adquiere unas connotaciones negativas, con un sentido incluso más próximo al de *Kubla Khan*, en su significado de alienación impuesta al poeta por los demás, los críticos en este caso:

Truth and prudence might be imaged as concentric circles. The poet may perhaps have passed beyond the latter, but he has confined himself far within the bounds of the former, in designating these critics, as too petulant to be passive to a genuine poet, and too feeble to grapple with him-[838].

Ciertos elementos de *Kubla Khan*, que en la época de su composición Coleridge asociaba al efecto de lo sublime, se han incorporado a su lenguaje, adquiriendo un significado simbólico que antes no aparecía en su discurso. De esta forma, la fuente o manantial y el río se convierten en símbolos del genio artístico y la imaginación. La luz y el sol aparecen con un significado teológico y epistemológico, como representaciones del conocimiento absoluto, mientras que la oscuridad es, por una parte, implícitamente, su negación y, por otra, junto con el mundo subterráneo, la representación simbólica del elemento inconsciente e insondable de la mente humana. Así, lo que en una época anterior eran los medios para transmitir y provocar el efecto de lo sublime han sido objeto de una metamorfosis semiótica, en una perfecta simetría con la evolución de la filosofía y la teoría literaria del poeta. El texto poético de *Kubla Khan* se ha convertido en una compleja red simbólica, con una gran capacidad de sugerencia, en la que se entretejen una serie de significados fundamentales en el pensamiento de Coleridge, formando una trama intrincada y densa, susceptible de aproximación desde ángulos diversos, como cabía esperar de los productos de la imaginación. Habida cuenta de la forma en que el autor presenta la composición de los versos en el Prefacio introductorio, hemos de entender que se trata de un producto de la imaginación primaria, de donde se derivaría el hermetismo que el texto tenía que presentar para el lector de aquella época. Con la publicación de *Kubla Khan*, Coleridge estaba, en cierto modo, desafiando a Wordsworth, que había situado a *Heart-Leap Well* en su edición de 1815 dentro del grupo de los poemas de la imaginación, y a quienes conocieran o llegasen a percibir la intertextualidad de ambos poemas, a que los comparasen como tales poemas de la imaginación.

---

[836] *SC*, II, p. 43.
[837] Ibid., p. 56.
[838] *BL*, II, p. 129.

Sin embargo, dadas las condiciones en que se había escrito, los objetivos a los que respondía en un primer momento, la forma en que el intento por completarlo se convirtió en un comentario sobre la propia imposibilidad de hacerlo -con la consiguiente falta de un hilo narrativo o una coherencia discursiva, especialmente en lo que respecta a la que en un principio había sido la primera estrofa-, la oscuridad -entendida en el sentido más coleridgeano- que estas circunstancias le conferían -nada habitual en el resto de sus composiciones- hacían que el texto, a los ojos de Coleridge, no pudiera dejar de presentar ese carácter de proyecto frustrado. Pero con una introducción se podían salvar muchos escollos.

En primer lugar, el Prefacio tiene un tono eminentemente exculpatorio[839], al menos así lo interpretarían los lectores que no fueran capaces de percibir el valor de la composición: es una mera curiosidad psicológica, sin nigún mérito poético, un fragmento. Con estas premisas, poco se puede decir en contra de la composición que el propio autor no haya dicho ya. Se había fabricado un parapeto inexpugnable. La preocupación de Coleridge por la formación, a través de la creación de las bibliotecas circulantes a comienzos del siglo XIX, de un grupo de lectores, a su juicio, excesivamente amplio, que incluía a personas que no tenían la debida formación para leer y entender una buena parte de las obras que se publicaban se hace patente en *The Statesman's Manual*. También en *Biographia Literaria* muestra esa aversión a los críticos que, en su opinión, no saben valorar adecuadamente los méritos o los defectos de una obra. El tono exculpatorio del Prefacio sin duda iba dirigido a este tipo de lectores, que no iban a ser capaces más que de realizar una lectura estrictamente literal de la composición[840].

Hemos tenido ocasión de comprobar a lo largo de este trabajo cómo este recurso de los prefacios era una práctica habitual en las ediciones de Coleridge, donde él mismo trata de llamar la atención sobre los posibles fallos de sus poemas, frecuentemente en un discurso no ajeno a la falsa modestia de los exordios de la retórica clásica. También en sus comentarios privados utiliza esta técnica, como ocurrió con *Ode to the Departing Year*, cuando presentó como defectos precisamente lo que deberían considerarse como las virtudes del poema. ¿Publicaría Coleridge un poema en una edición tan aparentemente selectiva como ésta sólo por ser una curiosidad psicológica, sin ningún mérito poético? En *Sybilline Leaves* publicó las partes segunda y tercera de *The Three Graves*, que habían salido a la luz por primera vez en *The Friend*, también con un prefacio exculpatorio. En esta edición de 1817, el prefacio es prácticamente el mismo que el que apareció en *The Friend*, con la excepción del primer párrafo, que contiene ideas y expresiones muy similares a los del Prefacio de *Kubla Khan*:

---

[839] George Watson, *Coleridge the Poet*, London: Routledge & Kegan Paul, 1966, lo interpreta de un modo unívoco de este forma: "The subtitle "A Fragment", which Coleridge added to "Kubla Khan" when he came to publish it in 1816, reads more naturally as an apology than as a boast, especially as the preface that follows immediately upon it is apologetic in a high degree." (P. 13).

[840] Las críticas sobre *Kubla Khan* que aparecieron en el año 1816 coincidieron la mayoría en una valoración negativa de la calidad literaria de la composición. Cf. *Critical Review*, 5th ser. III (May 1816); *Eclectic Review*, 2d. ser. V (June 1816); *Literary Panorama*, 2d. ser. IV (July 1816), en John O. Hayden (ed.), *Romantic Bards and British Reviewers*, Lincoln and London: University of Nebraska Press, 1976; y *Anti-Jacobin*, July 1816, I; *Edinburgh Review*, September 1816, XXVII; en J.R. de J. Jackson, *op. cit.*

The Author has published the following humble fragment, encouraged by the decisive recommendation of more than one of our most celebrated living Poets. The language was intended to be dramatic; that is, suited to the narrator; and the metre corresponds to the homeliness of the diction. It is therefore presented as the fragment, not of a Poem, but of a common Ballad-tale. Whether this is sufficient to justify the adoption of such a style, in any metrical composition not professedly ludicrous, the Author is himself in some doubt. At all events, it is not presented as poetry, and it is in no way connected with the Author's judgment concerning poetic diction. Its merits, if any, are exclusively psychological[841].

La composición presenta el estilo y la dicción característicos de las baladas de Wordsworth. Aparentemente, Coleridge lo está despreciando, como, en principio, no podía ser menos, después de la crítica que realiza en la segunda parte de *Biographia Literaria* de este estilo[842]. Sin embargo, T. Hutchinson, en su edición de *Lyrical Ballads*, recoge una nota marginal de Coleridge a este poema, donde el poeta escribe:

This very poem was selected, notwithstanding the preface, as a proof of my judgment and poetic diction, and a fair specimen of the style of my poems generally (see the *Mirror*); nay! the very words of the preface were used, omitting the *not*, etc[843].

El mismo T. Hutchinson pone en evidencia el artificio de Coleridge con este prefacio:

The *Three Graves* is the only one of Coleridge's poems that could have been fairly cited to prove the coincidence of its author's judgment with Wordsworth's on the question of poetic diction; this is why Coleridge is careful to warn the reader (1817) that the piece is presented not as Poetry, but as a common Ballad-Tale. He tries to guard himself against the suspicion of complicity in Wordsworth's revolutionary views, but without success[844].

No tenemos ninguna duda de que el caso de *Kubla Khan* es exactamente el mismo. Lo publicó, a pesar del Prefacio, porque consideraba que tenía un gran "mérito poético". El Prefacio, en este aspecto, es un artificio. Un artificio que, no obstante todo lo expuesto con anterioridad, en su aspecto literario también se hace extensivo a la cuestión de la visión en el sueño, cuyos antecedentes abarcan desde el pormenorizado comentario de Macrobio sobre el perdido *Sommnium Scipionis* de Cicerón, pasando por toda la tradición medieval, dentro de la que se encuentran algunas de las obras más representativas de la literatura inglesa[845]. Por supuesto, como ya se ha señalado más arriba, las visiones de inspiración

---

[841] *CPW*, I, p. 267.

[842] Ya hemos señalado más arriba cómo Coleridge adopta precisamente la posición y las ideas de los detractores de Wordsworth en esta cuestión de la dicción poética.

[843] En esta edición, que reproduce la de 1798, como resulta evidente, T. Hutchinson, ed., *Lyrical Ballads 1798*, London: Duckworth and Co., 1920, p. 257, incluye en un apéndice tres poemas que nunca se publicaron en ninguna de las ediciones de *Lyrical Ballads* que tuvieron lugar en vida de Wordsworth: *Peter Bell*, *The Three Graves* y *The Wanderings of Cain*. Según sus palabras: "The three poems, (...), are here given in an Appendix because, having been written in 1798, they appear to share a common psychological motive with *The Ancyent Marinere* and *Goody Blake*." (P. xlv).

[844] Ibid., p. 257.

[845] Es el caso de obras de Chaucer, *The Book of the Duchess*, *The House of Fame*, *The Parliament of Fowls*, el Prólogo a *The Legend of Wood Women*, y otras como *Pearl* y *Piers Plowman*. Para un estudio del sueño en la literatura medieval, cf. A.C. Spearing, *Medieval Dream-Poetry*, Cambridge: Cambridge University Press, 1976.

divina que se hallan en la Biblia presentan un gran valor como intertextos del Prefacio de *Kubla Khan*. En el apartado dedicado a este punto, hemos hecho referencia al Apocalipsis de San Juan. Igualmente, en la segunda Carta a los Corintios, San Pablo se presenta, aunque de forma implícita, como alguien que ha recibido una Revelación divina del siguiente modo:

> It is not expedient for me doubtless to glory. I will come to visions and revelations of the Lord. I knew a man in Christ above fourteen years ago, (whether in the body, I cannot tell; or whether out of the body, I cannot tell: God knoweth;) such an one caught up to the third heaven. And I knew such a man, (whether in the body, or out of the body, I cannot tell: God knoweth;) How that he was caught up into paradise, and heard unspeakable words, which it is not lawful for a man to utter[846].

Coleridge conocía muy bien el comienzo del Libro de Ezequiel -como se ha puesto de relieve más arriba-, con la precisa relación del momento y lugar en que le fue dada la visión: "Now it came to pass in the thirtieth year, in the fourth *month*, in the fifth *day* of the month, as I *was* among the captives by the river of Chebär, *that* the heavens were opened, and I saw visions of God"[847]. En una nota marginal a la obra de Eichorn, que propugnaba que el profeta sabía de antemano lo que presentaba como una visión[848], Coleridge escribe:

> That in Ezequiel's Visions Ideas or Spiritual Entities are presented in visual Symbols, I never doubted; but as little can I doubt, that such Symbols did present themselves to Ezequiel in Visions - and by a Law closely connected with, if not contained in, that by which sensations are organized into Images and mental sounds in our ordinary sleep[849].

En otra nota, echando mano de su experiencia, le refuta con unas palabras muy similares a las del Prefacio:

> (...) from the analogy of Dreams during an excited state of the Nerves, which I myself experienced, and the wonderful intricacy, complexity, and yet clarity of the visual Objects, I should infer the contrary. Likewise the noticeable fact of the words descriptive of these Objects rising at the same time, and with the same Spontaneity and absence of all conscious Effort, weighs greatly with me, against hypothesis of Premeditation[850].

En general, en los sueños de la tradición literaria se presentan visiones o bien de un paraíso o bien de un lugar infernal, o de ambos lugares, como las versiones de la tradición clásica en el Libro VI de la *Eneida* o en el Canto X de la *Odisea*, interpretadas como viajes espirituales más que físicos[851]. En *Kubla Khan* tendríamos esa conjunción de ambos[852].

---

[846] *Corinthians*, 12:1-5.

[847] *Ezekiel*, 1:1.

[848] Cf. Ina Lipkowitz, *op. cit.*, p. 626.

[849] *Marginalia*, 2.410.

[850] Ibid., 2.403.

[851] Cf. A.C. Spearing, *op. cit.*, pp. 6-8.

[852] Todo parece indicar que si bien una buena parte de estos textos responden a una convención, al menos los pertenecientes a la literatura medieval, hay en ellos también algo que está relacionado con los arquetipos de

Coleridge era consciente de ello, así como del hecho de que con el Prefacio estaba haciendo uso de una convención literaria y situando a todo el conjunto Prefacio-poema dentro de la tradición de la literatura oracular.

Cabe ahora plantear la pregunta desde la perspectiva opuesta, ¿era el fragmento realmente un nuevo género poético para Coleridge, como lo fue para otros románticos?[853] Ya hemos visto cómo en *Sybilline Leaves* hay varias, no muchas, composiciones que llevan el subtítulo de fragmento. Esto indica que se da, por lo menos, una ruptura con la tradición neoclásica del poema acabado dentro de un género concreto[854]. ¿Se sentía Coleridge satisfecho con la publicación de fragmentos? Se ha escrito mucho sobre esta cuestión y no es fácil dar una respuesta[855]. Parece obvio que *Christabel* era, y siempre fue, un poema incompleto que su autor, como manifestó en repetidas ocasiones, quería concluir. Cuando publicó *The Three Graves* en *The Friend* también prometió la publicación de las partes restantes. En *Sybilline Leaves* no publicó las dos primeras partes, pero sí un resumen de ellas en el prefacio introductorio. Las dos composiciones que aparecen en

---

la mente humana. Compartimos en este punto la opinión de A.C. Spearing, *op. cit.*, p. 17: "We seem to be dealing with a place of the mind, a universal psychic archetype."

[853] Varios son los críticos que han propuesto a *Kubla Khan* como un ejemplo del fragmento romántico. Entre ellos se encuentra D.F. Rauber, "The Fragment as Romantic Form", *Modern Language Quarterly*, 1969, vol. 30, pp. 212-21, quien califica a Coleridge como el mayor maestro del fragmento en la poesía inglesa. Por su parte, Marjorie Levinson, *op. cit.*, establece una diferencia entre los fragmentos de los románticos alemanes y los de los ingleses: los primeros lo son desde que se inician, los segundos se han convertido en fragmentos.

[854] George Watson, *op. cit.*, defiende que los románticos "...held a theory of literary kinds as ardently as the Augustans had done, and that they practised it more consistently." (P. 33). Le atribuye al Prefacio de *Kubla Khan* un carácter estrictamente exculpatorio por la publicación de un poema incompleto. G. Watson se apoya principalmente en las teorías sobre la unidad orgánica de la obra de arte expuestas por Coleridge en sus conferencias sobre Shakespeare.

[855] Se han ocupado específicamente de este tema, entre otros, Thomas McFarland, *op. cit.*, quien relaciona en el caso de Coleridge su concepto del símbolo con la forma fragmentaria; el símbolo es una especie de paralelo de la sinécdoque, según su definición, es siempre lo real (la parte), mientras que el todo es lo hipotético: "The logic of incompleteness is (...) ultimately the logic of infinity." (P. 28). Considera que lo mejor de Coleridge, lo más vital e idiosincrático se encuentra en sus fragmentos, y *Kubla Khan* sería uno de ellos. Timothy Bahti, "Coleridge's *Kubla Khan* and the Fragment of Romanticism", *Modern Language Notes*, 1981, vol. 96, pp. 1035-50, se centra exclusivamente en el texto poético y ve en *Kubla Khan* un modelo del fragmento romántico, "Romantic fragments -which, like Coleridge's "romantic chasm", refer to previous totalities that are to be re-produced but at the same time invert the latter back into fragments through their mirrorings- never arrive at a critical understanding without mirroring criticism in *its* own crisis of fragmented meaning and divided judgment." (P. 1048). Muy interesante es el trabajo de Anne Janowitz, "Coleridge's 1816 Volume: Fragment as Rubric", *Studies in Romanticism*, 1985, vol. 24, pp. 21-39, quien mantiene esta idea: "Coleridge (...) finds in the notion of the fragment a useful vehicle by means of which to defend his poems from censure and give them status as part of an identifiable, not universal, poetic genre. His position with regard to the status of the fragment requires that we see it as a "kind" of poetry, rather than as a name encompassing all poetry." (P. 22). Como fragmento lo considera Fritz Gutbrodt, *Fragmentation by Decree. Coleridge and the Fragment of Romanticism*, Zurick: Zeuttralstellen der Studentenschaft, 1990; fragmento porque el autor temía que el resultado final no fuese lo que él esperaba: "Coleridge's anxiety of the FINIS compelled him constantly to postpone writing a text that could live up to his expectation... His hesitation in crossing the threshold provokes fragmentation and dejection." (P. 159). Ésta fue la línea mantenida por Patricia S. Yaeger, "Coleridge, Derrida, and the Anguish of Writing", *Sub-Stance*, 1983, vol. 39, pp. 89-102: "*Kubla Khan* is a poem about the conflict that exists in Coleridge's mind, if not in his theory, between writing as totalizing transcription and writing as anguished choice." (P. 100). El fragmento como única forma de representación de la totalidad es la tesis mantenida por Lee Rust Brown, "Coleridge and the Prospect of the Whole", *Studies in Romanticism*, 1991, vol. 30, pp. 235-53.

Sybilline Leaves con el subtítulo de "A Fragment", sin ninguna explicación sobre la posibilidad de que el autor fuera a concluirlos en algún momento, esto es, que formasen parte de un proyecto u obra más amplios, son *The Happy Husband* y *Human Life. On the Denial of Immortality*. La característica que ambas composiciones tienen en común es que carecen de una estructura discursiva[856] que indique un principio y un final. Sin embargo, para un lector de nuestra época no presentan un carácter fragmentario.

En sus escritos sobre literatura y poesía no habla de fragmentos, ni como género ni como forma poética. La idea dominante sobre la estructura poética es la de la unidad, la de la totalidad, el "whole". En sus conferencias sobre Shakespeare está continuamente apelando al concepto de la unidad orgánica de la obra de arte. Pero es éste un concepto que no se encuentra en otras obras. Creemos que si aparece aquí es por la influencia de las teorías, y las propias conferencias sobre Shakespeare, de A.W. Schlegel. A nuestro juicio, esa idea de la totalidad, tan persistente en sus escritos, a la que Coleridge aspiraba desde un punto de vista estético en los años en torno a la publicación de *Kubla Khan*, se encuentra explicitada en una de sus cartas. En marzo de 1815, le escribe a J. Cottle:

> The common end of all *narrative*, nay, of *all* Poems is to convert a *series* into a *Whole*: to make those events, which in real or imagined History move in a *Strait* Line, assume to our Understandings a *circular* motion - the snake with it's Tail in it's Mouth. Hence indeed the almost flattering and yet appropriate Term, Poesy -i.e. poiesis = *making*. Doubtless, to *his* eye, which alone comprehends all Past and all Future in one eternal Present, what to our short sight appears straight is but a part of the great Cycle- (...) Now what the Globe is in Geography, *miniaturing* in order to *manifest* the Truth, such is a Poem to that Image of God, which we were created into[857].

Unos días después, en otra carta a J. Cottle, establece de nuevo la ecuación entre lo circular y lo completo, cuando al referirse a la reedición de *The Friend* dice que le faltan ocho o diez ensayos "To make it *a compleat and circular work*"[858]. En la filosofía ocultista el *ouroburos*, la serpiente que se muerde la cola, era el símbolo de la eternidad y del proceso divino de la creación[859], símbolo de la sabiduría para los egipcios, de quienes Coleridge consideraba que había tomado sus ideas Pitágoras, en quien vió que se había iniciado la doctrina de la preexistencia[860]. La idea, por tanto, estaría fundamentada en sus más arraigadas convicciones filosóficas.

En una nota marginal a *Frost at Midnight*, de datación incierta, escribió lo siguiente: "Poems of this kind of length ought to be coiled with it's tail round it's head"[861]. Y en

---

[856] Compartimos esta idea con Richard Haven, *op. cit.*, quien encuentra que muchos de los "fragmentos" de Coleridge lo son sólo porque carecen de una estructura narrativa o discursiva.

[857] *CL*, IV: 956, p. 545. Fritz Gutbrodt, *op. cit.*, relaciona esta cita con las teorías organicistas y las ideas de F. Schlegel y Novalis en el *Athenäum*. Creemos, sin embargo, que se trata de una de las convicciones más personales de Coleridge, demostrada a través de su propia obra.

[858] *CL*, IV: 958, p. 551.

[859] Cf. M.H. Abrams, *op. cit.*, 1965.

[860] Cf. T. Fulford, *op. cit.*, pp. 42 y 57.

[861] Cf. Ifor Evans, "Coleridge's Copy of "Fears in Solitude"", *The Times Literary Supplement*, 18 April 1935, p. 255.

abril de 1819, en una carta en la que se está refiriendo al programa de las conferencias que va a impartir, dice:

> In this way (...) a neat article might be produced - the component thoughts, the points of most attraction, passed at once over my mind - and the plan of *rounding them into a Whole*. (For the commonest address or Advertisement is as susceptible, *as an ode or Sonnet, of having it's head in the centre of it's folds, Serpent-like, or it's tail in it's mouth -*[862].

Un año antes, en otra carta, había dicho: "In the circle all possible Truths are symbolized."[863] Efectivamente, la estructura del poema es circular, como también lo son las estructuras de *The Ancient Mariner*, tanto formalmente como internamente, con el marinero condenado a repetir su historia por toda la eternidad, y la de otro de los grandes poemas de Coleridge, *Dejection: An Ode*.

En *Kubla Khan* -cuya extensión es más o menos similar a la de *Frost at Midnight* y presenta la estructura característica de las odas de Coleridge- se establece una intertextualidad entre el Prefacio y el texto poético. El primero es una glosa del segundo, como las anotaciones al margen en la edición de 1817 de *The Ancient Mariner*, que hubieron de escribirse por las mismas fechas que el Prefacio[864], son una glosa del poema. La mayor parte del contenido del Prefacio gira en torno a la composición de los versos de *Kubla Khan* y, por lo tanto, se relaciona de forma intertextual básicamente con la última estrofa: la composición soñada, la forma en que se le presentó, la transcripción al despertarse, la interrupción de esa escritura que describe como automática por medio de la figura de la persona procedente de Porlock, cuyo objetivo era tratar de negocios, esto es, de asuntos de la vida real, que irrumpen en el mundo visionario del poeta y lo apartan de su cometido más importante, que después es incapaz de reanudar, como le ocurre al joven de *The Picture*, aunque en este caso las aguas vuelven a convertirse en un espejo. Son unos versos que nos remiten al poema, que continúa de una forma menos optimista que la del pasaje entresacado:

> The pool becomes a mirror; and behold
> Each wildflower on the marge inverted there,
> And there the half-uprooted tree - but where,
> O where the virgin's snowy arm, that leaned
> On its bare branch? He turns, and she is gone!

(vv. 100-04)

En estos versos se repite el problema de la visión que desaparece. Los lectores de aquel momento tuvieron la ocasión de acudir a ellos, dado que el poema completo se publicó en *Sybilline Leaves*. Si la intención de Coleridge fue la de que así lo hicieran, estaba complicando aún más el juego de las intertextualidades, como si de unas cajas chinas se tratase, dirigiéndose, y dirigiendo al lector, en una búsqueda interminable de una imagen

---

[862] *CL*, IV:1189, p. 930.

[863] Ibid., 1126, p. 852.

[864] Jerome C. Christensen, "Coleridge's Marginal Method in the *Biographia Literaria*", *PMLA*, 1977, vol. 92, pp. 928-40, llama la atención sobre este hecho.

siempre evanescente: "the tomorrow is yet to come"[865]. Los primeros treinta y seis versos también están glosados, aunque de forma elíptica, por medio de la alusión al pasaje de Purchas que el poeta estaba leyendo cuando se durmió[866].

Se produce un contraste entre el discurso poético de los versos y el discurso prosaico del Prefacio[867]. Pero hay una diferencia importante, el lenguaje poético sólo conduce a la verdad, mientras que el lenguaje de la prosa, de la realidad, expresa inexactitudes, sólo admite esa lectura literal[868]: el poema no tiene ningún mérito poético, es sólo una curiosidad psicológica, es un fragmento. Sin embargo, es la propia glosa la que, irónicamente, ha terminado con el fragmento[869]: la última estrofa concluye donde comienza el Prefacio, en esa imagen del poeta que se ha alimentado de la leche del paraíso, con la sugerencia implícita, al remitirnos de nuevo al inicio del Prefacio, de que tendrá una nueva visión inspirada, que, hemos de suponer, seguirá el camino apuntado en el conjunto intertextual Prefacio-poema desde varios niveles:

> Then all the charm
> Is broken - all that phantom-world so fair
> Vanishes, and a thousand circlets spread,
> And each mis-shapes the other.

El efecto estético creado es el de una circularidad absoluta: el *ouroburos*. El texto en prosa y el texto en verso forman una totalidad, un ciclo completo, y, por su calidad de tal, acabado. *Kubla Khan* se ve transformado por medio del Prefacio en la expresión de ese ideal de totalidad para Coleridge, y, en consecuencia, en un poema nuevo desde la perspectiva de la intención autorial.

---

[865] David Simpson, *Irony and Authority in Romantic Poetry*, London and Basingstoke: The Macmillan Press, 1979, hace una lectura de *Kubla Khan* interpretándolo como una totalidad precisamente por este carácter regresivo que se crea en el juego de las intertextualidades: "...the fragmentation within the poem makes the poem a "whole". Any further development would have to have been a repetition of the dialectical interplay of loss and gain which is already fully exemplified in what we have. The fragment has the logic of wholeness; it says all that there is to be said." (P. 94).

[866] Han visto el Prefacio como una glosa del poema Irene H. Chayes, *op. cit.*; Paul Magnuson, *op. cit.*; Alicia Martínez, *op. cit.*; Leslie Brisman, *op. cit.*; Jean-Pierre Mileur, *op. cit.*

[867] D. Perkins, *op. cit.*, encuentra que este contraste se articula sobre el binomio real/irreal: "Everything about the introductory note -its tone, its description of the poet, the world it portrays- emphasizes by contrast that the poem is Romantic in the sense of unreal." (P. 99). Una visión distinta es la de Jean-Pierre Mileur, *op. cit.*: "The indeterminate relation of preface to poem reveals the true vulnerability of poetry's claims to priority and prose's claims to literality. In practice, both poem and preface are equidistant from the literal Word. There is not, they seem to suggest, a choice to be made between poetry and prose, expression and reflection, prophecy and interpretation." (P. 25). Más adelante, matiza esta afirmación del modo siguiente: "The relatioship between "Kubla Khan" and its preface is the finite repetition of the intersection of prophecy and history in the Bible." (P. 83).

[868] El problema de la relación entre la realidad y el arte es, en opinión de Kathleen M. Wheeler, *op. cit.*, lo que subyace en el fondo de estas glosas y prefacios: "For they themselves turn out to be full of fictional elements, and their "authors" turn out to be characters of highly limited perspectives, so that they end up denying indirectly what as prose passages they seem on the surface to assert. For the surface level assures a clear distinction between reality and illusion, while a critical reflection upon the mode of articulation of that distinction leads to a doubting of it." (P. 155).

[869] Esta idea aparece esbozada en el trabajo de Marjorie Levinson, *op. cit.*, quien, sin embargo, no la relaciona con el pensamiento poético de Coleridge.

En el Prefacio, Coleridge cita parte de un verso de un idilio de Teócrito, cuyo texto completo es, según la traducción que hemos manejado: "Que en otro momento a vosotras os entonaré una canción más dulce todavía"[870]. Al pastor Tirsis se le agota la inspiración. En los últimos versos del idilio, el Cabrero, al que Tirsis le había entonado el canto dedicado a Dafnis, le dice: "Que tu hermosa boca se llene, Tirsis, de miel y se llene de panales, y te sea dado comer el dulce higo de Egilo, ya que tú cantas mejor que una cigarra"[871].

El hecho de que Coleridge utilice esa cita de Teócrito en el Prefacio podría guardar alguna relación con esta idea de que *Kubla Khan* ya no es el mismo poema para su autor. El énfasis de los versos de Teócrito descansa en el hecho de que la canción será otra. Quizá del mismo modo que una continuación o ampliación de *Kubla Khan* daría lugar a un poema nuevo.

Las dos lecturas de *Kubla Khan* que se han presentado le confieren un cierto valor como síntesis de la teoría y la expresión poética de Coleridge, en ese discurrir parejo de su entramado poético con el pensamiento literario del autor, circunstancia propiciada por la correspondencia de las fechas respectivas de composición y de publicación con los dos momentos claves de la actividad literaria del poeta, y propiciada también por todas las incógnitas que siempre ha planteado este poema, erigiéndose en uno de los símbolos más representativos del reto que la poesía supuso para Coleridge y que se ha tratado de ilustrar a lo largo de estas páginas.

---

[870] I. *Tirsis*, en Máximo Brioso Sánchez (ed. y trad.), *Bucólicos Griegos*, Madrid: Akal, 1986.
[871] Idem.

APÉNDICE I

ODE

TO THE POET COLERIDGE[1]

Rapt in the visionary theme!
SPIRIT DIVINE! with THEE I'll wander,
Where the blue, wavy, lucid stream,
'Mid forests glooms, shall slow meander?
With THEE I'll trace the circling bounds
Of thy NEW PARADISE extended;
And listen to the varying sounds
Of winds, and foamy torrents blended.

Now by the source which lab'ring heaves
The mystic fountain, bubbling, panting,
While Gossamer its net-work weaves,
Adown the blue law slanting!
I'll mark thy sunny dome, and view
Thy Caves of Ice, thy fields of dew!
Thy ever-blooming mead, whose flow'r
Waves to the cold breath of the moonlight hour!
Or when the day-star, peering bright
On the grey wing of parting night;
While more than vegetating pow'r
Throbs grateful to the burning hour,
As summer's whisper'd sighs unfold
Her million, million buds of gold;
Then will I climb the breezy bounds,
of thy NEW PARADISE extended,
And listen to the distant sounds
of minds, and foamy torrents blended!

[1] *Poetical Works,* vol. I, pp. 226-29. El título que aparece en esta edición difiere del que proporciona E.H. Coleridge en *CPW,* I, 298 (nota): *Lines to S.T. Coleridge, Esq.*

SPIRIT DIVINE! with THEE I'll trace
Imagination's boundless space!
With thee, beneath thy sunny dome,
I'll listen to the minstrel's lay,
Hymning the gradual close of day;
In Caves of Ice *enchanted roam,*
Where on the glitt'ring entrance plays
The moon's-beam with its silv'ry rays;
Or, when glassy stream,
That thro' the deep flows,
Flashes the noon's hot beam;
The noon's hot beam, that midway shows
The flaming Temple, studded o'er
With all PERUVIA'S lustrous store!
There will I trace the circling bounds
Of thy NEW PARADISE extended!
And listen to the awful sounds,
Of winds, and foamy torrents blended!

And now I'll pause to catch the moan
Of distant breezes, cavern-pent;
Now, ere the twilight tints are flown,
Purpling the landscape, far and wide,
On the dark promontory's side
I'll gather wild flow'rs, dew besprent,
And weave a crown for THEE,
GENIUS OF HEAV'N-TAUGHT POESY!
While, op'ning to my wond'ring eyes,
Thou bidst a new creation rise,
I'll raptur'd trace the circling bounds
Of thy RICH PARADISE extended,
And listen to the varying sounds
Of winds, and foaming torrents blended.

And now, with lofty tones inviting,
Thy NYMPH, her dulcimer swift smiting,
Shall wake me in ecstatic measures!
Far, far remov'd from mortal pleasures!
In cadence rich, in cadence strong,
Pouring the wondrous witcheries of song!
I hear her voice! thy sunny dome,
Thy caves of ice, loud repeat,
Vibrations, madd'ning sweet,
Calling the visionary wand'rer home.

She sings of THEE, O favour'd child
Of Minstrelsy, SUBLIMELY WILD!
Of thee, whose soul can feel the tone
Whilst gives to airy dreams a magic.

ALL THY OWN!
SAPPHO

KUBLA KHAN (1816)

I	II	III	IV
A	A	I	A
B	B	J	
A	A	I	B
A	15A		J
5B	B		C
		35 K	40 C
C	C	K	
C	C		D
D	D		BI
B	20D		E
10 D			BI
B	E		45 E
	E		
	F		A
	F		KIII
			A
	25G		A
	AI		50 A
	AI		
	G		KIII
			F
	H		F
	30 H		K III

[2] Dada la gran variación de las rimas, iniciamos en cada estrofa el orden alfabético. Las rimas repetidas van señaladas a continuación de la letra con el número romano correspondiente a la estrofa donde han aparecido con anterioridad.

KUBLA KHAN (Manuscrito de Crewe)

I	II
A	A
B	
A	B
A	
5 B	40 C
C	C
C	
	D
D	BI
B	E
10 D	BI
B	45 E
A	A
B	KII
A	A
15 A	
B	A
	50 A
C	
C	KII
	F
D	F
20 D	KII
E	
E	
F	
F	
25 G	
AI	
AI	
G	
H	
30 H	
I	
J	
I	
J	
K	
K	

ODE TO THE DEPARTING YEAR (1796)

I	II	III	IV	V
A	A	A	A	A
B	A	B	B	75 A
B		40A	B	
A	15B	A	65 A	B
5 B	B	B		B
A		C	C	
A	C	C	D	C
B	D	C	D	C
	C		C	
C	20 D	45 B		80 D
10 C			70 E	D
	E	D	E	D
D	E	D		D
D		HII	F	E
	F	E	F	85 F
	G	50 II		F
	25 G	E		E
	F			
	H	D		G
	I	F		H
	H	D		90 G
		55 F		
	30 J			I
	I	G		H
	J	H		I
	I	G		H
		H		
	K			95 J
	35 L	60 I		K
	K	I		J
	L			K
				J
				100 I
				J

VI	VII	VIII	IX
A	A	135A	AIII
A	A	A	150A
			AIII
105 DI	B	B	
DI	B	B	AI
B	125 KII	FIII	AIII
C	C	140 EIII	
B	KII	EIII	A
110 C	C	FIII	
			155 B
D	D	IV	B
D	130 D		
		EIII	C
A	E		AI
E	AIV	145 IV	
115 A	E	IV	
E	AIV		D
		GII	D
E		GII	
F			
E			
120 F			

FRANCE: AN ODE (1798)

I	I	III	IV	V
A	A	A	AII	85 A
B	JI	B	65B	J
B	JI	45B	B	J
A	25A	A	AII	A
5C	B	C	C	B
D	C	D	D	90 C
C	B	C	70 C	B
D	C	50 D	D	C
E	30 D	E	E	J
10 E	D	E	E	J
F	E	F	F	95 D
G	F	G	75 G	E
F	E	55 F	F	D
G	35 F	G	G	E
15 H	G	H	H	F
I	H	JI	I	100 G
H	G	H	80 H	G
J	I	60 I	DII	H
J	40 J	I	DII	H
20 I	H	JI	I	G
J	H	I	DII	105 H

ODE TO GEORGIANA (1799)

I	II	III
A	25 A	AII
A	B	
	A	B
B	A	C
B	B	55B
		C
5 C	30C	C
C	D	
	D	D
D	C	E
D		D
	E	60 E
E	35 E	F
10 E		
	F	
F	F	G
G		H
F	G	G
G	G	65H
		I
15 H	40 H	I
H	GI	
	GI	J
I	H	
I		K
	II	70L
A	45 II	K
20 A		
	AI	M
B	AI	H
B		M
	BI	75H
C	BI	
C		II
	50CI	II
	CI	
		AI
		AI
		80 BI
		BI
		CI
		CI

A STRANGER MINSTREL (Nov. 1800)

I	II	III	IV
A	II	A	DIII
A	A	35 A	DIII
	30 II		
B	A	B	70 JI
B		C	JI
	B	B	
5 C	B	C	
D			
C		40 D	
D		D	
E		E	
10 E		E	
F		F	
F		45 F	
G		G	
G		H	
		G	
15 G		H	
H			
H		50 KI	
G		KI	
		KI	
I		KI	
20 I		KI	
I			
		55 D	
J		E	
J		E	
		D	
K			
25 K		G	
		60 G	
J			
J		I	
		I	
		H	
		KI	
		65 KI	
		AI	
		AI	

THE TWO ROUND SPACES ON THE TOMBSTONE (1800)

I	II	III
A	AI	A
A		A
	B	
B	C	15B
B	10 B	B
5 C	D	C
C	D	C
		D
		20D
		E
		F
		E
		F
		25F
		F
		G
		G
		H
		30H
		F
		F
		F
		I
		35I
		F
		F

ODE TO TRANQUILITY (1801)

I	II	III	IV
A	A	A	25A
A	10 A	A	A
B	B	B	B
B	B	20 B	B
5 C	C	C	C
C	C	C	30C
D	15 D	D	D
D	D	D	D

DEJECTION: AN ODE (1802)

I	II	III	IV	V
A	A	A	A	A
B	A	B	B	75 A
B	B		A	
A	15 B	A	65 A	B
	B	B		B
5 B			C	
A	C	C	D	C
A	D	C	D	C
B	C		C	
	20 D	45 B		80 D
C			70 E	D
10 C	E	D	E	D
	E	D		D
D			F	
D	F	H	F	E
	G	E		85 F
	25 G	50 H		E
	F	E		F
	H	D		G
	I	F		H
	H	D		90 G
		55 F		
	30 J			I
	I	G		H
	J	H		I
	I	G		H
		H		
	K			95 J
	35 L	60 I		K
	K	I		J
	L			K
				J
				100 I
				J
				I

VI	VII	VIII	IX
A	A	135 A	AIII
A	A	A	150 A
			AIII
105 DI	B	B	
DI	B	B	AI
B	125 KII	FIII	AIII
C	C	140 EIII	
B	KII	EIII	A
110 C	C	FIII	
			155 B
D	D	IV	
D	130 D		
		EIII	C
A	E		AI
E	AIV	145 IV	C
115 A	E	IV	
E	AIV		D
		GII	160 D
		GII	
E			
F			
E			
120 F			

APÉNDICE III[3]

1.- TÉRMINOS DE *KUBLA KHAN* QUE NO APARECEN EN NINGUNA OTRA
OBRA DE COLERIDGE:

SINUOUS (8)[4]
GREENERY (11)
COVER (13)
(HALF)-INTERMITTED (20)
THRESHER('S) (22)
FLAIL (22)
DULCIMER (37)

2.- TÉRMINOS QUE APARECEN EN UN MÁXIMO DE 15 OBRAS:

DOME:

Monody on the Death of Chatterton, 1790-1834 (13)
To a Young Lady, 1794 (2)
Religious Musings, 1794-1796 (207)
The Destiny of Nations, 1796 (8, Var. 340, II 13, III 14)
On a Late Connubial Rapture in High Life, 1796 (10)
Kubla Khan, 1797 (31, 46, 47)
Separation, ? 1805 (11)
To Nature, ? 1820 (10)

DECREE:

The Sigh, 1794 (17)

---

[3] Los listados de la concordancia de Eugenia Logan siguen el orden marcado por la paginación de *CPW*. En la presente relación se han organizado los datos según un orden cronológico de las obras. No se han considerado como de aparición única en *Kubla Khan* aquellos términos que, por su categoría gramatical, pueden presentar variaciones morfológicas y aparecen en el poema con una de las posibles variantes, sin repetirse en ninguna otra composición.

[4] Los números entre paréntesis indican el verso de la composición correspondiente en el que aparece el término. En el caso de las piezas dramáticas se señalan asimismo el acto y la escena.

The Fall of Robespierre, 1794 (1. 142)[5]
Mrs. Siddons, 1794 (4)
Kubla Khan, 1797 (2)
Mahomet, ? 1799 (7)
The Triumph of Loyalty, 1800 (MS. B.M., 212)
The Taste of the Times, ? 1806 (7)
The Improvisatore, 1827 (50)

MEASURELESS:

Kubla Khan, 1797 (4, 27)
Hymn to the Earth, 1799 (18)

MILE(S):

Osorio, 1797 (5.1.4)
The Three Graves, 1797 (231)
Kubla Khan, 1797 (6)
Hexameters, 1798-9 (17)

FERTILE:

Lines, 1793 (82)
The Fall of Robespierre, 1794 (1.4)
Joan of Arc, 1796 (I, 268)
Kubla Khan, 1797 (6)

GIRDLE(D):

Osorio, 1797 (3.18)
Kubla Khan, 1797 (7)
Remorse, 1812 (3.1.43)

SUNLESS:

To William Godwin, 1794 (1)
Kubla Khan, 1797 (5)
Hymn before Sunrise, 1802 (36)

RILL(S):

To the Author of Poems, 1795 (22)

---

[5] En esta pieza dramática y en *Osorio* las escenas no aparecen numeradas, por lo que sólo están señalados el acto y el verso.

Christabel, 1797 (306)
Kubla Khan, 1797 (8)
Recollections of Love, 1807 (8)
A Tombless Epitaph, ? 1809 (23)
The Reproof and Reply, 1823 (27)
The Garden of Boccaccio, 1828 (76, 89)

INCENSE:

Osorio, 1797 (2. 294*, 299)
Kubla Khan, 1797 (9)
Hymn before Sunrise, 1802 (80)
Zapolya, 1815 (II, 4.1.180)[6]
To Nature, ? 1820 (12)

ROMANTIC:

To the Rev. W. J. Hort, 1795 (18)
Religious Musings, 1794-96 (250)
To a Young Friend, 1796 (32)
Kubla Khan, 1797 (12)
Lines Written in the Album at Elbingerode, 1799 (14)

CHASM(S/'S):

Osorio, 1797 (4.40, 59, 63, 406, 420, 408)
Kubla Khan, 1797 (12, 17)
The Old Man of the Alps, 1798 (81)
A Stranger Minstrel, 1800 (13)
The Piccolomini, 1800 (2.4.128, 2.7.128)
Remorse, 1812 (4.1.34, 53, 77, 81, 4.3.74, 76, 78)

ATHWART:

The Nose, 1789 (30)
Lines on a Friend, 1794 (18)
Kubla Khan, 1797 (13)
Fears in Solitude, 1798 (83)

ENCHANTED:

Lines on a Friend, 1794 (11)

[6] Los números romanos indican si se trata de la primera o de la segunda parte de la obra.

Kubla Khan, 1797 (14)
Recantation, 1798 (Var. M.P.126)
Song (from *Zapolya*), 1815 (4)
Faith, Hope and Charity, 1815 (8)

WANING:

The Sigh, 1794 (15)
Ode (1792), 1796 (Var. W. 18)
Kubla Khan, 1797, (15)
Zapolya, 1815 (I.1.1.430, II.1.1.355)

HAUNTED:

Osorio, 1797 (4.53)
Kubla Khan, 1797 (15)
A Stranger Minstrel, 1800 (55)
Remorse, 1812 (4.1.66)
Zapolya, 1815 (II.1.1.228, 270, 339)

WAILING:

Fragmento 29, c. 1796-98, N.B. 3 (3)
Kubla Khan, 1797 (16)
Fragmento 2, ? 1799 (6)[7]
Zapolya, 1815 (I.1.1.537)

DEMON:

To Disappointment, 1792 (12)
Ode (1792), 1796 (Var. W 32)
Osorio, 1797 (3.111, 5.276)
Kubla Khan, 1797 (16)
The Piccolomini, 1800 (5.6.12)
The Death of Wallenstein, 1800 (1.4.48)
Remorse, 1812 (Var. 3.1.134, 3.2.45)

TURMOIL:

To a Young Friend, 1796 (39)
To the Rev. George Coleridge, 1797 (3)
Kubla Khan, 1797 (17)

---

[7] La datación es nuestra.

The Piccolomini, 1800 (2.3.46)
The Death of Wallenstein, 1800 (5.3.86)

SEETH('D/ING):

Kubla Khan, 1798 (17)
Remorse, 1812 (2.1.188)

MOMENTLY:

Kubla Khan, 1797 (19, 24)
The Piccolomini, 1800 (1.4.92)

VAULT(ED/ING):

Kubla Khan, 1797 (21)
Remorse, 1812 (1.1.111)
Alice du Clos, ? 1828, (192)

REBOUNDING:

Kubla Khan, 1797 (21)
Love, 1799 (Var. 46)

CHAFF(Y):

Kubla Khan, 1797 (22)
The Ancient Mariner, 1798 (Var. 48), 1800 (Var. 44)

MEANDERING:

Lines at Shurton Bars, 1795 (1)
Kubla Khan, 1797 (25)

MAZY:

Progress of Vice, 1790 (Var. 15)
Lines on an Autumnal Evening (1793), 1796, 1803 (Var. 54)
Religious Musings, (1796), 1797 (176)
Kubla Khan, 1797 (25)
Mahomet, ? 1799 (13)
Alice du Clos, ? 1828 (37)
Garden of Boccaccio, 1828 (102)

DALE(S):

An Effusion at Evening, 1792 (60)
Lines on an Autumnal Evening, 1793 (98)
Monody on the Death of Chatterton, 1790-1834 (151)
To a Young Friend, 1796 (46)
The Raven, 1797 (15)
On a Ruined House in a Romantic Country, 1797 (8)
Osorio, 1797 (2.147)
Kubla Khan, 1797 (26)
The Devil's Thoughts, 1799 (5)
The Piccolomini, 1800 (1.4.120, 2.4.126)
Youth and Age (1832), 1823 (11)

LIFELESS:

Moriens Superstiti, ? 1794 (9)
The Destiny of Nations, 1796 (211)
The Ancient Mariner, 1797 (218, 339, 487)
Kubla Khan, 1797 (28)
Zapolya, 1815 (I.1.1.503)
Alice du Clos, ? 1828 (191)
Love's Apparition and Evanishment, 1833 (21)

ANCESTRAL:

Kubla Khan, 1797 (30)
Ode to Georgiana, Duchess of Devonshire, 1799 (12)
On Donne's Poem "To a Flea", 1811 (9)
Alice du Clos, ? 1828 (19)
Lines Written in Commonplace Book of Miss Barbour, 1829 (5)

PROPHESY(ED/ING):

Osorio, 1797 (1.286, 2.275)
Kubla Khan, 1797 (30)
Remorse, 1812 (1.2.274, 2.2.127)
Zapolya, 1815 (I.1.1.15)

MIDWAY:

The Eolian Harp, 1795 (34, Var. 26, 28)
To a Friend, 1796 (26)
Kubla Khan, 1797 (32)

France: An Ode, 1798 (6)
The Three Graves, 1798 (179)
Love, 1799 (7)
Introduction to the Tale of the Dark Ladié, 1799 (Var. 27)
A Stranger Minstrel, 1800 (2)
The Piccolomini, 1800 (3.3.64)
Remorse, 1812 (2.1.157)
Zapolya, 1815 (II.3.1.193)

MIRACLE(S):

Osorio, 1797 (2.112)
Kubla khan, 1797 (35)
The Death of Wallenstein, 1800 (5.4.36)
The Piccolomini, 1800 (3.3.43)
Ninety-Eight, 1800 (4)
Remorse, 1812 (2.2.65)
Zapolya, 1815 (I.1.1.405, II.3.1.346)

RARE(ST):

Christabel, 1797 (34)
Osorio, 1797 (3.162)
Kubla Khan, 1797 (35)
Fire, Famine, and Slaughter, 1798 (52)
To a Well-Known Musical Critic, 1798 (8)
Remorse, 1812 (App. 35)
Zapolya, 1815 (I.1.1.452)
Lines Suggested by the Last Words of Berengarius, ? 1826 (21)
The Garden of Boccaccio, 1828 (74)

DEVICE:

Kubla Khan, 1797 (35)
The Triumph of Loyalty, 1800 (210)
The Piccolomini, 1800 (3.1.152)
The Pang More Sharp than All, ?1825-6 (48)

DAMSEL('S):

Lines in the Manner of Spenser, 1795 (22)
Christabel, 1797 (58)
Kubla Khan, 1797 (37)
Christabel, 1800 (428)

The Piccolomini, 1800 (2.6.25)
Alice du Clos, ? 1828 (37)

BEWARE:

The Fall of Robespierre, *1794* (1.110)
Kubla Khan, 1797 (49)
The Piccolomini, 1800 (1.3.77)
Zapolya, 1815 (II.2.1.147, 185; II.3.1.141, 4.1.32)
Cholera Cured Beforehand, 1832 (11, p. 985)

FLASHING:

To the Author of Poems, 1795 (38)
Religious Musings, 1794-96 (400, om. 1803)
Ode to the Departing Year, 1796 (Var. 34)
Kubla Khan, 1797 (50)
Zapolya, 1815 (II.4.1.389)
Song, ? 1825 (6)

THRICE:

To Fortune, 1794 (23)
To an Infant, 1795 (23)
Osorio, 1797 (2.1)
The Ancient Mariner, 1797 (198)
Kubla Khan, 1797 (51)
Fire, Famine, and Slaughter, 1798 (23)
The Three Graves, 1797-1809 (136)
Hymn to the Earth, 1799 (2)
The Piccolomini, 1800 (1.4.139)
Remorse, 1812 (1.1.30, 2.1.6)
Zapolya, 1815 (I.1.1.493)

MILK:

The Destiny of Nations, 1796 (215)
On a Ruined House in a Romantic Country, 1797 (7)
Kubla Khan, 1797 (54)
A Christmas Carol, 1799 (16)
Sancti Dominici Pallium, 1825/1826 (57)

PARADISE:

The Fall of Robespierre, 1794 (1.81)
Religious Musings, 1794 (346)
The Eolian Harp, 1795 (24)
Fragmento 1, c. 1796-98 (N.B. 3)
Joan of Arc, 1796 (I, 220)
Osorio, 1797 (1.43, 2.14)
Kubla Khan, 1797 (54)
Remorse, 1812 (1.2.43, 3.1.39)
Israel's Lament, 1817 (2O)

3.- TÉRMINOS QUE ANTES DE 1797 SÓLO SE ENCUENTRAN EN UN MÁXIMO DE CINCO COMPOSICIONES:

STATELY(ER/EST):

Monody on the Death of Chatterton, 1790-1843 (153)
To Earl Stanhope, 1795 (4)

Christabel, 1797 (62)
Kubla Khan, 1797 (2)
Fragment 41 (N.B. 1, 1)
Fears in Solitude, 1798 (196)
Ballad of the Dark Ladié, 1798 (36)
Lines Composed in a Concert-Room, 1799 (Var. M.P. 47)
Ode to Georgiana, Duchess of Devonshire, 1799 (14)
A Christmas Carol, 1799 (26)
The Piccolomini, 1800 (1.4.39, 2.4.157)
On Revisiting the Sea-Shore, 1801 (15)
The Picture, 1802 (74, 170)
Metrical Feet, 1806 (8)
Remorse, 1812 (1.2.246, 4.2.23, 68)
Zapolya, 1815 (II.4.1.61)

RIVER:

Reflections on Having Left a Place of Retirement, 1795 (32)

The Raven, 1797 (12, 32)
The Ancient Mariner, 1797 (326)
Osorio, 1797 (5.1.232)
Kubla Khan, 1797 (3, 24, 26)

Lewti, 1798 (56)
The Devil's Thoughts, 1799 (29)
Hexameters, 1799 (4)
Mahomet, ? 1799 (12)
The Piccolomini, 1800 (1.12.61)
The Picture, 1802 (52, 124)
Remorse, 1812 (App. 73)
Cologne, 1828 (7, 10)

CAVERN('S/S):

The Complaint of Ninathóma, 1793 (9, 15)
Monody on the Death of Chatterton, 1790-1834 (124)

Osorio, 1797 (3.255, 4.50, 132, 387, 396)
Kubla Khan, 1797 (4, 27)
France: An Ode, 1798 (66)
The Picture, 1802 (115)
Hymn before Sunrise, 1802 (41)
A Sunset, 1805 (13)
Remorse, 1812 (3.2.182, 4.1.63, 149, 4.3.55, 64)
Zapolya, 1815 (II.2.1.50, 89, 159, II.4.1.214)

TWICE:

Honour, 1791 (67)
The Fall of Robespierre, 1794 (1.186)
Ode to the Departing Year, 1796 (43)

To T. Poole. An Invitation, 1797 (16)
Kubla Khan, 1797 (6)
Christabel (1797), 1800 (Var. MS. W., S.H. 88)
Hexameters, 1799 (6)
The Triumph of Loyalty, 1800 (250)
The Piccolomini, 1800 (2.6.7)
Beck in Winter, 1804 (6)
Remorse, 1812 (1.2.74, 5.1.79)
[Ex Libris S. T. C.], 1814 (8)
Zapolya, 1815 (I.1.1.161, 202, 420)

WALL(S):

Melancholy, 1794 (1)

Christabel, 1797 (163)
Osorio, 1797 (2.128, 4.175, 5.31, 32, 94, 160)
Kubla Khan, 1797 (7)
The Three Graves, 1798 (220)
The Piccolomini, 1800 (1.8.17, 2.7.48, 4.4.22, 4.7.235)
The Death of Wallenstein, 1800 (3.3.16, 4.3.78, 4.5.55, 60)
The Triumph of Loyalty, 1800 (281)
Nonsense Verses, ? 1801 (13)
A Day-Dream, 1802 (25)
A Tombless Epitaph, 1809 (31)
Remorse, 1812 (2.1.144, 183, 5.1.127, App. 16, 46)
The Night-Scene, 1813 (19)
Zapolya, 1815 (II.2.1.85, II.3.1.60)
Limbo, 1817 (32, Var. 31)

GARDEN('S/S):

The Rose, 1793 (2)
Monody on the Death of Chatterton, 1795 (62)
Fragmento 17 (*A Dungeon*), c.1796-98 (3, N.B. 3)

Osorio, 1797 (1.127, 221)
The Ancient Mariner, 1797 (593)
Kubla Khan, 1797 (8)
Recantation, 1798 (85)
The Triumph of Loyalty, 1800 (282)
Dejection: An Ode, 1802 (105)
Remorse, 1812 (1.2.220)
The Night-Scene, 1813 (20)
The Reproof and Reply, 1823 (51)
Alice du Clos, ? 1828 (21, 72)
The Garden of Boccaccio, 1828 (15, 86, 105)

FOREST(S):

Ad Lyram, 1794 (9)
Monody on the Death of Chatterton, 1790-1834 (160, Var. 21)

Christabel, 1797 (43, 274)
France: An Ode, 1797 (15)
The Ancient Mariner, 1797 (534)
Osorio, 1797 (2.152.183)
Kubla Khan, 1797 (10)
Love, 1799 (63)

The Nightingale, 1798 (26)
Christabel, 1800 (536, 562)
The Mad Monk, 1800 (10)
The Piccolomini, 1800 (1.12.74, 2.4.161, 127, 3.1.323, 3.2.11, 4.5.137)
The Picture, 1802 (5, 137)
Hymn before Sunrise, 1802 (Var. M.P. 25)
Hymn before Sunrise, 1803 (Var. MS. A 19 ss.)
A Sunset, 1805 (12)
The Blossoming of the Solitary Date-Tree, 1805 (52)
A Tombless Epitaph, 1809 (22)
Remorse, 1812 (2.1.175, 2.2.45)
Zapolya, 1815 (II.1.1.228, 265, var. 331, 341, 389, 441, II.3.1.350, II.4.1.64, 119, 197)
The Garden of Boccaccio, 1828 (38, 81)
Alice du Clos, ? 1828 (113)

ANCIENT:

Honour, 1791 (35)
Kisses (1792), 1793 (Var. 1)
The Destiny of Nations, 1796 (91)
Ode to the Departing Year, 1796 (Var. 61 ss.)

This Lime-Tree Bower my Prison, 1797 (53)
The Ancient Mariner, 1797 (1, 19, 39, 79, 224, 345)
Kubla Khan, 1797 (10)
Frost at Midnight, 1798 (56)
A Stranger Minstrel, 1800 (12, 26, 28, 40, 70)
The Piccolomini, 1800 (1.4.67, 1.10.18, 1.12.62, 2.4.123, 2.7.13, 4.4.66, 5.5.85)
The Death of Wallenstein, 1800 (2.6.34, 3.1.5, 6, 3.2.37)
The Triumph of Loyalty, 1800 (144, 274)
The Two Round Spaces on the Tombstone, 1800 (30)
Epigrama 26 (*Occasioned by the Former*), ? 1800 (11)
Ad Vilmum Axiologum, 1805 (3)
A Sunset, 1805 (11)
The Blossoming of the Solitary Date-Tree, 1805 (52)
A Tombless Epitaph, 1809 (6)
The Night-Scene, 1813 (12)

SLANT(S/ED):

The Destiny of Nations, 1796 (66, 185)

To the Rev. George Coleridge, 1797 (61)
This Lime-Tree Bower my Prison, 1797 (34)

Remorse, 1797 (3.2.26)
Kubla Khan, 1797 (12)
Dejection: An Ode, 1802 (16)
The Picture, 1802 (151, 153, 168)
Zapolya, 1815 (II.2.1.67)
The Two Founts, 1825 (19)

SAVAGE:[8]

Dura Navis, 1787 (52)
An Effusion at Evening, 1792 (37)
Lines on an Autumnal Evening, 1793 (71)
Lines: To a Friend in Answer to a Melancholy Letter, 1795 (20)
Religious Musings, 1795 (151)
The Destiny of Nations, 1796 (474, Var. 140, 283)

Osorio, 1797 (4.234, 5.126)
Kubla Khan, 1797 (14)
The Death of Wallenstein, 1800 (1.9.19)
Remorse, 1812 (5.1.14, App. 75)
Zapolya 1815 (I.1.1.447, II.1.1.341, 443; II.2.1.90, 202)

CEASELESS(LY):

Religious Musings, 1795 (219)
Osorio, 1797 (Var. 4.1)
Kubla Khan, 1797 (17)
The Ancient Mariner (1797), 1800 (Var. 62)
On a Cataract, ? 1799 (11, var. 3)
The Piccolomini, 1800 (1.4.129)
The Death of Wallenstein, 1800 (1.3.22)
On Revisiting the Sea-Shore, 1801 (3)
The Picture, 1802 (152)
Hymn before Sunrise, 1802 (5)
Ad Vilmum Axiologum, 1805 (Var. 1)
Recollections of Love, 1807 (28)
Fragmento 25, 1807 (2)
Remorse, 1812 (3.2.128)

FOUNTAIN('S/S):

The Fall of Robespierre, 1794 (1.232)

---

[8] Hemos hecho una excepción en este caso al incluir un término que se encuentra en seis poemas antes de 1797 porque consideramos que su aparición a partir de esa fecha es especialmente significativa.

Religious Musings, 1795 (271)
Addressed to a Young Man of Fortune, 1796 (71)

Kubla Khan, 1797 (19, 34)
The Ovidian Elegiac Metre, 1799 (1)
On a Cataract, 1799 (9)
A Stranger Minstrel, 1800 (5)
The Death of Wallenstein, 1800 (5.2.64)
Dejection: An Ode, 1802 (46)
A Day-Dream, 1802 (2, 18)
A Sunset, 1805 (13)
The Garden of Boccaccio, 1828 (61, 85)

SWIFT:

Progress of Vice, 1790 (9)
To a Young Lady, 1794 (32)
Sonnet Composed on a Journey Homeward, 1796 (Var.2)

Osorio, 1797 (3.15, 288, 4.262, 378)
Kubla Khan, 1797 (20)
The Nightingale, 1798 (60)
Recantation, 1798 (81)
The Ancient Mariner, 1800 (554)
A Stranger Minstrel, 1800 (60)
The Piccolomini, 1800 (1.7.87, 1.12.44, 4.7.222)
The Death of Wallenstein, 1800 (1.10.28, 5.2.50)
The Triumph of Loyalty, 1800 (366)
To Matilda Betham from a Stranger, 1802 (45)
Metrical Feet, 1806 (6)
Remorse, 1812 (3.1.40, 4.2.48)
Zapolya, 1815 (I.1.1.501, II.1.1.399, 428, II.3.1.361, II.4.1.52)
Alice du Clos, ? 1828 (188)
Cholera Cured Beforehand, 1832 (32)

FRAGMENT(S):

The Destiny of Nations, 1796 (Var. 144)

On a Ruined House in a Romantic Country, 1797 (14)
Osorio, 1797 (3.32, 4.43,415)
Kubla Khan, 1797 (21)
Epigrama 36 (To a Critic), 1801 (3)
The Picture, 1802 (98)

Ad Vilmum Axiologum, 1805 (5, Var. 3)
Remorse, 1812 (3.1.57, 4.1.56, 83)
Zapolya, 1815 (II.1.1.304)
The Garden of Boccaccio, 1828 (62)
Phantom or Fact, ? 1830 (18)

MOTION:

The Eolian Harp, 1795 (27)
The Destiny of Nations, 1796 (173)

The Ancient Mariner, 1797 (116, 386, 453)
Osorio, 1797 (3.18)
Kubla Khan, 1797 (25)
The Ancient Mariner, 1798 (Var. 112, 458, 535)
Frost at Midnight, 1798 (17)
The Nightingale, 1798 (85)
Translation in a Passage of Ottfried's Metrical Paraphrase..., 1799 (10)
The Piccolomini, 1800 (1.12.83, 2.1.32)
The Death of Wallenstein, 1800 (1.4.28)
The Wills of the Wisp, 1801 (1)
On Revisiting the Sea-Shore, 1801 (3)
Dejection: An Ode, 1802 (32)
Human Life, 1815 (4)
Zapolya, 1815 (I.1.1.28, II.1.1.66)

WOOD:

Life, 1789 (6)
An Effusion at Evening, 1792 (60)
Lines On an Autumnal Evening, 1793 (54)
To the Author of "The Robbers", 1794 (12)
Reflections on Having Left a Place of Retirement, 1795 (54)

The Foster-Mother's Tale, 1797 (36)
The Ancient Mariner, 1797 (511, 514)
Sonnets Attempted in the Manner of Contemporary Writers, 1797 (11)
Christabel, 1797 (25, 29, 310)
Osorio, 1797 (1.295, 2.151, 3.61, 4.189, 5.28)
Kubla Khan, 1797 (26)
Frost at Midnight, 1798 (10, 11)
The Old Man of the Alps, 1798 (7, 67)
The Nightingale, 1798 (57)
The Three Graves, 1798 (228, 477)

The Death of Wallenstein, 1800 (2.3.103, 4.4.17)
The Triumph of Loyalty, 1800 (280, 355)
The Picture, 1802 (186)
A Sunset, 1805 (9)
Fragmento 20, 1806-7 (1)
Remorse, 1812 (2.1.141, 174, 3.1.4, 3.2.177, App. 30)
The Night-Scene, 1813 (18)
Alice du Clos, ? 1828 (100, 188)

SHADOW:

Songs of the Pixies, 1793 (72)
The Destiny of Nations, 1796 (23, Var. 28 (1817))
Fragmento 3, c. 1796-8 (N.B. 2, 2)

This Lime-Tree Bower my Prison, 1797 (26, 50)
The Ancient Mariner, 1797 (47, 269, 272, 277, 475, Var. 261, 264)
Osorio, 1797 (1.34, 2.155, 3.115, 5.222)
Kubla Khan, 1797 (31)
Lewti, 1798 (6)
On Revisiting the Sea-Shore, 1801 (20)
The Picture, 1802 (10)
A Day-Dream, 1802 (18)
To William Wordsworth, 1806 (Var. 27, 29, 32)
Fragmento 22, ? 1807 (2)[9]
Remorse, 1812 (1.2.43, 2.1.178, 5.1.192)
Zapolya, 1815 (I.1.1.445, 501, II.2.1.26, II.3.1.96)
Fragmento 42, 1816 (1)
A Hymn, 1814 (Var. 17)
Ne Plus Ultra, 1817 (9)
Constancy to an Ideal Object, 1825 (32)
The Improvisatore, 1827 (43)

FLOAT(ED/ING):

To the Rev. W. L. Bowles, 1794 (2)
The Eolian Harp, 1795 (20, Var. 21)
Religious Musings, 1795 (32, Var. II 35, Var. 136 (1796))
Mondy on the Death of Chatterton, 1790-1834 (Var. 48, 49 (1794-1828))
The Destiny of Nations, 1796 (79)

The Raven, 1797 (32)

---

[9] E. H. Coleridge no da una fecha para este fragmento, pero, a la vista de que lo incluye dentro de una serie compuesta entre 1806 y 1807, nos hemos aventurado a proponer esta datación.

The Ancient Mariner, 1797 (53, Var. 51)
Kubla Khan, 1797 (32, 50)
Lewti, 1798 (Var. G-2 20, G-3 41)
Catullian Hendecasyllables, 1799 (7)
Lines Written in the Album at Elbingerode, 1799 (32)
Lines Composed in a Concert-Room, 1799 (33)
The Piccolomini, 1800 (2.7.121)
The Day-Dream, 1802 (17)
Epigrama 46, 1802 (5)
To William Wordsworth, 1806 (Var. 31, 33)

MEASURE(S):

Happiness, 1791 (52)
Ode, 1792 (Var. 21)
Ad Lyram, 1794 (13)
The Silver Thimble, 1795 (58)
The Destiny of Nations, 1796 (330)

Osorio, 1797 (Var. 4.12)
Kubla Khan, 1797 (33)
Lewti, 1798 (59)
Hexameters, 1799 (9)
The British Stripling's War-Song, 1799 (Var. 20 ss.)
Ode to Georgiana, Duchess of Devonshire, 1799 (6, 24, 51, 83)
The Piccolomini, 1800 (3.1.162, 3.3.51, 4.2.12, 4.4.40, 5.5.70, 88, 97)
The Death of Wallenstein, 1800 (1.4.5)
On Revisiting the Sea-Shore, 1801 (15)
To Matilda Betham from a Stranger, 1802 (32)

CAVE('S/S):

The Complaint of Ninathóma, 1793 (3)
Songs of the Pixies, 1793 (26)
The Destiny of Nations, 1796 (100, 293)
On Observing a Blossom..., 1796 (7)

Remorse, 1797 (1.1.111)
Kubla Khan, 1797 (34, 36, 47)
Love, 1798 (61)
Lines Composed in a Concert-Room, 1799 (38)
Ad Vilmum Axiologum, 1805 (3)
A Tombless Epitaph, 1809 (29)
To a Lady, 1814 (7)

Zapolya, 1815 (II.2.1.87, 97, II.4.1.92, 121, 328)
The Delinquent Travellers, 1824 (83)
The Garden of Boccaccio, 1828

ICE:

The Nose, 1789 (32)
The Fall of Robespierre, 1794 (1.31)
Joan of Arc, 1796 (I, 49)
The Destiny of Nations, 1796 (472, var. 138, 339)
Fragmento 20, c. 1796-98 (N.B. 1)

The Ancient Mariner, 1797 (53, 58, 59, 60, 69, Var. 51)
Osorio, 1797 (2.13, 3.32, 4.14)
Kubla Khan, 1797 (36, 47)
Frost at Midnight, 1798 (Var. 73)
The Three Graves, 1798 (273)
Hymn before Sunrise, 1802 (59, Var. 47, 57, 60)
Separation, 1805 (11)
Remorse, 1812 (2.1.118, 3.1.57, 4.1.14)
Zapolya, 1815 (I.1.1.153)

BUILD(S/T/ING):

To Disappointment, 1792 (6)
Songs of the Pixies, 1793 (6, var. 47)
To a Friend, 1794 (1)
Reflections on Having Left a Place of Retirement, 1795 (39)

The Raven, 1797 (22, var. 34)
On a Ruined House in a Romantic Country, 1797 (1)
France: An Ode, 1797 (71)
Osorio, 1797 (1.44, 2.148, 3.29)
Kubla Khan, 1797 (46)
The Old Man of the Alps, 1798 (35)
The Nightingale, 1798 (24)
The Piccolomini, 1800 (1.4.91, 166, 1.11.6, 101, 1.12.244, 4.7.61)
The Death of Wallenstein, 1800 (1.4.112, 2.1.31)
The Triumph of Loyalty, 1800 (341)
Ode to Tranquillity, 1801 (20)
The Picture, 1802 (116)
To William Wordsworth, 1806 (5)
Remorse, 1812 (1.2.44, 2.1.171, var. 3.1.54)
The Night-Scene, 1813 (80)

To Nature, 1815 (9)
Zapolya, 1815 (II.1.1.6, II.2.1.190)
Youth and Age, 1823 (8)
Work without Hope, 1825 (6)
The Two Founts, 1825 (24)

CIRCLE(S/ED):

A Mathematical Problem, 1791 (16, 21)
Religious Musings, 1795 (227)
The Destiny of Nations, 1796 (307)
Osorio, 1797 (3.17, 5.123)
Kubla Khan, 1797 (51)

Fears in Solitude, 1798 (Var. 181 (1802, 1809))
The Piccolomini, 1800 (1.11.104, 1.12.25, 2.4.13, 15, 3.1.239, 4.7.197, 233)
The Death of Wallenstein, 1800 (1.4.40)
Dejection: An Ode, 1802 (12)

HONEY(S/ED):

The Fall of Robespierre, 1794 (3.183)
The Eolian Harp, 1795 (23, var. 25, 35)
Religious Musings, 1795 (205)
Fragmento 1, c. 1796-98 (N.B. 5, 5)

The Ancient Mariner, 1797 (407)
Kubla Khan, 1797 (53)
Epigrama 26, 1800 (12)
The Picture, 1802 (58
Work without Hope, 1825 (6)
Remorse, 1812, (3.1.42, 5.1.17)

FEED/FED:

On the Christening of a Friend's Child, 1797
Osorio, 1797 (1.15, 58, 2.4, 112)
Kubla Khan, 1797 (53)
The Three Graves, 1798 (56)
The Ballad of the Dark Ladié, 1798 (Var. 26)
Recantation, 1798 (1)
Love, 1799 (4)
Ode to Georgiana, Duchess of Devonshire, 1799 (58)
Epigram on Kepler, 1799 (3)

The Piccolomini, 1800 (4.4.5)
An Experiment for a Metre, 1801 (6)
The Picture, 1802 (182)
To Captain Findlay, 1804 (11)
Psyche, 1808 (7)
Remorse, 1812 (1.2.15, 59, 2.1.9, 128)
Zapolya, 1815 (II.1.1.193, II.2.1.207)
A Character, 1825 (17)
The Improvisatore, 1827 (12)
The Garden of Boccaccio, 1828 (76, 88)
Cholera Cured Beforehand, 1832 (20)

Relación, por orden cronológico, de la obra poética de Coleridge y de las ediciones correspondientes a cada una de las composiciones[10]:

Easter Holidays[11] (1787)

Dura Navis (1797)

Nil Pejus est Caelibe Vitâ (1787)

Sonnet to the Autumnal Moon (1788): **1796, 1803, 1829, 1834**

Anthem (1789): **1834**

Julia (1789)

Quae Nocent Docent (1789)

The Nose (1789): **1834** (La tercera estrofa apareció previamente en el *Morning Post*[12], el 2 de enero de 1798, con el título *The Nose - An Odaic Rhapsody*)

To the Muse (1789): **1834**

Destruction of the Bastille (?1789): **1834**

Life (1789): **1834**

Progress of Vice (1790): **1834**

Monody on the Death of Chatterton (1790)

An Invocation (1790)

**Anna and Harland*[13] (?1790): *Cambridge Intelligencer*[14] (25 de octubre, 1794)

To the Evening Star (?1790)

Pain (?1790): **1834**

---

[10] Este listado comprende las composiciones que aparecen en la edición de E. H. Coleridge (*CPW*), por lo que están incluidos también los poemas que no se publicaron en vida del autor. La no publicación de determinados textos es, con respecto a nuestros objetivos, tan importante como la relación de los que se publicaron. Del apartado de dicha edición titulado "Fragments" incluiremos únicamente aquellas piezas que se publicaron en vida de Coleridge. Las fechas en negrita corresponden a las ediciones de poemas que aparecieron en vida de Coleridge.

[11] Llevan un asterisco las composiciones que no se publicaron en vida del autor.

[12] En adelante *MP*.

[13] Los dos asteriscos indican que las composiciones aparecieron bien en algún tipo de publicación periódica o incluidas en alguna obra en prosa del autor, o bien en colecciones poéticas diversas, pero nunca formando parte de una edición de poemas de Coleridge.

[14] En adelante *CI*.

On a Lady Weeping (?1790)

Monody on a Tea-Kettle (1790): **1834**

Genevieve (1789-90): *CI* (1 de noviembre, 1794) **1796, 1803, 1828, 1834**

On Receiving an Account that his Only Sister's Death was Inevitable (1791): **1834**

On Seeing a Youth Affectionately Welcomed by a Sister (1791): **1834**

A Mathematical Problem (1797): **1834**

Honour (1791): **1834**

On Imitation (?1791): **1834**

Inside the Coach (1791): **1834**

Devonshire Roads (1791): **1834**

Music (1791): **1834**

Sonnet on Quitting School for College (1791): **1834**

Absence (1791): *CI* (11 de octubre, 1794), **1796, 1803, 1828, 1829, 1834**

Happiness (1791): **1834**

A Wish (1792)

An Ode in the Manner of Annacreon (1792)

To Disappointment (1792)

A Fragment Found in a Lecture-Room (1792)

***Ode[15] (1792): *The Watchman*[16] (Nº IV, 25 de marzo, 1796, firmado G. A. U. N. T.)

A Lover's Complaint to his Mistress (1792)

With Fielding's "Amelia" (?1792): **1834**

Written after a Walk before Supper (1792): **1796**

Imitated from Ossian (1793): **1796, 1803, 1828, 1829, 1834**

The Complaint of Ninathóma (1793): **1796, 1803, 1828, 1829, 1834**

Songs of the Pixies (1793): **1796, 1797, 1803, 1828, 1829, 1834**

The Rose (1793): **1796, 1797, 1803, 1828, 1834**

Kisses (1793): **1796, 1797, 1803**

The Gentle Look (?1793): **1796, 1797, 1803, 1828, 1829, 1834**

Sonnet to the River Otter (?1793): **1796** (*Selection of Sonnets*), **1797, 1803**, *Sybilline Leaves*[17], **1828, 1829, 1834**

An Effusion at Evening (1792)

Lines on an Autumnal Evening (1793): **1796, 1797, 1803, 1828, 1829, 1834**

**To Fortune* (1793): *Morning Chronicle* (7 de noviembre, 1793)

Perspiration. A Travelling Eclogue (1794)

[Ave, atque Vale!] (1794)

---

[15] Los tres asteriscos indican que el poema no se publicó con la firma de Coleridge.

[16] En adelante *TW*.

[17] En adelante *SL*.

On Bala Hill (1794)

Lines Written at the King's Arms, Formerly the House of the "Man of Ross" (1794): *CI* (27 de septiembre, 1794), **1796, 1797, 1803, 1828, 1829, 1834**

Imitated from the Welsh (?1794): **1796, 1803, 1828, 1829, 1834**

Lines to a Beautiful Spring in a Village (1794): **1796, 1797, 1803, 1828, 1829, 1834**

**Imitations ad Lyram* (1794): *TW* (Nº II, 9 de marzo, 1796)

**To Lesbia* (?1794): *Morning Post*[18] (11 de abril, 1798)

The Death of the Starling (?1794)

**Moriens Superstiti* (?1794): *MP* (10 de mayo, 1798)

Morienti Superstes (?1794)

The Sigh (1794): **1796, 1797, 1803, 1828, 1829**

The Kiss (?1794): **1796, 1797, 1803, 1828, 1829, 1834**

To a Young Lady (1794): *TW* (1 de marzo, 1796), **1796, 1797, 1803, 1828, 1829, 1834**

**Translation of Wrangham's "Hendecasyllabi ad Brutonam e Granta Exitarum"* (1794): (Francis Wrangham, *Poems*, 1795)

**To Miss Brunton* (1794): (Francis Wrangham, *Poems*, 1795)

Epitaph on an Infant (1794): *MC* (23 de septiembre, 1794), *TW* (Nº IX, 5 de mayo, 1796), **1796, 1797, 1803, 1828, 1829, 1834**

Pantisocracy (1794)

**On the Prospect of Establishing a Pantisocracy in America* (1794): *Cooperative Magazine and Monthly Herald* (6 de marzo, 1826)

Elegy Imitated from One of Akenside's Blank-Verse Inscriptions (?1794): *MC* (23 de septiembre, 1794), *TW* (Nº III, 6 de marzo de 1794), *SL*, **1828, 1829, 1834**

The Faded Flower (1794)

The Outcast (?1794): **1796, 1797, 1803, 1828, 1829, 1834**

Domestic Peace (1794): *The Fall of Robespierre* (1794), **1796, 1797, 1803, 1828, 1829, 1834**

On a Discovery Made Too Late (1794): **1796**, *Sonnets* (1796), **1797, 1803, 1828, 1829, 1834**

To the Author of "The Robbers" (?1794): **1796**, *Sonnets* (1796), **1797, 1803, 1828, 1829, 1834**

Melancholy. A Fragment (?1794): *MP*, (12 de diciembre, 1797), *SL*, **1828, 1829, 1834**

To a Young Ass (1794): *MC* (30 de diciembre, 1794), **1796, 1797, 1803, 1828, 1829, 1834**

Lines on a Friend (1794): **1796, 1797, 1803, 1828, 1829, 1834**

To a Friend [Charles Lamb] (1794): **1796, 1797, 1803**

SONNETS ON EMINENT CHARACTERS

I. *To the Honourable Mr. Eskine* (1794): *MC* (1 de diciembre, 1794), **1796, 1803, 1828, 1829, 1834**

II. *Burke* (1794): *MC* (9 de diciembre, 1794), **1796, 1803, 1828, 1829, 1834**

III. *Priestley* (1794): *MC* (11 de diciembre, 1794), **1796, 1803, 1828, 1829, 1834**

---

[18] En adelante *MP*.

IV. *La Fayette* (1794): *MC* (15 de diciembre, 1794), **1796, 1828, 1829, 1834**

V. *Koskiusco* (1794): *MC* (16 de diciembre, 1794), **1796, 1828, 1829, 1834**

VI. *Pitt* (1794): *MC* (23 de diciembre, 1794), *TW* (Nº V, 2 de abril, 1796), **1796, 1803**

VII. *To the Rev. W. L. Bowles* (1794) **(1ª versión): *MC* (26 de diciembre, 1794) (2ª versión): **1796, 1797, 1803, 1828, 1829, 1834**

VIII. *Mrs. Siddons* (1794): *MC* (29 de diciembre, 1794), **1797, 1803, 1828, 1829, 1834**

IX.***To William Godwin* (1795): *MC* (10 de enero, 1795)

X.***To Robert Southey* (1795): *MC* (14 de enero, 1795)

XI. *To Richard Brinsley Sheridan, Esq.* (1795): *MC* (29 de enero, 1795), **1796, 1803, 1828, 1829, 1834**

*To Lord Stanhope (1795)

To Earl Stanhope (1795): **1796**

Lines to a Friend in Answer to a Melancholy Letter (?1795): **1796, 1803, 1828, 1829, 1834**

To an Infant (1795): **1796, 1797, 1803, 1828, 1829, 1834**

To the Rev. W. J. Hort (1795): **1796**

Pity (?1795): **1796**, *Sonnets* (1796), **1797, 1803, 1828, 1829, 1834**

To the Nightingale (1795): **1796, 1803**

Lines Composed while Climbing the Left Ascent of Brockley Coomb (1795): **1796, 1797, 1803, 1828, 1829, 1834**

Lines in the Manner of Spenser (1795): **1796, 1797, 1803, 1828, 1829, 1834**

The Hour when we shall meet again (?1795): *TW* (Nº III, 17 de marzo, 1796), **1797, 1803**

Lines Written at Shurton Bars (1795): **1796, 1797, 1803, 1828, 1829, 1834**

The Eolian Harp (1795): **1796, 1797, 1803**, *SL*, **1828, 1829, 1834**

To the Author of Poems [Joseph Cottle] (1795): **1796, 1797, 1803**

The Silver Thimble (1795): **1796**

Reflections on having left a Place of Retirement (1795): *Monthly Magazine* (octubre, 1796), **1797, 1803**, *SL*, **1828, 1829, 1834**

Religious Musings (1794-1796): **1796, 1797, 1803, 1828, 1829, 1834**

Monody on the Death of Chatterton (1790-1834): Thomas Rowley, *Poems*, 1794, **1796, 1797, 1803, 1828, 1829, 1834**

The Destiny of Nations. A Vision (1796): *SL*, **1828, 1829, 1834** (255 versos aparecen en el Libro II de *Joan of Arc, An Epic Poem* de R. Southey, 1796)

**Ver Perpetuum (1796): *TW* (Nº IV, 25 de marzo, 1796)

On Observing a Blossom on the First of February 1796 (1796): *TW* (Nº IV, 25 de marzo, 1796), **1797, 1803, SL, 1828, 1829, 1843.**

**To a Primrose (1796): *TW,* (Nº VIII, 27 de abril, 1796)

**Verses Addressed to J. Horne Tooke* (1796)

***On a Late Connubial Rupture in High Life* (1796): *Monthly Magazine* septiembre, 1796), *Felix Farley's Bristol Journal* (8 de octubre, 1796), *Poetical Register*, 1806-7

Sonnet on Receiving a Letter Informing me of the Birth of a Son (1796)

Sonnet Composed on a Journey Homeward (1796): **1797, 1803, *SL*, 1828, 1829, 1834**

Sonnet to a Friend Who Asked, How I Felt When the Nurse First Presented My Infant to Me (1796): **1797, 1803, *SL*, 1828, 1829, 1834**

To a Young Friend (1796): *Poems on the Death of Priscilla Farmer*, 1796, **1797**, C. LLoyd, *Nugae Canorae*, 1819

Addressed to a Young Man of Fortune [C. Lloyd] (1796): *CI* (17 de diciembre, 1796), *Ode on the Departing Year*, 1796, *SL*, **1828, 1829, 1834**

To a Friend [Charles Lamb] (1796): Publicado por primera vez en un periódico de Bristol, *Annual Anthology*, 1800, *SL*, **1828, 1829, 1834**

Ode to the Departing Year (1796): *CI* (31 de diciembre, 1796), publicado en un panfleto como *Ode to the Departing Year*, 1796, **1797, 1803, *SL*, 1828, 1829, 1834**

The Raven (1797): *MP* (10 de marzo, 1798), *Annual Anthology*, 1800, *SL*, **1828, 1829, 1834**

To an Unfortunate Woman at the Theatre (1797): *MP* (7 de diciembre, 1797),

Annual Anthology, 1800, *SL*, **1828, 1829, 1834**

To an Unfortunate Woman (1797): **1797, *SL*, 1828, 1829, 1834**

To the Rev. George Coleridge (1797): **1797, 1803, *SL*, 1828, 1829, 1834**

On the Christening of a Friend's Child (1797): **1797**

Translation of a Latin Inscription by the Rev. W. L. Bowles (1797)

This Lime-Tree Bower my Prison (1797): *Annual Anthology*, 1800, *SL*, **1828, 1829, 1834**

The Foster-Mother's Tale (1797): ***Lyrical Ballads***[19] (1798, 1800, 1802, 1805), *SL*, y en las ediciones de *Remorse*

The Dungeon (1797): *LB* (1798, 1800) y en las ediciones de *Osorio* y *Remorse*

The Rime of the Ancient Mariner (1797): *LB* (1798, 1800, 1802, 1805), *SL*, **1828, 1829, 1834**

SONNETS ATTEMPTED IN THE MANNER OF CONTEMPORARY WRITERS (1797)

**I.

**II. *To Simplicity*

**III. *On a Ruined House in a Romantic Country*:

Monthly Magazine (noviembre, 1797)

Kubla Khan (1797): **1816, 1828, 1829, 1834**

Parliamentary Oscillators (1798): *CI* (6 de enero, 1798), *SL*

Christabel (1798-1801): **1816, 1828, 1829, 1834**

Lines to W. L. (1797): *Annual Anthology*, 1800, *SL*, **1828, 1829, 1834**

Fire, Famine, and Slaughter (1798): *MP* (8 de enero, 1798), *Annual Anthology*, 1800, *SL*, **1828, 1829, 1834**

Frost at Midnight (1798): Publicado en un panfleto en 1798, *Poetical Register*, 1808-9, *Fears in Solitude, &c.*, 1812, *SL*, **1828, 1829, 1834**

---

[19] En adelante *LB*.

France: An Ode (1798): *MP* (16 de abril, 1798), publicado en un panfleto en 1798, reimpreso *MP* (14 de octubre, 1802), *Poetical Register*, 1808-9, *Fears in Solitude &Co.*, 1812, *SL*, **1828, 1829, 1834**

***The Old Man of the Alps* (1798): *MP* (8 de marzo, 1798, firmado NICIAS ERYTHRAEUS)

To a Young Lady [Miss Lavinia Poole] (1798): *MP* (9 de diciembre, 1799), *Annual Anthology*, 1800, *SL*, **1828, 1829, 1834**

Lewti (1798): *MP* (13 de abril, 1798), *Annual Anthology*, 1800, *SL*, **1828, 1829, 1834**

Fears in Solitude (1798): Publicado en un panfleto en 1798 y en 1812, *Poetical Register*, 1808-9, *SL*, **1828, 1829, 1834**

The Nightingale (1798): **Lyrical Balldas** (1798, 1800, 1802, 1805), *SL*, **1828, 1829, 1834**

The Three Graves. A Fragment of a Sexton's Tale (1798): Sólo se publicaron las partes III y IV: *The Friend*[20] (Nº VI, 21 de septiembre, 1809), *SL*, **1828, 1829, 1834**

The Wanderings of Cain (1798): **1828, 1829, 1834**

*To _____ (1798)

Recantation (1798): *MP* (30 de julio, 1798), *Annual Anthology*, 1800, *SL*

The Ballad of the Dark Ladié. A Fragment (1798): **1834**

*Hexameters (1798-9)

****Translation of a Passage in Ottfried's Metrical Paraphrase of the Gospel*, (?1799): *Biographia Literaria*

Catullian Hendecasyllables (?1799): **1834**

The Homeric Hexameter (?1799): *Friendship's Offering*, 1834, **1834**

*The Ovidian Elegiac Metre (1799)

On a Cataract (?1799): **1834**

Tell's Birth-Place (?1799): *SL*, **1828, 1829, 1834**

The Visit of the Gods (?1799): *SL*, **1828, 1829, 1834**

From the German (?1799): **1834**

****Water Ballad* (?1799): *The Athenaeum* (29 de octubre, 1831)

On an Infant (1799): **1834**

Something Childish, but very Natural (1799): *Annual Anthology*, 1800 (firmado "Cordoni"), *SL*, **1828, 1829, 1834**

Home-Sick (1799): *Annual Anthology*, 1800 (firmado "Cordoni"), *SL*, **1828, 1829, 1834**

Lines Wtitten in the Album at Elbingerode (1799): *MP* (17 de septiembre, 1799), *Annual Anthology*, 1800 (firmado C.), *SL*, **1828, 1829, 1834**

****The British Stripling's War-Song* (?1799): *MP* (24 de agosto, 1799), *Annual Anthology*, 1800

****Names* (1799): *MP*, *Poetical Register* for 1803 (1805, firmado "Hartley. Philadelphia"), *Keepsake*, 1829

The Devil's Thoughts (1799): *MP* (6 de septiembre, 1799), **1828, 1829, 1834**

---

[20] En adelante *TF*.

Lines Composed in a Concert-Room (1799): *MP* (24 de septiembre, 1799), *SL*, **1828, 1829, 1834**

**Westphalian Song (?1799): *MP* (27 de septiembre, 1802)

*Hexameters (1799)

***Hymn to the Earth* (1799): *Friendship's Offering*, 1834

Mahomet (?1799): **1834**

Love (1799): *MP* (21 de diciembre, 1799), *LB* (1800, 1802, 1805), *English Minstrelsy*, 1810, *SL*, **1828, 1829, 1834**

Ode to Georgiana, Duchess of Devonshire (1799): *MP* (24 de diciembre, 1799), *Annual Anthology*, 1800, *SL*, **1828, 1829, 1834**

A Christmas Carol (1799): *MP* (25 de diciembre, 1799), *Annual Anthology*, 1800, *SL*, **1828, 1829,1834**

***Talleyrand to Lord Grenville* (1800): *MP* (10 de enero, 1800)

***Apologia Pro Vita Sua* (1800): Incluido en *The Historie and Gests of Maxilian*, publicado en *Blackwood's Edinburgh Magazine*, 1822

The Keepsake (?1800): *MP* (17 de septiembre, 1802), *SL*, **1828, 1829, 1834**

***A Thought Suggested by a View* (1800): *Amulet*, 1833, *Friendship's Offering*, 1834

**The Mad Monk (1800): *MP* (13 de octubre, 1800, firmado "Cassiani Junior"), *Wild Wreath*, 1804

***Inscription for a Seat by the Road Side Half-Way up a Steep Hill Facing South* (1800): *MP* (21 de octubre, 1800, firmado VENTIFROSS)

***A Stranger Minstrel* (1800): *Memoirs of the late Mrs. Robinson*, 1801, *Poetical Works of the Late Mrs. Robinson*, 1806

The Two Round Spaces on the Tombstone (1800): *MP* (24 de noviembre, 1800), *Fraser's Magazine*, 1833, **1834**

*The Snow-Drop (1800)

On Revisiting the Sea-Shore (1801): *MP* (15 de septiembre, 1801, firmado E.....), *SL*, **1828, 1829, 1834**

Ode to Tranquillity (1801): *MP* (4 de diciembre, 1801), *TF* (Nº 1, 1 de junio, 1809), *SL*, **1828, 1829, 1834**

**To Asra (1801)

**The Second Birth (?1801)

***Love's Sanctuary* (?1801)

Dejection: An Ode (1802): *MP* (4 de abril, 1802), *SL*, **1828, 1829, 1834**

The Picture (1802): *MP* (6 de septiembre, 1802), *Poetical Register*, 1802 (1804), *SL*, **1828, 1829, 1834**

***To Mathilda Betham from a Stranger* (1802)

Hymn Before Sun-Rise in the Vale of Chamouni (1802): *MP* (11 de septiembre, 1802), *Poetical Register*, 1802 (1803), *TF* (Nº XI, 26 de octubre, 1809), *SL*, **1828, 1829, 1834**

***The Good, Great Man* (1802): *MP* (23 de septiembre, 1802, firmado ....), *Poetical Register*, 1802 (1803), *TF* (Nº XIX, 28 de diciembre, 1809)

***Inscription for a Fountain on a Heath* (1802): *MP* (23 de septiembre, 1802, firmado E.....), *Poetical Register*, 1802, *TF* (Nº XIX, 28 de diciembre, 1809)

An Ode to the Rain (1802): *MP* (7 de octubre, 1802), *SL*

A Day-Dream (1802): *Bijou*, 1828, **1828, 1829, 1834**

Answer to a Child's Question (1802): *MP* (16 de octubre, 1802), *SL*, **1828, 1829, 1834**

**The Day-Dream (1801-2): *MP* (19 de octubre, 1802)

The Happy Husband. A Fragment (?1802): *SL*, **1828, 1829, 1834**

The Pains of Sleep (1803): **1816, 1828, 1829, 1834**

**The Exchange (1804): *The Courier*[21] (16 de abril, 1804), *Poetical Register*, 1804 (1805), *Literary Souvenir*, 1826

**Ad Vilmum Axiologum* (?1805)

*An Exile (1805)

*Sonnet [Traducido de Marini] (?1805)

*Phantom (1805)

*A Sunset (1805)

***What is Life?* (1805): *Literary Souvenir*, 1829

The Blossoming of the Solitary Date-Tree (1805): **1828, 1829, 1834**

Separation (?1805): **1834**

**The Rash Conjurer* (?1805, ?1814)

**A Child's Evening Prayer* (1806)

Metrical Feet (1806): **1834**

Farewell to Love (1806): *TC* (27 de septiembre, 1806), *Morning Herald* (11 de octubre, 1806), *Gentleman's Magazine* (noviembre, 1815)

To William Wordsworth (1807): *SL*, **1828, 1829, 1834**

**An Angel Visitant* (?1807)[22]

Recollections of Love (1807): *SL*, **1828, 1829, 1834**

**To Two Sisters (1807): *TC* (10 de diciembre, 1807, firmado SIESTI)

**Psyche (1808): *BL*, *Amulet*, 1833

A Tombless Epitaph (?1809): *TF* (Nº XIV, 23 de noviembre, 1809), *SL*, **1828, 1829, 1834**

**For a Market-Clock* (1809)

**The Madman and the Lethargist* (?1809)

The Visionary Hope (?1810): *SL*, **1828, 1829, 1834**

Epitaph on an Infant (1811): *TC* (20 de marzo, 1811, firmado "Aphilos"), *SL*, **1828, 1829, 1834**

---

[21] En adelante *TC*.

[22] Evidentemente, en la edición de E. H. Coleridge hay una errata al datar esta composición, pues al pie del poema aparece como fecha probable el año 1801.

The Virgin's Cradle-Hymn (1811): *MP* (26 de diciembre, 1801), *TC* (30 de agosto, 1811), *SL*, **1828, 1829, 1834**

To a Lady (?1811): *Omniana*, 1812, **1828, 1829, 1834**

Reason for Love's Blindness (?1811): **1828, 1829, 1834**

The Suicide's Argument (1811): **1828, 1829, 1834**

Time, Real and Imaginary (?1812): *SL*, **1828, 1829, 1834**

The Night-Scene. A Dramatic Fragment (1813): *SL*, **1828, 1829, 1834**

*A Hymn (1814)

To a Lady (?1814): *SL*, **1828, 1829, 1834**

Human Life (?1815): *SL*, **1828, 1829, 1834**

*Faith, Hope, and Charity (Traducción de *Dialogo: Fide, Speranza, Fide*, de Cavalier Battista Guarini) (1815)

*To Nature (?1820)

*Limbo (1817)

Ne Plus Ultra (?1826): **1834**

The Knight's Tomb (?1817): **1834**

*On Donne's Poetry (?1818)

*Israel's Lament (1817): Publicado en un panfleto, con el original hebreo, en 1817.

Fancy in Nubibus (1817): *Felix Farley's Bristol Journal* (7 de febrero, 1818), *Blackwood's Magazine* (noviembre, 1819), **1828, 1829, 1834**

**The Tear's of a Grateful People (1820): Publicado en un panfleto, con el original hebreo, en 1820

Youth and Age (1823-32): **1834**. Los versos 1-38 se publicaron independientemente en *Literary Souvenir*, 1828 y *Bijou*, 1828, **1828, 1829**. Los versos 39-49 se publicaron independientemente en *Blackwood's Magazine* (junio, 1832)

The Reproof and Reply (1823): *Friendship's Offering*, 1834, **1834**

First Advent of Love (?1824): **1834**

*The Delinquent Traveller's (1824)

Work without Hope (1825): *Bijou*, 1828, **1828, 1829, 1834**

Sancti Dominici Pallium (1825): *Evening Standard* (21 de mayo, 1827, firmado E.......), *St. James's Chronicle* (firmado E...), **1834**

Song (?1825): **1828**

A Character (1825): **1834**

The Two Founts (1826): *Annual Register*, 1827, *Bijou*, 1828, **1828, 1829, 1834**

Constancy to an Ideal Object (?1826): **1828, 1829, 1834**

The Pang More Sharp than All (?1825-6): **1834**

Duty Surviving Self-Love (1826): **1828, 1829, 1834**

*Homeless (1826): *Literary Magnet* (enero, 1827)

Lines Suggested by the last Words of Berengarius Ob. Anno Dom. 1088 (?1826): *Literary Souvenir*, 1827, **1828, 1829, 1834**

**Epitaphium Testamentarium* (1826): *Literary Souvenir*, 1827

The Improvisatore (1827): *Amulet*, 1828, **1829, 1834**

**To Mary Pridham* (1827)

Alice Du Clos (?1828): **1834**

Love's Burial Place (1828): **1828,** *Amulet*, 1833

Lines to a Comic Author, on an Abusive Review (?1825): *Friendship's Offering*, 1834, **1834**

Cologne (1828): *Friendship's Offering*, 1834, **1834**

On my Joyful Departure (1828): *Friendship's Offering*, 1834, **1834**

The Garden of Boccaccio (1828): *The Keepsake*, 1829, **1829, 1834**

Love, Hope, and Patience in Education (1829): *The Keepsake*, 1830, **1834**

**To Miss A. T.* (1829)

***Lines Written in the Commonplace Book of Miss Barbour* (1829): *New York Mirror* (19 de diciembre, 1829)

***Song, ex improviso* (1830): *The Keepsake*, 1830

Love and Friendship Opposite (?1830): *Friendship's Offering*, 1834, **1834**

Not at Home (?1830): **1834**

Phantom or Fact (?1830): **1834**

Desire (?1830): **1834**

Charity in Thought (?1830): **1834**

Humility the Mother of Charity (?1830): **1834**

**[Coeli Enarrant]* (?1830)

***Reason* (1830): Publicado como conclusión a *On the Constitution of the Church and State*, 1830

Self-Knowledge (1832): **1834**

Forbearance (?1832): **1834**

Love's Apparition and Evanishment (1833): Los versos 1-28 se publicaron en *Friendship's Offering*, 1834, **1834**

To the Young Artist (1833): **1834**

My Baptismal Birth-Day (1833): *Friendship's Offering*, 1834, **1834**

Epitaph (1833): **1834**

OBRA DRAMÁTICA:

The Fall of Robespierre (1794): 1794

**Osorio* (1797)

Remorse (1812): **1828, 1829, 1834**

Zapolya (1815): 1827, **1828, 1829, 1834**

FRAGMENTOS:

4 (In the lame and limping metre of a barbarous Latin poet) (1801). Publicado en el prefacio a *Christabel*, 1816

33 *Epigram on Kepler* (1799): *TF* (30 de noviembre, 1809)

40 *[Ars Poetica]* (1815): *BL Translation of the First Strophe of Pindar's Second Olympic* (1815): *BL*

44 (Truth I pursued, as Fancy sketch'd the way): *TF*, 1818

45 *Imitated from Aristophanes* (1817): *TF*, 1818

47 *To Edward Irving* (1824): *Aids to Refelection*, 1825

51 *Profuse Kindness* 1834

BIBLIOGRAFÍA

BIBLIOGRAFÍAS CITADAS:

CASKEY, J.D. y M.N. STAPPER, *Samuel Taylor Coleridge. A Selective Bibliography of Criticism, 1935-1977*, Westport and London: Greenwood Press, 1978.

CRAWFORD, B., *Samuel Taylor Coleridge 1900-1979*, 3 vols., Boston: Hall, 1983.

MILTON, M.L. Taylor, *The Poetry of Samuel Taylor Coleridge. An Annotated Bibliography of Criticism 1935-1970*, New York and London: Garland Publishing, 1981.

EDICIONES CITADAS DE LA OBRA Y ESCRITOS DE COLERIDGE[23]:

BLOOM, Harold (ed.), *Confessions of an Inquiring Spirit*, New York: Chelsea House, 1983.

BRETT, R.L., and A.R. JONES (eds.), *Lyrical Ballads*, London: Methuen, 1963.

CAMPBELL, James D. (ed.), *The Poetical Works of S. T. Coleridge*, London: Macmillan, 1983.

COBURN, Kathleen H. (ed.), *Inquiring Spirit. A Coleridge Reader*, U.S.: Minerva Press, 1951.

_____ (ed.), *The Collected Works of Samuel Taylor Coleridge*, 16 vols., London and Princeton: Princeton University Press, 1969-.

COBURN, Kathleen H. (ed.), *The Notebooks of Samuel Taylor Coleridge*, 4 vols., London: Routledge & Kegan Paul, 1957.

COLERIDGE, S.T., *Christabel; Kubla Khan, A Vision; The Pains of Sleep*, London: John Murray, 1816.

COLERIDGE, E.H. (ed.), *The Complete Poetical Works of Samuel Taylor Coleridge*, 2 vols., London: Oxford University Press, 1912.

COLERIDGE, E.H., *Anima Poetae*, London, 1895.

GRIGGS, Earl Leslie, *Collected Letters of Samuel Taylor Coleridge*, 6 vols., Oxford: Clarendon Press, 1956-71.

ENGELL, James and W. Jackson BATE (eds.), *Biographia Literaria*, Princeton: Princeton University Press, 1983, Vol. VII de *Collected Works*.

HUTCHINSON, T., *Lyrical Ballads 1798*, London: Duckworth and Co., 1920.

---

[23] En los capítulos V y VI de este trabajo se encuentra una relación más detallada de las ediciones de la poesía de Coleridge que tuvieron lugar a lo largo de su vida.

PATTON, Lewis (ed.), *The Watchman*, London and Princeton: Princeton University Press, 1970, Vol. II de *Collected Works*.

RAYSOR, Thomas M. (ed.), *Shakespearean Criticism*, 2 vols., London: Everyman, 1960.

RAYSOR, Thomas M. (ed.), *Coleridge's Miscellaneous Criticism*, Cambridge: Harvard University Press, 1936.

ROOKE, Barbara E. (ed.), *The Friend*, 2 vols., London and Princeton: Princeton University Press, 1969, Vol. IV de *Collected Works*.

SHAWCROSS, J. (ed.), *Biographia Literaria*, 2 vols., London: Oxford University Press, 1907.

WATSON, George (ed.), *Biographia Literaria*, London: J.M. Dent & Sons, Ltd, 1956.

WHALLEY, George (ed.), *Marginalia*, London and Princeton: Princeton University Press, 1980, Vols. XII, XIII de *Collected Works*.

WHITE, R.J., *Lay Sermons*, London and Princeton: Princeton University Press, 1972, Vol. VI de *Collected Works*.

BIOGRAFÍA Y CRÍTICA:

ABRAMS, M.H., *The Milk of Paradise*, Cambridge (Mass.): Harvard University Press, 1934.

ADAIR, Patricia M., "*Kubla Khan* and the Underworld" en *The Waking Dream*, London: Edward Arnold, 1967, pp. 108-43.

AIKIN, John, *Monthly Review*, June 1796, xx, 194-5, en JACKSON, J.R. de J., pp. 36-38.

ALLEN, N.B., "A Note on Coleridge's *Kubla Khan*", *Modern Language Notes*, 1942, vol. 57, pp. 108-13.

ALLSOP, Thomas, *Letters, Conversations and Recollections of S.T. Coleridge*, London: Frederick Farrar, 1864.

Analytical Review (Anónimo), June 1796, xiii, 610-12, en JACKSON, J.R. de J., pp. 32-33.

_____ (Fdo. D.M.S.), December 1798, xxviii, 590-2, en JACKSON, J.R. de J., pp. 44-55.

ANDERSON, Erland, *Armonious Madness: A Study of Musical Metaphors in the Poetry of Coleridge, Shelley and Keats*, Salzburg: Institut für Englische Sprache und Literatur Universität Salzburg, 1975.

Anti-Jacobin (Anónimo), April 1800, v, 334, en JACKSON, J.R. de J., p. 59.

_____ (Anónimo), July 1816, i, 632-6, en JACKSON, J.R. de J., pp. 217-21.

APPLEYARD, J.A., *Coleridge's Philosophy of Literature: The Development of a Concept of Poetry 1791-1819*, Cambridge (Mass.): Harvard University Press, 1965.

AVERILL, James H., "The Shape of *Lyrical Ballads*", *Philological Quarterly*, 1981, vol. 60, pp. 387-407.

BAHTI, Timothy, "Coleridge's *Kubla Khan* and the Fragment of Romanticism", *Modern Language Notes*, 1981, vol. 96, pp. 1035-50.

BAKER, James V., *The Sacred River*, Louisiana: Louisiana State University Press, 1957.

BARFIELD, Owen, *What Coleridge Thought*, London: Oxford University Press, 1972.

BARTH, J.S., *The Symbolic Imagination. Coleridge and the Romantic Tradition*, Princeton: Princeton University Press, 1977.

BATE, Walter J., *Coleridge*, London: Macmillan, 1968.

BEER, John B., *Coleridge the Visionary*, London: Chatto & Windus, 1959.

_____, "The Languages of *Kubla Khan*" en *Coleridge's Imagination*, ed. R. Gravil et alii, Cambridge: Cambridge University Press, 1985, pp. 218-62.

BENZON, William, "Articulate Vision: A Structuralist Reading of *Kubla Khan*" *Language and Style*, 1985, vol. 18, pp. 3-29.

BERKOBEN, L.D., *Coleridge's Decline as a Poet*, The Hague, Paris: Mouton, 1965.

BEYER, Werner A., *The Enchanted Forest*, Oxford: Basil Blackwell, 1963.

BIALOSTOSKY, Don H., "Coleridge's Interpretation of Wordsworth's Preface to *Lyrical Ballads*", *PMLA*, 1978, vol. 93, pp. 912-24.

BODKIN, Maud, *Archetypal Patterns in Poetry*, London: Oxford University Press, 1934.

BOSTETTER, Edward E., *The Romantic Ventriloquists*, Seattle: University of Washington Press, 1963.

BOWRA, Maurice, *The Romantic Imagination*, Oxford: Oxford University Press, 1950.

BOWRING, John, *Westminster Review*, January 1830, XII, 1-31, en JACKSON J.R. de J., pp. 525-56.

BRAMWELL, James, "*Kubla Khan* - Coleridge's Fall?", *New Philologische Mitteilungen*, 1951, vol. 53, pp. 449-66.

BRETT, R.L., *Fancy and Imagination*, London: Methuen & Co Ltd, 1969.

BREUER, Rolf, "Coleridge's Concept of Imagination - with an Interpretation of *Kubla Khan*", *Bucknell Review*, 1980, vol. 25, pp. 52-66.

BRISMAN, Leslie, *Romantic Origins*, London: Cornell University Press, 1978.

British Critic (Anónimo), May 1796, vii, 549-50, en JACKSON, J.R. de J., p. 32.

_____ (Anónimo), October 1799, xiv, 364-5, en JACKSON, J.R. de J., pp. 57-59.

_____ (Anónimo), June 1799, xiii, 662-3, en JACKSON, J.R. de J., pp. 48-49.

British Review (Anónimo), August 1816, viii, 64-81, en JACKSON, J.R. de J., pp. 221-26.

BROWN, Lee Rust, "Coleridge and the Prospect of the Whole", *Studies in Romanticism*, 1991, vol. 30, pp. 235-53.

BUCKLEY, Vincent, "Coleridge: Vision and Actuality", *Melbourne Critical Review*, 1961, vol. 4, pp. 3-17.

BURNEY, Charles, *Monthly Review*, June 1799, xxix, 202-10, en JACKSON, J.R. de J., pp. 55-57.

BYATT, A.S., *Unruly Times. Wordsworth and Coleridge in Their Time*, London: The Hogarth Press, 1989 (London: Thomas Nelson and Sons, 1970).

CAMPBELL, James D., *Samuel Taylor Coleridge: A Narrative of the Events of His Life*, London: Macmillan, 1894.

CARLYON, Clement, M D, *Early Years and Late Reflections*, 2 vols., London, 1836.

CHAMBERS, Edmund K., *Samuel Taylor Coleridge*, Oxford: Clarendon Press, 1983.

CHAYES, Irene H., "*Kubla Khan* and the Creative Process", *Studies in Romanticism*, 1966, vol. 6, pp. 1-21.

CHRISTENSEN, Jerome C., "Coleridge's Marginal Method in the *Biographia Literaria*", *PMLA*, 1977, vol. 92, pp. 928-40.

CLARENCE, D., "Coleridge and the Sublime", en *Wordsworth and Coleridge. Studies in Honor of G.M. Harper*, Princeton: Princeton University Press, 1939, pp. 192-219.

COLERIDGE, H. N., *Quarterly Review*, August 1834, III, 1-38, en JACKSON J.R. de J., pp. 620-51.

COLWELL, Frederic S., *Rivermen. A Romantic Iconography of the River and the Source*, McGill: Queen's University Press, 1989.

CONDER, Josiah, *Eclectic Review*, June 1816, v, 565-72, en JACKSON, J.R. de J., pp. 209-13.

CONRAD, Peter, *Shandysm: The Character of Romantic Irony*, Oxford: Basil Blackwell, 1978.

COOKE, M.G., *"Quisque Sui Faber*: Coleridge in the *Biographia Literaria"*, *Philological Quarterly*, 1971, vol. 50, pp. 208-29.

COOPER, Lane, "The Abyssinian Paradise in Coleridge and Milton", *Modern Philology*, 1906, vol. 3, pp. 327-32.

COPELAND, Thomas, "A Woman Wailing for Her Demon Lover", *Review of English Studies*, 1941, vol. 17, pp. 87-90.

CORNWELL, John, *Coleridge; Poet and Revolutionary 1772-1804. A Critical Biography*, New York: Allen Lane, 1973.

CORRIGAN, Timothy J., *Language and Criticism*, Georgia: The University of Georgia Press, 1982.

_____, "Coleridge, the Reader: Language in a Combustible Mind", *Philological Quarterly*, 1980, vol. 59, pp. 76-94.

COTTLE, Joseph, *Early Recollections, Chiefly Relating to the Late S. T. Coleridge*, 2 vols., London: Longmans, Rees & Co., 1837.

_____, *Reminiscences of Samuel Taylor Coleridge and Robert Southey*, London: Longmans, Rees & Co.: Houlston & Stoneman, 1847.

Critical Review (Anónimo), May 1816, iii, 504-10, en JACKSON, J. R. de J., pp. 199-205.

_____ (Anónimo), August 1799, xxvi, 472-5, en JACKSON, J. R. de J., pp. 49-50.

_____ (Anónimo), July 1798, xxiii, 266-8, en JACKSON, J. R. de J., pp. 42-43.

_____ (Anónimo) July 1797, xx, 343-4, en JACKSON, J. R. de J., p. 41.

DAVIDSON, Graham, *Coleridge's Career*, London: Macmillan, 1990.

DE QUINCEY, Thomas, *Reminiscences of the English Lake Poets*, ed. John E. Jordan, London: J. M. Dent & Sons Ltd, 1961 (1970).

DEKKER, George, *Coleridge and the Literature of Sensibility*, Plymouth: Clarke, Doble & Brenson Ltd, 1978.

DIFFEY, T.F., "The Roots of Imagination: The Philosophical Context" en *The Romantics*, ed. Stephen Prickett, London: Methuen, 1981.

DREW, John, *India and the Romantic Imagination*, Oxford: Oxford University Press, 1987.

Edinburgh Review (Anónimo), September 1816, xxvii, 58-67, en JACKSON, J.R. de J., pp. 226-36.

ELIOT, T.S., "The Use of Poetry and the Use of Criticism" en *Selected Prose of T.S Eliot*, ed. Frank Kermode, New York: Farrar Strauss Giroux, 1975.

ENGELL, James, "Coleridge and German Idealism: First Postulates, Final Causes" en *The Coleridge Connection*, ed. R. Gravil & M. Lefebure, London: Macmillan, 1990, pp. 153-77.

European Magazine (Anónimo), November 1816, lxx, 434-7, en JACKSON, J.R. de J., pp. 236-44.

EVANS, Ifor, "Coleridge's Copy of "Fears in Solitude"", *The Times Literary Supplement*, 18 April, 1935.

FERRIER, J., "Plagiarisms of Coleridge", *Blackwood's Edinburgh Magazine*, 1840, vol. 47, pp. 287-99.

FIELDS, Beverly, *Reality's Dark Dream: Dejection in Coleridge*, Kent, Ohio: Kent State University Press, 1967.

FOGEL, Daniel M., "A Compositional History of the *Biographia Literaria"*, *Studies in Bibliography*, 1977, vol. 30, pp. 219-34.

FOGLE, Richard H., "The Romantic Unity of *Kubla Khan"*, *College English*, 1951, vol. 13, pp. 13-18.

_____, *The Idea of Coleridge's Criticism*, Berkeley and Los Angeles: University of California Press, 1962.

FRUMAN, Norman, *Coleridge, the Damaged Archangel*, London: George Allen & Unwin, 1971.

FULFORD, Timothy, *Coleridge's Figurative Language*, London: Macmillan, 1991.

GERARD, Albert S., *English Romantic Poetry. Ethos, Structure, and Symbol in Coleridge, Wordsworth, Shelley, and Keats*, Berkeley & Los Angeles: University of California Press, 1968.

GERBER, Richard, "Cybele, *Kubla Khan*, and Keats", *English Studies*, 1965, vol. 46, pp. 369-89.

_____, "Keys to *Kubla Khan*", *English Studies*, 1963, vol. 44, pp. 321-41.

GILLMAN, James, *Life of S.T. Coleridge*, 2 vols., London, 1837.

GOODSON, A.C., "Coleridge on Language: A Poetic Paradigm", *Philological Quarterly*, 1983, vol. 62, pp. 45-68.

_____, *Verbal Imagination. Coleridge and the Language of Modern Criticism*, Oxford: Oxford University Press, 1988.

GRANT, Allan, *A Preface to Coleridge*, London: Longmans, 1972.

GRAVES, Robert, *The Meaning of Dreams*, London: Cecil Palmer, 1924.

GRIGGS, Earl L., "Samuel Taylor Coleridge and Opium", *Huntington Library Quarterly*, August 1954, pp. 357-78.

GUTBRODT, Fritz, *Fragmentation by Decree. Coleridge and the Fragment of Romanticism*, Zurick: Zeuttrastellen der Studentenschaft, 1990.

HAMILTON, Paul, *Coleridge's Poetics*, Oxford: Basil Blackwell, 1983.

HAMILTON, Alexander, *Monthly Review*, March 1797, xxii, 342-3, en JACKSON, J.R. de J., pp. 39-40.

HANSON, Lawrence, *The Life of S.T. Coleridge: The Early Years*, London: Allen & Unwin, 1938; Basil Savage, Highgate: London, 1970.

HARDING, Anthony J., "Inspiration and the Historical Sense in *Kubla Khan*", *The Wordsworth Circle*, 1982, vol. 13, pp. 3-8.

_____, *Coleridge and the Inspired Word*, Kingston and Montreal: McGill-Queen's University Press, 1985.

HAVEN, Richard, *Patterns of Consciousness. An Essay on Coleridge*, Amherst: The University of Massachussets Press, 1969.

HAYTER, Alethea, *Opium and the Romantic Imagination*, London: Faber and Faber, 1968.

HAZLITT, William, *Examiner*, 2 June 1816, 348-9, en JACKSON, J.R. de J., pp. 205-09.

_____, *Edinburgh Review*, September 1816, en WAIN, John, pp. 87-91.

HENINGER, S.K. (Jr.), "A Jungian Reading of *Kubla Khan*", *Journal of Aesthetics and Art Criticism*, 1959, vol. 18, pp. 358-67.

HILL, John S., *Imagination in Coleridge*, London: The Macmillan Press, 1978.

HOFFPAUIR, Richard, "Inspiration and Madness: *Kubla Khan* and the Critics" en *Romantic Fallacies*, New York: Peter Lang, 1986, pp. 91-110.

HOLMES, Richard, *Coleridge. Early Visions*, London: Hodder & Stoughton, 1989; Penguin, 1990.

HOUGH, Graham, *The Romantic Poets*, London: Hutchinson University Library, 1953.

HOUSE, Humphry, *Coleridge*, London: Rupert Hart-Davies, 1953.

HÜHN, Peter, "Outwitting Self-Consciousness: Self Reference and Paradox in Three Romantic Poems", *English Studies*, 1991, vol. 73, pp. 235-45.

HUNT, Bishop C. (Jr.), "Coleridge and the Endeavor of Philosophy", *PMLA*, 1976, vol. 91, pp. 829-39.

JACKSON, J.R. de J., *Method and Imagination in Coleridge's Criticism*, London: Routledge & Kegan Paul, 1969.

_____ (ed.), *Coleridge. The Critical Heritage*, London: Routledge & Kegan Paul, 1970.

JANOWITZ, Anne, "Coleridge's 1816 Volume: Fragment as Rubric", *Studies in Romanticism*, 1985, vol. 24, pp. 21-39.

JASPER, David, *Coleridge as Poet and Religious Thinker*, London and Basingstoke: The Macmillan Press, 1985.

KANEDA, Masumi, *Coleridge's Tragic Struggle between Xanadu and Abyssinia*, Tokyo: Waseda University Press, 1988.

KIPPERMAN, Mark, *Beyond Enchantment: German Idealism and English Romantic Poetry*, Philadelphia: University of Pennsylvania Press, 1986.

KNAPP, Steven, *Personification and the Sublime. Milton to Coleridge*, Cambridge (Mass.): Harvard University Press, 1985.

KNIGHT, G. Wilson, *The Starlit Dome: Studies in the Poetry of Vision*, London: Oxford University Press, 1941.

KÖNIG, F.H., "Twenty years Later: Still Walking to Xanadu", *Anuario de estudios filológicos*, 1982, nº 5, pp. 81-84.

KRAMER, Lawrence, "That Other Will: The Daemonic in Coleridge and Wordsworth", *Philological Quarterly*, 1979, vol. 58, pp. 299-320.

LEFEBURE, Molly, *Samuel Taylor Coleridge: A Bondage of Opium*, London: Victor Gollancz, 1974.

LEVERE, Trevor H., *Poetry Realized in Nature*, New York: Cambridge University Press, 1981.

LEVINSON, Marjorie, *The Romantic Fragment Form*, Chapel Hill and London: The University of North Carolina Press, 1986.

LIPKOWITZ, Ina, "Inspiration and the Poetic Imagination: Samuel Taylor Coleridge", *Studies in Romanticism*, 1991, vol. 30, pp. 605-31.

Literary Panorama (Anónimo), July 1816, iv, 561-5, en JACKSON, J.R. de J., pp.504-10.

LOGAN, Eugenia, *A Concordance to the Poetry of Samuel Taylor Coleridge*, Indiana: Saint Mary-of-the-Woods Press, 1940.

LOWES, John L., *The Road to Xanadu*, London: Constable, 1927.

MAGNUSON, Paul, *Coleridge's Nightmare Poetry*, Charlottesville: University Press of Virginia, 1974.

_____, *Coleridge and Wordsworth. A Lyrical Dialogue*, New Jersey: Princeton University Press, 1988.

MARTÍNEZ, Alicia, "Coleridge, *Kubla Khan* and the Contingent", *Concerning Poetry*, 1977, vol. 10, pp. 59-61.

McFARLAND, Thomas, "The Origin and Significance of Coleridge's Theory of Secondary Imagination" en *New Perspectives on Coleridge and Wordsworth*, ed. G.H. Hartman, London & New York: Columbia University Press, 1972, pp. 195-246.

_____, *Coleridge and the Pantheist Tradition*, Oxford: Oxford University Press, 1969.

_____, *The Creative Mind in Coleridge's Poetry*, London: Heinemann, 1981.

_____, *Romanticism and the Forms of Ruin*, Princeton: Princeton University Press, 1971.

McGANN, Jerome J., *The Romantic Ideology*, Chicago and London: The Chicago University Press, 1983.

McKUSICK, James, *Coleridge's Philosophy of Language*, New Haven and London: Yale University Press, 1986.

McNIECE, Gerald, *The Knowledge that Endures. Coleridge, German Idealism and the Logic of Romantic Thought*, London: Macmillan, 1992.

MEIER, Hans H., "Ancient Lines on Kubla's Lines", *English Studies*, 1965, vol. 46, pp. 15-29.

MEYERSTEIN, E.H.W., "Completeness of *Kubla Khan*", *Times Literary Supplement*, October 30, 1937.

MILEUR, Jean-Pierre, *Vision and Revision. Coleridge's Art of Immanence*, Berkeley, Los Angeles, London: University of California Press, 1982.

MILNER.H., "Coleridge's Sacred River", *Times Literary Supplement*, May 18, 1951.

MILTON, John, *Paradise Lost*, ed. Christopher Ricks, New York: Penguin, 1968.

Monthly Mirror (Anónimo), June 1796, ii, 97, en JACKSON, J.R. de J., p. 38.

_____ (Anónimo), January 1817, lxxxii, 22-25, en JACKSON, J.R. de J., pp.244-47.

_____ (Anónimo), June 1796, xvii, 209-12, en JACKSON, J.R. de J., pp. 34-35.

MOODY, C.L., *Monthly Review*, May 1799, xxix, 43-7, en JACKSON, J.R. de J., pp. 45-47.

MOORE, Cecil A., "The Return to Nature in English Poetry of the Eigteenth Century", en *Background of English Literature 1799-1760*, Minneapolis: University of Minnesota Press, 1960.

MOORMAN, Charles, "The Imagery of *Kubla Khan*", *Notes and Queries*, 1959, vol. 204, pp. 321-24.

NEWLYN, Lucy, ""Radical Difference": Wordsworth and Coleridge 1802" en *Coleridge's Imagination*, ed. Gravil, Newlyn, & Roe, Cambridge: Cambridge University Press, 1985, pp. 117-28.

OBER, Warren U., "Southey, Coleridge and *Kubla Khan*", *Journal of English and Germanic Philology*, 1959, vol. 58, pp. 414-22.

ORSINI, G.N.G., *Coleridge and German Idealism*, Carbondale and Edwardsville: Southern Illinois University Press, 1969.

PARK, Roy, "Coleridge's Two Voices as a Critic of Wordsworth", *Journal of English Literary History*, 1969, vol. 36, pp. 361-81.

PARSONS, Howard, "A New Interpretation of Coleridge's *Kubla Khan*", *Poetry Review*, 1943, vol. 34, pp. 112-14.

PATRICK, John M., "Ammianus and Alpheus: The Sacred River", *Modern Language Notes*, 1957, vol. 72, pp. 335-37.

PATTERSON, Charles I. (Jr.), "The Demonic in *Kubla Khan*: Toward Interpretation", *PMLA*, 1974, vol. 89, pp. 1033-42.

PEARCE, Donald, "*Kubla Khan* in Context", *Studies in English Literature 1500-1900*, 1981, vol. 21, pp. 565-83.

PERKINS, David, "The Imaginative Vision of *Kubla Khan* in Coleridge's Introductory Note", en *Coleridge, Keats, and the Imagination*, ed. J. Robert Barth and John L. Mahoney, Columbia and London: University of Missouri Press, 1990, pp. 97-108.

PIPER, H.W., *The Active Universe. Pantheism and the Concept of Imagination in the English Romantic Poets*, London: The University of London - The Athlone Press, 1962.

_____, "Mount Abora", *Notes and Queries*, 1973, vol. 218, pp. 286-89.

_____, "The Two Paradises of *Kubla Khan*", *Review of English Studies*, 1976, New series, vol. 28, pp. 148-58.

_____, "Coleridge, Symbolism and the Tower of Babel", en *New Approaches to Coleridge: Biographical and Critical Essays*, ed. Donald Sultana, London and Totowa: Vision & Barnes & Noble, 1981, pp. 172-91.

_____, *The Singing of Mount Abora: Coleridge's Use of Biblical Imagery and Natural Symbolism in Poetry and Philosophy*, London and Toronto: Associated University Presses, 1987.

POTTER, Stephen, *Coleridge and S. T. C.*, Cape, 1938.

POWELL, A.E., *The Romantic Theory of Poetry*, New York: Russell & Russell, 1962.

POWELL, Grosvenor, "Coleridge's Imagination and the Infinite Regress of Consciousness", *Journal of English Literary History*, 1972, vol. 39, pp. 266-78.

PRICKETT, Stephen, *Coleridge and Wordsworth. The Poetry of Growth*, London: Cambridge University Press, 1970.

_____, *Words and the Word*, Cambridge: Cambridge University Press, 1986.

PURVES, Alan C., "Formal Structure in *Kubla Khan*", *Studies in Romanticism*, 1961, vol. 1, pp. 187-91.

RADLEY, Virginia L., *Samuel Taylor Coleridge*, Boston: Twayne Publishers, 1966.

RAINE, Kathleen, "Traditional Symbolism in *Kubla Khan*", *Sewanee Review*, 1964, vol. 72, pp. 626-42.

RAUBER, D.F., "The Fragment as Romantic Form", *Modern Language Quarterly*, 1969, vol. 30, pp. 212-21.

REED, Mark L., *Wordsworth: The Chronoly of the Early Years 1770-1779*, Cambridge (Mass.): Harvard University Press, 1967.

REIMAN, Donald H., "Coleridge and the Art of Equivocation", *Studies in Romanticism*, 1986, vol. 25, pp. 325-50.

RHYS, Keidrich, "Coleridge and Wales", *Times Literary Supplement*, August 16, 1947.

RICHARDS, I.A., *Coleridge on Imagination*, London: Kegan Paul, Trench, Trubner, 1934.

ROBERTSON, Jean, "The Date of *Kubla Khan*", *Review of English Studies*, 1967, vol. 18, pp. 439-49.

ROBINSON, Henry Crabb, *Blake, Coleridge, Wordsworth, Lamb, etc...*, ed. Edith J. Morley, Cambridge: Cambridge University Press, 1922.

ROOKMAKER, H.R. (Jr.), *Towards a Romantic Conception of Nature: Coleridge's Poetry up to 1803*, Amsterdam, Philadelphia: John Benjamin Publishing Company, 1984.

RUDICH, Norman, "*Kubla Khan*, a Political Poem", *Romantisme*, 1974, vol. 8, pp. 36-53.

RUOFF, Gene W., *Wordsworth and Coleridge. The Making of the Major Lyrics 1802-1804*, London, Sydney, Torky: Harvester Wheatsheaf, 1989.

RZEPKA, Charles, *The Self as Mind. Vision and Identity in Coleridge, Wordsworth and Keats*, Cambridge (Mass.) and London: Harvard University Press, 1986.

SCHNEIDER, Elizabeth, *Coleridge, Opium and Kubla Khan*, Chicago: The University of Chicago Press, 1953.

SCHNEIDER, D.B., "The Structure of *Kubla Khan*", *American Notes and Queries*, 1962, vol. 1, pp. 69-70.

SCHULZ, Max F., *Paradise Preserved. Recreations of Eden in Eighteenth- & Ninenteenth-Century England*, Cambridge: Cambridge University Press, 1985.

_____, *The Poetic Voices of Coleridge*, Detroit: Wayne State University Press, 1963.

_____, "Coleridge and the Enchantments of Earthly Paradise", en *Reading Coleridge: Approaches and Applications*, London: Cornell University Press, 1979, pp. 116-59.

SHAFFER, Elinor S., *Kubla Khan and the Fall of Jerusalem. The Mythological School in Biblical Criticism and Secular Literature 1770-1880*, Cambridge: Cambridge University Press, 1975.

SHELTON, John, "The Autograph Manuscript of *Kubla Khan*", *Times Literary Supplement*, August 2, 1934.

SNYDER, Alyce D., "The Manuscript of *Kubla Khan*", *Times Literary Supplement*, August 2, 1934.

SOUTHEY, Robert, *Critical Review*, October 1798, xxiv, 197-204, en JACKSON, J. R. de J., pp. 53-54.

STARR, Nathan C., "Coleridge's Sacred River", *Papers on Language and Literature*, 1966, vol. 2, pp. 117-25.

STEVENSON, Warren, *Nimbus of Glory. A Study of Coleridge's Three Great Poems*, Salzburg: Institut für Anglistik und Amerikanistik Universität Salzburg, 1983.

STILLINGER, Jack, *Coleridge and Textual Instability*, Oxford & New York: Oxford University Press, 1994.

SULTANA, Donald, *Samuel Taylor Coleridge in Malta and Italy*, New York: Barnes & Noble, 1969.

SUTHER, Marshall, *Visions of Xanadu*, New York and London: Columbia University Press, 1965.

SWINBURNE, A.C., "Coleridge", 1869, 1875, en *Swinburne as Critic*, ed. Clyde K. Hyder, London and Boston: Routledge & Kegan Paul, 1972, pp. 133-45.

SYPHER, Wylie, "Coleridge's Somerset: A Byway to Xanadu", *Philological Quarterly*, 1939, vol. 18, pp. 353-66.

TEICHMAN, Milton, "Wordsworth's Two Replies to Coleridge's "Dejection: An Ode"", *PMLA*, 1971, vol. 86., pp. 982-89.

TING, Nai-Tung, "From Shantgu to Xanadu", *Studies in Romanticism*, 1984, vol. 23, pp. 205-22.

TUVESON, E.L., *The Imagination as a Means of Grace*, New York: Gordian Press, 1974.

WAIN, John (ed.), *Contemporary Reviews of Romantic Poetry*, New York: Books for Library Press, 1969 (1953).

WALLACE, C.M., *The Design of Biographia Literaria*, London: George Allen & Unwin, 1983.

WALSH, William, *Coleridge: The Work and the Relevance*, London: Chatto & Windus, 1967.

WATSON, George, "The Meaning of *Kubla Khan*", *Review of English Studies*, 1961, vol. 2, pp. 21-29.

_____, *Coleridge the Poet*, London: Routledge & Kegan Paul, 1966.

WATSON, Lucy E., *Coleridge at Highgate*, London, 1925.

WHALLEY, George, "Romantic Chasms", *Times Literary Supplement*, June 21, 1947.

_____, "Coleridge's Poetical Cannon: Selection and Arrangement", *Review of English Literature*, 1966, vol. 6, pp. 9-24.

_____, *Coleridge and Sara Hutchinson*, London: Routledge & Kegan Paul, 1955.

WHEELER, Kathleen M., "Coleridge's Theory of Imagination: a Hegelian Solution to Kant" en *The Interpretation of Belief*, ed. D. Jasper, London: Mcmillan, 1986, pp. 16-40.

_____, *The Creative Mind in Coleridge's Poetry*, London: Heinemann, 1981.

_____, "Coleridge's Notebooks Scribblings" en *Coleridge and the Armoury of the Human Mind. Essays on his Prose Writings*, ed. Peter J. Kitson & Thomas N. Corus, Portland: Frank Cass, 1991.

WILLEY, Basil, *Coleridge on Imagination and Fancy*, London: Oxford University Press, 1947.

WILSON, D. Bronlow, "Two Modes of Apprehending Nature: A Gloss on the Coleridgean Symbol", *PMLA*, 1972, vol. 87, pp. 42-45.

WOODRING, Carl, *Politics in the Poetry of Coleridge*, Madison: The University of Wisconsin Press, 1961.

_____ , "Coleridge and the Khan", *Essays in Criticism*, 1959, vol. 9, pp. 361-68.

WORDSWORTH, J., "The Infinite I AM: Coleridge and the Ascent of Being" en *Coleridge's Imagination*, ed. Gravil, Newly & Roe, Cambridge: Cambridge University Press, 1985, pp. 22-52.

WYLIE, Ian, *Young Coleridge and the Philosophers of Nature*, Oxford: Clarendon Press, 1989.

YAEGER, Patricia S., "Coleridge, Derrida, and the Anguish of Writing", *Sub-Stance*, 1983, vol. 39, pp. 89-102.

YARLOTT, Geoffrey, *Coleridge and the Abyssinian Maid*, London: Methuen, 1967.

OTRAS OBRAS CONSULTADAS QUE APARECEN EN ESTE TRABAJO:

ABRAMS, M.H. (ed.), "Samuel Johnson (1709-1784)", en *The Norton Anthology of English Literature*, New York and London: W.W. Norton & Co., 1986.

_____ , "Structure and Style in the Greater Romantic Lyric" en HILLES, F. W. and H. BLOOM (eds.), pp. 527-59.

_____ , *The Mirror and the Lamp*, Oxford: Oxford University Press, 1953.

_____ , *Natural Supernaturalism. Tradition and Revolution in Romantic Literature*, New York and London: W.W. Norton & Co, 1971.

ALFORD, F., *Life, Journals and Letters of Henry Alford*, London, 1873.

BATE, Jonathan, *Shakespeare and the English Romantic Tradition*, Oxford: Clarendon Press, 1986.

BATE, Walter J., *From Classic to Romantic. Premises of Taste in Eighteenth-Century England*, Cambridge (Mass.): Harvard University Press, 1949.

BEACH, Warren J., *The Concept of Nature in Nineteenth-Century Poetry*, New York: Russell and Russell, 1966.

BEATTY, A., *William Wordsworth. His Doctrine and Art in their Historical Relations*, Madison: The University of Wisconsin Press, 1960.

BEGUIN, Albert, *El alma romántica y el sueño*, trad. de M. Monteforte Toledo, México: Fondo de Cultura Económica, 1954.

_____ , *Creación y destino*, 2 vols., trad. de Mónica Mansour, México: Fondo de Cultura Económica, 1986.

BENINGER, K., "Zur klinik des Haschischrausches", *Nerventarz*, 1932 vol. 5, pp. 336-42.

BEATTY, A., *William Wordsworth: His Doctrine and Art in their Historical Relations*, Madison: The University of Wisconsin Press, 1960.

BIEDERMANN, Hans, *Diccionario de símbolos*, trad. de Juan Godó de Costa, Barcelona: Paidós, 1993 (Munich, 1989).

BLOOM, Harold, *The Visionary Company: A Reading of Romantic Poetry*, London: Faber & Faber, 1961.

BLUNDEN, E. (ed.), *The Autobiography of Leigh Hunt*, London, 1928.

BORGES, Jorge L., *Otras Inquisiciones*, Madrid: Alianza Editorial, 1967 (Buenos Aires: Emecé Editores, 1960).

BRIOSO SÁNCHEZ, Máximo (ed. y trad.), *Bucólicos Griegos*, Madrid: Akal, 1986.

BURKE, Edmund, *A Philosophical Enquiry into the Origin of our Ideas of the Sublime and Beautiful*, ed. J.T. Boulton, London: Routledge & Kegan Paul, 1958.

BURKE, Kenneth, *The Philosophy of Literary Form*, Louisiana: Louisiana State University Press, 1967 (1941).

BURNET, Thomas, *The Sacred Theory of the Earth*, London, 1759.

CLARK, Colette (ed.), *Home at Grasmere. Extracts from the Journal of Dorothy Wordsworth (written between 1800 and 1803)*, Harmondsworth: Penguin, 1978.

DARWIN, Erasmus, *Botanic Garden*, en *Eighteenth-Century Critical Essays*, ed. Scott Elledge, 2 vols., New York: Cornell University Press, 1961, vol. 2, pp. 1005-10.

DE MAN, Paul, "The Rhetoric of Temporality" en *Interpretation. Theory and Practice*, ed. Charles S. Singleton, Baltimore: The Johns Hopkins Press, 1969, pp. 173-209.

_____, *The Rhetoric of Romanticism*, New York: Columbia University Press, 1984.

DE SELINCOURT, E. (ed.), *Journals of Dorothy Wordsworth*, 2 vols., New York, 1941.

DE QUINCEY, Thomas, *Confessions of an English Opium-Eater and Other Writings*, ed. Grevel Lindop, Oxford: Oxford University Press, 1985.

DYSON, Butt, *Augustan and Romantics, 1689-1830*, London: Cresset Press, 1961 (1940).

DEFER, B., M-L DIEHL, "Les Psychoses cannabiques ociquies (a propos de 560 observations)", *Annals Médecine Psychologique*, 1968, vol. 2, pp. 260-66.

EDWARDS, G., "Psychopatology of a Drug Experience", *British Journal of Psychiatry*, 1983, vol. 143, pp. 509-12.

ELLEDGE, Scott (ed.), *Eighteenth-Century Critical Essays*, 2 vols., New York: Cornell University Press, 1961.

FERNÁNDEZ DELGADO, J.A., "Los estudios de poesía oral cincuenta años después de su descubrimiento", *Anuario de Estudios Filológicos*, 1983, vol. 4, pp. 63-90.

GILL, Stephen, *William Wordsworth. A Life*, Oxford: Oxford University Press, 1989.

GRANDSDEN, K.W., *Virgil. The Aeneid*, Cambridge: Cambridge University Press, 1990.

HARTLEY, David, *Observations on Man, His Frame, His Duty, and His Expectations*, 2 vols., London, 1749.

HAVENS, R.D., *The Influence of Milton on English Poetry*, Cambridge (Mass.): Harvard University Press, 1922.

HILL, Alan G. (ed.), *Letters of William Wordsworth*, Oxford: Oxford University Press, 1984.

HILLES, E.D & Harold BLOOM (eds.), *From Sensibility to Romanticism*, New Haven: Yale University Press, 1965.

HIPPLE, W.J. (Jr.), *The Beautiful, the Sublime and the Picturesque in Eighteenth-Century British Aesthetic Theory*, London: Carbondale, 1957.

HIRSCH, E.D. (Jr.), "Three Dimensions of Hermeneutics" en *New Literary History*, vol. 3, 1971-2.

_____, *Validity in Interpretation*, New Haven: Yale University Press, 1967.

JIMENO BULNES, N., *Drogas y enfermedad mental: Un estudio sobre las esquizofrenias y psicosis tóxicas*, Valladolid: Secretariado de Publicaciones de la Universidad de Valladolid, 1995.

JIMENO VALDÉS, A. y N. JIMENO BULNES, "Creatividad y el estado hipnagógico", *Folia Humanistica*, 1993, Tomo XXI, n° 331, pp. 129-47.

JOHNSON, Samuel, *The History of Rasselas, Prince of Abissinia*, ed. D.J. Enright, Harmondsworth: Penguin, 1976.

JUHL, P.D., *Interpretation: An Essay in the Philosophy of Literary Criticism*, Princeton: Princeton University Press, 1980.

KANT, Emmanuel, *Crítica de la razón práctica. Crítica del juicio. Fundamentación de la metafísica de las costumbres*, trad. de Manuel García Morente, Buenos Aires: "El Ateneo" Editorial, 1951.

KNAPPS, Steven y Walter B. MICHAELS, "Against Theory", *Critical Inquiry*, 1982, vol. 8, pp. 723-42.

LOWTH, Robert, *Lectures on the Sacred Poetry of the Hebrews*, en *Eighteenth-Century Critical Essays*, ed. Scott Elledge, 2 vols., Ithaca, New York: Cornell University Press, 1961, vol. 1, pp. 687-703.

LUCAS, E.V., (ed.) *The Letters of Charles and Mary Lamb*, 3 vols., London, 1935.

McKENZIE, Norman, *Dreams and Dreaming*, London: Bloomsbury Books, 1989 (1965).

Memoirs of the late Mrs. Robinson, Written by Herself..., 2 vols., London, 1801.

MONK, S.H., *The Sublime: A Study of Critical Theories in 18th-Century England*, Ann Arbor: University of Michigan Press, 1960.

MOREHEAD, Charles, *Memorials of the Life and Writing of the Rev. Robert Morehead, D.D.*, Edinburgh, 1875.

NOTOPOLUS, J.A., "Homer, Hesiod and the Aechean Heritage of Oral Poetry", *Hesperia*, 1960, vol. 29, pp. 177-97.

ORSINI, G.N.G., *Organic Unity in Ancient and Later Poetics*, Carbondale and Edwardsville: Southern Illinois University Press, 1975.

OWEN, W.J.B. and J.W. SMYSER (eds.), *The Prose Works of William Wordsworth*, 3 vols., Oxford: Clarendon Press, 1974.

PACE, Judith W., "Style and Rhetorical Intention in Wordsworth's *Lyrical Ballads*", *Philological Quarterly*, 1983, vol. 62, pp. 293-313.

PAUSANIAS, *Descripción de Grecia*, trad. de M³ Cruz Herrero Ingelmo, Madrid: Gredos, 1994.

PLATÓN, *Diálogos*, trad. de Emilio LLedó, vols. I y III, Madrid: Gredos, 1990.

POTTER, Stephen (ed.), *Minnow Among Trittons; Mrs S.T. Coleridge's Letters to Thomas Poole*, London: Nonesuch Press, 1934.

PREMINGER, Alex (ed.), *The Princeton Encyclopedia of Poetry and Poetics*, Princeton: Princeton University Press, 1974.

PROTHERO, R.E. (ed.), *Byron Letters and Journals*, 13 vols., London, 1898-1904.

Purchas his Pilgrimage, London, fol., 1626.

Purchas his Pilgrimage, London, 1826.

ROBERTS, J.M., *New Essays Towards a Critical Method*, London, 1897.

SAINTSBURY, George, *A History of Nineteenth Century Literature 1780-1895*, London: Macmillan, 1986.

SCHELLING, F., *La relación del arte con la naturaleza*, trad. de Alfonso Castaño Piñán, Madrid: Sarpe, 1985.

SCHLUETER, Paul & June SCHLUETER (eds.), *An Encyclopedia of British Women Writers*, Chicago and London: St James Press, 1980.

SELINCOURT, E. de (ed.), *Journals of Dorothy Wordsworth*, New York, 1941.

SIMPSON, David, *Irony and Authority in Romantic Poetry*, London and Basingstoke: The Macmillan Press, 1979.

SPEARING, A.C., *Medieval Dream-Poetry*, Cambridge: Cambridge University Press, 1976.

STALLKNECHT, Newton P., *Strange Seas of Thought. Studies in William Wordsworth's Philosophy of Man and Nature*, Bloomington: Indiana University Press, 1958.

STOCK, R.D., *The Holy and the Daemonic from Sir Thomas Browne to William Blake*, Princeton: Princeton University Press, 1982.

STOLBERG, Christian und Friedrich Leopold Grafen, *Gesammelte Werke*, Hamburg: Friedrich Perther, 1827.

STRAUSS, Walter A., *Descent and Return. The Orphic Theme in Modern Literature*, Cambridge (Mass.): Harvard University Press, 1971.

The Holy Bible, Cambridge, London, New York and Melbourne: Cambridge University Press.

TODOROV, Tzvetan, *Theories of the Symbol*, trad. de Catherine Porter, Oxford: Basil Blackwell, 1982 (Paris: Seuil, 1977).

VIRGILIO, *Eneida*, trad. de Javier de Echave-Sustaeta, Madrid: Gredos, 1992.

WATSON, J.C., *Picturesque Landscape*, London: Hutchinson, 1970. *The Poetical Works of the late Mrs. Mary Robinson*, 3 vols., London: Richard Phillips, 1806.

WELLEK, Rene, *Immanuel Kant in England. 1793-1838*, Princeton: Princeton University Press, 1931.

WIMSATT, W.K., "The Structure of Romantic Nature Poetry", en *English Romantic Poets*, ed. M.H. Abrams, New York: Oxford University Press, 1960.

ÍNDICE